GRUNDRISSE DES RECHTS

Schroeder/Verrel · Strafprozessrecht

Strafprozessrecht

von

Dr. Dr. h. c. Friedrich-Christian Schroeder

em. o. Professor
an der Universität Regensburg

und

Dr. Torsten Verrel

o. Professor
an der Universität Bonn

5., neu bearbeitete Auflage

Verlag C. H. Beck München 2011

Verlag C. H. Beck im Internet:
beck.de

ISBN: 978 3 406 619939

© 2011 Verlag C. H. Beck oHG
Wilhelmstraße 9, 80801 München
Druck: Nomos Verlagsgesellschaft
In den Lissen 12, 76547 Sinzheim

Satz: Thomas Schäfer, www.schaefer-buchsatz.de

Gedruckt auf säurefreiem, alterungsbeständigem Papier
(hergestellt aus chlorfrei gebleichtem Zellstoff)

Vorwort

Dieses Buch hat es sich zur Aufgabe gesetzt, die Kenntnis des Strafprozeßrechts in einer zumutbaren, der gegenwärtigen Tendenz zur Straffung des Jurastudiums angemessenen Zeit zu vermitteln bzw. aufzufrischen. Die Mittel hierzu sind die Herausarbeitung der Grundstruktur des Strafverfahrens und die Einordnung aller Probleme in den sachlogischen Ablauf des Strafverfahrens. Einzelregelungen wurden nur insoweit berücksichtigt, als sie die Grundstruktur des Strafverfahrens bestätigen. Interessante Fälle aus der Praxis sollen als Gedächtnisstütze dienen.

Wer das hier dargelegte System und die Hauptprobleme des Strafverfahrensrechts erfaßt hat, sollte in der Lage sein, auch zu Einzelproblemen, die ihm noch nicht begegnet sind, die maßgeblichen Gesichtspunkte zu entwickeln, die bei der Lösung zu beachten sind.

Zitiert werden nur die wichtigsten Urteile. Die Zitierung des Schrifttums wird auf Anmerkungen zu wichtigen Urteilen und weiterführende Hinweise beschränkt (was übrigens mehr Arbeit macht als die Angabe aller Neuerscheinungen). In der Sache berücksichtigt das Buch alle wesentlichen Auseinandersetzungen im Schrifttum. Bei aller Knappheit und gerade dadurch hoffen wir, nicht nur das Begreifen zu erleichtern, sondern auch neue Beziehungen zwischen den Elementen des Strafprozesses aufzuzeigen und damit zur Weiterentwicklung der Lehre vom Strafprozeßrecht beizutragen.

Im übrigen würden wir uns ganz einfach freuen, wenn es uns gelungen wäre, dem Leser zu zeigen: **Strafprozeßrecht macht Spaß!**

In die Neuauflage mussten die umfangreichen Änderungen durch das Gesetz zur Neuregelung der Telekommunikationsüberwachung und anderer verdeckter Ermittlungsmaßnahmen, das Gesetz zur Regelung der Verständigung im Strafverfahren und das 2. Opferrechtsreformgesetz und zahlreiche richtungweisende höchstrichterliche Entscheidungen eingearbeitet werden. Dabei wurde besonders darauf geachtet, den knappen Umfang des Buches zu erhalten.

In die Neuauflage ist *Torsten Verrel* als Mitautor eingetreten. Er hat zunächst vor allem die zahlreichen rechtstatsächlichen Angaben aktualisiert, während die Überarbeitung im übrigen noch in der Hand des Erstunterzeichneten lag.

Regensburg/Bonn, im Dezember 2010 *Friedrich-Christian Schroeder*
Torsten Verrel

Inhaltsverzeichnis

3. Teil. Ergänzungen, Zusammenfassungen, Dogmatik

Abkürzungsverzeichnis

a. A.	andere Ansicht
AG	Amtsgericht
BayObLG	Bayerisches Oberstes Landesgericht
BGH	Bundesgerichtshof
BGHSt	Entscheidungen des BGH in Strafsachen
BRRG	Beamtenrechtsrahmengesetz
BT-Drs.	Drucksache des Deutschen Bundestags
BVerfG	Bundesverfassungsgericht
BVerfGE	Entscheidungen des BVerfG
BVerwGE	Entscheidungen des Bundesverwaltungsgerichts
BZRG	Bundeszentralregistergesetz
DRiG	Deutsches Richtergesetz
DRiZ	Deutsche Richterzeitung
EGMR	Europäischer Gerichtshof für Menschenrechte
EMRK	Europäische Menschenrechtskonvention
EuGH	Europäischer Gerichtshof (Gerichtshof der Europäischen Gemeinschaften)
FS	Festschrift
GA	Goltdammer's Archiv für Strafrecht (Zeitschrift)
GG	Grundgesetz für die Bundesrepublik Deutschland
ggf.	gegebenenfalls
GS	Gedächtnisschrift bzw. Großer Senat
G 10	Gesetz zur Beschränkung des Brief-, Post- und Fernmeldegeheimnisses
h. L.	herrschende Lehre
h. M.	herrschende Meinung
IPBPR	Internationaler Pakt über bürgerliche und politische Rechte
i. S. d.	im Sinne des/der
i. V. m.	in Verbindung mit
JA	Juristische Arbeitsblätter (Zeitschrift)
JR	Juristische Rundschau

JuMoG	Justizmodernisierungsgesetz
Jura	Juristische Ausbildung (Zeitschrift)
JuS	Juristische Schulung (Zeitschrift)
JZ	Juristenzeitung
KG	Kammergericht
KK/*Bearbeiter*	Karlsruher Kommentar zur Strafprozeßordnung und zum Gerichtsverfassungsgesetz mit Einführungsgesetz, hrsg. von *G. Pfeiffer*, 5. Aufl., 2003
krit.	kritisch
LG	Landgericht
LR/*Bearbeiter*	*Löwe/Rosenberg,* Die Strafprozeßordnung und das Gerichtsverfassungsgesetz, Großkommentar, 25. Aufl., 1997 ff.
m. Anm.	mit Anmerkung
Meyer-Goßner	*Meyer-Goßner,* Strafprozeßordnung, Gerichtsverfassungsgesetz, Nebengesetze und ergänzende Bestimmungen, 48. Aufl., 2005
MSM	*R. Maurach/F.-C. Schroeder/M. Maiwald,* Strafrecht. Besonderer Teil, Teilbd. 1, 10. Aufl., 2009; Teilbd. 2, 9. Aufl., 2005
NJ	Neue Justiz (Zeitschrift)
NJW	Neue Juristische Wochenschrift
NStZ	Neue Zeitschrift für Strafrecht
OGHSt	Entscheidungen des Obersten Gerichtshofs für die Britische Zone in Strafsachen
OLG	Oberlandesgericht
OpferRRG	Opferrechtsreformgesetz
Pfeiffer	*Pfeiffer,* Strafprozeßordnung und Gerichtsverfassungsgesetz, 5. Aufl., 2005
RG	Reichsgericht
RGSt	Entscheidungen des RG in Strafsachen
RiStBV	Richtlinien für das Strafverfahren und das Bußgeldverfahren
ROW	Recht in Ost und West (Zeitschrift)
RVG	Rechtsanwaltsvergütungsgesetz
Roxin/Schünemann .	*C. Roxin/B. Schünemann,* Strafverfahrensrecht, 26. Aufl., 2009
s.	siehe
s. a.	siehe auch

SK/*Bearbeiter*	*Rudolphi u. a.*, Systematischer Kommentar zur Strafprozeßordnung und zum Gerichtsverfassungsgesetz, 1986 ff.
s. o.	siehe oben
sog.	sogenannte(r)
StGB	Strafgesetzbuch
StPO	Strafprozessordnung
StV	Strafverteidiger (Zeitschrift)
1. StVRG	Erstes Gesetz zur Reform des Strafverfahrensrechts
s. u.	siehe unten
TKG	Telekommunikationsgesetz vom 22. 6. 2004
TKÜNG	Ges. z. Neuregelung der Telekommunikationsüberwachung und anderer verdeckter Ermittlungsmaßnahmen sowie zur Umsetzung der Richtlinie 2006/24/EG vom 21. 12. 2007
u	Hinweis für die Leser: im Gesetzestext zu unterstreichen
VerfGH	Verfassungsgerichtshof
WÜK	Wiener Übereinkommen über Konsulatsbeziehungen vom 24. 4. 1963
ZIS	Zeitschrift für Internationale Strafrechtsdogmatik – wws.zis-online.com
ZRP	Zeitschrift für Rechtspolitik
ZStW	Zeitschrift für die gesamte Strafrechtswissenschaft (Band, Seite)
zw.	zweifelhaft

1. Teil. Einführung

§ 1. Aufbau des Buches und Anleitung zur Benutzung

Die bestehenden Darstellungen des Strafprozeßrechts versuchen 1
überwiegend, zunächst einige allgemeine Begriffe wie Grundsätze
des Strafprozeßrechts, Verfahrensbeteiligte, Prozeßvoraussetzungen,
Prozeßgegenstand, Prozeßhandlungen, Zwangsmaßnahmen heraus-
zudestillieren und in einer Art „Allgemeinem Teil" – wie im materiellen Strafrecht – vor die Klammer zu ziehen. Darin lehnen sie sich in
gewisser Weise an die Strafprozeßordnung selbst an, die ebenfalls in
ihrem 1. Buch „Allgemeine Vorschriften" enthält und dann im
24. Buch den Ablauf des Verfahrens chronologisch regelt. Damit entsprechen sie zwar dem Anspruch der Wissenschaftlichkeit, teilen aber
den Mangel aller „Allgemeinen Teile": während der Lernende sie stu-
diert, fehlt ihm das Verständnis für die Funktion im Strafprozeß, und
beim Studium des Ablaufs des Strafverfahrens hat er die allgemeinen
Begriffe, die er ohne das Verständnis für ihre praktische Bedeutung
lernen mußte, wieder vergessen.

Diese Darstellung des Strafprozeßrechts beschreitet daher einen
anderen Weg. Nach einigen kurzen Einführungsparagraphen wird
sogleich mit der Darlegung des **Ablaufs des Strafverfahrens** begonnen. Dabei zeigt sich, daß einige sog. „Grundprinzipien" des Strafverfahrens in Wahrheit nur an einer bestimmten Stelle des Strafverfahrens eine Rolle spielen. Andere Grundbegriffe und -institutionen
werden dort behandelt, wo sie im Strafverfahren erstmals wichtig
werden. Damit erscheinen alle Grundbegriffe und Grundinstitutio-
nen in ihrer Funktion für das Strafverfahren. Das erleichtert nicht
nur das Begreifen, sondern die Erörterung im Rahmen des Ablaufs
des Strafverfahrens bietet zugleich eine wichtige Gedächtnisstütze.
Die Durcharbeitung des Buches erzieht zum **„prozeßualen Denken".**

Da die Prozeßbeteiligten ihr Handeln schon im **Vorverfahren** auf 2
die Hauptverhandlung ausrichten müssen, erscheinen Vorschriften,
die im Rahmen der Hauptverhandlung geregelt sind, vielfach schon
bei der Darstellung des Ermittlungsverfahrens. Die Darstellung ent-

hält somit zugleich eine Vorbereitung auf die Praxis, bei der viele Verfahren „im Vorverfahren verloren" werden.

Das Strafbefehlsverfahren erscheint nicht – wie in der Strafprozeßordnung und den meisten Lehrdarstellungen des Strafprozeßrechts – am Ende unter „ferner liefen ..." als „Besondere Verfahrensart", sondern dort, wo es in der Praxis angesiedelt ist, nämlich als Alternative zum Zwischen- und Hauptverfahren, die sogar sehr viel häufiger ist.

Erst nachdem der Ablauf des Strafverfahrens dargestellt und– hoffentlich – begriffen worden ist, werden im dritten abschließenden Teil des Buches noch einmal **Zusammenfassungen und Schemen** gegeben und solche Grundbegriffe erläutert, für die im Rahmen des normalen Ablaufs eines Strafverfahrens kein Bedürfnis bestand. Der Schlußteil des Buches kann daher zugleich als Repetitorium dienen.

Im übrigen wurde allenthalben versucht, die zahlreichen Einzelregelungen bzw. -auslegungen auf möglichst wenige Grundsätze zu reduzieren und das bisherige System zu vereinfachen. Wo Alternativen die gleiche Folge haben, wurde auf sie verzichtet. Außerdem wurden die Einzelregelungen soweit wie möglich als Ausfluß der Grundstruktur der StPO erklärt.

3   Wir haben uns bemüht, so viele Rechtsfolgen wie möglich aus dem **Wortlaut der StPO** selbst abzuleiten. Die StPO ist ein erstaunlich präzises Gesetz, bei welchem oft scheinbar überflüssige Worte durchaus etwas besagen wollen. Die Durcharbeitung des Buches sollte daher unbedingt mit einem Text der StPO erfolgen, und zwar möglichst mit der Textausgabe, die der Leser in die Examina mitnehmen will. Dabei sollten die zahlreichen Querverbindungen zwischen einzelnen Vorschriften, die das Buch aufweist, in die Textausgabe eingetragen werden (und zwar jeweils an beiden Stellen). Auch sollten die Gesetzesparagraphen und ihre Absätze so weit wie möglich durch Unterstreichung der wichtigsten Begriffe und der Unterscheidungsmerkmale „handbar" gemacht werden, damit in der Eile der Examensklausuren ein schneller Zugriff ermöglicht wird. Zugleich bieten solche Unterstreichungen eine wichtige Gedächtnisstütze. Querverweisungen und Unterstreichungen sind nach fast allen Prüfungsordnungen erlaubt. Für sinnvolle Unterstreichungen gibt das Buch einige Hinweise (jeweils mit **u** gekennzeichnet). Die Textausgabe der StPO muß die Durcharbeitung dieses Buches erkennen lassen.

4   Die **Zitate** von Wissenschaft und Rechtsprechung werden in diesem Buch auf wichtige Hinweise **reduziert.** Von den üblichen umfangreichen Literaturverzeichnissen wird abgesehen, da sie den Leser erfahrungsgemäß eher erschlagen. Statt dessen werden für jedes

Thema für den Fall, daß der Benutzer „Blut geleckt" haben sollte, am Ende einige **sorgfältig ausgewählte Titel** zur weiterführenden Lektüre angegeben. Hiermit verbindet sich die Hoffnung, daß davon mehr Gebrauch gemacht wird als von den Literaturverzeichnissen herkömmlicher Art. Der Leser findet auch keine endlosen Reihen von Entscheidungen, die ihn von vornherein entmutigen. Statt dessen wurde für jedes Problem diejenige Entscheidung ausgewählt, die die darin entwickelte Rechtsauffassung am besten begründet, bei umstrittenen Problemen auch diejenige, die den Rechtsgedanken zuletzt aufrechterhalten hat. Ebenfalls angegeben wurden die **Anmerkungen** von Wissenschaftlern zu diesen Entscheidungen. In dem Studium von wissenschaftlichen Anmerkungen zu Grundsatzentscheidungen liegt wohl der beste Weg, das erforderliche Problembewußtsein zu vertiefen. Daß eine solche Literatur- und Urteilsauswahl viel mehr Arbeit macht als das Nachtragen aller Neuerscheinungen, sei nur am Rande erwähnt. Wen es nach weiterer Literatur und Rechtsprechung dürstet, der findet sie mühelos in den Kommentaren (s. u. § 50, Rn. 395 ff.).

§ 2. Wesen und Bedeutung des Strafprozeßrechts

I. Strafprozeßrecht und materielles Strafrecht

1. Das Strafprozeßrecht steht in enger Beziehung zum Strafrecht;   5 es wurde früher sogar oft als „formelles Strafrecht" dem „materiellen Strafrecht" zur Seite gestellt.

Die **Aufteilung** des Strafrechts und des Strafprozeßrechts in unterschiedliche Gesetzbücher ist erst verhältnismäßig jung. Noch die Peinliche Gerichtsordnung Karls V. (Carolina) von 1532 faßte Strafrecht und Strafprozeßrecht zusammen. Der Grund dafür lag darin, daß sich die strafrechtlichen Kodifikationen damals, wie schon der Name „Gerichtsordnung" sagt, an die Gerichte und die Richter richteten. Die Strafvorschriften erschienen in diesem Rahmen nur als Anweisung an den Richter, „wie man mißthatt peinlich straffen soll" (Art. 104 Carolina). Der Bürger galt dagegen nur als Objekt der Strafrechtspflege. Erst in der Aufklärungszeit wurde der Bürger zum Subjekt der Strafrechtspflege und damit zum Adressaten der Strafvorschriften. Die ersten selbständigen Strafgesetzbücher sind das österreichische „Allgemeine Gesetz über Verbrechen und derselben Bestrafung" von 1787 (Josephina) und der 20. Titel des Preußischen Allgemeinen Landrechts von 1791/94. Die Strafvorschriften haben sogar bis heute ihre voraufklärerische, justizbezogene Form bewahrt: sie sind nicht als an den Einzelnen gerichtete Verbote formuliert, sondern als

Anweisungen an die Strafverfolgungsorgane, was zu tun ist, wenn jemand eine bestimmte Handlung begeht. Erst *Karl Binding* hat in seinem berühmten Werk „Die Normen und ihre Übertretung" (4 Bde., 1872–1919) dargelegt, daß in den an die Strafverfolgungsorgane gerichteten Strafvorschriften zugleich an den Einzelnen gerichtete Normen enthalten sind. Jede Strafvorschrift enthält somit eine „primäre" Norm (an den Einzelnen gerichtetes Verbot) und eine „sekundäre" Norm (an die Strafverfolgungsorgane gerichtetes Gebot).

Weiterführende Literatur: *Kleinheyer,* Vom Wesen der Strafgesetze in der neueren Rechtsentwicklung, 1968.

6   Eine exakte Trennung besteht auch heute nicht.

So ist der **Strafantrag**, obwohl seinem Wesen nach eine bloße Prozeßvoraussetzung (s. u. Rn. 68), aus praktischen Gründen im **StGB** geregelt (§§ 77 ff. und entsprechende Absätze bei den einzelnen Strafvorschriften des Besonderen Teils). Das gleiche gilt für die Verjährung (§§ 78 ff. StGB), für die allerdings häufig eine Doppelnatur als sowohl Prozeßvoraussetzung als auch materiellrechtlicher Strafaufhebungsgrund behauptet wird.

Folgen der (auch) prozeßrechtlichen Natur: 1. Kein Freispruch, sondern Einstellung des Verfahrens (§§ 206 a, 260 Abs. 3 StPO, s. u. Rn. 197, 276). 2. Rückwirkende Veränderung verstößt nicht gegen Art. 103 Abs. 2 GG (so z. B. Verlängerung der Verjährungsfrist für NS- und DDR-Unrecht). 3. § 16 StGB greift nicht ein (Irrtum über den Wert der Sache oder die Angehörigeneigenschaft des Bestohlenen, §§ 247, 248 a StGB, unbeachtlich).

Umgekehrt ist bei manchen Bestimmungen der StPO fraglich, ob sie nicht in Wahrheit zum materiellen Recht gehören. So knüpfen die §§ 153, 153 a StPO mit den Worten „geringe Schuld", „Schwere der Schuld" an einen Begriff an, der eindeutig dem materiellen Recht zugehört. Demgemäß hatte die Sowjetunion die von ihr 1925 aus Deutschland übernommene Einstellung wegen Geringfügigkeit 1926 zu einer Voraussetzung der Straftat umgestaltet; sie behauptete, damit den „formellen Verbrechensbegriff" des kapitalistischen Rechts zu einem „materiellen Verbrechensbegriff" umgestaltet zu haben. Alle kommunistischen Staaten waren ihr hierin gefolgt (so auch heute noch Rußland, Polen). Auch Österreich hat 1974 eine derartige Bestimmung eingeführt (§ 42 StGB). Auch in der Bundesrepublik besteht inzwischen die verbreitete Tendenz, geringfügige Handlungen schon aus dem Tatbestand herauszunehmen (s. z. B. § 184 c StGB für Sexualstraftaten; Beschränkung der Körperverletzung auf „nicht unerhebliche" Beeinträchtigungen des körperlichen Wohlbefindens; Beschränkung des Ehrenschutzes des Bundespräsidenten und der Bundesrepublik auf ein „Verunglimpfen", §§ 90, 90 a StGB).

7   Wenn das Gericht **von Strafe absehen** kann (z. B. §§ 46 a, 60, 157, 174 Abs. 4, 182 Abs. 4 StGB), braucht schon kein Strafverfahren durchgeführt zu werden (§ 153 b StPO). Es fragt sich allerdings, was dieser umständliche Umweg über das materielle Recht soll; das Argument für das Institut des „Absehens von Strafe", daß schon das Gerichtsverfahren und der Schuldspruch eine

general- und spezialpräventive Wirkung hätten, fällt ja weg. Diese Bezug-
nahme auf das materielle Strafrecht erlaubt es umgekehrt dem Gesetzgeber,
Ausnahmen vom prozessualen Verfolgungszwang im materiellen Recht zu
verstecken. So ist für kriminelle und terroristische Vereinigungen (§§ 129
Abs. 6, 129 a Abs. 5, 261 Abs. 10 StGB) und Betäubungsmittelstraftaten (§ 31
BtMG) schon 1951 bzw. 1972 weitgehend unbemerkt praktisch eine **Kronzeugenregelung** eingeführt worden. Hierzu: *Jung,* Der Kronzeuge – Garant
der Wahrheitsfindung oder Instrument der Überführung?, ZRP 1986, 39;
Bernsmann, Kronzeugenregelungen des geltenden Rechts, JZ 1988, 539. Seit
1. 9. 09 allgemein § 46 b StGB.

Das BVerfG hat es für gleichberechtigt erachtet, einen geringen Unrechts-
und Schuldgehalt entweder materiellrechtlich oder prozeßrechtlich zu berücksichtigen (BVerfGE 90, 145 betr. Cannabiskonsum; dagegen *Nelles,* NStZ
1994, 306), und den Managern der umfassenden Ausforschung der Bundesrepublik durch die DDR wegen der „besonderen Schärfe" der Bestrafung ein
Prozeßhindernis zugebilligt (BVerfGE 92, 277; dagegen wegen der Vermischung von materiellem und Prozeßrecht *Volk,* NStZ 1995, 367; *Schroeder,*
JR 1995, 443). Der BGH gleicht teilweise Mängel des Verfahrens, z. B. Verzögerungen, durch Strafmilderungen aus (s. u. Rn. 56 u. § 42, Rn. 360 ff.).

Schließlich gibt es **Wechselwirkungen** zwischen Strafrecht und Strafpro-
zeßrecht. So dienen Fahrlässigkeitstatbestände häufig vornehmlich dazu, die
fehlende Nachweisbarkeit des Vorsatzes aufzufangen (z. B. §§ 261 Abs. 5, 264
Abs. 3 StGB). Die materiellrechtliche Figur der objektiven Bedingung der
Strafbarkeit dient sogar dazu, die fehlende Nachweisbarkeit von Vorsatz und
Fahrlässigkeit aufzufangen. Eingriffsbefugnisse im Strafprozeßrecht, z. B. das
Festnahmerecht nach § 127 StPO, sind zugleich Rechtfertigungsgründe nach
materiellem Recht (nach *Niese* sog. „doppelfunktionelle Prozeßhandlungen").

2. Häufig wird gesagt, das Strafprozeßrecht diene der „Durchset-   8
zung", der „Verwirklichung" des materiellen Strafrechts. Diese Formulierung ist jedoch aus zwei Gründen problematisch:

a) Sie verführt zu der bedenklichen Vorstellung, daß ein Freispruch
den Zweck des Strafprozesses verfehlt. Da das Strafprozeßrecht zahl-
lose Vorschriften zum Schutz des Beschuldigten enthält, muß diese
Auffassung falsch sein. Das Strafprozeßrecht dient mindestens eben-
sosehr der Verschonung des Unschuldigen vor Strafe. Oft läßt sich
die Öffentlichkeit von einem hartnäckigen Verdacht nur durch ein
Strafverfahren mit einem förmlichen Freispruch abbringen.

b) Wenn das materielle Strafrecht – wie oben dargelegt – auch und   9
sogar primär an den Einzelnen gerichtete Verbote enthält, wird es
auch „durchgesetzt" und „verwirklicht", wenn sich der Einzelne
strafbarer Handlungen enthält. Unter diesem Blickwinkel wird das
Strafrecht – glücklicherweise – sehr viel häufiger freiwillig „verwirklicht" als durch die Vollstreckung von Strafen.

Im Gegensatz zu den primären Strafrechtsnormen können die an die Strafverfolgungsorgane gerichteten sekundären Strafrechtsnormen („wird mit …

bestraft") nicht freiwillig befolgt werden. Wenn jemand am Tor der Strafvoll-
zugsanstalt anklopft und erklärt, er habe einen Raub begangen, verzichte auf
den Nachweis in einem Strafverfahren und unterwerfe sich freiwillig einer
Freiheitsstrafe von fünf Jahren, so ist eine Aufnahme in die Anstalt unzulässig.
Eine Strafvollstreckung ist nur zulässig, wenn die Strafe in einem Strafprozeß
ausgesprochen wurde. Einen weitgehenden Verzicht auf die Förmlichkeiten
des Strafverfahrens erlaubt das anglo-amerikanische Institut des „plea bar gai-
ning". Vor dem Prozeß gegen den Hauptverantwortlichen für die Massenver-
nichtung der Juden, Adolf Eichmann, befürchtete die israelische Regierung,
daß Eichmann sich schuldig bekennen und damit, da das israelische Strafprozeßrecht auf dem US-amerikanischen beruht, die Beweisaufnahme über die
Massenvernichtungsaktionen, die der eigentliche Sinn des Prozesses war, verhindern würde. Aus diesem Grunde wurde sogar eine Änderung des israeli-
schen Strafprozeßrechts erwogen. Die nachdrückliche Bestreitung der Vorwürfe durch Eichmann erübrigte diese Pläne.

10   Nach alledem ist es gefährlich, den Zweck des Strafprozeßrechts
auf eine kurze Formel zu bringen. Großen Gefahren der Verkürzung
um wesentliche Gesichtspunkte steht ein nur geringfügiger Gewinn
gegenüber. Will man es trotzdem versuchen, so kann man sagen: **das
Strafprozeßrecht dient der zuverlässigen Feststellung von Straftaten und ihren Tätern** (mit den Folgezwecken der Verhängung von
Strafen und der Reinigung vom Verdacht), **der Konkretisierung der
abstrakten Strafdrohungen und der Auseinandersetzung der Öffentlichkeit mit Straftaten.** Insbesondere die dem materiellen Strafrecht zugesprochenen Funktionen der Generalprävention und der
Befriedigung des Rechtsgefühls werden weitgehend durch Strafprozesse ausgeübt.

Als weiteres Verfahrensziel wird meist der **Rechtsfrieden** genannt. Über-
wiegend wird darunter aber nur der rechtskräftige (nicht mehr abänderbare)
Abschluß des Verfahrens verstanden. Hierfür erscheint der Ausdruck
„Rechtsfrieden" irreführend.

11   3. Die Trennung zwischen materiellem Strafrecht und Strafprozeßrecht verleitet zu der Fehlvorstellung, als ob die Straftat objektiv gegeben sei und das Strafverfahren nur das Bemühen regele, sie dem
Täter auch nachzuweisen. Hierzu trägt insbesondere auch der objektiv und unproblematisch formulierte Sachverhalt von Strafrechtsklau-
suren bei. In Wahrheit ist die **Straftat nur durch das Medium des
Strafprozesses rekonstruierbar** und erfahrbar. Die Strafvorschriften
müßten daher statt „Wer einen Menschen tötet ..." besser lauten
„Wem nachgewiesen ist, daß er einen Menschen getötet hat ...".

Dieser Konzeption kommen gewisse Strafvorschriften des englischen Strafrechts entgegen. Hier gibt es Tatbestände wie „compassing or imagining the

death of the King (Queen)". Diese Tatbestände sind für unsere Begriffe untragbar weit. Sie können jedoch nur durch ganz bestimmte „overt acts (open deeds)" bewiesen werden, wie z. B. Erwerb von Waffen oder Gift zum Zweck der Tötung des Königs. Unsere Tatbestandsmerkmale werden hier also zu prozessualen Indizien eines weit umschriebenen Verhaltens.

4. Während das materielle Recht die Beurteilung von etwas Vergangenem enthält, bietet das Strafprozeßrecht die Möglichkeit und sogar die Anweisung zur Mitgestaltung eines Vorgangs, ob nun als Richter, Staatsanwalt oder Verteidiger.

Weiterführende Literatur: *Stock,* Das Ziel des Strafverfahrens, Mezger-FS 1954, 429 ff.; *Rieß,* Über die Aufgaben des Strafverfahrens, JR 2006, 269 ff.

II. Strafprozeßrecht und Polizeirecht

Das Strafprozeßrecht dient der Verfolgung und Bestrafung begangener Straftaten. Die Verhütung zukünftiger und die Unterbindung gegenwärtiger Straftaten ist dagegen Aufgabe des Polizeirechts. Im Rahmen dieser klaren Aufgabentrennung gibt es jedoch einige Überschneidungen. In begrenztem Maß können im Strafprozeß auch Maßnahmen zur Verhütung von Straftaten vorgenommen werden (s. u. Rn. 151 ff.). Die Polizei ist – als Hilfsorgan der Staatsanwaltschaft – zugleich ein wichtiges Organ zur Ermittlung von Straftaten (s. u. Rn. 105 ff.). Damit muß die Polizei bei der Unterbindung von Straftaten gleichzeitig den bisherigen Teil der Straftat ermitteln und den zukünftigen verhindern. Die meisten der in der Strafprozeßordnung zur Aufklärung von Straftaten vorgesehenen Maßnahmen finden sich auch in den Polizeigesetzen zur Gefahrerkennung. Probleme ergeben sich bei der Frage, ob polizeiliche Erkenntnisse, die bei der Verhütung von Straftaten gewonnen wurden, auch bei der Verfolgung verwertet werden können. Der immer häufiger verwendete Begriff „Verbrechensbekämpfung" vermengt die beiden Bereiche. 12

Weiterführende Literatur: *Wolter,* Zur Verbindung von Strafprozeßrecht und Polizeirecht, Rolinski-FS, 2002, 273.

III. Funktionsnotwendige Grundelemente des Strafprozesses

Um die genannten Aufgaben zu erfüllen, insbesondere der Gesellschaft eine Auseinandersetzung mit „ihrer" Kriminalität zu ermöglichen, muß der Strafprozeß folgende Elemente aufweisen.

1. Zuverlässigkeit des Verfahrens

13 Das wichtigste Element ist die Zuverlässigkeit des Verfahrens. Die Rechtmäßigkeit der konkreten Entscheidung ist nicht nur ein Interesse des Angeklagten, sondern für das Erlebnis der Verwirklichung der Gerechtigkeit durch die Öffentlichkeit und damit für die Ermöglichung ihrer Identifikation mit der Entscheidung konstitutiv. Fehlerhafte Entscheidungen sind schwerwiegende Störungen für ihre Identifikation; in gravierenden Fällen werden die Betroffenen sogar zu „Märtyrern", mit denen sich die Öffentlichkeit ihrerseits identifiziert und damit in einen grundsätzlichen Gegensatz zu der Rechtspflege tritt. Ein Strafverfahren, das den genannten Aufgaben gerecht werden will, muß daher alle Quellen von Fehlurteilen so weit wie möglich ausschalten.

Eine absolute Fehlerfreiheit des Verfahrens ist allerdings unmöglich. Ein gewisses Maß an Fehlern ist daher keine Schande für die Justiz, sondern im Gegenteil ein Zeichen für ihre Menschlichkeit. Allerdings muß der Strafprozeß so eingerichtet sein, daß fehlerhafte Entscheidungen korrigiert werden können. Damit werden der Eindruck der Fairness des Verfahrens (u. Rn. 14), das Spannungs- (u. Rn. 16), und das Dauerelement (u. Rn. 17) nur gefördert.

2. Transparenz des Verfahrens

14 Um dem Beschuldigten, aber auch der Öffentlichkeit, eine Kontrolle zu ermöglichen, ist eine weitgehende Transparenz des Verfahrens erforderlich. Dem dienen vor allem die Grundsätze der Öffentlichkeit und der Mündlichkeit der Hauptverhandlung (s. u. Rn. 209 u. 231), aber auch der Anspruch der Presse auf Unterrichtung über den Ablauf des Vorverfahrens.

3. Fairness des Verfahrens

Angeklagter und Öffentlichkeit müssen ferner das Bewußtsein haben, daß der Angeklagte sich wehren konnte, daß er eine faire Chance hatte. Der Gesichtspunkt des „fair trial" dient somit nicht nur dem Schutz des Angeklagten, sondern ist zugleich ein wichtiger Faktor der öffentlichen Wirkung des Strafverfahrens (s. u. Rn. 54 ff.).

4. Förmlichkeit des Verfahrens

15 Ein wichtiges Element für das Interesse und die Anteilnahme der Öffentlichkeit am Strafverfahren liegt darin, daß das Verfahren in einer gewissen Förmlichkeit abläuft. Zeremonien und Rituale waren schon immer Mittel dafür, Anteilnahme zu erwecken und die jeweiligen Vorgänge über das Alltägliche hinaus zu erhöhen und ihnen einen gewissen Rang zu verleihen. Hiervon ist freilich in der Gegenwart nur noch wenig übrig geblieben, und in Deutschland noch weniger als etwa in England, wo Richter und Rechtsanwälte noch heute Perücken zu tragen und andere Förmlichkeiten zu beachten haben. In der Bundesrepublik sind hiervon nur der Robenzwang und eine gewisse Ordnung des Verfahrensablaufs (s. u. Rn. 204 f.) übrig geblieben.

Die Erweiterung des Absehens von der Vereidigung (§ 59 StPO) ist nicht nur unter dem Aspekt des Kampfes gegen eine sakrale Institution zu sehen, sondern auch als Zurückdrängung des Zeremoniellen schlechthin. Weitere Schauplätze des Kampfes gegen die Förmlichkeit des Verfahrens sind der Robenzwang, gegen den vor allem Ende der sechziger Jahre manche linke Anwälte Sturm gelaufen sind, und die Auflösung der konfrontierenden Sitzordnung im Gerichtssaal zugunsten eines „runden Tisches", an dem Richter, Staatsanwalt, Verteidiger und Angeklagter sitzen.

5. Das Spannungselement

Unerläßlich für eine Anteilnahme der Öffentlichkeit am Strafprozeß ist ein gewisses Spannungselement. Dieses wird gesteigert, je mehr Initiativrechte der Angeklagte und sein Verteidiger erhalten, je streitiger der Charakter des Strafverfahrens wird. **16**

Zu diesem für die Prozeßkultur unerläßlichen Spannungselement gehört die Tatsache, daß Überraschungen möglich sind. Diese Möglichkeit ist im deutschen Strafprozeß durch die Pflicht der Staatsanwaltschaft zur weitgehenden Erforschung des Sachverhalts schon im Ermittlungsverfahren (s. u. Rn. 59) erheblich reduziert; die Spannung beschränkt sich hier oft darauf, ob die Zeugen ihre Aussagen in der Hauptverhandlung aufrechterhalten oder nicht, und auch dann besteht die weitgehende Möglichkeit, sie mittelbar in die Hauptverhandlung einzuführen.

Das Spannungselement ist darüber hinaus unerläßlich für die Attraktivität des Strafverfahrens für befähigte Juristen und damit für die Aufrechterhaltung des Prozeßniveaus und der Prozeßkultur in langfristiger Perspektive.

6. Das Dauerelement

Die Wirksamkeit des Strafverfahrens wird weiterhin erheblich gesteigert, wenn die Öffentlichkeit eine gewisse Zeit lang mit einem Strafverfahren lebt. Bei wichtigen Prozessen ist es daher sinnvoll, daß sich diese über einige Tage oder gar Wochen erstrecken und die Öffentlichkeit täglich neu aus den Medien über den Fortgang des **17**

Verfahrens erfährt. Auch aus diesem Grunde ist die Aufhebung fehlerhafter Urteile im Rechtsmittelverfahren u. U. durchaus sinnvoll, da
sie die Auseinandersetzung der Gesellschaft mit der Straftat verlängert.

Allerdings gibt es **überlange Strafverfahren** wie manche Prozesse wegen
nationalsozialistischer Gewaltverbrechen und das Verfahren wegen der Gladbecker Geiselnahme, die das Interesse der Öffentlichkeit schließlich ermüden
und damit einen wichtigen Zweck verfehlen (zum Verzögerungsverbot näher
u. Rn. 360 f.).

18   Aus den hier aufgeführten funktionswichtigen Elementen des
      Strafverfahrens ergibt sich, daß eine strikte „Rationalisierung" des
      Strafverfahrens, eine einseitige Ausrichtung auf Kapazitäts-, Zeit-
      und Kostenersparnis, wie sie heute angesichts der Zunahme der Kriminalität vielfach gefordert wird, wichtige Elemente des Strafverfahrens beseitigen und damit die Funktion des Strafverfahrens beeinträchtigen würde.

      Weiterführende Literatur: *Schroeder,* Grenzen der Rationalisierung des
      Strafverfahrens, NJW 1983, 137.

IV. Die spezifischen Sanktionen des Strafprozeßrechts

19   Eine Besonderheit des Strafprozeßrechts besteht darin, daß die
      Sanktionen für rechtswidrige Handlungen nicht wie in den anderen
      Rechtsgebieten in einem besonderen Verfahren verhängt werden
      (Schadensersatz, Strafe), sondern – in Gestalt der Aufhebung im
      Rechtsmittelverfahren – gleich in das Verfahren eingebaut sind. Dies
      gilt besonders für die Revision: wenn ein Urteil auf einer Verletzung
      des Gesetzes, also auch der Strafprozeßordnung, beruht, ist es vom
      Revisionsgericht aufzuheben (§ 337 StPO). Außerdem gibt es noch
      die Berufung, die Beschwerde und andere spezielle Rechtsbehelfe.
      Diese drohende Aufhebung der Entscheidung wegen Fehlerhaftigkeit
      ist ein starkes Druckmittel für die Richter, und das mit Recht, da die
      Aufhebung u. U. immense Aufwendungen (man denke an ein Großverfahren mit zahllosen Sachverständigen und Tatortbesichtigungen
      im Ausland) wertlos macht und ein eindeutiges Indiz für einen professionellen Mangel ist. Sicher darf es dem Richter nicht zum Nachteil gereichen, wenn er mit guten, neuen Gründen gegen eine vom
      BGH vertretene Rechtsprechung entscheidet und sein Urteil trotzdem vom BGH aufgehoben wird. Jedoch ist es völlig recht und billig,
      daß die Bilanz des Richters hinsichtlich der Aufhebung von ihm er-

lassener Urteile wegen Fehlern bei der Beförderung eine Rolle spielt.
Die Rechtsmittel haben damit zugleich die Funktion der Disziplinierung der Strafrechtspflegeorgane.

Für das Strafprozeßrecht spielen daher nicht nur die Kategorien   20
richtig – falsch eine Rolle, sondern vor allem die Frage, wieweit der
Fehler mit Rechtsmitteln angreifbar ist. Dies muß man bei dem Erler-
nen des Strafprozeßrechts unbedingt einbeziehen; das vorliegende
Buch legt hierauf besonderen Nachdruck.

Andererseits ergibt sich aus dem Strafprozeß als einem fortschreitenden, aus
vielen Einzelhandlungen bestehenden Geschehen, daß die meisten Fehler vor
dem Erlaß des Urteils durch **Nachholung** des Versäumnisses oder korrekte
Wiederholung der fehlerhaften Handlung noch **korrigiert** werden können.

Manchmal kann der Fehler erst nach einer Kette von Stationen geltend gemacht werden.

Beispiel: Die Polizei gibt die Personalien eines Zeugen nicht preis, da dieser
als sog. V-Mann (s. u. Rn. 251) für die Aufdeckung weiterer Rauschgiftstrafta-
ten benötigt werde. Unzulässig, weil der Zeuge dem Angeklagten schon bekannt war und das weitere Bekanntwerden durch einen Ausschluß der Öffentlichkeit verhindert werden könnte. Das Gericht vernimmt daraufhin den
Zeugen kommissarisch innerhalb des Polizeigebäudes. Unzulässig, weil das
Gericht nicht versucht hat, von der Polizeibehörde die für die Ladung erforderlichen Personalien zu erhalten. Aber hiergegen kein Rechtsbehelf. Das Gericht verliest in der Hauptverhandlung das Protokoll über die kommissarische
Vernehmung. Unzulässig, weil das Gericht sich nicht bemüht hat, den Zeugen
in die Hauptverhandlung zu bekommen. Aber wiederum kein Rechtsbehelf.
Revision wegen unzulässiger Verlesung der Niederschrift.

V. Grundsätzliche Konstruktionen des Strafprozesses

Im Anschluß an *Bülow* (Die Lehre von den Prozeßeinreden und   21
die Prozeßvoraussetzungen, 1868) wurde der Strafprozeß allgemein
als ein **Rechtsverhältnis** angesehen, in welchem dem „Strafanspruch"
des Staates eine entsprechende Duldungspflicht des Straftäters gegen-
übersteht. Diese Lehre war ein typisches Produkt der Herrschaft des
zivilistischen Denkens, als man das gesamte Rechtssystem auf den
Kategorien des Zivilrechts aufzubauen versuchte. Diese Lehre gilt
heute in mehrfacher Hinsicht als überholt. Es wirkt gekünstelt und
lebensfremd, den seine Strafgewalt gegenüber dem Einzelnen aus-
übenden Staat als „Gläubiger" eines „Anspruchs" anzusehen. Ebenso
unsachgemäß ist es, die bittere Notwendigkeit des Schutzes der
Rechtsgüter durch Verhängung von Strafen als subjektives Recht des
Staates auf Strafe zu deuten. Der Staat erhält durch die Verhängung

und Verbüßung der Strafe nichts, sondern sorgt für die Aufrechterhaltung der Rechtsordnung und muß für die Unterhaltung der Justiz
und der Gefängnisse auch noch erheblich draufzahlen. Schließlich ist
die Betrachtung des Strafprozesses als Rechtsverhältnis statisch, während für den Strafprozeß gerade die Dynamik, das Fortschreiten auf
den Abschluß des Verfahrens hin charakteristisch ist.

22   Eine grundsätzlich neue Konzeption entwickelte *James Goldschmidt* 1925 in seiner Schrift „Der Prozeß als Rechtslage". So wie
die „Lage" einer Person im allgemeinen Sprachgebrauch den Stand ihrer Angelegenheiten bedeute, der ein günstiges oder ungünstiges
Werturteil rechtfertige, sei die **„Rechtslage"** der Stand der Angelegenheiten einer Person, betrachtet unter dem Gesichtspunkt des nach
Maßgabe des Rechts zu erwartenden richterlichen Urteils, kürzer:
die rechtlich begründete Aussicht auf ein günstiges oder ungünstiges
richterliches Urteil. So fortschrittlich *Goldschmidts* Lehre gegenüber
der überkommenen Auffassung vom Strafprozeß als Rechtsverhältnis
war, so zeigt doch schon seine Definition als „Stand" der Angelegenheiten, daß er die statische Betrachtungsweise nicht völlig überwun-
den hat und immer nur eine Momentaufnahme des Strafprozesses bietet (dazu *Heger,* JZ 10, 643).

In der Gegenwart hat *Ellen Schlüchter* versucht, das Strafprozeßrecht auf
dem Grundbegriff der **„Interaktion"** aufzubauen (Das Strafverfahren,
1. Aufl., 1981, 2. Aufl., 1983). Es fragt sich indessen, ob dieses Phänomen,
das sämtlichen Rechtsvorgängen innewohnt, genügend spezifisch für eine eigene Konzeption des Strafprozeßrechts ist. *Matthias Jahn* sieht die Hauptverhandlung vor allem angesichts der modernen Absprachenpraxis (u. Rn. 395 ff.)
als Fall des allgemeinen praktischen **Diskurses** (GA 2004, 272).

23   Das spezifische Wesen des Strafprozesses besteht in dem – schon in
dem lateinischen Namen gut zum Ausdruck kommenden – „Fortschreiten" von der Aufnahme der Ermittlungen bis zum Abschluß
durch Einstellung oder durch ein rechtskräftiges Urteil. Dabei ergeben sich immer neue Situationen mit neuen Rechtsproblemen (z. B.
Vorladung zur Vernehmung, Verhängung von Untersuchungshaft,
Hauptverhandlung mit wieder jeweils neuen Situationen wie Vernehmung zur Sache, Stellung eines Beweisantrags, Hinweis auf Veränderung des rechtlichen Gesichtspunkts usw.). Der Strafprozeß ist also
eine **Kette von sukzessiven Rechtsverhältnissen.**

Typische **Elemente des Prozeßcharakters des Strafprozesses** sind:
– zahlreiche Vorschriften regeln die *Reihenfolge* von Maßnahmen und Vorgängen (z. B. §§ 151, 163 Abs. 2, 201, 243, 268, 320, 321, 347 StPO),
– in einem Verfahren ergehen zahlreiche *Zwischenentscheidungen,* die jedoch
  in der Regel nicht selbständig, sondern nur im Zusammenhang mit dem ab-

schließenden Urteil angreifbar sind (z. B. §§ 28 Abs. 2, 210 Abs. 1, 336 StPO),
- die Einzelakte werden durch *Fristen* bzw. das allgemeine *Verzögerungsverbot* zusammengehalten (s. u. Rn. 360 ff.),
- fast alle Versäumnisse können im Laufe des Verfahrens noch *nachgeholt*, Fehler *geheilt* werden,
- in schwerwiegenden Fällen ist eine „*Aussetzung*" (Wiederholung) der Hauptverhandlung vorgesehen (z. B. §§ 217 Abs. 2, 246 Abs. 2, 265 Abs. 3 StPO),
- bei Unmöglichkeit der Nachholung oder Heilung ist eine Weiterführung des Verfahrens ohne Berücksichtigung der fehlerhaften Teile möglich *(Verwertungsverbot),*
- bei nichtgeheilten Fehlern erfolgt eine *Zurückverweisung* und damit eine Zurückversetzung des Verfahrens in das Ausgangsstadium (§ 354 StPO).

VI. Das Strafprozeßrecht und die übrigen Prozeßarten

Das Strafprozeßrecht gilt – wie der Zusatz sagt – nur für Verfahren 24
auf dem Gebiete des Strafrechts. Daneben gibt es für das Zivilrecht
den Zivilprozeß. Im deutschen Recht mit seiner starken Aufspaltung
der Rechtsmaterien und der Gerichtsbarkeit gibt es daneben noch die
Verwaltungsgerichtsordnung, das Arbeitsgerichtsgesetz, das Sozialge-
richtsgesetz, die Finanzgerichtsordnung und schließlich das Bundes-
verfassungsgerichtsgesetz. Wissenschaftliches Verallgemeinerungsbe-
streben hat nun versucht, die fachlichen Grenzen zu überwinden
und eine allgemeine Prozeßrechtslehre zu entwickeln (insbesondere
Sauer, Allgemeine Prozeßrechtslehre, 1951).

Weiterführende Literatur: *Lüke*, Zur Bedeutung des Strafprozeßrechts für
die allgemeine Prozeßrechtslehre, Müller-Dietz-FS, 2001, 479.

§ 5 a Abs. 2 DRiG nennt als Pflichtfächer des Jurastudiums „Bürgerliches
Recht, Strafrecht, Öffentliches Recht und Verfahrensrecht". Dementsprechend
wird auch in manchen Vorlesungsverzeichnissen das Strafprozeßrecht nicht in
einem Abschnitt zusammen mit dem Strafrecht angeboten, sondern zusammen mit dem Zivil- und Verwaltungsprozeßrecht in einem Abschnitt „Verfahrensrecht".

Dieser Versuch hat sich jedoch als wenig fruchtbar erwiesen. Zwar
kann das Verwaltungsprozeßrecht in vielem auf das Zivilprozeßrecht
verweisen. Im Strafprozeßrecht ergeben sich aber so spezifische Probleme, daß nur noch wenige Gemeinsamkeiten mit den anderen Ver-
fahrensarten übrig bleiben. Eine der wenigen Gemeinsamkeiten besteht z. B. in dem Verfahren bei Zustellungen (§ 37 StPO) – fürwahr
eine sehr bescheidene Gemeinsamkeit.

VII. Die praktische Bedeutung des Strafprozeßrechts

25   Im Jahr 2009 wurden in Deutschland 6.054.330 Straftaten (ohne Straßenverkehrs- und Staatsschutzdelikte) von der Polizei registriert. In 3.368.879 Fällen (55,6 %) konnte die Straftat aufgeklärt, also ein namentlich bekannter Tatverdächtiger ermittelt werden. Im selben Jahr erledigte die Staatsanwaltschaft (Landgericht und Amtsanwaltschaft) 4.710.262 Ermittlungsverfahren, zum größten Teil durch Einstellungen mangels hinreichenden Tatverdachts (28,1 %), gefolgt von Opportunitätseinstellungen (25,7 %), Strafbefehlsanträgen (11,5 %) und Anklagen (11,3 %). Die Gerichte haben 2009 842.342 Personen wegen einer Straftat (ohne Straßenverkehrsdelikte) abgeurteilt, also einen Strafbefehl erlassen oder das Verfahren rechtskräftig durch Urteil oder Einstellungsbeschluss abgeschlossen. Die Quote der zu einer Strafe verurteilten Personen betrug 78 %. Diese Zahlen zeigen die praktische Bedeutung des Strafverfahrensrechts und den Arbeitsanfall für die Strafverfolgungsorgane, ebenso wie eine erhebliche Aussonderung im Verlauf des Verfahrens.

Auch wenn es sich hierbei nicht um die gleichen Verfahren handelt, macht der „Fallschwund" deutlich, welche Filterfunktion dem Strafverfahren und den an ihm beteiligten Instanzen zukommt. Dabei haben die Aufklärungsarbeit der Polizei das Entscheidungsverhalten der Staatsanwaltschaft den größten Selektionseffekt, werden dort doch jeweils gut die Hälfte der eingegangenen Fälle aus dem weiteren Verfahren ausgesondert.

26   Für die justizielle Bearbeitung der Strafverfahren standen Ende 2008 5122 Staatsanwälte, 665 Amtsgerichte, 116 Landgerichte mit 1.630 Strafkammern, 24 Oberlandesgerichte mit 93 Strafsenaten und fünf Strafsenate beim BGH mit insgesamt rd. 3500 in Straf- und Bußgeldverfahren tätigen Richtern zur Verfügung.

Aufschluss über die genannten Zahlen und Begriffe geben die vom Bundeskriminalamt jährlich herausgegebene Polizeiliche Kriminalstatistik („PKS", abrufbar unter www.bka.de -> Berichte und Statistiken) sowie die Fachserie 10 des Statistischen Bundesamts (www-ec.destatis.de ->alle Fachserien -> Rechtspflege) mit Statistiken unter anderem über die Staatsanwaltschaften (Reihe 2.6), die Strafgerichte (Reihe 2.3), die Strafverfolgung (Reihe 3) und mit den „Ausgewählten Zahlen für die Rechtspflege" (Reihe 1).

§ 3. Überblick über die Geschichte und die moderne Entwicklung des Strafprozesses

Muß das sein? Verkrampfter Nachweis zur Wissenschaftlichkeit des Buches? – Überfliegen Sie's mal und erleben Sie das prickelnde Gefühl, historische Muster zu kennen, wenn sich in der Gegenwart bestimmte Entwicklungen abzeichnen. Die Darstellung der wichtigsten Änderungen seit 1949 (s. u. Rn. 39 ff.) gibt zudem eine Vorschau auf die Hauptprobleme des Strafprozessrechts und erleichtert das Verständnis früherer Fassungen der StPO.

I. Die germanische Zeit

In der germanischen Zeit gab es kaum staatliches Strafrecht. Zwischen den Sippen herrschten **Rache und Fehde.** Nur bei schweren Taten gegen die Gemeinschaft (Verrat, Kultverbrechen, Neidingswerke) erfolgte eine **Friedloslegung,** die den Betroffenen „vogelfrei" machte und der Tötung durch jedermann anheim gab, oder auch eine kultische Tötung. Allerdings bildete sich bald der Brauch heraus, die Rache durch Sühnezahlungen (Wergeld für den getöteten Mann) abzulösen. Außerdem bildete sich das Friedensgeld (fredus) an die Gemeinschaft heraus.

Das Recht wurde in der Versammlung der Stammesangehörigen, dem sog. Thing (vgl. engl. „thing", heute „Ding"), gesprochen. Hinsichtlich des Bußgeldes bedurfte es einer Klage von seiten der verletzten Sippe, entsprechend dem heutigen Privatklageverfahren. Die Beweismittel (Reinigungseid mit Eideshelfern, Zweikampf, Laufen über glühende Pflugscharen und andere als „Gottesurteil" angesehene Herausforderungen der Naturgesetze) hatten zwingende Wirkung.

Dieses Verfahren hat sich lange gehalten. Die Änderungen durch die Entstehung des Königtums beschränkten sich im wesentlichen darauf, daß den Vorsitz im Volksgericht die Grafen übernahmen und neben die Volksgerichte ein Königsgericht trat. Der Versuch Karls des Großen, die Last der allgemeinen Thing-Pflicht durch die Übertragung der Rechtsprechung auf gewählte Schöffen zu beseitigen, hat sich nicht durchgesetzt.

II. Die Rezeption und der Inquisitionsprozeß

In der zweiten Hälfte des Mittelalters kommt es im Zuge der zunehmenden Urbanisierung und der Entstehung eines „fahrenden Volks" in Form von Vaganten, Spielleuten, gescheiterten Studenten

27

28

und Bettlern zu einem sprunghaften Anstieg der Kriminalität. Während im materiellen Strafrecht die Anwendung der Todesstrafe und der Leibesstrafen erheblich zunahm, entwickelte sich in den Städten ein vereinfachtes Strafverfahren. Die nach wie vor erforderliche Klage wurde teilweise von Amts wegen erhoben, insbesondere durch den Richter selbst. Da gleichzeitig die Kirche den Zweikampf und andere Gottesurteile untersagte (IV. Laterankonzil 1215), wurde dem Beschuldigten der Entlastungsbeweis versagt. An die Stelle der Eideshelfer für den Kläger traten bloße Zeugen als Beweismittel. Es entstand das „Verfahren auf Leumund", bei welchem der Nachweis eines schlechten Leumunds durch „Leumundszeugen" für die Verurteilung genügte.

29   Gegenüber diesem Verfahren ist die 1321 in Augsburg zuerst nachweisbare, in der Folgezeit immer stärker aufkommende **Folter** fast noch vorzuziehen, da sie sich wenigstens noch bemühte, die begangene Tat zu beweisen. Überhaupt liegt die eigentliche Perversität der Folter darin, daß sie auf einem strikten rechtsstaatlichen Erfordernis, nämlich dem Nachweis der Schuld, beruht und in dem verfehlten absoluten Bestreben nach dessen Erfüllung das mindestens ebenso wichtige Menschenrecht auf körperliche Unversehrtheit und Willensfreiheit mißachtet.

30   Diese Tendenzen wurden teilweise fortgeführt, teilweise aber auch rechtlich kanalisiert und systematisiert durch die seit Beginn des 16. Jahrhunderts erfolgende Übernahme („**Rezeption**") des in Italien von den Glossatoren (1100–1250) und Postglossatoren (1250–1450) weiterentwickelten römischen Rechts (die „Glossatoren" verfaßten „Glossen" zum römischen „Codex iuris civilis" von 533). Diese Rezeption erfolgte nach einigen regionalen Vorläufern (Wormser Reformation von 1498, Bamberger Halsgerichtsordnung von 1507) auf Reichsebene durch die Peinliche Gerichtsordnung Karls V. („**Carolina**") von 1532. Herrschend wurde die Aufnahme des Prozesses von Amts wegen, und zwar nicht etwa durch eine vom Gericht getrennte Instanz wie die Staatsanwaltschaft, sondern durch den Richter selbst (die Carolina stellte zwar Privatklage und Einleitung des Verfahrens von Amts wegen scheinbar gleichberechtigt nebeneinander, doch trat erstere wegen der damit verbundenen Mühen in der Praxis – wie offensichtlich geplant – völlig in den Hintergrund). Die Einheit von Ankläger und Richter bildet – zusammen mit der Nichtanerkennung eigener Initiativrechte des Angeklagten – das Wesen des **Inquisitionsprozesses**. Für die Verurteilung war der Beweis durch zwei Zeugen oder aber – und damit, da zwei Zeugen selten vorhan-

den waren, regelmäßig – ein Geständnis erforderlich. Dieses konnte
wie bisher durch Folter erzwungen werden. Eine bedeutsame Einschränkung durch die Carolina bestand darin, daß für die Anwendung der Folter „Anzeigungen" (dtsch. Übersetzung des Wortes „Indizien") erforderlich waren. Die Carolina enthielt eine eingehende,
beachtliche **Indizienlehre.** So wurden Wahrsager bei den Indizien
ausgeschlossen (Art. 21) – eine Regel, die für die Bundesrepublik
erst wieder durch eine Entscheidung des BGH entwickelt werden
mußte (NJW 1978, 207; s. u. Rn. 260)! Es ist daher die Auffassung
vertreten worden, daß die Folter nach der Carolina nur noch in solchen Fällen zulässig war, in denen nach geltendem Recht bereits eine
Verurteilung zulässig ist. Diese Ehrenrettung der Carolina schießt jedoch über das Ziel hinaus. So galt als Indiz für die Folterung beim
Verdacht der mit der Strafe der Verbrennung bei lebendigem Leibe
bedrohten „Zauberei" (Art. 109) das Sicherbieten, andere Menschen
Zauberei zu lehren, die Bezauberung eines anderen nach vorhergeh-
ender Androhung, die Gemeinschaft mit Zauberern oder Zauberin-
nen, der Umgang mit verdächtigen Dingen, Gebärden, Worten und
Weisen, die Zauberei auf sich tragen (Art. 44). Im übrigen konnte
das Indizienerfordernis trotz einer Strafvorschrift gegen die Richter
bei widerrechtlicher Anwendung der Folter (Art. 62) und eines
beachtlichen Verwertungsverbotes (Art. 20; s. hierzu heute u.
Rn. 121 ff.) angesichts der fehlenden Öffentlichkeit des Ermittlungsverfahrens seinen einschränkenden Zweck nicht erfüllen.

Das von der Carolina eingeführte Verfahren war **schriftlich und** **31**
geheim. In der öffentlichen Hauptverhandlung, dem sog. endlichen
Rechtstag, wurde lediglich, falls der Angeklagte wieder die Kraft
hatte, die Tat zu leugnen, über die Ablegung des Geständnisses unter
der Folter Beweis erhoben und anschließend das Urteil verkündet
(Art. 78–97).

In vielen Artikeln ordnet die Carolina an, daß die Richter **„mit den Rechts-**
verständigen Rats pflegen sollen". Was auf den ersten Blick als Verlegenheit
des Gesetzgebers erscheint, erweist sich bei näherem Zusehen als geniale Of-
fenhaltung des Gesetzes für die Rechtsfortbildung. Mit den „Rechtsverständi-
gen" waren vor allem die juristischen Fakultäten gemeint. Diese entfalteten
daher in der Zeit der Geltung der Carolina eine rege und gutbezahlte Gutach-
tentätigkeit. Damit wurde das Recht für eine Fortbildung und laufende An-
passung an moderne Erkenntnisse und Erfordernisse offengehalten. Allerdings bedingte dieses Verfahren auch eine häufige Aktenversendung, die
unter den damaligen Umständen noch zeitraubender war als heute. Die Verfahren wurden dadurch noch bürokratischer und langwieriger als ohnehin.
Die Akten wurden damals auf langen Bänken gelagert; von daher stammt die
Redewendung „auf die lange Bank schieben".

Die Carolina ist – kurz nach Luthers Übersetzung des Neuen Testaments (1522) – ein zweites großes Werk der deutschen Sprache. Die preiswerte Reclam-Ausgabe (Nr. 18.064) gehört in die Bibliothek jedes Studenten.

32   Die Carolina brachte erstmals ein gesamtdeutsches Straf- und Strafprozeßrecht. Man spricht daher insofern von dem „gemeinen" Strafrecht (im Sinne eines allgemeinen Strafrechts) und dem **„gemeinen Strafprozeß"**. Mit diesen Begriffen wird allerdings vor allem die Weiterentwicklung der Regeln der Carolina in Wissenschaft und Praxis bis Mitte des 18. Jahrhunderts bezeichnet.

Die führende wissenschaftliche Autorität des gemeinen Strafprozesses war der Leipziger *Benedict Carpzow* mit seiner in zahlreichen Auflagen (zuerst 1635) erschienenen „Practica nova imperialis Saxonica rerum criminalium", sozusagen der „Löwe-Rosenberg" der damaligen Zeit (und da die Carolina auch das materielle Strafrecht enthielt, zugleich der „Leipziger Kommentar"; dtsch. Übersetzg. von *Oehler* 2000). Die Wissenschaft des gemeinen Strafprozeßrechts verschärfte leider noch die Bestimmungen der Carolina und entwickelte die Kategorie der „delicta excepta" wie Hexen- und Ketzerprozesse, bei denen der Strafprozeß noch von den letzten Schranken befreit wurde. Die Rolle *Carpzows* bei den entsetzlichen massenhaften Hexenprozessen ist umstritten. Bei – trotz des Instruments der Folter – fehlender Nachweisbarkeit der Schuld des Angeklagten wurden die Möglichkeit einer Verdachtsstrafe und der Einstellung des Verfahrens unter Vorbehalt der jederzeitigen Wiederaufnahme (absolutio ab instantia) entwickelt.

33   Unsterbliche Vorkämpfer **gegen die Folter** sind *Friedrich Spee von Langenfeld* („Cautio Criminalis", 1631) und *Christian Thomasius* (vor allem mit der von ihm betreuten Dissertation von M. Bernhardi „De tortura ex foris christianorum proscribenda", 1705). Zu den ersten Herrschern, die die Folter abschafften, gehörte *Friedrich der Große* im Jahr seines Regierungsantritts 1740. Dagegen sahen noch der „Codex juris bavarici criminalis" von 1751 und die österreichische „Constitutio criminalis Theresiana" von 1769 die Folter vor und regelten sie eingehend. Die „Theresiana" demonstriert die Anwendung der Folter sogar auf zahlreichen Kupferdrucktafeln und ist daher heute im Antiquariatshandel gesucht. Bis zum ersten Drittel des 19. Jahrhunderts wurde die Folter jedoch in Europa allgemein abgeschafft.

34   Auch danach waren jedoch die **Mängel des gemeinen Strafprozesses** keineswegs beseitigt. Denn die Abschaffung der Folter geschah zunächst nur unter gleichzeitiger Einführung von sog. Ungehorsamsstrafen für das Leugnen einschließlich Prügeln (§§ 293 ff. preuß. Kriminalordnung von 1805; II. Tl., Art. 188 bayer. StGB von 1813). Immer noch gab es Verdachtsstrafen (§ 391 preuß. Kriminalordnung).

Auch waren nach wie vor zwingende Beweisregeln vorgesehen (§§ 370 ff. preuß. Kriminalordnung; II. Tl., Art. 259 ff. bayer. StGB). Der „absolutio ab instantia" entsprach die „vorläufige Lossprechung" mit der Möglichkeit der jederzeitigen Wiederaufnahme des Strafverfahrens und sogar der Anordnung der Polizeiaufsicht (§§ 409 ff. preuß. Kriminalordnung; II. Tl., Art. 354, 390 bayer. StGB).

III. Der reformierte Strafprozeß

Seit dem Beginn des 19. Jahrhunderts gingen die Forderungen nach einer Reform des deutschen Strafprozesses daher sehr viel weiter.   35

In **England** hatte sich auf der Grundlage des germanischen Rechts der Parteiprozeß mit Mündlichkeit und Öffentlichkeit des Verfahrens erhalten. Aus der Rechtsprechung durch die Volksversammlung hatte sich das Schwurgericht für die Aburteilung schwerer Verbrechen entwickelt. In **Frankreich** war im Rahmen des Inquisitionsprozesses aus den „procureurs du roi" eine Art staatliche Anklagebehörde entstanden. Hieraus entstand im Verlauf der französischen Revolution von 1789 ein neues Modell mit Öffentlichkeit und Mündlichkeit des Verfahrens, Anklageprinzip mit Erhebung der Anklage durch die Staatsanwaltschaft, Schwurgericht. Eine derartige Regelung des Strafprozesses nach englisch-französischem Vorbild wurde auch in Deutschland zunehmend gefordert. Führend wurde auch hier der auch im Bereich des materiellen Strafrechts mit seiner Theorie des „psychischen Zwanges" (Generalprävention) und der Forderung nach Beachtung des Grundsatzes „Nulla poena sine lege" hervorgetretene *Johann Paul Anselm Feuerbach* (Betrachtungen über die Öffentlichkeit und Mündlichkeit der Gerechtigkeitspflege, 1821). Verdienstvoll war auch sein Schüler *C. J. A. Mittermaier* mit seinem Werk „Das deutsche Strafverfahren in der Fortbildung durch Gerichts-Gebrauch und Partikular-Gesetzbücher und in genauer Vergleichung mit dem englischen und französischen Strafprozesse", 1832/1833.

Aufgrund dessen entstanden nach 1848 in allen deutschen Teilstaaten Strafprozeßordnungen, die die erwähnten Forderungen berücksichtigten (Bayern 1848, Preußen 1849, Baden 1864). Im Vergleich zu dem „gemeinen Strafprozeß" handelt es sich hier formal um den „partikularen", inhaltlich um den „reformierten Strafprozeß".

Die Wiedervereinheitlichung des Strafprozeßrechts in Deutschland nach der Reichsgründung 1871 durch die **StPO** und das **GVG** von **1877** (zusammen mit der ZPO und der KO die „vier Reichsjustizgesetze") brachte an diesem Rechtszustand keine wesentlichen Veränderungen (wesentlich nur die Beschränkung der Schwurgerichte auf schwerste Straftaten).

Die StPO und das GVG von 1877 gelten bis heute, wurden aber durch je über 175 Änderungsgesetze an die laufende Entwicklung angepaßt. Im folgenden werden nur die wichtigsten Änderungen dargestellt.

IV. Die Entwicklung in der Weimarer Republik

36   Auch die Revolution von 1918 brachte zunächst keine Änderungen. Unter der Weimarer Republik erfolgten jedoch zwei einschneidende Änderungen:

1. Das **Jugendgerichtsgesetz von 1923** schuf für Straftäter im Alter von 14–18 Jahren zahlreiche verfahrensrechtliche Sonderbestimmungen.

2. Die sog. **Lex Emminger** vom 4. 1. 1924 brachte bedeutsame Vereinfachungen des Strafverfahrens: Umwandlung der Schwurgerichte in Spruchkörper in der Besetzung von drei Berufsrichtern und sechs „Geschworenen" (der Sache nach bloße Schöffen); Übertragung der bisherigen Zuständigkeit der Strafkammern auf die Amtsgerichte mit entsprechender erheblicher Ausweitung der Möglichkeit der Berufung; Einführung des Einzelrichters für leichtere Straftaten; Einschränkung des Verfolgungszwangs der Staatsanwaltschaft durch die Möglichkeit der Einstellung wegen Geringfügigkeit (§ 153 StPO; näher u. Rn. 63 ff.).

V. Der Nationalsozialismus

37   Die Nationalsozialisten erließen in den zwölf Jahren ihrer Herrschaft eine Fülle von Änderungen des Strafprozeßrechts, die schwer zu überblicken sind, aber sämtlich auf einen Abbau schützender Vorschriften gerichtet waren.

Schon 1933 wurden für bestimmte politische Delikte **Sondergerichte** geschaffen. Das Wesen der Sonder*gerichte* war ein Sonder*verfahren*: es fand kein Eröffnungsverfahren statt, die Ladungsfrist war verkürzt, Beweisanträge konnten nach Ermessen abgelehnt werden, und gegen die Entscheidungen war kein Rechtsmittel zulässig. Die Zuständigkeit der Sondergerichte wurde immer mehr ausgedehnt; ab 1938 konnten bei ihnen alle Verbrechen angeklagt werden. 1935 wurden das Verbot der „reformatio in peius" (s. u. Rn. 308) abgeschafft, die Wahlfeststellung und die Verurteilung in Abwesenheit unbeschränkt zugelassen und die Untersuchungshaft auch bei Wiederholungsgefahr (s. aber auch jetzt wieder § 112 a StPO, u. Rn. 144) und bei Erregung der Öffentlichkeit eingeführt. 1939 wurde das zunächst nur für die Sondergerichte vorgesehene Recht zur Ablehnung von Beweisanträgen allgemein eingeführt. Der „Außerordentliche Einspruch gegen rechtskräftige Urteile" von

1939 und die Nichtigkeitsbeschwerde von 1940 glichen zwar das Fehlen von
Rechtsmitteln gegen die Urteile der Sondergerichte aus, beseitigten aber doch
auch allgemein die Rechtskraft von Entscheidungen mit ihrer schützenden
Funktion – übrigens in charakteristischer Übereinstimmung mit dem „Aufsichtsverfahren" in der Sowjetunion und später der „Kassation" in der DDR.
Eine VO von 1942 schließlich beseitigte den Eröffnungsbeschluß allgemein,
schaffte das Klageerzwingungsverfahren (s. u. Rn. 165 ff.) ab und ermöglichte
die Verhängung von Freiheitsstrafe durch Strafbefehl.

VI. Die Entwicklung des deutschen Strafprozeßrechts nach 1945

Die nationalsozialistischen Änderungen wurden durch Erlasse der **Besat-**   38
zungsmächte sowie das Gesetz zur Wiederherstellung der Rechtseinheit von
1950 **(Vereinheitlichungsgesetz)** beseitigt.

In der **DDR** wurde 1952 eine Strafprozeßordnung nach sowjetischem Mus-
ter geschaffen. 1968 wurde sie durch eine neue Strafprozeßordnung abgelöst.
Sie beseitigte in raffiniert verschleierter Form fast alle Verteidigungsrechte des
Beschuldigten, überwies kleinere Sachen an die in den Betrieben gebildeten
„Konfliktkommissionen" und machte die Mitwirkung von „Vertretern der
Kollektive" (d. h. der Arbeitsgruppen in den Betrieben) in allen Strafprozessen
zur Pflicht.

In der Bundesrepublik erging **1964** die sog. **Kleine Strafprozeßre-**   39
form mit zahlreichen Verbesserungen der Stellung des Beschuldigten,
insbesondere der Einschränkung der Untersuchungshaft (§§ 112 ff.
StPO), der Erweiterung des Akteneinsichtsrechts des Verteidigers
(§ 147 StPO), der Pflicht zur Belehrung über das Recht zum Schweigen und zur Hinzuziehung eines Rechtsanwalts schon bei der Polizei
(§ 163 a Abs. 4 StPO; näher *Rieß*, Kleinknecht-FS 1985, 355). **1968**
wurde im Rahmen der Notstandsgesetze durch das Gesetz zur Beschränkung des Brief-, Post- und Fernmeldegeheimnisses die **Tele-**
fonüberwachung eingeführt (§§ 100 a, 100 b StPO); sie wurde seitdem ständig erweitert (*Welp*, Jahrb. d. Jur. Zeitgesch. 1, 457).

Seit 1974 ergehen dagegen zunehmend Gesetze zur **Beschleuni-**
gung und Entlastung der Strafjustiz und zum Abbau von Miß-
brauchsmöglichkeiten. Das **1. StVRG** von 1974 bezweckte mit einer
Reihe von Änderungen eine Beschleunigung des Strafverfahrens und
schaffte vor allem die früher bei schwereren Straftaten erforderliche
gerichtliche Voruntersuchung (§§ 178–197 a. F. StPO) und damit die
„Untersuchungsrichter" ab. Das **EGStGB** von 1975 brachte zum
Ausgleich für die Abschaffung der bis dahin im StGB vorgesehenen
Übertretungen eine Erweiterung der Möglichkeit der **Einstellung**
des Verfahrens wegen Geringfügigkeit (§§ 153, 153 a StPO: Mög-

lichkeit der Einstellung gegen Auflagen, der Einstellung allein durch die Staatsanwaltschaft; näher u. Rn. 63).

1974–1978 erfolgte eine Reihe von Änderungen des Strafprozeßrechts zur Bekämpfung des **Terrorismus:** Ergänzungsgesetz zum 1. StVRG von 1974 mit Erweiterung der Möglichkeit zur Verhandlung in Abwesenheit des Angeklagten (§§ 231 a, 231 b StPO) und Regelung des Ausschlusses von Verteidigern (§§ 138 a ff. StPO); „Anti-Terrorismus"-Gesetz von 1976; „Kontaktsperregesetz" von 1977 mit Einführung der §§ 31 ff. EGGVG; StPO-Änderungsgesetz 1978 mit Einführung der Trennscheibe bei Gesprächen von Verteidigern mit verhafteten Terroristen (§ 148 Abs. 2 StPO; näher *Vogel,* NJW 1978, 1217).

40   Die **Strafverfahrensänderungsgesetze** von **1979** und **1987** haben eine ganze Reihe von kleineren, insgesamt aber doch beachtlichen Eingriffen zur Beschleunigung des Strafverfahrens gebracht (näher *Schroeder,* NJW 1979, 1527; *Rieß/Hilger,* NStZ 1987, 145, 204). Das **Opferschutzgesetz** von 1986 hat zur besseren Berücksichtigung der Interessen der Opfer von Straftaten das Institut der Nebenklage (§§ 395 ff. StPO) umgestaltet und einen neuen Abschnitt „Sonstige Befugnisse des Verletzten" (§§ 406 d–406 h) in die StPO eingefügt (dazu BT-Drs. 10/5305,6124).

Erhebliche Diskussionen löste die Einführung der **Kronzeugenregelung** durch das „Gesetz zur Änderung des Strafgesetzbuches, der Strafprozeßordnung und des Versammlungsgesetzes und zur Einführung einer Kronzeugenregelung bei terroristischen Straftaten" von 1989 aus. Danach konnten Mitglieder oder Förderer von terroristischen Vereinigungen Strafmilderung, ein Absehen von Strafe oder ein Absehen von der Strafverfolgung erreichen, wenn sie durch Mitteilungen die Aufklärung entsprechender Straftaten oder die Ergreifung von Beteiligten förderten oder die Begehung entsprechender Straftaten verhinderten. Diese Regelung ging weiter als die verdeckte Kronzeugenregelung über die §§ 129 Abs. 6, 129 a Abs. 5 StGB, 31 BtMG, 153 b StPO (s. o. Rn. 7) und wurde daher als „große Kronzeugenregelung" bezeichnet. Ihr wurde ein „Handel mit der Gerechtigkeit" vorgeworfen (*Hassemer,* StV 1986, 550; *Lammer,* ZRP 1989, 250; für das Gesetz *Hilger,* NJW 1989, 2378). Die befristete Regelung ist 1999 ausgelaufen. Seit 2009 § 46 b StGB.

41   Das Gesetz zur Bekämpfung des illegalen Rauschgifthandels und anderer Erscheinungsformen der **Organisierten Kriminalität** (OrgKG) von **1992** hat – neben der Einführung neuer Straftatbestände (Geldwäsche, Strafschärfung für Bandentäter) und Sanktionen (Vermögensstrafe, Erweiterter Verfall) im StGB – den Schutz von Zeugen vor Bedrohungen und Racheakten durch eine Einschränkung der Pflicht zu persönlichen Angaben verstärkt (§ 68 StPO) und außerdem die Ermittlungsmethoden des Einsatzes **verdeckter Ermitt-**

ler und **technischer Mittel** sowie der **Rasterfahndung** geregelt (§§ 98 a–98 c, 100 c, 100 d, 110 a–110 e, 163 e StPO; näher BT-Drs. 12/989, 2720; *Hilger,* NStZ 1992, 457, 523). Damit verwirklichte das Gesetz einen Teil der Anforderungen des **Volkszählungsurteils** des Bundesverfassungsgerichts von 1983 (BVerfGE 65, 1) für eine genaue Festlegung der Voraussetzungen für die Eingriffe in das Recht auf informationelle Selbstbestimmung (s. u. Rn. 50).

Das **Gesetz zur Entlastung der Rechtspflege** von **1993** hat aufgrund des Richtermangels in den neuen Bundesländern zahlreiche bisherige Erfordernisse reduziert: Ausweitung der Befugnis der Staatsanwaltschaft und der Gerichte zur Einstellung des Verfahrens, Erweiterung der Aburteilung im Strafbefehlsverfahren, Ausweitung der Kompetenz des Strafrichters und des Schöffengerichts, Reduzierung der Besetzung der Strafkammern der Landgerichte von drei auf zwei Berufsrichter, Beschränkung des Beweisantragsrechts, Beschränkung der Berufung (dazu BT-Drs. 12/1217, 3832).

Das **Verbrechensbekämpfungsgesetz** von **1994** hat – neben Änderungen des StGB (u. a. Täter-Opfer-Ausgleich, Einführung der Strafbarkeit der „Auschwitz-Lüge") – das beschleunigte Verfahren (s. u. Rn. 171) völlig neu geregelt und erweitert (statt §§ 212–212 b jetzt §§ 417–420 StPO) und das länderübergreifende staatsanwaltschaftliche Verfahrensregister geregelt (§§ 474–477 StPO, seit 2000 §§ 492–495); dazu BT-Drs. 12/6853, 8588; *König/Seitz,* NStZ 1995, 1; *Dahs,* NJW 1995, 553).   42

Das **Strafverfahrensänderungsgesetz – DNA-Analyse** von **1997** hat molekular-genetische Untersuchungen an durch körperliche Untersuchungen, insbesondere Blutproben, erlangtem Material zugelassen (§§ 81 e, 81 f StPO). Das **DNA-Identitätsfeststellungsgesetz** von 1998 hat darüber hinaus die Möglichkeit geschaffen, bei wegen Straftaten von erheblicher Bedeutung Beschuldigten solche Untersuchungen zum Zweck zukünftiger Strafverfolgung vorzunehmen (§ 81 g StPO).

Das **Gesetz zur Verbesserung der Bekämpfung der Organisierten Kriminalität** von **1998** hat nach langen Diskussionen den sog. **großen Lauschangriff** (heimliches Abhören in fremden Wohnungen) eingeführt (§§ 100 c Abs. 1 Nr. 3, 100 d–100 f StPO), nachdem zuvor eine entsprechende Änderung von Art. 13 GG erfolgt war.

Die Regelung wurde von BVerfGE 109, 279 im März 2004 für weitgehend verfassungswidrig erklärt und am 24. 6. 2005 durch wesentlich detailliertere Vorschriften ersetzt (§§ 100 c–100 e StPO).

Das **Zeugenschutzgesetz** von **1998** hat – vor allem zur Schonung von Tatopfern – die **Videoübertragung** von Zeugenvernehmungen (§§ 168 e, 247 a StPO) und die Möglichkeit der Herstellung und Verwertung von Videoaufzeichnungen (§§ 58 a, 247 a S. 4, 255 a StPO) eingeführt. Ferner wurden in Erweiterung des Opferschutzgesetzes (o. Rn. 40) für bestimmte Fälle ein Zeugenbeistand und ein **Opferanwalt** auf Staatskosten eingeführt (§§ 68 b, 397 a, 406 g StPO; näher *Rieß*, NJW 1998, 3240; *Seitz*, JR 1998, 309).

Das **StVÄG 1999** von 2000 hat die Eingriffsbefugnis von Staatsanwaltschaft und Polizei klargestellt (§§ 160, 163 StPO) und – in Fortsetzung der Anforderungen des Volkszählungsurteils (s. o. Rn. 41) – die Ermittlungsmethoden der **Fahndung** und der längerfristigen **Observation** geregelt (§§ 131 ff., 163 f StPO). Schließlich wurden Regelungen über Aktenauskünfte für Behörden und Dritte und die Möglichkeit der Anlage und Verwertung von Dateien eingeführt (§§ 474–491 StPO; näher BT-Drs. 14/1484; *Brodersen*, NJW 2000, 2536; *Hilger*, NStZ 2000, 561; 2001, 15).

Die **Opferrechtsreformgesetze** von 2004 und 2009 haben die Mitwirkungs- und Informationsrechte der Verletzten und ihre Möglichkeit, im Strafverfahren Schadensersatz geltend zu machen, verbessert und sich durch die Ermöglichung von Tonbandaufnahmen von Vernehmungen sowie der Anklageerhebung beim Landgericht bemüht, Opferzeugen mehrfache Vernehmungen zu ersparen (näher BT-Drs. 15/1976, 2609; *Neuhaus*, StV 2004, 620; *Schroth*, NJW 09, 2916).

Das **1. Justizmodernisierungsgesetz** 2004 hat die Vereidigung auf Ausnahmefälle beschränkt, die mögliche Unterbrechung der Hauptverhandlung wesentlich verlängert, die Möglichkeit der Verlesung von Protokollen in der Hauptverhandlung erweitert, eine Herabsetzung der Strafe im Revisionsverfahren ermöglicht und schließlich die 125 Jahre alten „Hilfsbeamten der Staatsanwaltschaft" zur Gleichstellung von Frauen in „Ermittlungspersonen" umbenannt (BT-Drs. 15/1508, 3482; *Knauer/Wolf*, NJW 2004, 2932).

Das **Gesetz zur Neuregelung der Telekommunikationsüberwachung und anderer verdeckter Ermittlungsmaßnahmen** vom 21. 12. 2007 brachte mit einer Verstärkung des Schutzes der Betroffenen eine weitgehende Neuordnung und -bezifferung der §§ 100a-101 StPO.

Das **Gesetz zur Regelung der Verständigung im Strafverfahren** vom 29. 7. 2009 hat mit den neuen §§ 160b, 202a, 212, 243 Abs. 4, 257b, 257c) eine langjährige Praxis rechtlich zu kanalisieren versucht (BT-Drs. 16/12310, 13095) und nach Ansicht vieler den deutschen Strafprozeß grundlegend umstrukturiert (*Roxin/Schünemann*, 86).

§ 4. Die Rechtsquellen des Strafprozeßrechts

Das Strafprozeßrecht findet sich seit der Aufteilung der „Halsge-   43
richtsordnungen" in Strafgesetzbücher und Strafprozeßordnungen
in der Aufklärungszeit (s. o. Rn. 5) vornehmlich in der **Strafprozeßordnung** vom 1. 2. 1877, die – zusammen mit den drei anderen sog.
Reichsjustizgesetzen (ZPO, GVG, KO) – am 1. 10. 1879 in Kraft getreten ist, seitdem allerdings zahlreiche Änderungen durchgemacht
hat (s. o. Rn. 36 ff.) und daher am 7. 4. 1987 neu bekanntgemacht worden ist (inzwischen sind schon wieder viele weitere Änderungen erfolgt, s. o. Rn. 41 ff.).

Strafprozeßrecht findet sich jedoch keineswegs nur in der Strafpro-   44
zeßordnung. Nicht nur ist die Abgrenzung zu anderen Rechtsgebie-
ten in einzelnen Fällen umstritten; auch praktische Bedürfnisse haben
vielfach zu einer Einbettung von Strafprozeßrecht in andere Kodifikationen geführt.

Zum Strafprozeßrecht im **StGB** s. o. Rn. 6.

Regelungen, die sowohl für die Straf- als auch für die Zivilgerichte
gelten, wie die Vorschriften über die Öffentlichkeit der Gerichtsverhandlung und den Ausschluß der Öffentlichkeit, sind zur Vermeidung unnötiger Doppelvorschriften im **GVG** geregelt, das an sich
nur die Regelung der „Verfassung" der Gerichte, nicht aber des Verfahrens, bezweckt (§§ 169 ff.).

Für Strafverfahren gegen Jugendliche (14 bis unter 18-jährige) und   45
Heranwachsende (18–21-jährige), die im Jahr 2009 immerhin 20 % aller Abgeurteilten und 17 % aller Verurteilten (Strafverfolgungsstatistik Tab. 2.1) ausmachten, enthält seit 1923 das sog. **Jugendgerichtsgesetz (JGG)** zahlreiche Sondervorschriften. Das geltende JGG
stammt von 1953 und hat seitdem viele Änderungen erfahren. Das
JGG enthält keinen vollständigen eigenen Strafprozeß. Nach § 2
JGG gelten die allgemeinen Vorschriften, soweit im JGG nichts anderes bestimmt ist. Das JGG verbietet in Verfahren gegen Jugendliche
und Heranwachsende teilweise die Anwendung von Vorschriften des
allgemeinen Strafprozeßrechts, teils fügt es neue Vorschriften hinzu.
Das JGG ist eine Kodifikation, die die herkömmliche Unterteilung
der Rechtsgebiete überspringt und die für Jugendliche und Heranwachsende geltenden Sondervorschriften des materiellen Strafrechts,
des Strafprozeßrechts, des Gerichtsverfassungsrechts und des Straf-
vollzugsrechts zusammenfaßt.

46 Auch das **Grundgesetz** enthält Vorschriften, die zum Strafprozeßrecht gehören, oder umgekehrt ausgedrückt: die wichtigsten Bestimmungen des Strafprozeßrechts haben Verfassungsrang. Dies sind vor allem der Anspruch auf rechtliches Gehör und das Verbot der Doppelbestrafung (Art. 103 Abs. 1, 3 GG) sowie die Rechtsgarantien bei Freiheitsentziehung (Art. 104 GG). Auch aus dem Rechtsstaatsprinzip nach Art. 20 GG hat das BVerfG zahlreiche konkrete Folgerungen für den Strafprozeß hergeleitet (näher u. Rn. 48 ff.).

Den Schutz der Menschenrechte im Strafverfahren regelt auch die **Europäische Konvention zum Schutze der Menschenrechte und Grundfreiheiten (EMRK)** von 1950, insbesondere in den Art. 3, 5, 6, 8. Die EMRK hat durch das deutsche Zustimmungsgesetz von 1952 den Rang eines einfachen Bundesgesetzes erhalten. Jedoch ist eine Anrufung des Europäischen Gerichtshofs für Menschenrechte möglich (näher u. Rn. 337). Wegen der völkerrechtlichen Verpflichtung ist das deutsche Recht im Einklang mit der EMRK und der Rechtsprechung des EGMR auszulegen (BVerfGE 74, 358, 370; BGHSt 45, 321; 46, 97). Dadurch steht die EMRK über einfachem deutschem Gesetzesrecht.

Ähnliche, aber z. T. noch etwas weitergehende Schutzvorschriften als die MRK enthält auch der **Internationale Pakt über bürgerliche und politische Rechte (IPBPR)** von 1966, der von der Bundesrepublik 1968 unterzeichnet und mit Gesetz vom 15. 11. 1973 ratifiziert wurde (näher u. Rn. 338).

In engem Zusammenhang mit dem Strafprozeßrecht steht auch das **Gesetz über die Entschädigung für Strafverfolgungsmaßnahmen (StrEG)** von 1971, das die Entschädigung für ungerechtfertigte Untersuchungshaft und sonstige Strafverfolgungsmaßnahmen sowie für Freiheitsentzug aufgrund eines im Wiederaufnahmeverfahren aufgehobenen Strafurteils regelt.

47 Für das Strafprozeßrecht einschlägige Vorschriften enthalten darüber hinaus zahlreiche andere Gesetze, so das Deutsche Richtergesetz von 1961 und die Bundesrechtsanwaltsordnung von 1959.

Die **internationale Rechtshilfe** ist geregelt im Gesetz über die internationale Rechtshilfe in Strafsachen (IRG) von 1982 und zahlreichen bi- und multilateralen Abkommen (z. B. Europäische Übereinkommen über die Rechtshilfe in Strafsachen, über die Auslieferung).

Der Bund und die Länder haben schließlich als Verwaltungsanordnungen „**Richtlinien für das Strafverfahren und das Bußgeldverfahren (RiStBV)**" beschlossen, die z. Z. in der Fassung von 1997 gelten. Sie konkretisieren das staatsanwaltschaftliche Ermessen und enthalten Empfehlungen für Richter. Bei Zweifelsfragen können sie eine wichtige Hilfe sein (abgedruckt im Anhang der Kurzkommentare zur StPO von *Meyer-Goßner* und *Pfeiffer*).

§ 5. Strafprozeßrecht und Verfassungsrecht

I. Wir hatten schon gesehen, daß **wichtige strafprozessuale** **48** **Schutzbestimmungen in das Grundgesetz aufgenommen** worden sind und damit Verfassungsrang erhalten haben (s. o. Rn. 46: Anspruch auf rechtliches Gehör, Verbot der Doppelbestrafung, Schutz bei Verhaftung). Eine unmittelbare Anwendung dieser Grundrechte ist aber kaum erforderlich, da die StPO mit ihren Vorschriften den prozessualen Grundrechten weitestgehend gerecht wird.

II. Eine enge Beziehung zwischen Strafprozeßrecht und Verfassungsrecht ergibt sich ferner daraus, daß eines der hauptsächlichen **Gesetze,** das die **Grundrechte** der persönlichen Freiheit (Art. 2 Abs. 2 S. 2 GG), des Brief-, Post- und Fernmeldegeheimnisses (Art. 10 GG) sowie der Unverletzlichkeit der Wohnung (Art. 13 GG) zu ihrer **Einschränkung** verlangen, die **Strafprozeßordnung** mit ihren Befugnissen zur Anordnung von Untersuchungshaft, Postbeschlagnahme, Telefonüberwachung und Durchsuchung ist. Man hat die StPO daher auch als **„Ausführungsgesetz zum Grundgesetz"** bezeichnet *(Niese, Eb. Schmidt).*

III. Die Rechtsprechung hat ferner das **Strafprozeßrecht unter** **49** **Rückgriff auf das GG** ausgelegt. So hat das BVerfG die Dauer der Untersuchungshaft unter Rückgriff auf Art. 2 Abs. 2 GG begrenzt (BVerfGE 20, 45; 53, 159) und allgemein ein „Gebot besonderer Beschleunigung in Untersuchungshaftsachen" hergeleitet (BVerfGE 42, 11; s. u. § 42). Die Zulässigkeit der Untersuchungshaft ohne Haftgrund nach § 112 Abs. 3 StPO wurde von BVerfGE 19, 350 dahingehend eingeschränkt, daß der Haftgrund nur nicht mit bestimmten Tatsachen belegt zu werden braucht (s. u. Rn. 140).

BVerfGE 96, 27 hat die Ablehnung des Rechtsschutzbedürfnisses bei Einwänden gegen die Art und Weise des Vollzugs einer bereits vorgenommenen Durchsuchung (s. u. Rn. 179) durch die Rechtsprechung für verfassungswidrig erklärt (Anm. *Roxin,* StV 1997, 654). BVerfGE 103, 142 hat die Anforderungen an die Anordnung der Durchsuchung durch die Staatsanwaltschaft und die Polizei (s. u. Rn. 105) wesentlich verschärft (Anm. *Amelung,* NStZ 2001, 337). BVerfGE 109, 279 hat die Regelungen über den sog. großen Lauschangriff (§§ 100 c Abs. 1 Nr. 3, Abs. 2, 3, 100 d Abs. 5, 100 f, 101 StPO i. d. F. von 1998, s. o. Rn. 42) für weitgehend verfassungswidrig erklärt.

IV. Die Rechtsprechung hat **unmittelbar aus dem GG zusätzliche** **50** **Beweisverbote und Beweisverwertungsverbote** (s. u. Rn. 115 f., 127) sowie **Verfahrenshindernisse** (s. u. Rn. 74, 364) hergeleitet. Allgemein hat die Rechtsprechung aus dem Rechtsstaatsprinzip des Art. 20 Abs. 3 GG i. V. m. Art. 2 Abs. 1 GG den „**Grundsatz des fairen Verfahrens**" entwickelt und aus ihm zahlreiche weitere Einzelforderungen hergeleitet (s. u. Rn. 54 ff.). Erheblichen Einfluß auf das Strafprozeßrecht hat das **Volkszählungsurteil** von 1983 (BVerfGE 65, 1 ff.). Danach besteht ein **Recht auf informationelle Selbstbestimmung** und sind Einschränkungen nur durch Gesetz möglich, das Voraussetzungen und Umfang der Beschränkung hinreichend klar bestimmt, sich im Rahmen des Verhältnismäßigkeitsgrundsatzes hält und organisatorische und verfahrensrechtliche Vorkehrungen zur Vermeidung von Grundrechtsverletzungen trifft (BVerfGE 65, 44; SK/*Wolter,* Vor § 151 Rn. 81 ff.; kritisch *Rogall,* Informationseingriff und Gesetzesvorbehalt im Strafprozeßrecht, 1992, 41 ff.). Mit dem OrgKG von 1992 und dem StVÄG 1999 ist der Gesetzgeber den neuen Anforderungen nachgekommen (s. o. Rn. 41 f.). 2004 hat das BVerfG die Vorschriften über die akustische Wohnraumüberwachung (sog. großer Lauschangriff, s. o. Rn. 42) für verfassungswidrig erklärt und eine Neuregelung erzwungen.

51   V. Das BVerfG hat jedoch aus dem Rechtsstaatsprinzip nicht nur einseitig Bestimmungen zum Schutz der Beschuldigten und sonstigen vom Strafprozeßrecht Betroffenen hergeleitet. Vielmehr verlangt der Rechtsstaat auch die **Aufrechterhaltung einer funktionstüchtigen Strafrechtspflege,** ohne die der Gerechtigkeit nicht zum Durchbruch verholfen werden kann (BVerfGE 33, 367, 383). Mit Hilfe dieses Grundsatzes hat das BVerfG das Fehlen eines Zeugnisverweigerungsrechts für Sozialarbeiter (BVerfGE 33, 367), für Tierärzte (BVerfGE 38, 312) und für Journalisten hinsichtlich ihrer Informanten (BVerfGE 25, 305), die Unverbindlichkeit einer durch Geiselnahme erpreßten Freilassung von Straftätern (BVerfGE 46, 222) und die Beschränkung der Anzahl der Verteidiger auf drei nach § 137 Abs. 1 StPO (BVerfGE 39, 163) für verfassungsgemäß erklärt. BGHSt 42, 157 hat damit die telefonische Ausforschung von Verdächtigen durch Privatpersonen im Auftrag der Ermittlungsbehörden gerechtfertigt.

So zutreffend die Anerkennung der Funktionstüchtigkeit der Strafrechtspflege für das Gemeinwesen ist, so bedenklich ist doch ihre Ableitung aus dem bisher allein zum Schutz des Individuums verwendeten Rechtsstaatsprinzip. In Sowjetrußland prägte Lenin 1921 zum Schutz des Individuums den Grundsatz der „sozialistischen Gesetzlichkeit". Stalin erklärte 1933, daß sich die „sozialistische Gesetzlichkeit" mit ihrer „Spitze" nicht mehr gegen Übergriffe der Behörden, sondern nur noch gegen Diebe, Rowdys und andere

Straftäter richte. Daraufhin wurde der Grundsatz der „sozialistischen Gesetzlichkeit" zum Prinzip der rücksichtslosen Verfolgung von wirklichen und angeblichen Straftätern.
　　Neuerdings spricht das BVerfG weniger martialisch von den „unabweisba-
ren Bedürfnissen einer wirksamen Strafverfolgung" (BVerfGE 77, 76; 80, 375).
Ferner hat das BVerfG erklärt, die Einschränkung des nach Art. 5 Abs. 3 GG
vorbehaltlos gewährleisteten Grundrechts der Freiheit der Kunst könne nicht
formelhaft mit dem allgemeinen Ziel der „Funktionstüchtigkeit der Strafrechtspflege", sondern nur mit einzelnen kollidierenden verfassungsrechtlich
geschützten Rechtsgütern begründet werden (BVerfGE 77, 255; 81, 293).

　　Weiterführende Literatur: *Hassemer,* Die „Funktionstüchtigkeit der Strafrechtspflege" – ein neuer Rechtsbegriff?, StV 1982, 275; *Schroeder,* Wandlun-
gen und Konstanten der „sozialistischen Gesetzlichkeit", Recht in Ost und
West 1989, 358.

　　VI. Allgemein ist gegenwärtig die **Tendenz** zu beobachten, rechtli- 52
che Folgerungen und schon die vorgelagerten **Rechtsvorschriften**
auf verfassungsrechtliche Grundlagen zurückzuführen. Die „Ansiedlung" einfachgesetzlicher Regelungen in der Verfassung, ihre Begründung „auch" in der Verfassung, ist zu einer Modeerscheinung
geworden, die gefährlich ist, weil sie das einfachgesetzliche Recht un-
gewollt diskreditiert. Die Ansiedlung gesetzlicher Regelungen „auch"
im Verfassungsrecht hat aber auch eine wichtige Rechtsfolge, nämlich
die Zulässigkeit der **Verfassungsbeschwerde** nach Art. 93 Abs. 1
Nr. 4 a GG, § 90 BVerfGG (s. u. Rn. 335). Naturgemäß versuchen
Rechtsanwälte, ihren Mandanten eine zusätzliche Rechtsmittelinstanz
zu eröffnen. Aber auch das Bundesverfassungsgericht selbst scheint
einer Ausweitung seines Betätigungsbereichs nicht abgeneigt und
noch weniger die Verfassungsrechtswissenschaftler einer Ausweitung
des ihrigen. Was den Verteidiger angesichts einer borniertern Instanz-
rechtsprechung erfreut und den Verfassungsrechtswissenschaftler be-
glückt, frustriert allerdings den Anhänger einer Klarheit und Überschaubarkeit der Rechtslage und einer entsprechenden Schnelligkeit
der richterlichen Entscheidung von Zweifelsfragen wie natürlich
auch den auf Überschaubarkeit des Stoffes bedachten Studenten.

　　VII. Die zutreffende Anerkennung der großen Bedeutung des 53
Grundgesetzes für das Strafprozeßrecht darf nicht zu dem gegenteili-
gen Extrem verführen, als sei das Strafprozeßrecht nur noch ange-
wandte Grundrechtsdogmatik und könne im Verfassungsrecht aufge-
hen. Das Strafprozeßrecht hat spezifische Aufgaben und Institute, die
eine **eigene Strafprozeßrechtsdogmatik** erfordern.

Verzeichnis aller Entscheidungen des BVerfG zum Strafprozeßrecht bis 1990 bei *Tiedemann,* Verfassungsrecht und Strafrecht, 1991, S. 69 ff.; Überblick über die Rechtsprechung 1990–2002 bei *Amelung/Wirth,* StV 2002, 161 ff.

§ 6. Der Grundsatz des fairen Verfahrens

Die Darstellungen des Strafprozeßrechts behandeln meistens am Anfang ausführlich sog. „Grundprinzipien" oder „Grundsätze" des Strafprozeßrechts. In Wahrheit gelten diese Grundsätze aber nur für ganz bestimmte Stadien des Verfahrens und werden daher bei uns erst dort behandelt (Zusammenfassung u. Rn. 375 ff.). *Ein* Grundsatz gilt allerdings allgemein und muß daher schon an dieser Stelle erwähnt werden.

54 Dies ist der Grundsatz des „fair trial", des fairen Verfahrens. Er stammt aus dem angloamerikanischen Strafverfahren und ist jetzt in Art. 6 Abs. 1 S. 1 EMRK **(u)** sowie Art. 14 Abs. 1 S. 2 IPBPR niedergelegt.

Der Grundsatz bedeutet im angloamerikanischen Recht und nach der MRK **Recht auf Verteidigung, Waffengleichheit, Recht auf persönliche Anwesenheit und Gehör** und **Verbot der Veranlassung zur Selbstbelastung** (nemo tenetur se ipsum accusare) und umfaßt „mindestens" die in Art. 6 Abs. 3 EMRK genannten Rechte (nach h. L. auch die Vermutung der Unschuld nach Art. 6 Abs. 2, dazu näher u. Rn. 366 ff.).

Zur Menschenrechtsbeschwerde nach der EMRK s. u. Rn. 337 f.

Das Prinzip der **Waffengleichheit** paßt nicht in das deutsche Strafprozeßrecht mit seinen starken Befugnissen und dem Informationsvorsprung der Staatsanwaltschaft; andererseits hat der Beschuldigte z. T. stärkere Befugnisse als die Staatsanwaltschaft (z. B. Recht auf Belehrung über die Rechte). Es kann daher im deutschen Recht nur das **Verbot einer durch die unterschiedlichen Verfahrensrollen nicht gedeckten Differenzierung** bedeuten. Das **Recht auf Gehör** ist im deutschen Recht als eigenes Grundrecht ausgestaltet (Art. 103 Abs. 1 GG).

55 Die StPO wird dem Grundsatz des fairen Verfahrens weitgehend gerecht, insbesondere in Gestalt der Gewährung des (materiellen) Verteidigungsrechts (s. u. Rn. 146 ff.). Nur in wenigen Fällen brauchte die ordentliche Gerichtsbarkeit bisher auf die Generalklausel des fairen Verfahrens zurückzugreifen. Das **BVerfG** hat sie aber, um seine Kompetenz zu begründen (die MRK ist in der Bundesrepublik nur einfaches Recht, s. o. Rn. 46), auch aus dem Rechtsstaatsprinzip des

Art. 20 Abs. 3 GG i. V. mit Art. 2 Abs. 1 GG (BVerfGE 26, 71; 38, 111; 57, 274; 63, 390; 66, 318) und Art. 2 Abs. 2 GG (BVerfGE 57, 274) hergeleitet und weit ausgedehnt.

Danach bedeutet das **Recht auf ein faires Verfahren im deutschen Recht:**

(1) Die Prozeßbeteiligten dürfen nicht bloßes Objekt des Verfahrens sein, sondern müssen selbständig prozessuale Rechte wahrnehmen und Angriffe angemessen abwehren können (BVerfGE 38, 111; 57, 250).

(2) Verbot der Überrumpelung und Fürsorgepflicht für den rechtsunkundigen Beschuldigten (BGHSt 36, 210; 38, 220; *BayObLG* NJW 1984, 1246).

(3) Unverwertbarkeit von Ergebnissen bewußter Verletzung des Prozeßrechts (BGHSt 24, 131).

(4) Verbot der schikanösen Ausnutzung prozessualer Befugnisse durch die Strafverfolgungsorgane (BVerfGE 57, 250).

(5) Verbot der Hinnahme offensichtlich rechtswidriger oder unbegründeter Entscheidungen anderer Behörden, insbesondere über die Freigabe von Zeugen (V-Leute, BVerfGE 57, 250; BGHSt 31, 153 m. Anm. *Franzheim,* NStZ 1983, 230).

Zunehmend bezieht der BGH auch eine weite Auffassung des Verbots der Veranlassung zur Selbstbelastung (s. näher u. § 44) in den Fair-trial-Grundsatz ein (BGHSt 52, 11; 53, 305; *BGH* NStZ 10, 527).

Das BVerfG will in den fair-trial-Grundsatz auch noch das Verzögerungsverbot einbeziehen (NStZ 1984, 128). Das ist besonders fragwürdig, weil das Verzögerungsverbot in Art. 6 EMRK besonders erwähnt ist (s. u. Rn. 360 f.).

Die Rechtsprechung hat aus dem Recht auf ein faires Verfahren insbesondere folgende **konkrete Rechtsfolgen** abgeleitet: Recht auf Akteneinsicht für den Verteidiger über § 147 Abs. 1 StPO hinaus (BGHSt 36, 311; *BVerfG* NJW 1994, 3219); Anspruch auf Terminsverlegung bei Verhinderung auch des nicht notwendigen Verteidigers (*BGH* StV 1998, 13); Unzulässigkeit der Beiordnung eines Pflichtverteidigers neben dem Wahlverteidiger (*OLG Frankfurt a. M.* StV 1997, 575; a. A. BVerfGE 66, 321); die besonders vorsichtige Würdigung von Aussagen von Zeugen vom Hörensagen (BVerfGE 57, 250); die Pflicht zum Hinweis auf die Abweichung von Zusagen (BGHSt 32, 44; 36, 210); Verbot der Umgehung des Zeugnisverweigerungsrechts von Angehörigen durch Einsatz von V-Leuten (*BVerfG* StV 2000, 466 m. Anm. *Weßlau,* StV 2000, 468 und *Rogall,* NStZ 2000, 490); Verbot der Tatprovokation gegenüber unverdächtigen und zunächst

56

nicht tatgeneigten Personen (BGHSt 45, 321) und zu erheblich
schwereren Taten als verdächtigt („Quantensprung", BGHSt 47, 44);
Verbot der Abhörung und Verwertung des Gesprächs eines Untersuchungshäftlings mit der zeugnisverweigerungsberechtigten Ehefrau
unter Vorspiegelung der Nichtabhörung (BGH 53, 294 m. Anm.
Hauck, NStZ 2010, 17).

Der BGH lehnt bei Verstößen gegen den Grundsatz des fairen Verfahrens ein Verfahrenshindernis ab (s. u. Rn. 68, 74), befürwortet aber
eine wesentliche **Strafmilderung** (BGHSt 37, 13; 45, 321). Häufig ist
ein Revisionsgrund gegeben (BGHSt 32, 44; 36, 210, 311; 38, 220).

Die Rechtsprechung warnt inzwischen vor der Weite und Unbe-
stimmtheit des fair-trial-Grundsatzes und verlangt eine Beschränkung auf rechtsstaatlich unverzichtbare Erfordernisse (BVerfGE 57,
275; BGHSt 40, 217). „Abweichungen vom geschriebenen Strafprozeßrecht wegen des verfassungsrechtlichen Postulats der Verfahrens-
fairneß sind, wenn überhaupt, mit Behutsamkeit vorzunehmen"
(*BVerfG* NStZ-RR 04, 84). Auch wägt sie den fair-trial-Grundsatz
gegen andere Rechte ab, z. B. das Informationsinteresse der Öffentlichkeit (*BVerfG* NJW 1996, 583).

Weiterführende Literatur: *Dörr,* Faires Verfahren, 1984; *E. Müller,* Der
Grundsatz der Waffengleichheit im Strafverfahren, NJW 1976, 1063; *Tettinger,*
Fairness und Waffengleichheit, 1984; *Geppert,* Zum „fair-trial-Prinzip" nach
Art. 6 Abs. 1 Satz 1 der Europäischen Menschenrechtskonvention, Jura 1992,
597; *Rzepka,* Zur Fairness im deutschen Strafverfahren, 2000; *Safferling,* Au-
diatur et altera pars – die prozessuale Waffengleichheit als Prozessprinzip?,
NStZ 2004, 181; *Schroeder,* Der Fair-trial-Grundsatz im Strafverfahren. Ent-
stehung, Rechtsnatur, Bedeutung, Europäisierung des Rechts, 2010, 183.

§ 7. Rechtsprechungsmonopol der Gerichte, Anklagegrundsatz und Zweistufigkeit der Beweiserhebung

I. Das Rechtsprechungsmonopol der Gerichte

57   Nach Art. 92 GG ist die rechtsprechende Gewalt den Richtern an-
vertraut; sie wird durch die Gerichte ausgeübt. Diese Funktionszu-
weisung enthält den Ausschluß anderer Instanzen von der Rechtsprechung und damit ein Rechtsprechungsmonopol der Gerichte. Darin
liegt zugleich eine wichtige Schutzvorschrift: eine Verurteilung ist
nur durch die Gerichte mit der ihnen zugesicherten Unabhängigkeit

und in dem für sie geltenden, den Schutz des einzelnen berücksichtigenden, Verfahren möglich.

Nach den leidvollen Erfahrungen mit der ausgedehnten Verhängung von Strafen durch Verwaltungsbehörden unter Stalin wurde in die „Grundsätze der Strafgesetzgebung der Sowjetunion" von 1958 die ausdrückliche Bestimmung aufgenommen: „Niemand kann anders als durch Gerichtsurteil der Begehung einer Straftat für schuldig erklärt und einer Kriminalstrafe unterworfen werden" (Art. 3 Abs. 2; jetzt Art. 8 russ. StPO von 2001). Diesen Grundsatz enthält auch Art. 92 GG. In Anlehnung an den Grundsatz „nulla poena sine lege" kann man diesen Grundsatz als **„nulla poena sine foro"** bezeichnen.

II. Der Anklagegrundsatz

Nach § 151 StPO ist die Eröffnung einer gerichtlichen Untersuchung, das bedeutet heute einfach: eines gerichtlichen Verfahrens (Erklärung des veralteten Sprachgebrauchs bei *Schroeder,* JuS 90, 176), durch die Erhebung einer „Klage", d. h. einer Anklage, bedingt (Anklagegrundsatz, auch Akkusationsprinzip genannt).   **58**

Das Akkusationsprinzip hat ebenfalls eine wichtige **Schutzfunktion.** Diese besteht in doppelter Hinsicht:

1. Dem einer Straftat Verdächtigen soll die Belastung durch ein (öffentliches, s. u. Rn. 232 ff.) Gerichtsverfahren nach Möglichkeit erspart bleiben. Das Erfordernis der Anklageerhebung enthält daher eine Vorprüfung des Verdachts und eine **Ausfilterung** nicht ausreichender Vorwürfe.

2. Seine eigentliche Bedeutung erhält der Anklagegrundsatz aber erst dadurch, daß mit der Erhebung der Anklage ein **anderer** beauftragt ist als das Gericht (Staatsanwaltschaft oder Privatkläger, s. u. § 8). Darin liegt eine weitere wichtige Schutzfunktion. Denn bei dem Inquisitionsprozeß, bei welchem der Richter die Sache von sich aus an sich ziehen konnte (s. o. Rn. 30), war er befangen und versucht, die Eröffnung des Verfahrens durch eine Verurteilung zu rechtfertigen.

Das Gericht kann also nicht von sich aus Strafverfahren eröffnen. Eine Folge des Anklagegrundsatzes ist es aber auch, daß das Gericht nicht von sich aus in ein laufendes Verfahren weitere Straftaten einbeziehen kann. Der Anklagegrundsatz gilt also für jede einzelne Tat.

Selbst bei **Straftaten in der Sitzung** (im Jahre 1968 sprang der angeklagte Anarchist Pawla während der Verhandlung vor den Richtertisch, verrichtete dort blitzartig seine Notdurft und reinigte sich mit den Gerichtsakten) kann das Gericht die Straftat nicht von sich aus in das zu erlassende Urteil einbeziehen, sondern hat ein Protokoll aufzunehmen und dies der Staatsanwaltschaft zuzuleiten (§ 183 GVG). Dem Gericht stehen nur prozessuale Ordnungsmittel zur Verfügung (§§ 178 f. GVG).

Eine Einbeziehung einer neuen Tat in ein laufendes Gerichtsverfahren ist nur durch eine **Nachtragsanklage** möglich (§ 266 StPO; näher u. Rn. 270).

III. Die Zweistufigkeit der Beweisaufnahme

59   Die Staatsanwaltschaft hat für ihre Entscheidung, ob sie Anklage erheben muß, den Sachverhalt zu erforschen (§ 160 StPO). Die Staatsanwaltschaft muß hierzu sämtliche Beweismittel prüfen, insbesondere den Beschuldigten und die Zeugen vernehmen (s. bes. §§ 161 a, 163 a StPO). Das Gericht darf aber nicht etwa Protokolle der von der Staatsanwaltschaft vorgenommenen Vernehmungen benutzen, sondern ist nach dem Grundsatz der Unmittelbarkeit (§§ 244, 250, 261 „Inbegriff der Verhandlung") verpflichtet, alle Beweise noch einmal unmittelbar zu erheben, insbesondere die Zeugen zu vernehmen. Hieraus ergibt sich die charakteristische Zweistufigkeit der Beweisaufnahme im deutschen Strafverfahren. Diese führt zwar zu einer erheblichen Entlastung für den Beschuldigten, da eine unnötige Hauptverhandlung gegen ihn vermieden wird. Auf der anderen Seite bringt sie jedoch erhebliche Belastungen für die Zeugen, insbesondere die Opfer, die Geschehnisse, die sie seelisch sehr belasten, oft mehrmals reproduzieren müssen. Außerdem erschwert sie die Wahrheitsfindung, da sich Zeugen nach längerer Zeit oft nicht mehr genau an die gleichen Details erinnern und Widersprüche ihnen als Unglaubwürdigkeit ausgelegt werden.

Da manche Beweise nur einmal erhoben werden können (z. B. die Identifizierung des Täters durch Zeugen aus einer Gruppe von Personen, sog. Gegenüberstellung, § 58 Abs. 2 StPO; Obduktion, § 87 StPO), können sie vom Gericht gar nicht mehr erhoben werden, so daß sich sogar das Schwergewicht des Verfahrens von der Gerichtsverhandlung, sog. „Hauptverhandlung", auf das staatsanwaltschaftliche Ermittlungsverfahren verschiebt. Diese Gewichtsverlagerung zeigt sich auch darin, daß nur noch 3 % der Angeklagten freigesprochen werden (Strafverfolgungsstatistik Tab. 2.2).

Manche sehen hierin eine bedenkliche Abhängigkeit der Gerichte von der Anklage (*Schünemann*, StV 2000, 163). Der Rückgang der Freisprüche dürfte jedoch vorwiegend auf der Intensivierung des Ermittlungsverfahrens und der Ausweitung der Einstellung bei Geringfügigkeit (s. u. Rn. 93 ff.) beruhen.

Eine Behebung dieser Mängel erscheint auf dreierlei Weise möglich:
(1) stärkere Rückverlagerung der Beweisaufnahme in die Hauptverhandlung. Dies hätte jedoch zur Folge, daß deutlich mehr Strafsachen als bisher vor

die Gerichte gelangten, was zu einer Mehrbelastung der Gerichte, aber auch der Beschuldigten, führen würde. Eine entsprechende Reform in Italien von 1989 wurde durch den VerfGH teilweise wieder rückgängig gemacht (ZStW 106, 427), inzwischen aber wieder hergestellt;

(2) stärkere Transferierbarkeit von Ergebnissen der Beweisaufnahme im Vorverfahren in die Hauptverhandlung (durch Verlesung, Vorführung von Videoaufnahmen oder Vernehmung der Vernehmer). Dies würde jedoch den Grundsatz der persönlichen Vernehmung von Zeugen durch das Gericht (§ 250 StPO) und die Beweisgewinnung allein aus der Hauptverhandlung (§ 261 StPO) und damit zwei wichtige Mittel der Wahrheitsfindung beeinträchtigen;

(3) Die deutsche Strafverfahrensreform geht dahin, diese Transferierbarkeit zu verstärken, die Nachteile aber durch verstärkte Mitwirkungsrechte des Beschuldigten und seines Verteidigers im Vorverfahren zu kompensieren (s. o. Rn. 42).

Zwischen die Sachverhaltsermittlung durch die Staatsanwaltschaft und die Hauptverhandlung ist noch die Entscheidung des Gerichts über die Eröffnung des Hauptverfahrens geschaltet (2. Buch, 4. Abschn., §§ 198 ff. StPO). Man spricht daher auch von **drei Verfahrensstadien.** Im Eröffnungsverfahren erfolgen jedoch nur selten eigene Ermittlungen des Gerichts (vgl. §§ 201, 202 StPO). Das Eröffnungsverfahren ist ebenfalls als Filter zum Schutz des Beschuldigten vor unnötigen Hauptverfahren gedacht, verführt aber andererseits das Gericht zu einer gewissen Selbstfestlegung und wird daher heute angegriffen (näher u. Rn. 182 ff.). 60

2. Teil. Der Ablauf des Strafverfahrens

1. Abschnitt. Das Vorverfahren (Ermittlungsverfahren)

§ 8. Die Zuständigkeit zur Erhebung der Anklage (Offizialprinzip)

61 Die StPO unterscheidet zwei Möglichkeiten der Anklage, nämlich die „öffentliche Klage" durch die Staatsanwaltschaft (§ 152 Abs. 1) und die Privatklage durch den Verletzten (§§ 374 ff.). Die Privatklage ist nur bei wenigen – weniger gravierenden – Delikten erforderlich (irreführend der Ausdruck „können" in § 374 StPO!). Im übrigen wird die öffentliche Klage erhoben, und zwar durch die **Staatsanwaltschaft** (§ 152 Abs. 1 StPO, u). Man bezeichnet diese Regel als **Offizialprinzip**, wobei der Ausdruck „Prinzip" bedeutet, daß dies nur die Regel ist, von der es auch Ausnahmen gibt, eben die Privatklagedelikte.

Auch das Offizialprinzip hat eine wichtige rechtsstaatliche Funktion. Denn die Privatklage stellt die Strafverfolgung systemwidrig in das Belieben des Verletzten. Damit eröffnet sie die Möglichkeit eines Handels mit der Klageerhebung und einer Nötigung zu ihrer Unterlassung. Eben dies waren die Gründe dafür, daß der altdeutsche Privatklageprozeß aufgegeben wurde, allerdings in der unglücklichen Form der Verfahrenseröffnung durch das Gericht selbst, sog. Inquisitionsprozeß (s. o. Rn. 27 ff.).

Es ist daher zu begrüßen, daß die Staatsanwaltschaft auch bei den Privatklagedelikten bei öffentlichem Interesse öffentliche Klage erheben bzw. die laufende Privatklage übernehmen kann (§§ 376, 377 Abs. 2 StPO).

Die Staatsanwaltschaft ist nicht Partei, sondern zur Objektivität verpflichtet (s. bes. § 160 Abs. 2 StPO). Sie gehört formell zur Exekutive (RGSt 58, 105), ist aber „ein dem Gericht gleichgeordnetes Organ der Strafrechtspflege" (BGHSt 24, 171).

62 § 152 Abs. 1 StPO bezeichnet als zuständig für die Erhebung der öffentlichen Klage „die Staatsanwaltschaft". Diese ist aber hierarchisch und örtlich gegliedert. Welcher ihrer Teilkörper zur Erhebung der Klage im Einzelfall bestimmt ist, ist eine Frage der sachlichen und örtlichen Zuständigkeit. Die sachliche **Zuständigkeit** ergibt sich aus § 142 GVG i. V. m. §§ 24, 25, 74, 120 f., 135 GVG. Danach gibt es beim Bundesgerichtshof den Generalbundesanwalt und die Bundesanwälte, bei den Oberlandesgerichten und den Landgerichten entsprechende Staatsanwaltschaften und schließlich Staatsanwaltschaften bei den Amtsgerichten. Allerdings werden die Aufgaben der Staatsanwaltschaft beim Amtsgericht durch die Staatsanwaltschaften der übergeordneten Landgerichte ausgeübt (s. z. B. Art. 12 Abs. 2 S. 1 BayAGGVG). Die **örtliche Zuständigkeit** ergibt sich aus § 143 GVG i. V. m. §§ 7 ff. StPO (dort als „Gerichtsstand" bezeichnet). Danach gibt es zahlreiche örtliche Zuständigkeiten, insbesondere die des Begehungsortes, des Wohnsitzes und des Ergreifungsortes. Nach Nr. 2 Abs. 1 RiStBV ist grundsätzlich der Staatsanwalt zuständig, in dessen Bezirk die Tat begangen ist.

§ 9. Die Pflicht der Staatsanwaltschaft zur Strafverfolgung (Legalitäts- und Opportunitätsprinzip)

Die Staatsanwaltschaft ist nicht nur zur Erhebung der öffentlichen **63** Klage berechtigt. Sie ist – bei „genügendem Anlaß" (§ 170 Abs. 1 StPO) – auch dazu verpflichtet und hat zur diesbezüglichen Ermittlung und Sicherung der Durchführbarkeit des Verfahrens „einzuschreiten" (§ 152 Abs. 2 StPO), hat „die Straftat zu verfolgen". Diese Verpflichtung wird in der deutschen Rechtswissenschaft **Legalitätsprinzip** genannt. Das „Legalitätsprinzip" hat eine wichtige rechtsstaatliche Funktion; es ist eine Aktualisierung des Willkürverbots.

Die Nichtverfolgung anderer verletzt den zu Unrecht als einziger Verfolgten jedoch nicht in seinem Recht auf Gleichbehandlung (*BVerfG* NStZ 82, 430). Zum Klageerzwingungsrecht des Verletzten s. u. Rn. 165 ff.
Die Nichtbeachtung der Verfolgungspflicht ist Strafvereitelung im Amt (§ 258 a StGB). Das **Verbot der Verfolgung Unschuldiger** ist zwar die Kehrseite des Legalitätsprinzips, findet sich aber nicht in der StPO, sondern nur in § 344 StGB.

Problematisch ist, ob die Staatsanwaltschaft beim Verfolgungs- **64** zwang an die rechtliche Beurteilung durch die **höchstrichterliche Rechtsprechung** gebunden ist oder ihre eigene Rechtsauffassung befolgen kann. BGHSt 15, 155 hat sich für die erstere Auffassung entschieden. Trotz gewichtiger Gegenstimmen ist dieser Auffassung zu folgen (so auch *OLG Zweibrücken* NStZ 07, 420). Zwar sollte die Einführung der Staatsanwaltschaft ein Gegengewicht gegen die Allmacht der Richter schaffen. Dieses Gegengewicht sollte jedoch in

der eigenen Tatsachenwürdigung bestehen, nicht aber in der eigenen
Rechtsauffassung.

65   § 152 Abs. 2 StPO weist auf abweichende Bestimmungen hin. Er
meint damit die folgenden §§ 153–154 e StPO. Auch das Legalitätsprinzip gilt daher nur als „Prinzip", von dem Ausnahmen bestehen.
Diese Ausnahmen vom „Legalitätsprinzip" werden **Opportunitätsprinzip** genannt.

Diese Ausdrücke sind allerdings unglücklich. Der Ausdruck „Legalitätsprinzip" provoziert Verwechslungen mit dem Grundsatz „nulla poena sine
lege" (Art. 103 Abs. 2 GG) und wird auch im Ausland meist in diesem Sinne
gebraucht. Außerdem ist das „Opportunitätsprinzip" nicht etwa „illegal",
sondern beruht seinerseits auf dem Gesetz. Im übrigen ist das „Opportunitätsprinzip" an mehr oder weniger strenge gesetzliche Voraussetzungen gebunden.

Die „Ausnahmen" vom „Legalitätsprinzip" sind im Laufe der Zeit
immer umfangreicher und häufiger geworden (näher u. Rn. 97 ff.).
Seit dem Rechtspflegeentlastungsgesetz von 1992 (s. o. Rn. 41) gilt
die Möglichkeit des Absehens von der Verfolgung für alle Vergehen
ohne schwere Schuld und damit für die gesamte leichte und mittlere
Kriminalität. 2009 wurden 25,7 % aller Ermittlungsverfahren mit einer Einstellung nach dem „Opportunitätsprinzip" erledigt, während
die Quote der Anklagen und Strafbefehlsanträge nur 22,8 % betrug
(Staatsanwaltsstatistik   Tab. 2.2.1.1).   Das   „Opportunitätsprinzip"
kann daher nicht mehr als „Ausnahme" vom „Legalitätsprinzip", als
seine „Durchbrechung", charakterisiert werden, sondern steht
gleichberechtigt neben ihm. Ein wesentlicher Teil seines Anwen-
dungsbereichs wird heute ebenfalls auf die Verfassung, nämlich das
Übermaßverbot, gestützt (BVerfGE 90, 145 betr. Cannabiskonsum).
Allerdings birgt es wegen der Unschärfe seiner Voraussetzungen und
der Koppelung mit bestimmten Sanktionen Gefahren für eine rechtsstaatliche Behandlung von Straftaten.

66   In der Gegenwart hat sich eine Formalisierung der Pflicht zum
„Einschreiten" und des „Absehens von der Verfolgung" herausgebildet. Die fehlende Pflicht der Staatsanwaltschaft zum „Einschreiten"
nach § 152 Abs. 2 StPO und die Befugnis zum „Absehen von der
Verfolgung" bedeuten nicht, daß die Staatsanwaltschaft in diesen Fällen überhaupt nicht tätig zu werden braucht. Die Prozeßvoraussetzungen und ein Anfangsverdacht müssen auch hier festgestellt und
damit muß ein Strafverfahren eingeleitet werden (s. u. Rn. 68 ff.). Das
„Opportunitätsprinzip" gibt damit nur die Möglichkeit zur **Einstellung des Verfahrens.** Man hat daher versucht, das „Legalitätsprinzip" in die Ermittlungs- und die Anklageerhebungspflicht aufzuspal-

ten und das „Opportunitätsprinzip" auf einen Wegfall der letzteren zu beschränken. Auch dies ist jedoch noch keine Lösung. Denn da das „Opportunitätsprinzip" wesentlich auch der Entlastung der Justiz und der Entlastung des Verdächtigen von umfangreichen Ermittlungen dienen soll, ist eine Durchermittlung bis zur Entscheidung über den für eine Anklage hinreichenden Tatverdacht nicht erforderlich (s. u. Rn. 97 ff.).

Nach alledem sollte man statt vom „Legalitäts-" und „Opportunitätsprinzip" besser von der **Anklagepflicht** und der **Einstellungsmöglichkeit trotz Tatverdachts** sprechen und dabei berücksichtigen, daß eine **Verfahrenseinleitungspflicht** bei zureichenden tatsächlichen Anhaltspunkten immer besteht.

Weiterführende Literatur: *Schroeder,* Legalitäts- und Opportunitätsprinzip heute, Peters-FS, 1974, 411; *Gössel,* Überlegungen zur Bedeutung des Legalitätsprinzips im rechtsstaatlichen Strafverfahren, Dünnebier-FS, 1982, 121.

Es fragt sich, ob die Anklageerhebung und die damit verbundene 67 Ermittlung darüber hinaus allgemein unter dem Grundsatz der **Verhältnismäßigkeit** stehen. Bei Zwangsmaßnahmen, insbesondere der Anordnung der Untersuchungshaft, sind stets die Auswirkungen auf den Betroffenen abzuwägen (s. u. Rn. 106). Im übrigen hat das BVerfG bisher nur in Ausnahmefällen die Pflicht zur Strafverfolgung hinter anderen Interessen zurücktreten lassen (BVerfGE 44, 353: Unzulässigkeit der Beschlagnahme der Akten einer Drogenberatungsstelle wegen Gefährdung der Beratungstätigkeit). Auch bei Geiselnahmen dürfte – mindestens unter dem Gesichtspunkt des Notstands nach § 34 StGB – die Zusicherung eines bloßen Aufschubs der Verfolgung zulässig sein (s. aber BVerfGE 46, 222 zur Strafvollstreckung gegen das freigepreßte Baader-Meinhof-Gruppenmitglied Rolf Pohle). Die Androhung von Krawallen und Ausschreitungen ist dagegen kein ausreichender Grund für das Nichteinschreiten der Staatsanwaltschaft (hierzu *Ulrich,* ZRP 1982, 169; *Rieß,* Dünnebier-FS, 1982, 149; *Schmidt-Jortzig,* NJW 1989, 129; *LG Bückeburg* NStZ 1982, 71). S. a. Rn. 74.

§ 10. Die Prozeßvoraussetzungen bzw. -hindernisse

I. Allgemeines

68   Nach § 152 Abs. 2 StPO muß die Staatsanwaltschaft nur wegen aller „verfolgbaren" Straftaten einschreiten (u). Damit müssen die Verfolgungsvoraussetzungen vorliegen, auch Verfahrensvoraussetzungen oder Prozeßvoraussetzungen genannt.

Eine wichtige Prozeßvoraussetzung ist der – systematisch fälschlich im StGB (§§ 77 ff.) geregelte – **Strafantrag** bzw. das besondere öffentliche Interesse an der Strafverfolgung (§§ 230, 248 a, 263 Abs. 4, 266 Abs. 3 StGB).

Häufig wird die Verfolgung umgekehrt durch bestimmte positive Ereignisse oder Eigenschaften ausgeschlossen, z. B. die Verfolgungsverjährung (ebenfalls systematisch unzutreffend im StGB geregelt, §§ 78 ff.), die Immunität der Abgeordneten bis zu ihrer Aufhebung durch den Bundestag (Art. 46 Abs. 2 GG, § 152 a StPO) und die Rechtskraft (ne bis in idem, Art. 103 Abs. 3 GG, s. u. Rn. 69). Man kann nun das Nichtvorliegen dieser Voraussetzungen als Verfolgungs-, Verfahrens- oder Prozeßvoraussetzung bezeichnen. Statt dieser umständlichen Ausdrucksweise wird aber das Vorliegen dieser Voraussetzungen als Verfolgungs-, Verfahrens- oder **Prozeßhindernis** bezeichnet (so u. a. §§ 206 a, 260 Abs. 3 StPO). Die Ausdrücke Prozeßvoraussetzung und Prozeßhindernis sind also nur spiegelbildliche Umschreibungen des gleichen Sachverhalts.

Auch bei Fehlen der Prozeßvoraussetzungen leitet die Staatsanwaltschaft zunächst ein Strafverfahren ein und stellt dies dann nach § 170 Abs. 2 StPO (s. u. Rn. 163) ein. Die Prozeßvoraussetzungen sind damit eigentlich gar keine „Prozeß"voraussetzungen. Sie werden gelegentlich auch als Sachurteilsvoraussetzungen bezeichnet, sind aber schon Voraussetzungen der Anklageerhebung und sogar der Ermittlung.

II. Der Verbrauch der Strafklage

69   Das Verbot der Doppel*bestrafung* (Art. 103 Abs. 3 GG), lat. „ne bis in idem", verbietet bereits die *Verfolgung* nach einer rechtskräftigen Entscheidung (auch einem Freispruch oder einer rechtskräftigen Einstellung des Verfahrens) in derselben Sache (BGHSt 5, 329). Daraus folgt das Verfahrenshindernis des Verbrauchs der Strafklage, auch Sperrwirkung genannt. Die Frage, welches die „Tat" ist, wegen derer der Verdächtige bereits bestraft oder freigesprochen worden ist, ist allerdings sehr schwierig und umstritten.

Diese Frage überschneidet sich mit der Frage nach dem „**Prozeßgegenstand**" des vorangegangenen Verfahrens und damit des Strafverfahrens überhaupt, nach der „**materiellen Rechtskraft**" des vorangegangenen Urteils (im Gegensatz zu der „formellen Rechtskraft", d. h. der Nichtmehrangreifbarkeit einer Entscheidung durch Rechtsmittel, §§ 316, 343, 449 StPO; näher u. Rn. 326) und nach der Aburteilungsbefugnis des Gerichts aufgrund der jeweiligen Anklage (§§ 155, 264 StPO; näher u. Rn. 270). Unter allen diesen Stichworten wird das Problem denn auch behandelt. Allerdings sind die Auswirkungen gegenläufig: Jede Einschränkung des Verbrauchs der Strafklage *erweitert* zwar die Möglichkeit einer späteren neuen Verfolgung, *beschränkt* aber zugleich die Aburteilungsbefugnis des Gerichts in einem und demselben Verfahren und führt daher zur Aufhebung von Urteilen (vgl. BGHSt 35, 60 und 80).

Bei dem Verbot der Doppelbestrafung geht es darum, welche Bestrafungsmöglichkeiten durch die erste Verurteilung „verbraucht" sind. Einigkeit besteht darin, daß es dabei nicht auf die rechtliche Würdigung der Tat ankommt. Dies ergibt sich aus den §§ 155, 264 StPO. Die Rechtsprechung hat sich hierbei nicht an den Begriff der „Handlung" bzw. „Straftat" im Sinne der Abgrenzung zwischen Ideal- und Realkonkurrenz im materiellen Recht gehalten, sondern einen sog. **prozessualen Tatbegriff** entwickelt: der „geschichtliche Vorgang, der nach der Auffassung des Lebens eine Einheit bildet" (BGHSt 32, 216).

Allerdings deckt sich dieser Begriff inzwischen doch wieder im wesentlichen mit dem der **Idealkonkurrenz**. Eine Verurteilung verbraucht daher die Strafklage für alle Tatbestände, die damit in Idealkonkurrenz stehen (z. B. Fahren ohne Fahrerlaubnis und dabei begangene Vermögens- oder Sexualdelikte, *BGH* NStZ 1984, 135; 1996, 41; anders bei jeweils neuer Fahrt, *BGH* NStZ 1997, 508). Hingegen ist bei im Vorurteil übersehenen **realkonkurrierenden Taten** grundsätzlich eine erneute Anklage möglich (BGHSt 13, 21: Verurteilung wegen versuchter Abtreibung sperrt nicht Anklage wegen Kindestötung). Eine Ausnahme besteht, wenn die Taten derartig miteinander verknüpft sind, daß ihre getrennte Aburteilung als unnatürliche Aufspaltung eines einheitlichen Lebensvorgangs empfunden würde (z. B. BGHSt 43, 99: Brandstiftung mit anschließendem Versicherungsbetrug).
Diese Auffassung führt allerdings dazu, daß die Aburteilung wegen geringfügiger Delikte die Ahndung damit idealkonkurrierender schwerer Delikte hindern kann. Klassisches Beispiel war die Verurteilung wegen unerlaubten Waffenführens, wobei die Begehung eines Mordes übersehen worden war. Der BGH hat sich jedoch von dieser Auffassung inzwischen gelöst. Zunächst hat er die Aburteilung wegen der Zugehörigkeit zu kriminellen und terroristischen Vereinigungen nach §§ 129, 129 a StGB nicht als Sperre für im Dienste der Vereinigungen begangene schwerere Straftaten angesehen (BGHSt 29, 288;

70

zust. BVerfGE 56, 22 – *Baader-Meinhof*). Neuerdings neigt er dazu, bei der Begehung von Straftaten während Dauerdelikten einen neuen Tatentschluß und damit Realkonkurrenz anzunehmen, womit kein Strafklageverbrauch eintritt (so für Raub während des Besitzes und Führens einer Waffe BGHSt 36, 151 m. Anm. *Mitsch*, JR 1990, 162; für Diebstähle während des Fahrens ohne Fahrerlaubnis *BGH* NStZ 1997, 508).

Da die Unfallflucht nicht ohne die Umstände des Unfalls beurteilt werden kann, nimmt BGHSt 23, 273 trotz der sachlich-rechtlichen Tatmehrheit auch in diesem Fall eine Tat im prozessualen Sinn an. Auch bei Körperverletzung und anschließender unterlassener Hilfeleistung nimmt der *BGH* (StV 1984, 190) trotz Realkonkurrenz eine Tat an.

Eine besondere Problematik ergibt sich bei Handlungen, die im Verhältnis der **Alternativität** zueinander stehen, z. B. Straftat – Strafvereitelung, Begünstigung, Hehlerei. Im Gegensatz zu früher verneint hier die Rechtsprechung neuerdings bei einer wesentlichen Differenz nach Ort, Zeit, Tatumständen und Rechtsgut die Sperrwirkung, zieht allerdings die zuvor erkannte Strafe ab (BGHSt 35, 60 m. Anm. *Roxin*, JZ 1988, 260; vgl. auch BGHSt 32, 215 m. Anm. *Roxin*, JR 1984, 346; *Jung*, JZ 1984, 535; BGHSt 35, 80 zum Umfang der Aburteilungsbefugnis des Gerichts).

Da bereits die Anhängigkeit der Sache bei einem anderen Gericht, die sog. **Rechtshängigkeit,** zu einer anderweitigen „Bestrafung" i. S. des Art. 103 Abs. 3 GG führen kann, bildet auch sie ein Prozeßhindernis (BGHSt 10, 363).

Nach Art. 54 Schengener Durchführungsübereinkommen von 1990 (SDÜ) gilt das Verbot der Doppelverfolgung auch gegenüber rechtskräftigen Urteilen der Partnerstaaten (dazu *Schomburg*, NJW 2000, 1833; *Radtke/Busch*, NStZ 2003, 281; *Böse*, GA 2003, 744; u. Rn. 103).

Weiterführende Literatur: *Gillmeister*, Zur normativ-faktischen Bestimmung der strafprozessualen Tat, NStZ 1989, 1; *Schlehofer*, Der Verbrauch der Strafklage für die abgeurteilte Tat, GA 1997, 101; *Schroeder*, Die Rechtsnatur des Grundsatzes „ne bis in idem", JuS 1997, 227; *Ranft*, Der Tatbegriff des Strafprozeßrechts, JuS 2003, 417.

III. Leben und Strafprozeßfähigkeit

71   Ein Verfahrenshindernis ist auch der Tod des Verdächtigen (BGHSt 45, 111).

72   Eine weitere Prozeßvoraussetzung ist die sog. Verhandlungsfähigkeit. Obwohl ihre hauptsächliche Bedeutung bei der Fähigkeit zur Teilnahme an der Hauptverhandlung liegt (s. u. Rn. 229), gilt sie doch auch außerhalb der Verhandlung und umfaßt die Fähigkeit zur Wahrnehmung der Verteidigung in verständiger und verständlicher Weise (OGHSt 2, 377). Der Ausdruck „Verhandlungsfähigkeit" wurde zwar geprägt, um die Strafprozeßfähigkeit von der stark zivilrechtlich geprägten „Prozeßfähigkeit" im Zivilprozeß abzugrenzen, hat jedoch den Nachteil, zu sehr auf die mündliche Verhandlung abzustellen. Besser wäre daher der Ausdruck „**Strafprozeßfähigkeit**".

Im Verfahren gegen den ehemaligen Vorsitzenden des Staatsrates der DDR **Erich Honecker** hat der VerfGH Berlin aus der Menschenwürde ein neues Verfahrenshindernis entwickelt: die voraussichtliche Unfähigkeit des – noch verhandlungsfähigen – Beschuldigten, den Abschluß des Verfahrens zu erleben (NJW 1993, 515; dazu *Schoreit*, NJW 1993, 881; *Meurer*, JR 1993, 89; *Paeffgen*, NJ 1993, 152). Die Kompetenz des VerfGH Berlin zur Kreierung bundesrechtlicher Verfahrenshindernisse ist zwar höchst zweifelhaft (*Starck*, JZ 1993, 231); das Verfahrenshindernis ist aber einleuchtend; es dürfte vor allem bei AIDS-Kranken eine gewisse Bedeutung erlangen.

Um jede Berührung von **Kindern** mit der Strafjustiz zu verhindern, wird das Alter unter 14 Jahren über seine materiellrechtliche Bedeutung als Schuldunfähigkeit nach § 19 StGB hinaus allgemein schon als Verfolgungshindernis verstanden (RGSt 57, 206).   73

IV. Die Ablehnung neuer Prozeßhindernisse

Neuerdings wird versucht, für alle möglichen unerwünschten Begleiterscheinungen der Strafverfolgung Prozeßhindernisse zu entwickeln, so z. B. für eine überlange Verfahrensdauer, eine Provozierung der Straftat durch einen polizeilichen Lockspitzel (s. u. Rn. 87), die rechtswidrige Kenntnisnahme der Staatsanwaltschaft vom Verteidigungskonzept, die Zusage einer Nichtverfolgung nach § 154 StPO (s. u. Rn. 89). Die Rechtsprechung hat diese Versuche jedoch zurückgewiesen, da die Verfahrenshindernisse an Tatsachen anknüpften, nicht aber an Bewertungen (BGHSt 32, 351; 33, 362), ein Gewicht verlangten, das dem Verfahren in seiner Gesamtheit entgegenstehe (*BGH* NJW 84, 1907; BGHSt 37, 13 m. Anm. *Weigend*, JR 1991, 257). Verfehlungen einzelner Bediensteter dürften nicht dem Staat als solchem zugerechnet werden; als Mittel der Disziplinierung sei der Verlust des Strafanspruchs weder zulässig noch geeignet (BGHSt 33, 283 m. abl. Anm. *Becker*, StV 1985, 399). Zur überlangen Verfahrensdauer s. u. § 42, Rn. 360 f.   74

Bedauerlicherweise hat das BVerfG in diese Bestrebungen eine Bresche geschlagen, indem es den Organisatoren der umfassenden Ausspionierung der Bundesrepublik durch die DDR ein „Strafverfolgungshindernis von Verfassungs wegen" zugebilligt und damit zugleich die Abgrenzung zwischen materiellem und Prozeßrecht ins Wanken gebracht hat (BVerfGE 92, 277; s. o. Rn. 7). Ausweitung auf überlange Verfahrensdauer in *BVerfG* NStZ 2001, 261.

Bemerkenswertes Verfahrenshindernis der Unverhältnismäßigkeit der Strafverfolgung angesichts der vom BVerfG verlangten Begründungsanforderungen bei *LG Ellwangen* JR 1993, 257 m. Anm. *Otto* und *BayObLG* JR 1993, 117 m. Anm. *Nehm* (s. a. Rn. 67).

Weiterführende Literatur: *Scheffler,* Rechtsstaatswidrigkeit und Einstellung von Strafverfahren, JZ 1992, 131.

V. Zusammenfassung der wichtigsten Prozeßvoraussetzungen bzw. -hindernisse bei Einleitung des Verfahren:

75 (1) Strafantrag bzw. besonderes öffentliches Interesse an der Strafverfolgung,

(2) Verbrauch der Strafklage bzw. anderweitige Rechtshängigkeit,

(3) Strafprozeßfähigkeit,

(4) Strafunmündigkeit,

(5) Verfolgungsverjährung,

(6) Befreiung von der deutschen Gerichtsbarkeit, sog. Exterritorialität, insbesondere bei Diplomaten (§§ 18–20 GVG),

(7) Immunität der Abgeordneten bis zu ihrer Aufhebung durch den Bundestag (Art. 46 Abs. 2 GG).

Im weiteren Verlauf des Verfahrens entstehen neue Prozeßvoraussetzungen (z. B. Anklageerhebung, Eröffnungsbeschluß, örtliche und sachliche Zuständigkeit); anfangs gegebene Prozeßvoraussetzungen können entfallen (z. B. Rücknahme des Strafantrags nach § 77 d StGB; Tod des Beschuldigten). Auch dann erfolgt eine Einstellung des Verfahrens (s. u. Rn. 197, 276).

Ob der Grundsatz **„Im Zweifel für den Angeklagten"** für Prozeßhindernisse gilt, ist nach BGHSt 46, 352 „nach der Art des Prozeßhindernisses differenziert" zu beantworten. Jedenfalls gilt er für den fehlenden Strafantrag, den Strafklageverbrauch, die Strafunmündigkeit und die Verjährung.

Weiterführende Literatur: *Rieß,* Der Bundesgerichtshof und die Prozeßvoraussetzungen, in: 50 Jahre Bundesgerichtshof, 2000, 809; *Krack,* Verfahrenshindernisse im Strafprozeß, GA 2003, 536.

§ 11. Die Einleitung eines Strafverfahrens im einzelnen

I. Die Einleitung des Verfahrens im strengen Sinn

1. Der Anfangsverdacht

Die Staatsanwaltschaft muß nach § 152 Abs. 2 StPO einschreiten **76** bei „zureichenden tatsächlichen Anhaltspunkten". Das ist ein „Verdacht" (§ 160 Abs. 1 StPO); die Praxis spricht vom „Anfangsverdacht". Ein Anfangsverdacht ist eine wenn auch geringe Wahrscheinlichkeit, daß eine verfolgbare Tat begangen worden ist (Ziff. 6.2 Anlage E RiStBV). Er muß zwar in „tatsächlichen Anhaltspunkten" bestehen, ist jedoch weniger als:
– der „genügende Anlaß zur Erhebung der öffentlichen Klage" (§ 170 Abs. 1 StPO) bzw. der – gleichbedeutende – für die Eröffnung des Hauptverfahrens erforderliche „hinreichende Verdacht" (§ 203 StPO)
– der für die Anordnung der Untersuchungshaft erforderliche „dringende Verdacht" (§ 112 StPO)
– und erst recht natürlich die für die Verurteilung erforderliche „Erachtung für erwiesen" (§ 267 StPO).

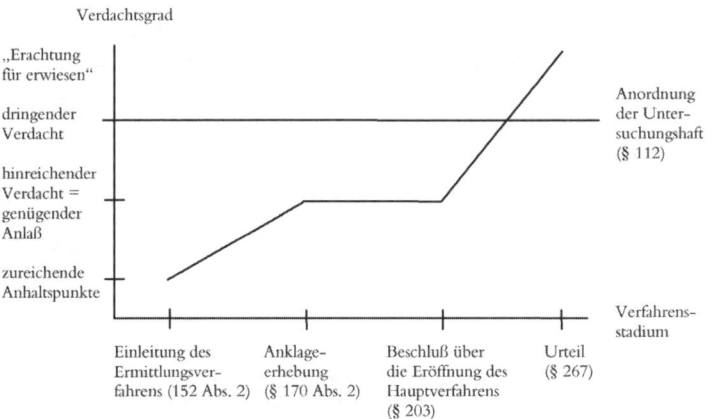

Manchmal kann es erforderlich sein, zu ermitteln, ob die „Anhaltspunkte" „zureichend" sind. Man spricht hierbei von **„Vorermittlungen".**

Manche halten dies für eine bedenkliche „Grauzone" und fordern eine gesetzliche Regelung (*Lange,* DRiZ 2002, 264). Entscheidend ist, daß die Vorermittlungen weder zu einer Bloßstellung noch zu einer Hinauszögerung des
Ermittlungsverfahrens führen und dem Verdächtigen nicht seine Rechte als
„Beschuldigter" (s. u. Rn. 81) abschneiden. Vorermittlung ist insbesondere
die Leichenschau (§§ 159, 87 f. StPO). Die „Vorermittlungen" sind nicht mit
den **„Vorfeldermittlungen"** (s. u. Rn. 85) zu verwechseln.

2. Strafanzeigen und sonstige Kenntniserlangung

77   Die Staatsanwaltschaft hat einzuschreiten, sobald sie „durch eine
Anzeige oder auf anderem Wege von dem Verdacht einer Straftat
Kenntnis erhält" (§ 160 Abs. 1 StPO).

Meist erfolgt die Kenntniserlangung durch eine **Strafanzeige**
(§ 158 Abs. 1 StPO). Diese gibt dem Anzeigeerstatter keinerlei Rechte
oder Ansprüche, sondern ist nur eine Anregung zur Prüfung des An-
fangsverdachts (die gelegentlichen Zeitungsmeldungen über die Erstattung einer Strafanzeige gegen eine bestimmte Person sind daher
nur eine Effekthascherei). Ihre Wirkung erhält die Strafanzeige nur
mittelbar durch den ggf. einsetzenden Verfolgungszwang (s. o.
Rn. 63 ff.). Etwas stärker als die Strafanzeige ist der in § 158 Abs. 1
StPO genannte **„Strafantrag".** Hierbei handelt es sich nicht um den
vertrauten Strafantrag bei den Antragsdelikten (§§ 77 ff. StGB); dieser
ist erst in § 158 Abs. 2 StPO behandelt. Der „Strafantrag" i. S. des
§ 158 Abs. 1 StPO ist nur der Ausdruck eines besonderen Interesses
an der Strafverfolgung; er gibt dem Antragsteller nur ein Recht auf
Bescheid bei Nichtverfolgung (§ 171 StPO) und – sofern er Verletzter
ist – auf Einleitung des Klageerzwingungsverfahrens (§ 172 StPO;
s. u. Rn. 178).

Ein viertes Institut ist der **„Antrag" des Verletzten auf Mitteilung** des
Ausgangs des Verfahrens (§ 406 d StPO; s. u. Rn. 347). Über diese Möglichkeit
soll der Verletzte belehrt werden (§ 406 h), und zwar schon bei der Anzeigeerstattung. Vor Einführung des § 406 d StPO erhielt der Verletzte keinen Bescheid über die Anklageerhebung und sogar Verurteilung, was insbesondere
die Geltendmachung von Schadensersatzansprüchen erschwerte. Die Einführung dieses Rechts erscheint daher einleuchtend, wirft aber bei Verfahren mit
zahlreichen Geschädigten, insbesondere Wirtschaftsstraftaten, erhebliche
Schwierigkeiten auf. So kamen bei einer Wirtschaftsstraftat in Frankfurt a. M.
1988 56.600 Geschädigte in Betracht. Auf diesen Schwierigkeiten beruht die
Ausgestaltung als bloße Sollvorschrift.

Bezeichnung	Norm	Inhalt	78
Strafanzeige	§ 158 Abs. 1 StPO	Anlaß zur Prüfung des Verdachts (§ 160 Abs. 1 StPO) und ggf. zum Einschreiten (§ 152 Abs. 2 StPO)	
„Strafantrag"	§ 158 Abs. 1 StPO	Ausdruck besonderen Interesses an Strafverfolgung mit Anspruch auf Bescheid bei Nichtverfolgung (§ 171 StPO) und, sofern Antragsteller Verletzter, Klageerzwingungsverfahren (§ 172 StPO)	
Antrag	§ 158 Abs. 2 StPO	Strafantrag nach §§ 77 ff. StGB, Prozeßvoraussetzung nach § 152 Abs. 2 StPO (enthält regelmäßig „Strafantrag" nach § 158 Abs. 1 StPO)	
Antrag des Verletzten auf Mitteilung des Ausgangs des Verfahrens	§ 406 d StPO		

„Andere Wege" der Kenntniserlangung sind z. B. Zeitungslektüre 79 und eigene Beobachtung. Umstritten ist, ob der Staatsanwalt auch bei **außerdienstlicher Kenntniserlangung** zum Einschreiten verpflichtet ist. Wäre dies der Fall, so wäre das Privatleben der Staatsanwälte stark reglementiert. Die Rechtsprechung begrenzt die Pflicht zum Einschreiten bei außerdienstlicher Kenntnisnahme daher auf Straftaten, die nach Art und Umfang die Belange der Öffentlichkeit und der Volksgesamtheit in besonderem Maße berühren (z. B. Verprügelung eines politischen Gegners, BGHSt 12, 277).

3. Strafanzeigen und sonstige Kenntniserlangung bei der Polizei
80

Strafanzeigen können nach § 158 Abs. 1 StPO auch bei der Polizei erstattet werden und werden dies in der Regel. Die Polizei hat dann und bei sonstiger Kenntniserlangung nach § 163 StPO „die Straftat zu erforschen und alle keinen Aufschub gestattenden Anordnungen zu treffen, um die Verdunkelung der Sache zu verhüten" und ihre Ergebnisse „ohne Verzug der Staatsanwaltschaft zu übersenden", sog. **„erster Zugriff"** der Polizei. Andererseits ist die Staatsanwaltschaft wegen ihres beschränkten Apparats auf die Ermittlungstätigkeit der Polizei angewiesen und müßte alsbald wieder Aufträge an die Polizei erteilen und die Sache damit an die Polizei zurückgeben (s. u. Rn. 95).

Angesichts dessen hat sich die Praxis herausgebildet, daß die Polizei in aller Regel eigenständig durchermittelt und die Ergebnisse mit einem Schlußbericht der Staatsanwaltschaft zuleitet. Jedoch bleibt auch in diesen Fällen die Staatsanwaltschaft die Herrin und Leiterin des Ermittlungsverfahrens; bei schwierigen Fällen und Rechtsproblemen hat die Polizei Kontakt mit der Staatsanwaltschaft aufzunehmen.

Allerdings verschiebt sich das Schwergewicht immer mehr zugunsten der Polizei. Insbesondere hat die Polizei große Datenbänke aufgebaut (INPOL mit zahlreichen Unterabteilungen wie Spurendokumentation – SPUDOK, Straftaten-/Straftäterdatei – SSD), zu denen die Staatsanwaltschaft teilweise keinen Zugang hat.

4. Rechte des Beschuldigten

81   Mit der Aufnahme der Ermittlungen läuft das Ermittlungs- und damit das **Strafverfahren,** u. U. „gegen Unbekannt".

Mit der Einleitung des Strafverfahrens gegen ihn wird der Verdächtige zum **„Beschuldigten"** (§ 157 StPO; vgl. dagegen z. B. § 163 b StPO). Dieser Übergang hat wichtige Folgen. Der Beschuldigte hat einerseits größere Rechte, andererseits aber auch größere Pflichten.

Der **Beschuldigte** hat ein Recht auf Verteidigung (s. u. Rn. 88). Ihm ist bei seiner ersten Vernehmung zu eröffnen, welche Tat ihm zur Last gelegt wird; außerdem ist er darauf hinzuweisen, daß er sich nicht zur Sache zu äußern braucht und schon vor seiner Vernehmung einen von ihm zu wählenden Verteidiger befragen darf (§ 136 für den Ermittlungsrichter, § 163 a Abs. 3 für die Staatsanwaltschaft, Abs. 4 für die Polizei). Wird dies versäumt, sind die Aussagen unverwertbar (BGHSt 38, 214, 372 m. Anm. *Roxin,* JZ 1993, 426; BGHSt 42, 15). = Belehrung über Rechte

Zeugen sind dagegen nur über ein eventuelles Zeugnis- oder Auskunftsverweigerungsrecht nach den §§ 52, 55 StPO zu belehren (§§ 52 Abs. 3, 55 Abs. 2, 161 a Abs. 1, 163 a Abs. 5 StPO).

Dieser wichtige Unterschied in der Rechtsstellung kann im Einzelfall **schwierige Abgrenzungen** erforderlich machen: Wie lange darf der zum Tatort geeilte Polizist die Anwesenden ohne Belehrung nach § 163 a Abs. 4 nach ihren Beobachtungen fragen? Hierbei hat der Beamte einen gewissen Beurteilungsspielraum, den er freilich nicht mit dem Ziel der Hinausschiebung der Beschuldigtenbelehrung mißbrauchen darf (BGHSt 38, 228). Eine Belehrung ist veranlaßt, wenn sich der Verdacht so verdichtet hat, daß die vernommene Person ernstlich als Täter der untersuchten Straftat in Betracht kommt (BGHSt 37, 52). Ein Strafverfahren ist eingeleitet, sobald die Ermittlungsbehörde eine Maßnahme trifft, die erkennbar darauf abzielt, gegen jemanden wegen einer Straftat strafrechtlich vorzugehen (vgl. § 397 AO); jemand wird zum Beschuldigten, sobald – subjektiv – ein Verfolgungswille der Strafverfolgungsbehörde vorliegt, der sich – objektiv (Gestaltung und Begleitumstände der Vernehmung) – in einem Willensakt manifestiert (BGHSt 51, 367, 370 m.

Anm. *Roxin*, JR 2008, 16): **Kombination objektiver und subjektiver Merkmale.** Näher *Koch*, Informatorische Befragungen im Strafverfahren, JA 2004, 558; *Geppert*, Nochmals, doch immer wieder: Zum Beginn der „Beschuldigten"-Eigenschaft, Schroeder-FS, 2006, 675).
Andererseits sind viele Ermittlungsmaßnahmen gegenüber dem Beschuldigten eher zulässig als gegenüber anderen Personen (s. u. Rn. 115).

Allerdings besteht kein Anspruch des Beschuldigten auf frühzeitige Vernehmung und damit Information über das gegen ihn eingeleitete Ermittlungsverfahren. Die Vernehmung des Beschuldigten hat erst spätestens vor dem Abschluß der Ermittlungen zu erfolgen (§ 163 a Abs. 1 StPO); *seine* „erste Vernehmung" braucht keineswegs die erste Vernehmung überhaupt zu sein! Dies verführt die Ermittlungsorgane dazu, das Ermittlungsverfahren vor dem Beschuldigten geheimzuhalten und ihn erst dann zu vernehmen und damit zu informieren, wenn die Ermittlungen „wasserdicht" sind (*Dahs*, NJW 1985, 1114). Andererseits ist aber hierbei zu berücksichtigen, daß die Mitteilung laufender Ermittlungen in vielen Fällen eine Flucht- oder eine Verdunkelungsgefahr auslöst und damit die Voraussetzungen für eine Untersuchungshaft schafft (s. u. Rn. 149 ff.). Die Nichtmitteilung ist daher in vielen Fällen geradezu zur Vermeidung größerer Rechtsnachteile für den Verdächtigen geboten. Für eine Informationspflicht § 160 Abs. 5 Diskussionsentwurf 2004 (StV 2004, 228). **82**

II. Moderne Tendenzen zur Vorverlagerung

Die moderne Tendenz geht dahin, nicht erst die tatsächliche Begehung von Straftaten abzuwarten, sondern schon vorher die **Gefahren für die Entstehung von Straftaten zu ermitteln,** um dann den Täter sofort ertappen und vor allem auch seine Partner und Hinterleute erfassen zu können. Das typische Beispiel hierfür ist die Einschleusung von Vertrauensleuten in die Rauschgiftszene, durch die die Ankunft eines Rauschgiftkuriers frühzeitig ermittelt, dieser auf seinem Wege über lange Strecken verfolgt und schließlich bei der Übergabe an seine Abnehmer festgenommen wird. Dieses Vorgehen ist problematisch, weil hier einerseits kein Verdacht einer (begangenen!) Straftat vorliegt, andererseits aber auch keine Verhütung oder Unterbindung von konkreten strafbaren Handlungen im Sinne des Polizeirechts. Der Streit geht einmal darum, ob dieser neuartige Bereich dem Polizeirecht oder dem Strafprozeßrecht zugeschlagen werden soll. Die Polizei versucht, die Materie unter dem Schlagwort der „vorbeugenden Verbrechensbekämpfung" an sich zu reißen. Viele halten aber **83**

diese Maßnahmen auch für völlig unzulässig, da sie Menschen ohne
konkreten Verdacht der Überwachung aussetzen und damit zu einem
Überwachungsstaat führen, an die Stelle der Vermutung der Unschuld und der Rechtstreue des Bürgers die Vermutung der Schuld
und der Rechtsuntreue setzen. Die Diskussion kreist um folgende Institute:

1. Initiativermittlungen

84   Von den Strafverfolgungsbehörden wird heute erwartet, daß sie bestimmte Szenen beobachten, um Straftaten bereits im Frühstadium zu
entdecken. In diesen Fällen liegen noch kein „Verdacht" nach §§ 152
Abs. 2, 160 StPO und damit keine Rechtsgrundlage für ein Einschreiten vor. Die Justiz- und die Innenminister der Länder haben in der
Anlage E zu den RiStBV (s. o. Rn. 47) das Institut der „Initiativ-
ermittlungen" geschaffen. Diese liegen vor, wenn Staatsanwalt und
Polizei von sich aus im Rahmen ihrer gesetzlichen Befugnisse Informationen gewinnen oder bereits erhobene Informationen zusammen-
führen, um Ansätze zu weiteren Ermittlungen zu erhalten (Nr. 6.1).
Ergeben sich Ansätze für weitere Nachforschungen, so können die
Strafverfolgungsbehörden diesen nachgehen. Es besteht kein Verfolgungszwang; Ziel ist allein die Klärung, ob ein Anfangsverdacht besteht. Ob eine weitere Aufklärung erfolgt, richtet sich nach Verhält-
nismäßigkeitserwägungen (Nr. 6.2).

2. Vorfeldermittlungen

85   Noch problematischer sind die sog. Vorfeldermittlungen, auch
„operative Arbeit" der Polizei genannt. Hier geht es darum, in erfahrungsgemäß gefahrenträchtige Bereiche observierend einzudringen,
um nach Begehung einer Straftat sofort zuschlagen und das kriminelle Umfeld zerschlagen zu können. Teilweise wird allerdings versucht, möglichst viel von diesem Begriffsinhalt bereits in den Begriff
der „Initiativvermittlungen" hineinzuziehen. Mittel für Vorfeldermit-
lungen sind vor allem mit der Zusicherung der Vertraulichkeit arbei-
tende private **„Informanten"** (für den Einzelfall) und „Vertrauensleute", **„V-Personen"**, „V-Leute", aus dem kriminellen Milieu oder
seinem Umfeld (für längere Zeit, s. Anlage D zu den RiStBV), z. B.
Gastwirte, Kellner, Taxifahrer, sowie Verdeckte Ermittler (§ 110 a
StPO) und „nicht offen ermittelnde Polizeibeamte", abgekürzt
NoeP (s. BGHSt 32, 121; Anlage D II zu den RiStBV). Der Ausdruck „under-cover-agent" wird wegen dessen weitgehender Befugnisse im nordamerikanischen Recht für das deutsche Recht abgelehnt.

Die Bezeichnung „Vorfeld*ermittlungen*" versucht, über das Fehlen des für Ermittlungen erforderlichen konkreten Tatverdachts hinwegzutäuschen.

3. Abwarten der Tatvollendung

Immer häufiger wartet die Polizei bewußt die Vollendung einer **86** Straftat ab, um den Täter und womöglich auch seine Partner belangen zu können (Absatz von Rauschgift, Entgegennahme des Erpressungs- oder Lösegeldes, aber auch schon Aufstellen verdeckter Radarfallen statt offener Warnung). Auch dies ist – genau genommen – noch kein Einsatz aufgrund einer begangenen Tat (§ 152 Abs. 2 StPO). Andererseits wird man es den Strafverfolgungsorganen jedoch nicht verwehren können, so rechtzeitig zur Stelle zu sein, daß sie den Täter in flagranti ertappen können. § 127 StPO befaßt sich gerade mit dieser Möglichkeit der Festnahme bei Betreffung auf frischer Tat. Eine andere Frage ist es, ob das Abwarten oder Geschehenlassen der Straftat mit der polizeirechtlichen Aufgabe der Verhütung und Unterbindung von Straftaten vereinbar ist. Diese Frage gehört nicht mehr zum Strafprozeßrecht. Sicher darf die Polizei keinen Mord geschehen lassen, um die Täter überführen zu können. Anders ist es jedoch, wenn die Vollendung der Straftat nur formal erfolgt und der Schaden sofort rückgängig gemacht werden kann (Beschlagnahme des Rauschgifts und des Entgelts, Rückgabe des Lösegelds).

4. Tatprovozierung durch Lockspitzel

In manchen Fällen provoziert die Polizei sogar Straftaten, sog. **87** Lockspitzel, insbesondere um potentielle Rauschgiftverkäufer aufzudecken (sog. Scheinaufkäufer). Dies ist zulässig, sofern nicht das tatprovozierende Verhalten des Lockspitzels ein solches Gewicht erlangt, daß demgegenüber der eigene Beitrag des Täters in den Hintergrund tritt (BGHSt 32, 347). Bei Überschreitung dieser Grenze liegt ein Verstoß gegen das Gebot eines fairen Verfahrens (s. o. Rn. 54 ff.) vor (*EGMR* NStZ 1999, 47; BGHSt 45, 321; 47, 44 für Provozierung eines nur des Haschischhandels Verdächtigen zum Heroinhandel, sog. Quantensprung). Er führt jedoch nicht zu einem Verfahrenshindernis (s. o. Rn. 68, 74), sondern ist nur ein wesentlicher Strafmilderungsgrund (BGHSt 45, 321 m. Anm. *Sinner/Kreuzer,* StV 2000, 114; *Roxin,* JZ 2000, 363; a. A. *EGMR* NStZ 1999, 47).

5. Vorsorge für künftige Strafverfolgung

Unter der Vorsorge für künftige Strafverfolgung wird die Sammlung und Speicherung von Daten für die Ermöglichung oder Erleichterung der Ermittlung bei zukünftigen, erst noch zu erwartenden,
Straftaten verstanden. Hierunter fallen die Anfertigung von Lichtbildern und Fingerabdrücken für den polizeilichen Erkennungsdienst
(§ 81 b 2. Alt. StPO), die DNA-Analyse von Körperzellen (§ 81 g
StPO; hierzu *Ohler*, StV 2000, 326) und weitgehend das Informationssystem der Polizei (INPOL). Für Daten aus Strafverfahren gelten die §§ 484 ff., 492 ff. StPO.

Weiterführende Literatur: *Keller/Griesbaum*, Das Phänomen der vorbeugenden Bekämpfung von Straftaten, NStZ 1990, 416; *Wolter*, Beweisverbote
und Informationsübermittlung der Polizei bei präventiver Videoüberwachung
eines Tatverdächtigen, Jura 1992, 520; *Siebrecht*, Die polizeiliche Datenverarbeitung im Kompetenzstreit zwischen Polizei- und Prozeßrecht, JZ 1996, 711;
Ambos, Staatsanwaltschaftliche Kontrolle der Polizei, Verpolizeilichung des
Ermittlungsverfahrens und organisierte Kriminalität, Jura 2003, 674.

§ 12. Das Recht auf Verteidigung und die Rechte des Verletzten

I. Die materielle Verteidigung

88   Mit Beginn des Strafverfahrens hat der Beschuldigte ein Recht auf
Verteidigung (§ 137 Abs. 1 S. 1 StPO). Dieses Recht ist in Art. 6
Abs. 3 c EMRK und Art. 14 Abs. 3 IPBPR anerkannt.

Mit der „Verteidigung" befaßt sich das 1. Buch, 11. Abschnitt der
StPO (§§ 137 ff.). Dabei wird die „Verteidigung" als Beistand eines
Verteidigers angesehen (Begriff aus Art. 73 Carolina!). Daneben sprechen aber die §§ 258 Abs. 3 und 265 Abs. 1 StPO von der „Verteidigung" durch den Angeklagten selbst. § 338 Nr. 8 StPO verwendet
den Begriff der „Verteidigung" offensichtlich als Oberbegriff.

Der Begriff „Verteidigung" hat also eine doppelte Bedeutung. Die
Verteidigung durch andere Personen wird auch genauer als **formelle
Verteidigung** bezeichnet. Demgegenüber bedeutet die **materielle
Verteidigung** die rechtliche Gegenwehr gegen die Strafverfolgung
schlechthin, sei es durch einen Verteidiger, sei es durch den Beschuldigten selbst.

89   Das **materielle Recht auf Verteidigung** umfaßt im Vorverfahren
insbesondere

– den Anspruch auf rechtliches Gehör (Art. 103 Abs. 1 GG) mit zahlreichen Konkretisierungen in der StPO (§§ 136, 163 a StPO),
– Antragsrechte des Beschuldigten, insbesondere das Recht zum Antrag auf Beweiserhebungen (§§ 136, 163 a Abs. 2, 166 StPO) und auf Herbeiführung der Protokollierung von entscheidungserheblichen Vorgängen oder Aussagen (§ 168 a StPO),
– das Recht auf Verweigerung der Zustimmung (z. B. § 153 a StPO),
– das Recht auf Ablehnung von Richtern und Protokollführern wegen der Besorgnis der Befangenheit (§§ 24, 31 StPO; s. u. § 18),
– das Recht zur Einlegung von Rechtsbehelfen (§ 296 StPO; s. u. § 21),
– das Schweigerecht als Form der „passiven Verteidigung" (§§ 136 Abs. 1 S. 2, 163 a Abs. 3, 4 StPO).

Voraussetzung für die materielle Verteidigung ist das Recht auf 90 **Information** über die Beschuldigung und den Gang der Verhandlung. Dieses Recht wird durch folgende Einzelrechte konkretisiert:
– Recht auf Information über die Beschuldigung (§§ 136, 163 a StPO),
– Recht auf Anwesenheit und Fragen (Art. 6 Abs. 3 d EMRK) bei wichtigen Verfahrensvorgängen im Ermittlungsverfahren (z. B. §§ 168 c, 168 d StPO, allerdings entziehbar nach §§ 168 c Abs. 3, 168 d Abs. 1 S. 2),
– Akteneinsichtsrecht (§ 147 StPO), insbesondere in Verbindung mit der Pflicht zur Protokollierung wichtiger Verfahrensvorgänge (§§ 168, 168 a, 168 b StPO),
– Recht auf Zuziehung eines Dolmetschers, und zwar über § 259 StPO, § 185 GVG hinaus schon im Vorverfahren (Art. 6 Abs. 3 e EMRK, Art. 14 Abs. 3 f IPBPR).

Der BGH hat darüber hinaus aus dem Anspruch auf ein faires Verfahren (s. o. Rn. 54 ff.) ein Recht des Beschuldigten auf Zugang zu dem gesamten verfahrensbezogenen Tatsachen- und Beweismaterial hergeleitet, das die Strafverfolgungsorgane im Rahmen der gegen ihn gerichteten Ermittlungen sammeln (BGHSt 36, 305: erfolglose Telefonüberwachung gegen einen Entlastungszeugen während der Hauptverhandlung).

II. Die formelle Verteidigung

1. Die Stellung des Verteidigers

Der (formelle) Verteidiger ist „Beistand" des Beschuldigten (§ 137 91 StPO). Der Verteidiger wird in der StPO häufig selbständig genannt

(§§ 79 Abs. 1 S. 2, 240 Abs. 2, 258 Abs. 3). Daraus geht hervor, daß er nicht der Vertreter des Angeklagten ist, sondern ein **selbständiges Organ der Rechtspflege** (so für den Rechtsanwalt § 1 BRAO, für den Verteidiger BGHSt 12, 364).

Diese Einordnung dient der Stärkung der Stellung des Verteidigers und darf nicht zu einer Beschneidung seines Rechts und seiner Pflicht zur Vertretung der Interessen des Beschuldigten führen. Die Auffassung des Verteidigers als reiner Vertreter der Interessen des Beschuldigten nimmt ihm jedoch seine eigenständige Stellung im Strafverfahren.

An sich muß schon die Staatsanwaltschaft auch die entlastenden Umstände ermitteln (§ 160 Abs. 2 StPO). Indessen berücksichtigt die StPO mit Recht die psychologische Tatsache, daß niemand in der gleichen Person Ankläger und Verteidiger sein kann, und ermöglicht dem Beschuldigten daher ein ausschließlich zu seiner Verteidigung ausersehenes Organ. Die Zunahme der Möglichkeit konsensualer Verfahrenserledigungen (Einstellung des Verfahrens bei Zurückweichen des Strafbedürfnisses, u. Rn. 97 ff., Vereinbarungen, u. Rn. 205 ff.) eröffnet dem Verteidiger weitgehende neuartige Möglichkeiten.

In bestimmten schwierigen Prozessen ordnet die StPO sogar die Mitwirkung eines Verteidigers als **notwendig** an (§ 140 StPO). Neben den Katalog nach Abs. 1 treten hierbei die Generalklausel des Abs. 2 und § 418 Abs. 4 StPO für das beschleunigte Verfahren.

Der Grund hierfür liegt nicht nur in dem Erfordernis professioneller Fähigkeit, sondern auch darin, daß eine Distanz zu dem persönlichen Erleben des Beschuldigten erforderlich ist. Aus diesem Grunde muß in den Fällen des § 140 StPO, auch wenn der Beschuldigte selber Jurist, möglicherweise sogar der Präsident des BGH, ist, eine andere Person als Verteidiger mitwirken. Obwohl Art. 6 EMRK das Recht auf Selbstverteidigung alternativ garantiert, wird dies für zulässig gehalten (*EGMR* EuGRZ 1992, 542; *BVerfG* NJW 1998, 2205). Skurriler Fall der Mitwirkung eines nicht mehr zugelassenen Scheinverteidigers in BGHSt 47, 238.

2. Wahl- und Pflichtverteidiger

92   Der Beschuldigte kann sich einen oder sogar mehrere (bis zu drei) Verteidiger **wählen** (§ 137 StPO).

Zu Verteidigern können die bei einem (!) deutschen Gericht zugelassenen Rechtsanwälte sowie die Rechtslehrer an Hochschulen (seit dem 1. JuMoG 2004 einschließlich der Fachhochschulen) gewählt werden (§ 138 Abs. 1 StPO). Obwohl der Grund für die Einbeziehung der Hochschullehrer der Mangel an Rechtsanwälten bei Schaffung der StPO war, ist die Möglichkeit der Heranziehung von Rechtslehrern als Verteidiger im Interesse der gegenseitigen Befruchtung von Wissenschaft und Praxis auch heute noch sinnvoll. Der bedenklichen Praxis in manchen südeuropäischen Ländern, in denen die Strafrechtslehrer hauptsächlich als Strafverteidiger tätig sind und in den Hörsälen nur noch sporadisch erscheinen, kann durch entsprechende Beschränkungen der Nebentätigkeit durch die Dienstherren begegnet werden. Fragwürdig ist allerdings die Erstreckung auf alle Rechtslehrer, also z. B. auch auf solche des Kirchen- oder Urheberrechts.

Das Recht zur Wahl eines Verteidigers wird vom BVerfG zusätzlich auf den Grundsatz des fairen Verfahrens und damit das Rechtsstaatsprinzip gestützt (BVerfGE 39, 243; s. o. Rn. 54 ff.).

Der Beschuldigte kann sich zwar mehrere (bis zu drei) Verteidiger wählen; jedoch können sich nicht mehrere Beschuldigte denselben Verteidiger wählen bzw. kann nicht ein Verteidiger mehrere Beschuldigte verteidigen (§ 146 StPO). Diese Bestimmung soll Interessenkollisionen vermeiden und verstößt nicht gegen Art. 2, 3, 12 GG (BVerfGE 39, 164). Durch diese Bestimmung ergeben sich zahlreiche Folgeprobleme (Wechsel der Verteidigung, Anwaltssozietäten, „sukzessive Mehrfachverteidigung"). Erforderlich ist eine förmliche Zurückweisung; vorher vorgenommene Verteidigerhandlungen bleiben wirksam (§ 146 a StPO).

In den Fällen der notwendigen Verteidigung (s. o. Rn. 91) wird **93** dem Angeschuldigten, wenn er noch keinen Verteidiger gewählt hat, durch den Vorsitzenden des für das Hauptverfahren zuständigen Gerichts ein Verteidiger bestellt, sog. **Pflichtverteidiger** (§ 141 StPO). Dabei kann der Beschuldigte selbst einen Anwalt seines Vertrauens benennen (§ 142 Abs. 1 S. 2, 3 StPO); dies ist ein Ausfluß des Anspruchs auf ein faires Verfahren (s. o. Rn. 54 ff.; BVerfGE 68, 256). Die Ablehnung eines vom Beschuldigten benannten Verteidigers wegen zu erwartender „Konfliktverteidigung" (s. u. Rn. 231) ist nur schwer möglich (*OLG Köln* StV 2007, 288). Wählt der Beschuldigte einen anderen Verteidiger, ist die Bestellung des Pflichtverteidigers zurückzunehmen (§ 143 StPO), ebenso bei nachhaltiger Erschütterung des Vertrauens zum Pflichtverteidiger (BGHSt 39, 314).

Zur Vermeidung einer Verzögerung des Verfahrens durch Ausscheiden des Wahlverteidigers in der Hauptverhandlung ist die Praxis dazu übergegangen, bei langdauernden Verfahren vorsorglich einen Pflichtverteidiger zuzuordnen. Gegen diese Praxis wird von Seiten der Rechtsanwaltschaft teilweise stark polemisiert und der vorsorglich zugeordnete Pflichtverteidiger als „**Zwangsverteidiger**" bezeichnet. Die Praxis entspricht jedoch der Bestellung von Ergänzungsrichtern nach § 192 Abs. 2, 3 GVG. Nach BVerfGE 66, 321 liegt darin kein Verstoß gegen das Rechtsstaatsprinzip, sondern eine zutreffende Folgerung aus dem Verzögerungsverbot (s. u. Rn. 360 ff.). Die Oberlandesgerichte entscheiden zunehmend anders (*OLG Düsseldorf* StV 1999, 586; *OLG Frankfurt a. M.* StV 1997, 575: Verstoß gegen das Recht auf ein faires Verfahren, s. o. Rn. 54 ff.).

3. Der Verteidiger im Ermittlungsverfahren

94   Der Beschuldigte kann sich nach § 137 StPO „in jeder Lage des Verfahrens" des Beistandes eines Verteidigers bedienen, also auch schon
im Ermittlungsverfahren. Dies ergibt sich auch aus den Vorschriften,
wonach der Beschuldigte schon vor seiner ersten Vernehmung einen
Verteidiger konsultieren kann (§§ 136, 163 a Abs. 3, 4 StPO).

Polizei und Staatsanwaltschaft müssen ihn auf dieses Recht **hinweisen** und
ihm ggf. bei der Herstellung des Kontakts zu einem Verteidiger in effektiver
Weise **helfen** (BGHSt 42, 19).

Die Bestellung eines **Pflichtverteidigers** erfolgt grundsätzlich erst nach
Aufforderung zur Erklärung über die Anklageschrift, also im Eröffnungsverfahren; für das Vorverfahren besteht bedauerlicherweise nur eine Kann-Vorschrift (§ 141 Abs. 3 StPO), bei der das Ermessen des Richters und der Beurteilungsspielraum der Staatsanwaltschaft zur Stellung des Antrags allerdings
zunehmend eingeengt werden. Wird der Beschuldigte von einer Zeugenvernehmung im Ermittlungsverfahren ausgeschlossen (§ 168 c Abs. 3 StPO), so
muß ihm ein Verteidiger bestellt werden (BGHSt 46, 93 m. Anm. *Gleß*, NJW
2001, 3606). Das gleiche gilt, wenn der Beschuldigte eines Verbrechens dringend verdächtig ist und tatsächlich des Beistands eines Verteidigers bedarf
(BGHSt 47, 176, 236). Bei Untersuchungshaft besteht ein Anspruch auf einen
Pflichtverteidiger (§ 140 Abs. 1 Nr. 4 StPO; s. a. § 118 a Abs. 2 S. 3 StPO).

Allerdings gilt der Grundsatz der Öffentlichkeit nur für die
Hauptverhandlung (§ 169 GVG: „erkennendes Gericht"); das Ermittlungsverfahren ist nicht öffentlich. Bei richterlichen Ermittlungshandlungen haben der Beschuldigte und sein Verteidiger jedoch zum
Teil ein **Anwesenheitsrecht** (§§ 168 c, 168 d StPO), ebenso der Verteidiger bei Vernehmung des Beschuldigten durch die Staatsanwaltschaft (§ 163 a Abs. 3 S. 2 StPO; bei Vernehmung durch die Polizei
kann der Beschuldigte die Anwesenheit seines Verteidigers durch Androhung von Nichterscheinen oder Schweigen erzwingen). Das
wichtigste Recht des Verteidigers ist das **Recht auf Einsicht in die
Akten** des Verfahrens (§ 147 StPO). Nach Vermerk des Abschlusses
der Ermittlungen in den Akten (§ 169 a StPO) ist der Verteidiger unbeschränkt zur Einsicht in die Akten berechtigt; vorher kann ihm die
Einsicht nur ausnahmsweise verweigert werden (§§ 147 Abs. 1, 2
StPO). Die Unterlagen über einige (aber überraschenderweise nicht
alle) verdeckte Ermittlungsmaßnahmen (s. u. Rn. 118) sind erst nach
deren Erledigung zu den Akten zu nehmen (§§ 101 Abs. 4 S. 2, 110 d
Abs. 3 S. 2 StPO). Der Verteidiger kann die Akten mit in seine Kanzlei oder sogar seine Wohnung nehmen (§ 147 Abs. 4 StPO).

Das Akteneinsichtsrecht gilt entsprechend für Videoaufnahmen von Zeugenvernehmungen (§ 58 a Abs. 2 S. 3 StPO, mit Widerspruchsrecht des Zeugen Abs. 3).

Der **Informationsvorsprung der Staatsanwaltschaft** verstößt wegen der Pflicht zur Wahrheitsermittlung nicht gegen das Rechtsstaatsprinzip (*BVerfG* NStZ 1994, 552). Jedoch hat das BVerfG das Akteneinsichtsrecht auf das Grundrecht auf rechtliches Gehör gestützt und daraus bei U-Haft ein Recht auf Teileinsicht hergeleitet (a. a. O.). Der EGMR verlangt bei inhaftierten Beschuldigten wegen Art. 5 Abs. 4 EMRK ein umfassendes Akteneinsichtsrecht (NJW 2002, 2013).

Bemerkenswert ist, daß das Recht auf Akteneinsicht nur dem Verteidiger, nicht dem Beschuldigten selbst zusteht. Der **Beschuldigte** muß sich also zur Erlangung von Akteneinsicht immer erst einen Verteidiger wählen. Hier gehen also die Rechte des formellen Verteidigers über die der materiellen Verteidigung hinaus. Begründet wird dies mit den Gefahren der Aktenvernichtung und der Vorwarnung des Beschuldigten. Beide Argumente sind jedoch sehr fragwürdig, und jetzt sind dem Beschuldigten, der keinen Verteidiger hat, wenigstens Kopien der Akten zur Verfügung zu stellen (§ 147 Abs. 7 StPO).

Das Recht, sich „in jeder Lage des Verfahrens" einen Verteidiger zu wählen, wird beeinträchtigt, wenn die Ermittlungsbehörden dem Beschuldigten die Tatsache des Beginns eines Ermittlungsverfahrens vorenthalten (s. o. Rn. 82). Dagegen § 160 Abs. 5 Diskussionsentwurf (o. Rn. 42).

4. Die Ausschließung des Verteidigers

Da die Ausschließung eines Verteidigers sowohl in das Recht des   95
Beschuldigten auf Verteidigung als auch in die Freiheit der Berufsausübung des Rechtsanwalts nach Art. 12 GG eingreift, wurde sie 1974 in den **§§ 138 a–138 d StPO** genau geregelt. Danach ist eine Ausschließung im wesentlichen in folgenden Fällen bzw. bei hinreichendem Verdacht möglich:
- Beteiligung an Straftaten des Beschuldigten oder Begünstigung, Strafvereitelung oder Hehlerei zu seinen Gunsten (§ 138 a Abs. 1 Nr. 1, 3 StPO),
- bei inhaftierten Beschuldigten Mißbrauch des Verkehrs zur Begehung von Straftaten oder zur erheblichen Gefährdung der Sicherheit einer Vollzugsanstalt (§ 138 a Abs. 1 Nr. 2 StPO),
- bei Verfahren wegen Straftaten gegen die äußere Sicherheit Gefährdung der Sicherheit der Bundesrepublik (§ 138 b StPO).

Nach h. L. soll die Aufhebung der Bestellung des **Pflichtverteidigers** durch den Vorsitzenden in erweiternder Anwendung der §§ 143, 145 StPO auch aus wichtigem Grund, darunter auch bei Fehlverhalten von besonderem Gewicht, zulässig sein (*OLG Hamburg* NStZ 1998, 586). Diese Auffassung erscheint jedoch durch die §§ 138 a ff. StPO überholt (s. *OLG Nürnberg* StV 1995, 287 m. Anm. *Barton*).

Wird ein bereits Mitbeschuldigter oder gar -angeklagter zum Verteidiger gewählt, so besteht ein argumentum a minore ad maius aus den §§ 146, 146 a StPO mit ihrer anderen Zuständigkeit (für § 138 c *OLG Stuttgart* Justiz 1987, 90; für §§ 146, 146 a *OLG Rostock* StV 1996, 469).

Der Verteidiger darf **Zeugen befragen** und über ihre Rechte und Pflichten beraten, hat aber jeden Anschein einer unzulässigen Beeinflussung zu vermeiden (§ 6 Grundsätze des anwaltl. Standesrechts).

Weiterführende Literatur: *Schroeder,* Formelle und materielle Verteidigung, NJW 1987, 301 ff.

III. Die Rechte des Verletzten

96 Gesetzgebung und Wissenschaft hatten sich zeitweilig einseitig dem Schutz des Beschuldigten zugewandt und dabei den Verletzten fast völlig aus dem Blick verloren. Es ist einigermaßen peinlich, daß es erst der Einführung einer wissenschaftlichen Disziplin „Viktimologie" mit ihrem üblichen Begleitaufwand (Kongresse, Symposien, Forschungsaufträge usw.) bedurfte, um die Öffentlichkeit und den Gesetzgeber wieder auf die berechtigten Interessen des „Opfers" aufmerksam zu machen. Ihrer verstärkten Berücksichtigung diente insbesondere das **Opferschutzgesetz** von 1986 (dazu BT-Drs. 10/5305, 6124; s. o. Rn. 40). Dadurch wurde ein eigener „Vierter Abschnitt. Sonstige Befugnisse des Verletzten" (§§ 406 d ff.) in das 5. Buch der StPO eingefügt. Erweiterungen brachten die Opferrechtsreformgesetze von 2004 und 2009. Inzwischen droht der zunehmende und öffentlichkeitswirksame Ausbau der Position des Verletzten die Struktur des deutschen Strafprozesses aus dem Lot zu bringen (*Schünemann,* ZIS 2009, 492).

Der Begriff des Verletzten ist im Strafverfahren allerdings problematisch. Ebenso wie vor der Feststellung der Täterschaft nur vom mutmaßlichen Täter oder vom Verdächtigen oder Beschuldigten gesprochen werden darf, dürfte man auch nur von einem **mutmaßlichen** durch diese Tat **Verletzten** sprechen.

Die Rechte des Verletzten sind denen des Beschuldigten nachgebildet. Auch der Verletzte hat vom Beginn des Verfahrens an das Recht auf den **Beistand eines Rechtsanwalts** (§ 406 f StPO). Auch dieser hat ein Akteneinsichtsrecht, allerdings nur bei berechtigtem Interesse und soweit nicht überwiegende schutzwürdige Interessen des Beschuldigten entgegenstehen (§ 406 e StPO). Gegen die Versagung des Akteneinsichtsrechts durch die Staatsanwaltschaft braucht der Verletzte nicht das schwerfällige und umständliche Verfahren nach den §§ 23 ff. EGGVG (s. u. Rn. 181, insbesondere Zuständigkeit des OLG) zu beschreiten, sondern hat die vereinfachte Anfechtungsmöglichkeit vor dem LG nach § 162 StPO (§ 406 e Abs. 4 S. 2 StPO). Ferner ist dem Verletzten auf Antrag der Ausgang des Verfahrens mitzuteilen (§ 406 d StPO).

Der Begriff des **Verletzten** ist dabei weiter als im materiellen Recht und umfaßt jeden, der in seinen berechtigten Interessen unmittelbar beeinträchtigt ist. Über das materielle Recht hinaus sind dies z. B. Geschädigte bei einer Urkundenfälschung oder einem Aussagedelikt (*OLG Bremen* NStZ 1988, 39) und die Angehörigen des durch die Straftat Getöteten.

Andererseits sind bei Staatsschutzdelikten Einzelpersonen nicht Verletzte. Obwohl sich jüdische Mitbürger durch „Sieg-Heil“-Rufe sicher bedroht fühlen, sind sie bei einer Straftat nach § 86 a StGB nicht „Verletzte“ (*OLG Düsseldorf* NJW 1988, 2906); das gleiche gilt für Zuschauer von Gewaltdarstellungen (*OLG Koblenz* NStZ 1998, 40). Dagegen dürfte, da § 184 StGB i. d. F. des 4. StRG von 1973 auch vor ungewollter Konfrontation mit Pornographie schützt, auch der einzelne Konfrontierte „Verletzter“ sein (a. A. für das alte Recht *OLG Hamburg* MDR 1972, 342). Zu den besonderen Möglichkeiten der Beteiligung des Verletzten am Verfahren s. u. §§ 38–40. Der Verletzte ist oft zugleich **Zeuge** (zum Zeugenschutz u. Rn. 386).

Diese Rechte stehen zwar am Ende der StPO, doch ist der Verletzte rechtzeitig darauf und auf seine sonstigen Befugnisse hinzuweisen (§ 406 h StPO, Nr. 4 c, 4 d RiStBV), bei Anzeigeerstattung schon bei dieser (*Meyer-Goßner*, § 406 h Rn. 3).

Weiterführende Literatur: *Heger*, Die Rolle des Opfers im Strafverfahren, JA 2007, 244; *Herrmann*, Die Entwicklung des Opferschutzes im deutschen Strafrecht und Strafprozessrecht, ZIS 2010, 236.

§ 13. Die Einstellung des Verfahrens bei eingeschränktem Strafbedürfnis

In § 9 wurde dargelegt, daß heute das sog. „Opportunitätsprinzip“ gleichberechtigt neben dem „Legalitätsprinzip“ steht, daß aber das „Opportunitätsprinzip“ genauer die Einstellung eines Ermittlungsverfahrens trotz Tatverdachts bedeutet. Diese Einstellungsmöglichkeiten sind heute in nicht weniger als 13 Paragraphen geregelt, den §§ 153–154 e StPO.   **97**

I. Die Fallgruppen

1. Wichtig ist vor allem die Möglichkeit der Einstellung des Verfahrens wegen **Geringfügigkeit,** genauer: geringer Schuld, bei Vergehen (§ 153 StPO, **u**). Weitere Voraussetzung ist, daß ein öffentliches Interesse an der Verfolgung nicht besteht. Als „öffentliches Interesse" kommen dabei die General- und Spezialprävention, aber auch sonstige Interessen wie die Aufdeckung bestimmter kriminogener Faktoren oder die Klärung einer Rechtsfrage in Betracht.

In Betracht kommen grundsätzlich nur Ersttaten. Die Schadensgrenzen liegen je nach Bundesland zwischen 15 und 50 €. Die zu häufige sanktionslose Einstellung bei Ladendiebstählen wird vielfach beklagt; das Sächsische Modell zur verbesserten Verfolgung des Ladendiebstahls sieht eine regelmäßige Anwendung von § 153 a StPO (s. u. Rn. 99) vor (ZRP 2001, 241).

Eine **„relative Geringfügigkeit"** behandeln die **§§ 154, 154 a StPO,** wonach im Vergleich zu anderen Taten (**u** § 154 Abs. 1 Nr. 1) oder Tatteilen (**u** § 154 a Abs. 1) „nicht beträchtlich ins Gewicht fallende" (**u**) Taten oder Tatteile nicht angeklagt zu werden brauchen. Das Erfordernis derartiger Bestimmungen hat sich vor allem durch die modernen Massentaten ergeben. Erst durch § 154 ist es möglich, z. B. bei einem sadistischen KZ-Wächter drei eindeutig nachweisbare Morde anzuklagen und auf die Durchermittlung von anderen, schwer nachweisbaren Taten zu verzichten. § 154 a StPO ermöglicht es z. B., bei einem Mord auf die Anklage der damit fast immer begangenen Sachbeschädigung (an der Kleidung des Opfers!) zu verzichten. Da § 154 a StPO Teile einer Tat betrifft, ist hier gar keine Einstellung geboten, und genügt ein entsprechender Aktenvermerk (§ 154 a Abs. 1 S. 3 StPO).

Ein Fall der Geringfügigkeit ist auch **§ 153 b StPO:** wenn das Gericht von Strafe absehen könnte (z. B. §§ 60, 157, 174 Abs. 4 StGB), kann auch von der Klageerhebung abgesehen werden. Wichtig ist dies jetzt besonders beim Täter-Opfer-Ausgleich (§ 46 a StGB; s. aber auch § 153 a Abs. 1 S. 2 Nr. 5 StPO). Ein weiterer Fall ist die Ablehnung des öffentlichen Interesses bei **Privatklagedelikten** (§ 376 StPO; s. o. Rn. 61).

98   Die Möglichkeit der Einstellung wegen Geringfügigkeit birgt die Gefahr, daß der Feststellung der Unschuld des Verdächtigen ausgewichen wird. Nicht selten muß man als Verteidiger erleben, daß ein Ermittlungsverfahren, nachdem man überzeugende Entlastungsbeweise vorgebracht hat, wegen „Geringfügigkeit" eingestellt wird. Dies ist für den Beschuldigten besonders deswegen schwerwiegend, weil die Kosten der Verteidigung bei Einstellung nach dem Opportunitätsprinzip nicht der Staatskasse auferlegt zu werden brauchen (§ 467 StPO).

Lehrreicher Fall aus der Praxis des Verfassers: Gegen einen zu einer zu hohen Freiheitsstrafe verurteilten Insassen der Justizvollzugsanstalt Straubing war Anklage wegen Entwendung seiner Krankenakte erhoben worden. Ein ebenfalls einsitzender Arzt hatte dem Häftling erklärt, ihm würden zur Brechung seiner Persönlichkeit heimlich Tranquilizer ins Essen gemischt. Der Häftling wollte die Akten dem Petitionsausschuß des Landtags vorlegen. Auf den Hinweis der Verteidigung, daß es daher an der Zueignungsabsicht fehle, konterte die Staatsanwaltschaft mit der Umstellung der Anklage auf § 133 StGB. Die Verteidigung machte nun einen Notstand (Gefahren für die Gesundheit), mindestens aber einen Putativnotstand geltend. Daraufhin Einstellung nach § 154 StPO, da die zu erwartende Strafe neben der gegen den Häftling bereits verhängten nicht ins Gewicht falle.

So sinnvoll die Möglichkeit der Beschränkung der Strafverfolgung nach den §§ 154, 154 a StPO ist, so provoziert sie doch auch geradezu **Koppelungsgeschäfte** (Geständnis der einen Tat – Einstellung wegen der anderen; vgl. *BVerfG* NStZ 1987, 419). Der BGH lehnt in diesen Fällen ein Verfahrenshindernis ab (s. o. Rn. 74), nimmt aber bei Nichteinhaltung der Zusage wegen des Verstoßes gegen den Grundsatz des fairen Verfahrens (s. o. Rn. 54 ff.) einen wesentlichen Strafmilderungsgrund an (BGHSt 37, 13). Die Möglichkeit entsprechender Verhandlungen legalisiert jetzt § 160b StPO. Die dort vorgesehene Pflicht zur Einbeziehung aller Verfahrensbeteiligten und zur Aktenkundigmachung wird sich in der Praxis kaum durchsetzen.

2. Immer wichtiger wird die **Beseitigung des öffentlichen Interes-** 99 ses an der Strafverfolgung **durch Auflagen und Weisungen** (§ 153 a StPO).

Diese Möglichkeit wurde erstmals im Rahmen der Geringfügigkeit (s. o. a) durch das EGStGB 1974 eingeführt. Schon damals wurde sie als „Handel mit der Gerechtigkeit" angegriffen. Der Beschuldigte befindet sich in einer gewissen Nötigungssituation, da er befürchten muß, das Gericht werde es ihm bei einer Verweigerung der Zustimmung „zeigen". Die Auflagen und Weisungen sind von den berüchtigten Verdachtsstrafen des Gemeinen Rechts (s. o. Rn. 32, 34) nicht weit entfernt. Völlig unzulässig erscheint es, wenn § 153 a StPO sogar bei der schwierigen Lösbarkeit der anstehenden Rechtsfragen angewendet wird, so u. a. bei dem Verfahren gegen den früheren **Bundeskanzler Kohl** wegen Untreue gegen die CDU durch Nichtabgabe von Spenden (*LG Bonn* NStZ 2001, 275 m. Anm. *Beulke/Fahl*, NStZ 2001, 426). Gegen diese Regelung wird offensichtlich nur deshalb nicht Sturm gelaufen, weil sie es in der großen Mehrzahl aller Fälle Schuldigen erlaubt, „mit einem blauen Auge davonzukommen".

Durch das Rechtspflegeentlastungsgesetz 1993 (s. o. Rn. 41) ist diese Möglichkeit auf alle Fälle erweitert worden, in denen „die Schwere der Schuld nicht entgegensteht". Damit soll diese Möglichkeit auf den Bereich der mittleren Kriminalität erstreckt werden. Die auferlegten Geldzahlungen erreichen z. T. Millionenhöhe (mehr als 250.000 € gegen den Radrennfahrer Jan Ullrich wegen betrügerischer Verschweigung des Dopings gegenüber seinem Rennstall; 3,2 Mio €

gegen den Vorstandsvorsitzenden der Deutschen Bank wegen Selbstgewährung hoher Prämien). Die genannten Bedenken haben sich damit erheblich gesteigert.

Von der Auflage einer Geldzahlung zugunsten gemeinnütziger Einrichtungen (§ 153 a Abs. 1 Nr. 2) profitieren viele Vereine, die sich bei Gericht als potentielle Begünstigte eintragen lassen. Die Juristische Fakultät der Universität Regensburg hat zu diesem Zweck einen Verein zur Förderung ihrer juristischen Bibliothek gegründet. Auferlegt werden kann auch eine Geldzahlung an die Staatskasse. Diese ist nicht mit der „Geldbuße" nach dem OWiG zu verwechseln.

100   3. Die §§ 153 c, 153 f, 154 b betreffen das eingeschränkte Strafbedürfnis bei **Auslandstaten** und Taten von Ausländern, die §§ 153 d, 153 e weitergehende Gefahren und tätige Reue bei **politischen Straftaten**. § 154 c soll die Opfer von Nötigungen und **Erpressungen** durch Drohung mit einer Strafanzeige (sog. Chantage) oder ihre Gefahr (Abs. 2) aus ihrer Zwangslage befreien. Die §§ 154 d, 154 e ermöglichen die Einstellung bei in anderen Verfahren zu entscheidenden **Vorfragen**.

4. Eine – besonders umstrittene – Ausnahme vom Verfolgungszwang war auch die inzwischen ausgelaufene **Kronzeugenregelung** bei terroristischen Gewalttaten (s. o. Rn. 40). Jetzt Möglichkeit des Absehens von Strafe (§ 46 b StGB) mit der Folge der Möglichkeit der Einstellung nach § 153 b StPO (s. o. Rn. 97).

101   Die Einstellungen trotz Tatverdachts gliedern sich wie folgt auf (Staatsanwaltsstatistik 2009, Tab. 2.2.1.1):

§ 153	43,7 %	§ 154	32,7 %
§ 153 a	20,3 %	§ 154 b	0,8 %
§§ 153 b–f, 154 c–e	2,5 %		

II. Zustimmungserfordernisse

102   Bei schwererwiegenden Entscheidungen ist für das Absehen von der Klageerhebung die **Zustimmung des Gerichts** erforderlich (§§ 153 Abs. 1 S. 1, **u**, 153 a Abs. 1 S. 1, **u**, 153 b, 153 e StPO). Hier gelangt also die Sache immerhin an das Gericht; das „Legalitätsprinzip" wird hier nur „abgeschwächt". In den übrigen Fällen kann die **Staatsanwaltschaft allein** entscheiden. Insbesondere wurde bei der Abschaffung der Beurteilung von geringfügigen Diebstählen als bloße Übertretung („Mundraub") und ihrer Aufstufung zu Vergehen 1975 die alleinige Einstellungskompetenz der Staatsanwaltschaft eingeführt. Durch das RechtspflegeentlastungsG von 1992 wurde sie bedenklicherweise auf alle Vergehen ohne erhöhte Mindeststrafdrohung und bei geringen Folgen erweitert (§ 153 a Abs. 1 S. 6 StPO, **u**). Die

„Verdachtsstrafen" des § 153 a StPO (s. o. Rn. 99) werden also nicht einmal durch ein Gericht verhängt.

Bei § 153 a StPO ist wegen der Belastung für den **Beschuldigten** seine **Zustimmung** erforderlich **(u).** Die Einstellung erfolgt zunächst vorläufig, nach Erfüllung der Auflagen und Weisungen endgültig (vgl. auch § 467 Abs. 5 StPO).

Analog einer Einstellung mangels „genügenden Anlasses zur Erhebung einer Klage" sind der Beschuldigte, falls vernommen, und der „Antragsteller" (s. o. Rn. 77) zu benachrichtigen bzw. zu verbescheiden (§§ 170 Abs. 2, 171 StPO).

III. Beschränkte Rechtskraft der Einstellung

Die Staatsanwaltschaft ist nach h. L. an ein Absehen von der Verfolgung und die damit verbundene Verfahrenseinstellung nicht gebunden, sondern kann die Verfolgung jederzeit wieder aufnehmen (BGHSt 30, 165; 37, 13). Insoweit besteht also keine „Rechtskraft" (s. näher u. Rn. 327). Dies verstößt jedoch gegen den öffentlichrechtlichen Vertrauensschutz (vgl. § 48 VwVfG; *Schroeder,* NStZ 1996, 319). Gesetzlich anerkannt ist eine beschränkte Rechtskraft in § 153 a Abs. 1 S. 5 StPO. 103

Allgemein für (EU-weite) Rechtskraft staatsanwaltschaftlicher Einstellungen gegen Auflagen *EuGH* NStZ 2003, 332 m. Anm. *Thym* und *Kühne,* JZ 2003, 305; abl. *Radtke/Busch,* NStZ 2003, 281.

IV. Kein Anspruch auf Einstellung trotz Tatverdachts

Ein Grund für die fehlende Waffengleichheit bei der Einstellung trotz Tatverdachts liegt auch darin, daß der Beschuldigte trotz der gesetzlich umschriebenen Voraussetzungen keinen Anspruch auf Einstellung hat. Dadurch kann er entsprechende Angebote der Staatsanwaltschaft allenfalls als Großzügigkeit empfinden. Für juristische Möglichkeiten hiergegen *Terbach,* NStZ 1998, 172. 104

Allerdings geben das Zustimmungserfordernis bei § 153 a StPO, die Bereitschaft zum Täter-Opfer-Ausgleich nach §§ 46 a StGB, 153 b StPO und die Provozierung von Koppelungsgeschäften durch die §§ 154, 154 a StPO (s. o. Rn. 98) dem Beschuldigten seinerseits gewisse Druckmittel in die Hand. Hierin liegt ein zunehmendes Betätigungsfeld für Verteidiger.

§ 14. Die Zusammenarbeit der Staatsanwaltschaft mit Polizei und Ermittlungsrichter

105   Die Staatsanwaltschaft hat zu ihrer Entscheidung, ob sie Anklage zu erheben hat, den Sachverhalt zu erforschen (§ 160 Abs. 1). Außerdem obliegen ihr die Aufgaben der Verfahrenssicherung und der Straftatenverhütung (s. u. §§ 15, 16). Für die Erfüllung dieser gewichtigen Aufgaben ist die Staatsanwaltschaft jedoch schlecht ausgerüstet. Die Staatsanwaltschaft ist in doppelter Weise, nämlich in sachlicher und rechtlicher Weise, behindert. Für beide Behinderungen sieht die StPO jedoch einen Ausgleich vor.

I. Die sachliche Behinderung der Staatsanwaltschaft und ihre Behebung

Die Staatsanwaltschaft verfügt über einen sehr geringen personellen und sachlichen Apparat. Zur Verfolgung der rund 9 Millionen Straftaten im Jahr stehen nur 5122 Staatsanwälte und 943 Amtsanwälte (§ 142 Abs. 1 Nr. 3 GVG) zur Verfügung. Darüber hinaus verfügt die Staatsanwaltschaft nur über eine geringe sachliche Ausrüstung (Dienstwagen, Labors usw.).

Zum Ausgleich dieses Mankos stellt § 161 StPO der Staatsanwaltschaft den gesamten Apparat der **Polizei** zur Verfügung. Die Begriffe „Ersuchen oder Auftrag" entsprechen den Begriffen „Behörden und Beamten": das Ersuchen richtet sich an die Polizeibehörde als solche, der Auftrag an die einzelnen Polizeibeamten. Welche Polizeibeamten als „Hilfsbeamte", seit 2004 „Ermittlungspersonen" der Staatsanwaltschaft den Anordnungen der Staatsanwaltschaft Folge zu leisten haben, wird durch Rechtsverordnungen der Länder bestimmt (§ 152 GVG; im einzelnen *Meyer-Goßner,* § 152 GVG Rn. 6).

Für bestimmte international organisierte und politische Delikte, Sprengstoff- und Betäubungsmittelstraftaten sind Polizeibehörden das **Bundeskriminalamt** (§ 4 BKAG) und die **Landeskriminalämter.** Diese Institutionen unterhalten außerdem kriminaltechnische Einrichtungen und können im Strafverfahren für Sachverständigengutachten (s. u. Rn. 111) herangezogen werden.

Zur Ermittlung der Umstände, die für die Bestimmung der Rechtsfolgen der Tat von Bedeutung sind, kann sich die Staatsanwaltschaft auch der **Gerichtshilfe** bedienen (§ 160 Abs. 3 S. 2 StPO). Deren Regelung ist Sache der Länder (Art. 294 EGStGB). Diese haben sie mit Sozialpädagogen und Sozialarbeitern besetzt und überwiegend den Staatsanwaltschaften zugeordnet. Die Gerichtshilfe hat jedoch keinerlei Rechte und ist nicht Verfahrensbeteiligte. Stärker ist die Stellung der **Jugendgerichtshilfe,** die obligatorisch heranzuziehen und zu hören ist (§ 38 JGG).

II. Die rechtliche Behinderung der Staatsanwaltschaft und ihre Behebung

Zur Anordnung vieler Maßnahmen ist nur der Richter befugt.   **106**

Dies gilt z. B. – wegen Art. 104 Abs. 2 GG – für den Erlaß eines Haftbefehls (§ 114 StPO). Zwar müssen Zeugen und Sachverständige seit 1965 auch vor der Staatsanwaltschaft erscheinen und aussagen und können bei Weigerung mit Auferlegung der Kosten und Ordnungsgeld belegt werden (§ 161 a StPO). Jedoch bleibt die Festsetzung einer Ordnungs- oder Erzwingungshaft dem Richter vorbehalten (§ 161 a Abs. 2 S. 2 StPO). Auch sind richterliche Protokolle in der Hauptverhandlung eher verwertbar als staatsanwaltschaftliche und polizeiliche (§§ 249 Abs. 1 S. 2, 251, 254 StPO; näher u. Rn. 253 f.). Die Strafdrohung gegen Falschaussagen von Zeugen gilt nur bei Aussagen vor einem Richter (§ 153 StGB). Auch die Unterbringung zur Vorbereitung eines Gutachtens über den psychischen Zustand des Beschuldigten kann nur das Gericht anordnen (§ 81 StPO).

Zur Anordnung zahlreicher Zwangsmaßnahmen sind die Staatsanwaltschaft und die polizeilichen Ermittlungspersonen nur bei „Gefahr im Verzug" befugt, so daß ohne eine solche Gefahr nur der Richter befugt ist (z. B. §§ 81 a Abs. 2, 81 c Abs. 5, 98 Abs. 1, 105 Abs. 1, 111 Abs. 2, 163 d Abs. 2 StPO).

In diesen Fällen beantragt die Staatsanwaltschaft die entsprechenden Handlungen bei dem **Ermittlungsrichter** (§ 162 StPO).

Der Ausdruck „ gerichtliche Untersuchungshandlungen" in § 162 StPO ist allerdings mehrfach unglücklich. Zum einen befinden wir uns im „Ermittlungsverfahren". Der Ausdruck beruht darauf, daß die StPO nur hinsichtlich der Staatsanwaltschaft und Polizei von „Ermittlung", im übrigen aber von „Untersuchung" spricht (s. §§ 12 Abs. 2, 14, 15, 151, 155 StPO). Der entsprechende Richter heißt auf jeden Fall „Ermittlungsrichter" (§ 169 StPO, § 21 e GVG); der gelegentlich gebrauchte Ausdruck „Untersuchungsrichter" ist falsch. Zum anderen umfaßt § 162 StPO neben den eigentlichen Untersuchungshandlungen nach §§ 168 ff. StPO auch die erforderlichen bloßen Anordnungen durch den Richter.

Der Ermittlungsrichter wird nach § 162 StPO nur auf Antrag der   **107** Staatsanwaltschaft tätig (für den Haftbefehl s. auch §§ 125, 128 Abs. 2 StPO). Die Prüfungspflicht nach § 162 Abs. 2 StPO enthält in Wahrheit eine Beschränkung: der Ermittlungsrichter darf nur die Rechtmäßigkeit, nicht aber die Zweckmäßigkeit der beantragten Handlung prüfen. Darin zeigt sich, daß auch insoweit die Staatsan-

waltschaft „Herrin" des Vorverfahrens bleibt. Wenn die Staatsanwaltschaft es beantragt, muß der Richter den Haftbefehl aufheben (§ 120
Abs. 3 StPO). Zur vom Ermittlungsrichter zu prüfenden Rechtmäßigkeit gehört allerdings auch die Verhältnismäßigkeit (*OLG Düsseldorf* NStZ 1990, 144).

Nur bei „Gefahr im Verzug" kann hier umgekehrt der Richter ohne Antrag
tätig werden, wenn ein Staatsanwalt nicht erreichbar ist (§§ 165 f. StPO, für
den Haftbefehl s. a. §§ 125, 128 Abs. 2 StPO). Der Richter handelt hier als
sog. **„Notstaatsanwalt"**; anschließend ist die Sache unverzüglich der Staatsanwaltschaft zuzuleiten (§ 167 StPO). 1969 schritt ein Ermittlungsrichter gegen ein auf der Frankfurter Buchmesse von der DDR verbreitetes „Braun-
buch" ein, das den damaligen Bundespräsidenten Lübke der Mitarbeit bei
der Errichtung von KZs bezichtigte und gegen das der zuständige Staatsanwalt nicht eingeschritten war. Obwohl das Kriterium der „Nichterreichbarkeit" sicher auch Fälle von Krankheit und Dienstuntauglichkeit umgreift,
war dieses Eingreifen als Notstaatsanwalt unzulässig. Das gleiche muß für
den umgekehrten Fall – Dienstunwilligkeit des Bereitschaftsrichters – gelten
(*Beichel/Kieninger*, NStZ 2003, 10).

108   Wird die Polizei im Wege des „ersten Zugriffs" nach § 163 StPO tätig (s. o.
Rn. 80), so kann sie sich in Eilfällen unmittelbar an den Ermittlungsrichter
wenden (§ 163 Abs. 2 S. 2 StPO). Dies gilt allerdings nicht als eigener Antrag
(der der Staatsanwaltschaft vorbehalten ist), sondern als Anregung zum Tätig-
werden als „Notstaatsanwalt" nach § 165 StPO.

§ 165 StPO durchbricht zugleich die allgemeine Regel des § 33 Abs. 2 StPO,
wonach Entscheidungen des Gerichts außerhalb der Verhandlung nach
schriftlicher oder mündlicher Erklärung der Staatsanwaltschaft erlassen werden.

Wichtig sind bei richterlichen Ermittlungshandlungen vor allem das Recht
auf **Anwesenheit** (§§ 168 c, 168 d StPO) und entsprechende Benachrichtigung
(§§ 168 c Abs. 5, 168 d Abs. 1 S. 2 StPO, u). Über jede richterliche Ermitt-
lungshandlung ist ein **Protokoll** aufzunehmen (§§ 168, 168 a StPO). Dies ist
insbesondere wichtig für die spätere Verwertung in der Hauptverhandlung
(§§ 251, 254 StPO). Wird das Recht auf Anwesenheit und Benachrichtigung
verletzt, darf das Protokoll in der Hauptverhandlung nicht gegen den Willen
des Angeklagten verwertet werden (BGHSt 26, 334).

109   Widerspricht die Bindung des Ermittlungsrichters an Anträge der
Staatsanwaltschaft mit der Pflicht zur Vornahme selbst für sinnlos ge-
haltener Ermittlungen dem Grundsatz der richterlichen Unabhängig-
keit nach Art. 97 GG? Um diesen Einwand abzuwehren, hat
BVerfGE 31, 45 die Vernehmung durch den Ermittlungsrichter nicht
als „Rechtsprechung", sondern als Amtshilfe für die Ausübung der
vollziehenden Gewalt durch die Staatsanwaltschaft angesehen. Zur
Vermeidung eines Verwaltungsrechtsschutzes (s. u. Rn. 178) sieht das
BVerfG allerdings die Anordnung der Durchsuchung wiederum als
Akt der Rechtsprechung an (BVerfGE 49, 341). In der Tat dient das

Erfordernis der Beiziehung des Ermittlungsrichters ja eher dem Rechtsschutz des Betroffenen. Eine neuere Lehre will daher zwischen Zwangsmaßnahmen (Rechtsprechung) und Ermittlungsmaßnahmen (Amtshilfe) unterscheiden (LR/*Rieß*, § 162 1).

§ 15. Die Ermittlung und die Beweissammlung

I. Allgemeines

1. Die Staatsanwaltschaft und die Polizei (s. o. Rn. 76, 80) haben **110** den Sachverhalt zu erforschen (§§ 160, 163). Die StPO spricht insoweit von „Ermittlungen" (§§ 160 Abs. 2, 3, 161, 163, 170), während sie bei den Gerichten von „Untersuchung" spricht (§§ 12 Abs. 2, 14, 15, 151, 155). Nach § 160 Abs. 1 StPO sollen die Ermittlungen der Entschließung darüber dienen, ob die öffentliche Klage zu erheben ist. Die frühere Streitfrage, ob die §§ 161, 163 StPO eine ausreichende Eingriffsermächtigung oder nur eine Aufgabenzuweisung enthalten, will das StVÄG 1999 im ersteren Sinne klargestellt haben („befugt"; dazu *Schroeder,* JZ 2001, 84). Die Vorschriften sind nunmehr **Ermittlungsgeneralklauseln.** Für Grundrechtseingriffe oberhalb einer gewissen Intensitätsschwelle (sog. Schwellentheorie) sind allerdings Einzelermächtigungen erforderlich (s. u. Rn. 114).

2. **Formen der Ermittlung** sind vor allem: **111**
- die Vernehmung der Opfer der Straftat, von sonstigen Zeugen, von Sachverständigen und des Beschuldigten,
- die Tatortbesichtigung,
- die Besichtigung von Gegenständen wie Tatwerkzeugen,
- die Lektüre und Analyse von Schriftstücken.

Die StPO sieht **vier Beweismittel** vor, nämlich
(a) zwei persönliche:
- Zeugen (§§ 48–71 StPO),
- Sachverständige (§§ 72–85 StPO).

(b) zwei sachliche:
- Augenschein bzw. Augenscheinsobjekte (§§ 86–93 StPO),
- Urkunden (nur in Gestalt der Pflicht zur Verlesung in der Hauptverhandlung erwähnt, §§ 249–256 StPO).

Die Vernehmung des Angeklagten wird von den §§ 243, 244 StPO **112** nicht zur Beweisaufnahme gerechnet. Die **Vernehmung des Angeklagten bzw. Beschuldigten** ist jedoch in der StPO eingehend geregelt, wobei die verfahrensmäßige Abfolge verkehrt wurde und die in der Praxis ersten Vernehmungen nur in Form von Verweisungen geregelt sind:

– vor der Polizei (§ 163 a Abs. 4),
– vor der Staatsanwaltschaft (§ 163 a Abs. 3),
– vor dem Ermittlungsrichter (§§ 133–136 a),
– in der Hauptverhandlung (§ 243 Abs. 2 S. 2, Abs. 4).

Vor allem das Geständnis des Beschuldigten ist ein wichtiges Beweismittel (das allerdings – ebenso wie alle übrigen Beweismittel – nicht zwingend ist, sondern der Beweiswürdigung nach § 261 StPO unterliegt). Angaben des Beschuldigten sind daher **Beweismittel im weiteren, im materiellen Sinn** (BGHSt 2, 270; 28, 198).

Im Vorverfahren kann sich der Beschuldigte auch **schriftlich** zur Sache äußern (§§ 136 Abs. 1 S. 4, 163a Abs. 1 S. 2, Abs. 3 S. 2, Abs. 4 S. 2 StPO). Zur Problematik schriftlicher Stellungnahmen des Angeklagten in der Hauptverhandlung s. u. Rn. 252.

Alle Ermittlungen müssen unter diese fünf Beweismittel rubriziert werden. Die Vernehmung des Tatopfers fällt unter den Zeugenbeweis, die Besichtigung des Tatorts und sogar das Anhören eines Geräuschs fallen unter die Einnahme eines „Augenscheins".

Die Zuordnung ist wichtig, da sich hieraus z. T. unterschiedliche Anforderungen ergeben. So ist der Unterschied zwischen **Augenscheinsobjekten** und **Urkunden** bedeutsam, da Urkunden förmlich verlesen werden müssen (§ 249 StPO). Urkunden sind daher nur Schriftträger mit einem allgemein verständlichen oder durch Auslegung zu ermittelnden Gedankeninhalt. Fotografien einer Radarüberwachungsanlage sind nur Augenscheinsobjekte, die nicht verlesen zu werden brauchen (*BayObLG* StV 2002, 645). Geht es um die äußere Beschaffenheit, insbesondere die Echtheit, einer Urkunde, so kann die Urkunde auch Gegenstand des Augenscheins sein (*BGH* NStZ 1986, 519). Das gleiche gilt für SMS (*BGH* NStZ 07, 717). Wenn **Zeugenaussagen** protokolliert sind, werden sie zu **Urkunden**, die nur unter bestimmten Voraussetzungen verlesen werden können (§§ 250 ff. StPO).

Zeugen und **Sachverständige** können zwar beide ihr Zeugnis bzw. Gutachten aus persönlichen oder beruflichen Gründen verweigern (§§ 52 ff., 72 StPO), **Sachverständige** aber darüber hinaus wegen **Besorgnis der Befangenheit** abgelehnt werden (§ 74 StPO).

Soweit Aussagen sich auf vergangene Tatsachen oder Zustände beziehen, zu deren Wahrnehmung eine besondere Sachkunde erforderlich war, spricht man von **sachverständigen Zeugen**. Für sie gelten die Vorschriften über den Zeugenbeweis (§ 85 StPO).

Für die Augenscheinseinnahme können bei Einfachheit oder physischer Schwierigkeit (Baugerüst, unter Wasser) **Augenscheinsgehilfen** eingesetzt werden. Sie sind (ggf. sachverständige) **Zeugen** (a. A. h. L.: Möglichkeit der Ablehnung wegen Besorgnis der Befangenheit).

Tonbänder sind in dieser Systematik Zwitter: einerseits sind sie durch das Erfordernis des Anhörens Objekte des „Augenscheins" (BGHSt 14, 341); andererseits verlangt die Berücksichtigung des gedanklichen Inhalts eine Behandlung analog Urkunden (*Schmitt*, JuS 67, 21).

Während die Benutzung der übrigen Beweismittel nach ihrem Beweiswert erfolgt, muß der Beschuldigte – als Ausfluß des rechtlichen Gehörs (Art. 103 Abs. 1 GG) – vor der Anklageerhebung auf jeden Fall vernommen bzw. ihm Gelegenheit zur schriftlichen Äußerung gegeben werden (§ 163 a Abs. 1 StPO).

3. Darüber hinaus haben Staatsanwaltschaft und Polizei aber auch 113 die für die Hauptverhandlung erforderlichen **Beweismittel zu sammeln.** Denn die Staatsanwaltschaft hat in der Anklageschrift die Beweismittel anzugeben (§ 200 Abs. 1 StPO) und für die Hauptverhandlung die erforderlichen Beweismittel herbeizuschaffen (§ 214 Abs. 4 StPO). Zu diesem Zweck hat sie insbesondere Gegenstände, die als Beweismittel von Bedeutung sein können, sicherzustellen (§ 94 Abs. 1 StPO). Außerdem hat sie Beweise, deren Verlust zu besorgen ist, in einer für die Hauptverhandlung verwertbaren Form zu erheben bzw. erheben zu lassen (§ 160 Abs. 2 StPO). Dies erfolgt vor allem durch Blutentnahmen (§ 81 a StPO), die Feststellung von Spuren oder Folgen einer Straftat am Körper des Opfers (§ 81 c StPO), die Leichenschau (§ 87 StPO) sowie Videoaufnahmen von Zeugenaussagen (§ 58 a StPO) und die Veranlassung richterlicher Vernehmungen bei der Gefahr der Nichtvernehmbarkeit von Zeugen in der Hauptverhandlung (§§ 251–253 StPO).

4. Die Ermittlung erfolgt, soweit nicht seine Mitwirkung erforderlich ist, grundsätzlich in Abwesenheit des Beschuldigten. Das Ermittlungsverfahren ist also **nichtöffentlich** sowohl für das Publikum als auch für die Beteiligten. Lediglich bei Vernehmungen und Augenscheinseinnahmen durch den Ermittlungsrichter (s. o. Rn. 106 ff.) ist dem Beschuldigten und seinem Verteidiger die Anwesenheit gestattet, wobei ein Ausschluß möglich ist (§§ 168 c, 168 d StPO). Im übrigen kann der Beschuldigte sich nur über das Akteneinsichtsrecht seines Verteidigers und über Kopien von Akten (s. o. Rn. 94) über das Ermittlungsverfahren informieren.

5. Der von manchen behauptete **Grundsatz der freien Gestaltung des Ermittlungsverfahrens** (s. a. *BVerfG* NJW 1996, 772) ist nicht nur ein „Prinzip der Prinzipienlosigkeit", sondern besteht angesichts der zahlreichen rechtlichen Schranken für die Ermittlungstätigkeit nicht (*Schroeder*, JR 1997, 96).

II. Zwangsmaßnahmen und sonstige Grundrechtseingriffe zur Ermittlung und Beweissicherung

1. Allgemeines

114   Zur Ermittlung und damit sie an die genannten Beweismittel herankommen kann, stehen der Staatsanwaltschaft – zum Teil über den Ermittlungsrichter, zum Teil auch der Polizei (s. o. Rn. 97 ff.) – besondere Mittel zur Verfügung, sog. **strafprozessuale Zwangsmaßnahmen** und sonstige **Grundrechtseingriffe.** Sie sind vor allem im Ersten Buch, 8., 9. und 9 a. Abschnitt der StPO zusammengefaßt; doch finden sich Zwangsmaßnahmen auch im 7. und 10. Abschnitt und im Zweiten Buch, 2. Abschnitt.

Durch die neuere technische Entwicklung sind neue Formen der Informationsgewinnung und -verwertung, insbesondere durch EDV, geschaffen und ist gleichzeitig ein entsprechendes Schutzinteresse, das Recht auf informationelle Selbstbestimmung, entwickelt worden (s. o. Rn. 50). Man spricht daher auch von **Informationseingriffen** (*Rogall,* Informationseingriff und Gesetzesvorbehalt im Strafprozeßrecht, 1992).

Zum immer häufiger genannten Zweck der Ermittlung des Aufenthaltsorts des Beschuldigten (§§ 53, 97, 98a, 100a ff., 131 f., 163e f.), *Schroeder,* GA 05, 73.

Die Maßnahmen erfolgen zunehmend **heimlich**, nach amtlichem Sprachgebrauch „ohne Wissen des Betroffenen" (§§ 100a, 100c, 100 f usw. StPO), „verdeckt" (Titel TKÜNG, §§ 110 a ff. StPO). Allgemein haben sowohl die technische Entwicklung wie eine gesteigerte Sensibilität für entsprechende Ermittlungen zu der Forderung geführt, die neuen Möglichkeiten aus den allgemeinen Aufgabennormen bzw. Ermittlungsgeneralklauseln (§§ 161, 163 StPO, s. o. Rn. 110) herauszunehmen bzw. diese nicht mehr ausreichen zu lassen und damit Sonderregelungen zu schaffen (so insbesondere im OrgKG, s. o. Rn. 41). Die starke Zunahme der gesetzlich geregelten Zwangsmaßnahmen ist daher kein Zeichen für einen zunehmenden Polizeistaat, sondern im Gegenteil ein Ausdruck der Rechtsstaatlichkeit. Damit entsteht die fortgesetzte Zweifelsfrage, ob die Sonderregelungen die entsprechenden Möglichkeiten abschließend regeln oder nicht.

Vor der Darstellung der Maßnahmen im einzelnen sollen die **Grundstrukturen ihrer Regelung** dargestellt werden.

115   Die Vorschriften über die Zwangsmaßnahmen sind typischerweise **zweistufig:** zunächst werden die Maßnahme und ihre Voraussetzungen umschrieben, anschließend wird in einem folgenden Absatz oder

Paragraphen die Zuständigkeit für die Anordnung festgelegt (s. z. B. § 81 a Abs. 1–Abs. 2 StPO, §§ 94 ff., 98, 99–100, 100 a–100 b StPO usw.).

Zuständig ist – als „präventiver" Rechtsschutz nach Art. 19 Abs. 4 GG – grundsätzlich der Richter, d. h. der Ermittlungsrichter (s. o. Rn. 105 ff.), bei Gefahr im Verzug allerdings auch die Staatsanwaltschaft und ihre Ermittlungspersonen (für Begrenzung auf Ausnahmen und Einrichtung eines richterlichen Bereitschaftsdienstes BVerfGE 103, 142 = NJW 2001, 1121 m. krit. Anm. *Schaefer*, 1397; *Amelung*, NStZ 2001, 337; *Gusy*, JZ 2001, 1034; auch bei Blutproben nach § 81a StPO BVerfG NJW 2008, 3053 und OLG Stuttgart NStZ 08, 238; für Gefahr im Verzug bei Unwilligkeit des Bereitschaftsrichters *Trück* JZ 10, 1106). Letzterenfalls ist vielfach eine nachträgliche Bestätigung durch den Richter erforderlich (z. B. §§ 98 Abs. 2, 100 Abs. 2, 100 b Abs. 1 S. 3 usw.; Staatsanwaltschafts- und eingeschränktes Richterzustimmungserfordernis in § 110 b). Das Unterbleiben der richterlichen Zustimmung macht die Maßnahmen aber nicht ex tunc unwirksam (BGHSt 41, 64 m. Anm. *Rogall*, JZ 1996, 263).

Bei den Voraussetzungen der Zwangsmaßnahmen verwendet die StPO häufig den Zusatz **„auf Grund bestimmter Tatsachen"** (u). Dieses Erfordernis wurde zuerst 1964 bei der Untersuchungshaft eingeführt und soll die unbegründete Bejahung der Voraussetzungen der Zwangsmaßnahmen verhindern. Auch ohne Anordnung im Gesetz wurde es vom BVerfG auf Grund des Rechtsstaatsprinzips auf Durchsuchungs- und Beschlagnahmebeschlüsse ausgedehnt (BVerfGE 42, 220; NStZ 1992, 91).

Die Zwangsmaßnahmen und sonstigen Grundrechtseingriffe sind nicht nur gegenüber **Verdächtigen und Beschuldigten** zulässig, sondern überwiegend auch – meist in einem folgenden Paragraphen, Absatz oder Satz geregelt – gegenüber **anderen Personen** (u in allen genannten §§), insbesondere solchen, bei denen anzunehmen ist, daß sie mit dem Täter in Verbindung stehen (§§ 163 e Abs. 1 S. 3, 163 f Abs. 1 S. 3 StPO), gegenüber **Zeugen** bzw. Personen, die als Zeugen in Betracht kommen (§§ 51, 70, 77, 79, 81 c, 161 a, 163 b Abs. 2, 163 c Abs. 4 StPO), aber auch gegenüber **gänzlich unbeteiligten Personen** (§§ 103, 110 a ff., 111 StPO) oder wenn solche unvermeidbar betroffen werden (§§ 100c Abs. 3 S. 3, 100f Abs. 3, 100h Abs. 3, 163f Abs. 2 StPO). Einige Maßnahmen richten sich gegen sog. **Merkmalsträger** (§§ 81 h, 98 a, 163 d Abs. 3 StPO).

Alle Zwangsmaßnahmen und sonstigen Grundrechtseingriffe unterliegen dem Grundsatz der **Verhältnismäßigkeit.** Dies ist zum Teil ausdrücklich angeordnet (§§ 81 Abs. 2, 112 Abs. 1 S. 2, 120, 160a Abs. 2, 163 b Abs. 2 StPO). Zum Teil wird es durch die Bindung an **Straftaten von erheblicher Bedeutung** gesichert (Generalklausel in §§ 100 h Abs. 1 S. 2, 100i Abs. 1, 163 e, 163 f; Generalklausel mit Beschränkung auf bestimmte Kriminalitätsgebiete in §§ 98 a, 110 a; Katalog in §§ 100 a, 100 c Abs. 2, 100f Abs. 1 StPO). Teilweise ist der Grundsatz der **Subsidiarität** gegenüber weniger einschneidenden Maßnahmen ausdrücklich festgelegt (§§ 100 a Abs. 1 S. 1, 100 c, 100f,

116

100h, 110 a Abs. 1, 163 e Abs. 1 S. 2, 163 f Abs. 1 S. 2 StPO). Aber auch unabhängig von seiner positiv-rechtlichen Niederlegung ist der Verhältnismäßigkeitsgrundsatz bei der Anordnung von Zwangsmaßnahmen allgemein zu berücksichtigen. Zwangsmaßnahmen und sonstige Grundrechtseingriffe können **kumuliert** werden; dabei muß die Verhältnismäßigkeit insgesamt gewahrt bleiben (BGHSt 46, 266). Gegen Geistliche, Strafverteidiger und Abgeordnete, die ein **Zeugnisverweigerungsrecht** besitzen, dürfen keine Ermittlungsmaßnahmen eingeleitet werden (§§ 53, 160a StPO).

Weiterführende Literatur: *Rabe von Kühlewein*, Normative Grundlagen der Richtervorbehalte, GA 2002, 637; *Gusy*, Rechtsgrundlagen der Richtervorbehalte, GA 2003, 672.

Die Zwangsmaßnahmen werden meist als **Institutionen** zusammenfassend dargestellt. Wir stellen die Zwangsmaßnahmen dagegen nach ihren **Funktionen** dar und nehmen dabei in Kauf, daß viele Zwangsmaßnahmen mehrfunktional sind (z. B. Durchsuchung zur Auffindung von Beweismitteln und zur Ergreifung des Täters (§ 102 StPO).

Es gibt Zwangsmaßnahmen und sonstige Grundrechtseingriffe zur:
(1) Ermittlung (s. u. 2),
(2) Sicherung der Beweise (s. u. 3),
(3) Sicherung der Durchführbarkeit des Verfahrens (s. u. Rn. 144 f.),
(4) Sicherung der Vollstreckbarkeit des Urteils (s. u. Rn. 146),
(5) Verhütung von Straftaten (s. u. Rn. 147).

Diese klare Unterscheidung der Funktionen der Zwangsmittel ist rechtsstaatlich sehr wichtig. So ist die wichtigste Zwangsmaßnahme zweifellos die Untersuchungshaft. Sie ist jedoch nur zur Verhinderung der Verdunkelung (Sicherung der Beweise, s. u. Rn. 121) und der Flucht (Sicherung des Verfahrens, s. u. Rn. 144) und zur Verhütung weiterer Straftaten (s. u. Rn. 147) zulässig, nicht aber zur Ermittlung. Die Verhaftung des Beschuldigten zum Zweck der Erlangung eines Geständnisses ist unzulässig (wohl aber bei Verdunkelungsgefahr Haftbefehl mit Angebot der Außervollzugsetzung bei Geständnis).

2. Zwangsmaßnahmen und sonstige Grundrechtseingriffe zur Ermittlung

117   **a) allgemeine. aa)** Maßnahmen zur **Feststellung der Identität** einschließlich der Festhaltung bis zu 12 Stunden, der Durchsuchung sowie erkennungsdienstlicher Maßnahmen (§§ 131 a Abs. 2, 131 b, 163 b, 163 c StPO).

  bb) Aufnahme von **Lichtbildern, Fingerabdrücken** u. ä. des Beschuldigten (§ 81 b StPO).

Darunter fallen auch die Veränderung der Haar- und Barttracht (BVerfGE 47, 239) und das Hochziehen des weggebeugten Kopfes an den Haaren (*KG NJW* 1979, 1668; dagegen *Grünwald*, JZ 1981, 423). Die Alternative des § 81 b „für die Zwecke des Erkennungsdienstes" dient der sog. Vorsorge für künftige Strafverfolgungen (s. o. Rn. 87). Es ist umstritten, ob Maßnahmen zur Feststellung der Identität des Beschuldigten unter § 81 b oder § 163 b StPO fallen. Bei der Gegenüberstellung mit Zeugen ist es umstritten, ob auf §§ 58 Abs. 2, 81 a, 81 b oder 163 a Abs. 3 StPO zu stützen (s. BGHSt 39, 96 m. Anm. *Welp*, JR 1994, 37).

cc) **Vorführung** von Beschuldigten und Zeugen vor Richter oder Staatsanwalt (§§ 134, 163 a Abs. 3, 51, 161a StPO), u. U. zur Information eines Sachverständigen (§ 80 StPO).

dd) **Durchsuchung** von Person, Sachen und Wohnung (§§ 102, 103 StPO, **u**), nicht aber die online-Durchsuchung von Computern (BGH 51, 211).

ee) Errichtung von Kontrollstellen auf Straßen und Plätzen, sog. „**Razzien**" (§ 111 StPO).

b) **verdeckte. aa) Postbeschlagnahme** und -öffnung (§§ 99, 100 **118** Abs. 3 StPO).

bb) Bei bestimmten (schweren) Taten (sog. Katalogtaten) **Überwachung der Telekommunikation,** insbesondere von Telefonanschlüssen (§§ 100 a, 100 b StPO).

Anzahl der angeordneten Telefonüberwachungen: 1986 1532, 1994 3730, 1999 12651. Die Telefonüberwachung ist nicht nur gegenüber Personen möglich, deren Telefonanschluß der Beschuldigte benutzt (§ 100 a S. 2), sondern erfaßt auch Personen, die den überwachten Telefonanschluß des Beschuldigten benutzen. Bei dem Einsatz technischer Observierungsmittel (dd) und der längerfristigen Observation (gg) ist die Durchführung bei **unvermeidbarer Mitbetreffung Dritter** ausdrücklich zugelassen worden (§§ 100 c Abs. 3 S. 3, 100 f Abs. 4, 163 f Abs. 2 StPO). Es erscheint daher kaum vertretbar, daß der BGH auch bei der Telefonüberwachung die Ergebnisse unvermeidbarer Mitbetroffenheit für verwertbar erklärt (BGHSt 29, 23).

§ 100 g StPO ermöglicht die Erhebung von technischen Daten über Kommunikationsvorgänge, sog. **Verkehrsdaten** (Rufnummer, Zeit, Ort und Dauer, IP-Adressen von Computern u. a.) zur Einleitung einer Kommunikationsüberwachung, aber auch zur Feststellung von Kontakten, Aufenthaltsorten usw. § 100 i StPO erlaubt die Ermittlung von Geräte- und Kartenummern sowie des Standorts von Mobiltelefonen („**IMSI-Catcher**").

cc) **Akustische Wohnraumüberwachung,** vom Gesetz verharmlosend „Abhörung eines in einer Wohnung gesprochenen Wortes", polemisch „großer Lauschangriff", im Volksmund „Wanzen" genannt (§§ 100 c–100 e StPO, bis zur Unbrauchbarkeit eingeschränkt – § 100 c Abs. 5! – durch BVerfGE 109, 279 und G v. 24. 6. 2005).

Dazu interessanter Fall BGH 50, 206.

dd) Einsatz technischer Mittel zur **Abhörung und Aufzeichnung nichtöffentlicher Äußerungen außerhalb von Wohnungen** (§ 100 f StPO) sowie für **Bildaufnahmen** und zur **Observierung**, z. B. von Kameras, Peilsendern, „Global Positioning System" („GPS", BGHSt 46, 266), § 100 h StPO einschließlich der dazu erforderlichen Wohnungs- und PKW-Öffnungen („Annexkompetenz").

Dauert der Einsatz länger als 24 Stunden, so sind zusätzlich die Voraussetzungen des § 163 f (u. gg) zu beachten (BGHSt 46, 266).

ee) Bei bestimmten (schweren) Taten Einsatz **Verdeckter Ermittler** (§§ 110 a ff. StPO, bes. § 110 b Abs. 2 Nr. 1, u).

Hierbei zeigt sich die Unklarheit über den abschließenden Charakter der Regelung (s. o. Rn. 114) besonders deutlich. Denn Verdeckte Ermittler sind nach § 110 a Abs. 2 StPO Polizeibeamte, die unter einer **auf Dauer** angelegten Legende ermitteln. Nach h. L. ist demgegenüber der Einsatz von privaten Informanten der Polizei, bei einem längeren Einsatz „V-Personen" (Vertrauenspersonen) genannt, und sogar von nur im Einzelfall nicht offen ermittelnden Polizeibeamten (NoeP), insbesondere Scheinaufkäufern, unbeschränkt zulässig; Grund der Sonderregelung für den Verdeckten Ermittler sei nicht die Intensität des Eingriffs, sondern die Fürsorgepflicht gegenüber diesen Beamten (BGHSt 41, 42 m. abl. Anm. *Lilie/Rudolph*, NStZ 1995, 513 und *Fezer*, JZ 1995, 972; BGHSt 41, 64 m. Anm. *Krey*, NStZ 1995, 517 und *Rogall*, JZ 1996, 260; *BGH* StV 1997, 233 m. Anm. *Wollweber*, 507 u. *Hilger*, NStZ 1997, 449). Zur Abgrenzung von Verdeckten Ermittlern und nicht offen ermittelnden Polizeibeamten BGHSt 41, 64 und *Schneider*, NStZ 2004, 359. Im übrigen stellt sich das Problem, ob diese Personen auch in der Hauptverhandlung verdeckt bleiben sollen und wie ihre Beobachtungen dann in die Hauptverhandlung eingeführt werden können (s. u. Rn. 251 ff.). § 110 a Abs. 3 StPO enthält einen Rechtfertigungsgrund für Urkundenfälschung, nicht aber für sonstige, von den infiltrierten Gruppen oft zur Erprobung verlangte, Straftaten (sog. „Jungfernprobe").

ff) Sog. „polizeiliche Beobachtung", richtiger **„besondere Beobachtung bei allgemeinen Polizeikontrollen"** zur Herstellung eines „Bewegungsbildes" (§ 163 e StPO).

Diese Maßnahme hat durch die weitgehende Aufhebung der Grenzkontrollen viel von ihrer Bedeutung verloren; es verbleibt aber die Ausschreibung des Kfz-Kennzeichens nach Abs. 2.

gg) **Längerfristige Observation** über mehr als 24 Stunden oder an mehr als zwei Tagen (§ 163 f StPO).

Kürzere Observationen werden von der Ermittlungsgeneralklausel des § 161 StPO (s. o. Rn. 110) gedeckt.

Von verdeckten Maßnahmen ist der Betroffene in der Regel nach Abschluß zu **benachrichtigen** (§§ 101 Abs. 4–6 StPO).

c) medizinische. aa) **Körperliche Untersuchung,** insbesondere 119 Blutproben (§§ 81 a, 81 c, 81 d StPO) einschließlich der dazu erforderlichen Verbringung ins Krankenhaus oder zum Arzt).

Die zwangsweise Einführung von **Brechmitteln** zur Ermittlung verschluckter Gegenstände wurde von *BVerfG* StV 2000, 1 für zulässig erklärt; sie verstoße auch nicht gegen die Menschenwürde und das Verbot der Veranlassung zur Selbstbelastung (s. u. Rn. 371; abl. Anm. *Naucke* u. *Rixen,* NStZ 2000, 381; zust. *KG* JR 2001, 162 m. abl. Anm. *Hackethal;* a. A. *OLG Frankfurt a. M.* NJW 1997, 1647), wohl aber bei Kleindealern gegen den Verhältnismäßigkeitsgrundsatz (*Binder/Seemann,* NStZ 2002, 234 mit Darlegung der medizinischen Probleme; 2001 starb ein Schwarzafrikaner in Hamburg). Nach EGMR v. 11. 7. 2006 nach Verschlucken von Drogen im Beutel mangels Erforderlichkeit **Verstoß gegen Art. 3 und 6 EMRK** (NJW 2006, 3117; dazu *Safferling,* Jura 2008, 100).
Glaubwürdigkeitsgutachten sind gesetzlich nicht geregelt und daher nur bei Einwilligung und unter analoger Anwendung von § 81 c Abs. 3 StPO zulässig (BGHSt 40, 337). Zu den inhaltlichen Anforderungen an ein Glaubwürdigkeitsgutachten BGHSt 45, 164.

bb) **DNA-Analyse,** sog. genetischer Fingerabdruck, an nach §§ 81 a, 81 c gewonnenem oder sonst erlangtem Material (§§ 81 e, 81 f StPO).

Die DNA-Analyse ergibt zwar eine Wahrscheinlichkeit von 99,986 %, wird aber von der Rechtsprechung nicht als alleiniges Beweismittel zugelassen (BGHSt 38, 320 m. Anm. *v. Hippel,* JR 1993, 124). Zur Zulässigkeit von **Massentests** *BVerfG* JZ 1996, 1175 m. Anm. *Gusy* und seit 1. 11. 2005 § 81 h StPO (dazu *Saliger,* JuS 08, 193). Die Nichtteilnehmer können nicht deswegen als Verdächtige angesehen und damit einer zwangsweisen Entnahme unterworfen werden (*BVerfG* NJW 1996, 3071; BGHSt 49, 60).
Hingegen dient die DNA-Identitätsfeststellung nach § 81 g StPO der Vorsorge für künftige Strafverfolgung.

cc) **Einweisung in ein psychiatrisches Krankenhaus** zur Vorbereitung eines Gutachtens über den Geisteszustand (§ 81 StPO; strenge Schutzvorschriften in Abs. 2–5).

d) computergestützte. aa) **Rasterfahndung** nach „Merkmalsträ- 120 gern" (§§ 98 a, 98 b StPO, eingeführt durch das OrgKG, s. o. Rn. 41), wird bei der Strafverfolgung kaum angewendet (anders nach Polizeirecht, insbesondere bei der Suche nach sog. „Schläfern" der Terrorgruppe „Al Qa'ida").
bb) **Datenabgleich** mit Strafverfolgungs- oder Präventivdateien, z. B. INPOL, SPUDOK (s. o. Rn. 80, § 98 c StPO).

cc) Speicherung und Auswertung von Daten über „Merkmalsträger" aus Grenzkontrollen und Razzien (sog. **Schleppnetzfahndung,** § 163 d StPO, s. vor allem Abs. 3), wird ebenfalls kaum angewendet.

3. Zwangsmaßnahmen zur Sicherung der Beweise

121   Weitere Zwangsmaßnahmen stehen der Staatsanwaltschaft zu zur Sicherung der Beweise. Hierunter fällt die **Beschlagnahme** von Gegenständen, die als Beweismittel von Bedeutung sein können, bei Weigerung freiwilliger Herausgabe (§§ 94 ff. StPO).

Blutproben von Toten können, da sie weder „Beschuldigte" (§ 81 a StPO) sind noch „als Zeugen in Betracht kommen" (§ 81 c StPO), nur nach § 94 StPO erlangt werden.

Ferner gehört hierher die **Verhaftung** des Beschuldigten wegen des dringenden Verdachts, daß er Beweismittel vernichtet, verändert, beiseiteschafft, unterdrückt oder fälscht oder auf Mitbeschuldigte, Zeugen oder Sachverständige in unlauterer Weise einwirkt oder andere zu solchem Verhalten veranlaßt (Verdunkelungsgefahr, u), nach § 112 Abs. 2 Nr. 3 StPO (sog. **Untersuchungshaft**).

Weiterführende Literatur: *Schroeder,* Eine funktionelle Analyse der strafprozessualen Zwangsmittel, JZ 1985, 1028; *Amelung,* Zur dogmatischen Einordnung strafprozessualer Grundrechtseingriffe, JZ 1987, 737; *Geerds,* Strafprozessuale Personenidentifizierung, Jura 1986, 7 ff.; *Rogall,* Moderne Fahndungsmethoden im Lichte gewandelten Grundrechtsverständnisses, GA 1985, 1.

III. Beschränkungen der Eingriffsbefugnisse bei der Ermittlung (sog. „Beweisverbote")

1. Überblick

122   Die Ermittlung und noch mehr die dabei möglichen Zwangsmaßnahmen sind an bestimmte **Voraussetzungen** oder Pflichten der Strafverfolgungsorgane gebunden.

Insbesondere haben Beschuldigte ein **Recht auf Schweigen** und auf **Konsultierung eines Verteidigers** (§§ 136, 163 a Abs. 3, 4 StPO) und Zeugen z. T. ein **Recht auf Zeugnis- und Auskunftsverweigerung** (§§ 52 ff., 161 a Abs. 1 S. 2, 163 a Abs. 5 StPO). Bei den sonstigen Zwangsmaßnahmen wird teilweise auf das Recht der Zeugnisverweigerung Bezug genommen (§§ 81 c Abs. 3, 95 Abs. 2–5, 97, 100 c Abs. 6, 160 a StPO). Über das Aussage-, Zeugnis- und Auskunftsverweigerungsrecht sind die Betroffenen **zu belehren** (§§ 52 Abs. 3, 55 Abs. 2, 136 Abs. 1, 161 a, 163 a Abs. 3–5 StPO); bei der Kontaktaufnahme zu dem Verteidiger muß die Polizei effektiv helfen (BGHSt 42, 15 m. Anm. *Beulke*, NStZ 1996, 257).

Aussagen dürfen nicht durch Mißhandlung, Ermüdung, körperli-   123 che Eingriffe, Verabreichung von Mitteln, Täuschung, Zwang oder Drohung herbeigeführt werden (für Beschuldigte § 136 a, für Zeugen § 69 Abs. 3, für Sachverständige § 72 StPO).

Beispiele für Verstöße gegen § 136 a StPO: keine Gelegenheit zum Schlaf 30 Stunden lang vor dem Geständnis (BGHSt 13, 60); Hinführung an die Leiche des getöteten eigenen Kindes (BGHSt 15, 187); wahrheitswidrige Behauptung einer erdrückenden Beweiskette (BGHSt 35, 328); Vorspiegelung der Vernehmung in einer Vermißtensache, obwohl die Leiche des Vermißten mit Tötungsspuren bereits aufgefunden war (BGHSt 36, 52). Drogenabhängige bedürfen geradezu der „Verabreichung von Mitteln" (*OLG Hamm* StV 1999, 360), Androhung der Mitteilung einer homosexuellen Veranlagung an die Großeltern (*OLG Naumburg* StV 2004, 529). Ein eindeutiger Verstoß gegen § 136 a StPO war die Androhung erheblicher Schmerzen gegenüber dem Entführer des Bankierssohns Jakob von Metzler durch den Frankfurter Polizeivizepräsidenten Anfang 2003 zur Preisgabe des Aufenthaltsortes des Kindes. Unabhängig davon sind die Fragen der Zulässigkeit der „Folter" zur Rettung von Menschenleben und der Strafbarkeit des Polizeimanns. Auch die Anwendung des **Lügendetektors** hat der BGH ursprünglich unter Berufung auf § 136 a StPO untersagt (BGHSt 5, 332). Neuerdings hält er sie bei Einwilligung für zulässig, aber für ein völlig ungeeignetes Beweismittel (s. u. Rn. 260; BGHSt 44, 308). Das BVerfG verneint einen Anspruch des Beschuldigten auf Anwendung (NStZ 1998, 523). § 136 a StPO wird jedoch **einschränkend ausgelegt.** Dauervernehmungen sind unverzichtbar. Nach der Rechtsprechung „schließt § 136 a StPO nicht jede List bei der Vernehmung aus" (*BGH* NStZ 1997, 251). Sogar die Nichtausräumung eines offensichtlichen Irrtums über die Verwertbarkeit einer Aussage soll zulässig sein (*BGH* NStZ 1997, 251, a. A. *Wollweber*, NStZ 1998, 311). Eine Befragung des Beschuldigten durch eine V-Person sei mit den übrigen nach § 136 a verbotenen Verhaltensweisen nicht gleichzustellen (BGHSt 42, 149). Der Einsatz Verdeckter Ermittler (s. o. Rn. 117 f.) erlaubt eine „Legende", die Herstellung unwahrer Urkunden und ihre Ausnutzung zum Betreten fremder Wohnungen (§§ 110 a Abs. 2, 3, 110 c StPO) und liegt daher an der Grenze des Täuschungsverbots (zur Rechtfertigung SK/*Wolter,* § 110a Rn. 5).

§ 136 a StPO ist ein Niederschlag des Grundsatzes **„nemo tenetur se ipsum accusare"** (s. u. Rn. 371). Lehre und Rechtsprechung legen diesen Grundsatz erweiternd dahingehend aus, daß auch niemand gezwungen werden darf, sich durch andere Handlungen als Äußerungen selbst zu belasten (BGHSt 42, 152; für Einbeziehung der Täuschung BGHSt 34, 46; dagegen BGHSt 42, 153; näher u. Rn. 371).

Polizei und Staatsanwaltschaft setzen zur Umgehung der strengen Voraussetzungen der §§ 52, 136, 136 a StPO für die Informationserlangung zunehmend Privatpersonen, insbesondere V-Leute, ein. Die Rechtsprechung des BGH lehnt hier eine „Vernehmung" und damit die Anwendbarkeit der §§ 52, 136, 136 a StPO ab (BGHSt 40, 211 – Sedlmayr; BGH [GS] 42, 139; aber BVerfG StV 00, 466: Verstoß gegen fair trial, s. o. Rn. 56). Das Mithörenlassen eines Polizeibeamten am Telefon („Hörfalle") verletzt nicht § 100 a StPO (s. o. Rn. 118), da der Schutz des Fernmeldegeheimnisses am Endgerät des Fernsprechteilnehmers endet (BGHSt 42, 154). Nur bei Straftaten von weniger erheblicher Bedeutung (vgl. §§ 98 a, 100 a, 110 a StPO) hat der Große Senat des BGH eine „Nähe zum Verstoß gegen den nemo-tenetur-Grundsatz" (s. u. Rn. 371) bejaht und einen Verstoß gegen den fair-trial-Grundsatz (s. o. § 6) für möglich gehalten (42, 139 m. Anm. *Rieß*, NStZ 1996, 502; *Roxin*, 1997, 18; *Popp*, 1998, 95; s. a. u. Rn. 404). Für eine Verletzung des Rechts am gesprochenen Wort als Teil des allgemeinen Persönlichkeitsrechts BVerfGE 106, 28; damit Erfordernisse des § 100 f (*Geier*, u. a., Jura 2004, 121). EGMR StV 2004, 1 (m. Anm. *Gaede* 46) nimmt eine Verletzung von Art. 8 EMRK (Achtung der Korrespondenz) an und verlangt daher ein Gesetz. Generell von einem Verstoß gegen den Grundsatz des fairen Verfahrens bei Umgehung des § 52 StPO geht das BVerfG aus (s. o. Rn. 56).

Bei einem Einsatz getarnter Polizeibeamter zur Ausforschung nimmt die Rechtsprechung bei einem **„funktionellen Äquivalent mit einer staatlichen Vernehmung"** einen Verstoß gegen den Fair-trial-Grundsatz (s. o. 6) an (*EGMR* StV 2003, 259; BGHSt 52, 11).

Die von den Strafverfolgungsorganen veranlaßte Bespitzelung in der **Untersuchungshaft** (BGHSt 34, 362) und die Ausnutzung der Beeinträchtigung der Willensfreiheit durch bespitzelnde Mitgefangene (BGHSt 44, 129 m. Anm. *Roxin*, NStZ 1999, 149; *Hanack*, JR 1999, 346) betrachtet der BGH als unzulässige Ausnutzung von Zwang analog § 136 a StPO (richtiger: unzulässige Täuschung). Zur Bedeutung der Untersuchungshaft für die Beweiserhebung s. a. u. Rn 126, 375.

Darüber hinaus sehen die Vorschriften über die Beweisaufnahme und die dabei möglichen Zwangsmaßnahmen aber auch zahlreiche **Einschränkungen** vor (z. B. § 81 a StPO: körperliche Eingriffe nur durch einen Arzt, **u;** § 81 d StPO: körperliche Untersuchung nur durch Person gleichen Geschlechts oder durch Arzt oder Ärztin). Auch der häufige Richtervorbehalt (s. o. Rn. 115) ist eine Voraussetzung der Zulässigkeit vieler Zwangsmaßnahmen.

124   Die Strafprozeßrechtswissenschaft bezeichnet nun diese Voraussetzungen und Einschränkungen im Anschluß an einen Vortrag von *Ernst Beling* von 1903 als **Beweisverbote** hinsichtlich des nicht abgedeckten Teils (teilweise wird der Begriff der Beweisverbote als Ober-

begriff angesehen und zwischen Beweiserhebungs- und Beweisverwertungsverboten, s. u. Rn. 121 ff., unterschieden). Der Ausdruck
„Beweisverbote" ist jedoch irreführend und beruht vor allem noch
auf der veralteten Vorstellung, daß alles, was nicht ausdrücklich verboten ist, erlaubt ist. Nach heutiger Auffassung sind dagegen umgekehrt Eingriffe in Grundrechte nur zulässig, wenn sie ausdrücklich
zugelassen sind. Die „Beweisverbote" sind daher – abgesehen von
den seltenen Fällen ausdrücklicher Verbote (§§ 136 a, 250 S. 2, 252
StPO) – **Beschränkungen der Eingriffsbefugnisse bei der Ermittlung und Beweiserhebung.**

Auch **aus dem GG** unmittelbar hat die Rechtsprechung die Unzu- **125**
lässigkeit von Beweisen hergeleitet, so aus Art. 1, 2 GG hinsichtlich
heimlicher **Tonaufnahmen** (BGHSt 14, 358; 34, 39 m. Anm. *Meyer*,
JR 1987, 215; BVerfGE 34, 238; hinsichtlich staatlich veranlaßter
Tonaufnahmen gilt jetzt § 100 c Abs. 1, 4 StPO, s. o. Rn. 108) und
hinsichtlich persönlichkeitsentfaltender **Tagebuchaufzeichnungen**
(BGHSt 19, 325).

Allerdings sind hier **drei „Stufen"** der Berührung der Persönlichkeitssphäre zu unterscheiden:

(1) Aufzeichnungen, bei denen die Persönlichkeit des Sprechenden
völlig zurücktritt und das gesprochene Wort seinen privaten Charakter einbüßt – völlige Beweiszugänglichkeit;

(2) Äußerungen, die den schlechthin unantastbaren Bereich privater Lebensgestaltung berühren – absolutes Beweisverbot;

(3) Äußerungen, die den Bereich des privaten Lebens betreffen, der
unter bestimmten Voraussetzungen dem staatlichen Zugriff offensteht
– Beweiszugänglichkeit bei überwiegendem Interesse der Allgemeinheit (BVerfGE 34, 238).

Sog. „Drei-Stufen-Theorie" oder auch **„Sphärentheorie".**
Im konkreten Fall hatte ein Grundstücksverkäufer eine heimliche Tonband-
aufnahme über den wahren, über dem aus Gründen der Gebühren- und
Steuerersparnis niedriger gehaltenen offiziellen Preis liegenden, Grundstücks-
preis gemacht. Das BVerfG untersagte die Verwertung dieser Tonband-
aufnahme, da ein überwiegendes Interesse der Allgemeinheit nur bei Schwer-
kriminalität gegeben sei (dagegen rügt *Arzt*, JZ 1973, 506 treffend die
Nichtberücksichtigung der Interessen des Verkäufers).
Ähnliches gilt für persönliche Aufzeichnungen, insbesondere **Tagebücher**
(*BGH* NStZ 2000, 383 m. Anm. *Jahn*).
Besonders umstritten ist der **„Zweite Tagebuchfall":** Hier waren in einem **126**
Mordprozeß tagebuchähnliche Aufzeichnungen des Angeklagten verwertet
worden, in denen er u. a. geschrieben hatte: „Die Ausführung der grauenhaf-
ten Tat ist auslösbar bei jedem nächsten Extremfall. Weiß nicht, glaube auch
nicht, daß die nächste Periode – Dauer 30 Minuten – so glimpflich ausgehen

wird. Auslösung der Tat wäre mit Sicherheit die Tatsache gewesen, wenn ich einer Frau im Einsamen begegnet wäre". Das LG hat diese Aufzeichnungen sowohl zu Lasten (Bejahung der Täterschaft) als auch zu Gunsten des Angeklagten (Annahme der Schuldunfähigkeit) herangezogen. BGHSt 34, 397 bejahte die Benutzung, da das Persönlichkeitsrecht gegen die Belange der funktionstüchtigen Strafrechtspflege abgewogen werden und in Fällen schwerster Kriminalität zurücktreten müsse (Anm. *Plagemann* NStZ 1987, 570; *Geppert*, JR 1988, 471). BVerfGE 80, 367 bejahte mit 4: 4 Stimmen die Benutzung, da die Aufzeichnungen nicht dem absolut geschützten Kernbereich angehörten (abl. Anm. *Wolter*, StV 1990, 175; *Störmer*, Jura 1991, 17; *Lorenz*, GA 1992, 254). Unzulässig dagegen wegen des geringeren Vorwurfs die Beschlagnahme des Tagebuchs eines DDR-Spions (*BGH* JR 1994, 430 m. Anm. *Lorenz*).

Gespräche über **begangene Straftaten** (Sozialbezug) gehören nicht zum unantastbaren Kern privater Lebensgestaltung (BVerfGE 109, 319; § 100 c Abs. 4 S. 3 StPO). Anders für Selbstgespräche *BGH* 50, 206 m. Anm. *Ellbogen*, NStZ 2006, 180.

Hingegen gehören **Gespräche zwischen Eheleuten in der ehelichen Wohnung** zum unantastbaren Kernbereich der privaten Lebensgestaltung, so daß sie auch im Rahmen einer zulässigen Telefonüberwachung bei nichtordnungsgemäßem Auflegen des Hörers (sog. „Raumgespräche") nicht aufgezeichnet werden dürfen (BGHSt 31, 296 m. Anm. *Geerds*, NStZ 1983, 518; *Amelung*, JR 1984, 256).

Da sich die „Stufen" der Berührung der Persönlichkeitssphäre erst nach Kenntnisnahme bestimmen lassen, kommt praktisch nicht schon ein „Beweisverbot", sondern nur ein Verbot der Verwertung (s. u. Rn. 131) in Betracht.

Ein besonderes Problem bietet die täuschende Veranlassung zu Äußerungen zur Wiedererkennung der Stimme (**Stimmprobe**). Die Stimme des Verhandlungsführers der Entführer von Hanns-Martin Schleyer war bei einem Telefongespräch auf Tonband festgehalten worden. Zur Prüfung, ob der Angeklagte W. dieser Sprecher war, ordnete das OLG nach § 81 b StPO die heimliche Aufnahme einer Äußerung von W. auf Tonband an, um ein auditiv-linguistisches Gutachten über die Frage der Identität einzuholen (s. o. Rn. 107). Daraufhin wurde das Eingangsgespräch des W. mit dem Leiter der Justizvollzugsanstalt heimlich auf Tonband aufgenommen. BGH 34, 39: Eingriff in das verfassungsrechtlich verbürgte Persönlichkeitsrecht am eigenen Wort. Durch § 81 b StPO nicht gedeckt, da dieser nicht die Mitwirkung des Beschuldigten durch aktives Tun umfaßt. Auch keine analoge Anwendung der §§ 100 a ff. sowie der §§ 81, 81 a, 81 b, 94 ff. StPO. Auch keine Rechtfertigung durch Notstand. Auch durch § 100 c StPO nicht gedeckt, da auch dieser nicht die Erschleichung einer aktiven Mitwirkung an Überführung erlaubt (*K. Meyer*, JR 1987, 215; a. A. KK/*Nack*, § 100 c Rn. 11). Bei der Arrangierung eines Gesprächs zwischen Polizei und Beschuldigtem unter heimlichem Mithören einer Zeugin nimmt BGHSt 40, 66 einen Verstoß gegen das Verbot zum Zwang des Beschuldigten zur aktiven Mitwirkung an der Aufklärung (o. Rn. 123) an. Außerdem anerkennt der BGH entsprechend den Grundsätzen bei der Gegenüberstellung (s. o. Rn. 117) nur ein Wiedererkennen auf Grund eines Stimm*vergleichs*tests (ebenso *BGH* NStZ 1994, 597).

Neuerdings stützt die Rechtsprechung Beweisverbote auch zunehmend unmittelbar auf den **fair-trial-Grundsatz** (s. o. § 6), insbesondere auf das darin enthaltene Verbot der Veranlassung zur Selbstbelastung (nemo tenetur): BGHSt 52, 17 (Vorspiegelung eines persönlichen Vertrauensverhältnisses durch einen verdeckten Ermittler); 53, 305 (Vorspiegelung einer Nichtabhörung eines Besuchergesprächs in der Untersuchungshaft); *BGH* NStZ 2000, 527 (Vorspiegelung der Bedrohung von Angehörigen durch einen angeblichen Besucher in der Untersuchungshaft). In diesen Fällen wird zugleich auf die Zwangslage in der Untersuchungshaft und auf die vorherige ausdrückliche in Anspruchnahme des Schweigerechts abgestellt.

2. Systematisierung

Man hat versucht, die große Fülle der „Beweisverbote" zu syste-   127
matisieren. So werden **Beweisthema-, Beweismittel- und Beweismethodenverbote** unterschieden.

Ein Beweisthemaverbot enthält z. B. § 190 StGB, wonach bei Verurteilung oder Freispruch über die Tatsache der Begehung der Straftat nicht mehr Beweis erhoben werden kann. Ein Beweisthemaverbot gilt auch hinsichtlich getilgter Vorstrafen (§ 51 Abs. 1 BZRG; dazu BGHSt 25, 26). Beweismittelverbote sind das Verbot, ein bestimmtes Beweismittel i. S. des o. Rn. 111 f. dargelegten Katalogs zu benutzen, z. B. Zeugen, die von ihrem Zeugnisverweigerungsrecht nach §§ 52 ff. StPO Gebrauch machen. Beweismethodenverbote untersagen eine bestimmte Art und Weise der Beweisgewinnung. Das wichtigste Beispiel sind die nach § 136 a StPO verbotenen Vernehmungsmethoden. Hierher fallen aber auch körperliche Eingriffe nach § 81 a StPO unter Mißachtung des Verhältnismäßigkeitsgrundsatzes wie Liquorentnahme und Hirnkammerluftfüllung (BVerfGE 16, 194; 17, 108).

Diese Einteilung ist allerdings ziemlich unergiebig. Wichtiger er-   128
scheint die Frage, welchen **Zwecken** die Einschränkungen der Eingriffsbefugnisse bei der Beweiserhebung dienen, welches die „**Rechtsgüter**" der „Beweisverbote" sind.
Dabei zeigt sich, daß diese Einschränkungen der Eingriffsbefugnisse kaum jemals der Wahrheitsfindung dienen. Das Verbot der Folter, die vom 14.–18. Jahrhundert üblich war (s. o. Rn. 29 ff.) und – neben dem Verstoß gegen die Menschenwürde – auch eine groteske Verfälschung der Wahrheit mit sich brachte, ist in § 136 a StPO auf das Verbot der Ermüdung und Täuschung und damit auf den Schutz vor jeglicher unfreiwilliger Selbstbelastung erweitert.

Das Zeugnisverweigerungsrecht von Angehörigen (§ 52 StPO) und das Auskunftsverweigerungsrecht von selber tatverdächtigen Zeugen (§ 55 StPO) können – jedenfalls nicht in erster Linie – auf einem Schutz der Wahrheitsfindung beruhen, da diese Personen nur ein Zeugnis- bzw. Auskunftsverweigerungs*recht* haben, aber aussagen dürfen und dies erfahrungsgemäß oft, um ihren Angehörigen zu helfen, unrichtig tun. Im Gegensatz zum früheren Recht kennt die geltende StPO nicht mehr das Institut der „untauglichen Zeugen" (testes inhabiles), sondern läßt alle Zeugen zu und überläßt die Prüfung der Wahrheit der freien Würdigung nach § 261 StPO (BGHSt 11, 215).

129   Die Pflichten zur Belehrung des Beschuldigten (§§ 136, 163 a Abs. 3, 4 StPO) und damit das Verbot der Vernehmung ohne diese Belehrung sowie das Auskunftsverweigerungsrecht bei Selbstbelastung und die Pflicht zur entsprechenden Belehrung (§ 55 StPO) dienen dem Schutz des Beschuldigten und des Zeugen vor einer unfreiwilligen Selbstbelastung und damit der Fairness des Verfahrens (s. o. Rn. 54 ff.) und dem Verbot der Veranlassung zur Selbstbelastung (s. u. Rn. 371). § 168 c StPO schützt den Anspruch auf rechtliches Gehör.

130   Im übrigen schützen die Einschränkungen der Eingriffsbefugnisse bei der Beweiserhebung aber außerprozessuale Rechte, nämlich

– das Brief-, Post- und Fernmeldegeheimnis nach Art. 10 GG (alle Vorschriften, die die Postbeschlagnahme und die Telefonüberwachung begrenzen, §§ 99–100 b, 101 StPO),

– das Grundrecht auf Unverletzlichkeit der Wohnung nach Art. 13 GG (die Vorschriften über die Begrenzung der Durchsuchung der Wohnung nach §§ 102–108 StPO),

– das Grundrecht auf Freiheit der Person nach Art. 2 GG (alle Vorschriften zur Beschränkung der Durchsuchung der Person nach §§ 102–105 StPO),

– das Recht auf informationelle Selbstbestimmung nach BVerfGE 65, 1 (alle verdeckten und computergestützten Ermittlungsmaßnahmen, o. Rn. 118, 120),

– die Familienbeziehungen (Zeugnisverweigerungsrecht der Angehörigen nach §§ 52, 76, 81 c Abs. 3 StPO, Auskunftsverweigerungsrecht bei Belastung von Angehörigen nach §§ 55 2. Alt., 72 StPO),

– die Gesundheit (§§ 81 a, 81 c Abs. 2 StPO),

– das Schamgefühl (§ 81 d StPO),

– das Vertrauensverhältnis zwischen Angehörigen bestimmter Berufsgruppen und ihren Klienten (§§ 53, 53 a, 76, 81 c Abs. 3, 108 Abs. 3, 160a StPO),

– staatliche Geheimnisse (§§ 54, 76 Abs. 2, 96, 110 b Abs. 3 StPO),
– das allgemeine Persönlichkeitsrecht nach Art. 1, 2 GG (die o. erwähnten von der Rechtsprechung daraus abgeleiteten Beweisverbote).

3. Die Beweisverwertungsverbote

Die Einschränkungen der Eingriffsbefugnisse bei der Beweiserhe-   **131**
bung schließen materiellrechtlich die Rechtfertigung des Handelns
der Beamten aus und führen damit ggf. zur Strafbarkeit ihres Verhaltens als Nötigung (§ 240 StGB), Verletzung der Vertraulichkeit des
Wortes (§ 201 Abs. 3 StGB) usw. Es fragt sich aber, ob die Überschreitung der Beweiserhebungsbefugnisse nicht auch Folgen für das
Strafverfahren selber haben muß, ob also die spezifischen Sanktionen
des Strafprozeßrechts (s. o. Rn. 19 f.) auch hier eingreifen. An sich ist
jede Überschreitung einer Beweiserhebungsbefugnis und damit jede
Verletzung eines Beweisverbots eine „Verletzung des Gesetzes", die
nach § 337 StPO zur Aufhebung des Urteils führen müßte, soweit es
darauf beruht. Es fragt sich jedoch, ob es der Beschuldigte „verdient"
hat, daß ihm die Verletzung von Beweisverboten, die gar nicht dem
Schutz der Wahrheitsfindung dienen, zugute kommen soll. Damit
stellt sich die Frage, ob Beweismittel, die unter Überschreitung der
Beweiserhebungsbefugnisse erlangt sind, bei Entscheidungen auch
nicht **verwertet** werden dürfen, ob also die Verletzung eines „Be-
weisverbotes" regelmäßig ein **Beweisverwertungsverbot** nach sich
zieht.

Von den meisten Autoren wird diese Frage nur bei der Beweiswürdigung
im Urteil (s. u. Rn. 281) und im Rahmen des Revisionsrechts geprüft. Die Wir-
kung der Beweisverwertungsverbote geht jedoch über die Auswirkung auf das
Urteil hinaus. Sie sind schon **im Ermittlungsverfahren bei allen weiteren
Maßnahmen** zu beachten, die einen Verdacht verlangen, insbesondere bei
strafprozessualen Zwangsmaßnahmen (s. o. Rn. 117 ff., zur Untersuchungshaft
BGHSt 36, 396 m. Anm. *Schroeder*, JZ 1990, 1034; zur Verwertbarkeit von
Erkenntnissen aus einem „Lauschangriff" für eine Durchsuchung *BGH*
NStZ 1995, 601 m. Anm. *Welp*), aber auch bei der Anklageerhebung (s. u.
Rn. 169).

Voraussetzung für das Eingreifen der Beweisverwertungsverbote   **132**
im Urteil ist, daß die unzulässig erhobenen Beweise überhaupt in
die Hauptverhandlung eingeführt wurden. Das kann bei Angeklagten
und Zeugen, die die unzulässig erhobenen Aussagen in der Hauptverhandlung verweigern, nur durch Verlesung entsprechender Protokolle, Abspielen von Tonbändern oder Vernehmung der Verhörsper-

sonen geschehen. Dies ist nur eingeschränkt zulässig (s. u. Rn. 249 ff.).
Urkunden müssen in der Hauptverhandlung verlesen, Tonbänder ab-
gespielt werden (s. u. Rn. 209). Auch dies kann unzulässig sein, wenn
es z. B. das Recht auf die Wahrung der Intimsphäre erneut verletzt.
Außer den Beweisverboten und den Beweisverwertungsverboten
gibt es also noch die **Verbote der Einführung in die Hauptverhandlung** (näher u. Rn. 209, 249 ff.; manchmal unglücklich ebenfalls zu
den „Beweisverwertungsverboten" gerechnet – da die Einführung in
die Hauptverhandlung die Beweiserhebung durch das Gericht darstellt, könnte man eher von Beweiserhebungsverboten sprechen,
BGHSt 14, 384).

133   Man hat die regelmäßige Unverwertbarkeit von durch Überschreitung der Beweiserhebungsbefugnisse erlangten Beweismitteln damit
zu begründen versucht, daß nur so die Strafverfolgungsorgane zur
strikten Beachtung der Prozeßvorschriften erzogen werden könnten
(sog. **Disziplinierungsfunktion** der Beweisverwertungsverbote).
Diese Auffassung wird vor allem in der amerikanischen Strafprozeßrechtswissenschaft vertreten und ist ein beliebter Anlaß für den Frust
amerikanischer Filmpolizisten („Dirty Harry"). Indessen wäre dies
bei Nichteinhaltung von eher formalen Beweisgewinnungsregeln
und der Verletzung entsprechender Beweisverbote sicher zu teuer bezahlt. Es fragt sich auch, ob die Polizei wirklich einen solchen Drang
zur Herbeiführung der Bestrafung des Täters empfindet, daß die
Nichtbestrafung sie „diszipliniert". Es besteht sogar die Versuchung,
Polizisten zur Verletzung von Vorschriften zu provozieren und damit
eindeutige Beweismittel auszuschalten. Gegen ein generelles Beweisverwertungsverbot spricht schließlich die Tatsache, daß sich Verwertungsverbote im Gesetz nach den „klassischen" Fällen (§ 136 a
Abs. 3 m. Verweisung in §§ 69 Abs. 3, 72) zwar immer häufiger finden (§§ 81 a Abs. 3, 81 c Abs. 3 S. 5, 100 a Abs. 4 S. 2, 100 c Abs. 5
S. 3, Abs. 6 S. 2, 100d Abs. 5, 101 Abs. 8 S. 3, 108 Abs. 2 u. 3, 161
Abs. 2, 477 Abs. 2 StPO), aber eben immer ausdrücklich vorgesehen
werden.

134   Der BGH hat zunächst ein Beweisverwertungsverbot dann ausgeschlossen, wenn die Vorschrift nicht den **Rechtskreis** des Beschuldigten schützen soll, und dies für § 55 Abs. 2 im Gegensatz zu § 52
Abs. 2 StPO angenommen (BGHSt 11, 213), sog. Rechtskreistheorie
des BGH. Nach langer einhelliger Ablehnung hat *Bauer* diese Theorie mit der Lehre vom Schutzzweck der Norm verteidigt (NJW 1994,
2530). Diese Theorie kann jedoch nicht als allgemeine Regel gelten.
So sind einerseits durch Ermüdung erlangte Aussagen eines Zeugen

trotz fehlender Berührung des Rechtskreises des Beschuldigten unverwertbar (§ 136 a Abs. 3 i. V. m. § 69 Abs. 3 StPO). Auf der anderen Seite wäre es kaum einzusehen, wenn die Tatsache, daß ein Medizinalassistent im Büstenhalter einer Verdächtigen ein Messer mit Blutspuren des Ermordeten entdeckt, die Verwertung dieses einzigen Indizes gegen die Verdächtige ausschließen sollte (s. § 81 d StPO). Auch bei von Medizinalassistenten entnommenen Blutproben hat der BGH die Verwertbarkeit mit Recht zugelassen (BGHSt 24, 125).

Später ist der BGH auch bei der Frage des Beweisverwertungsverbots zu der immer mehr um sich greifenden, für den auf Rechtssicherheit bedachten Bürger und den auf Kenntniserlangung bedachten Studenten frustrierenden, Auffassung gelangt, daß in jedem einzelnen Fall das Interesse der im Staat organisierten Gemeinschaft an der Tataufklärung und Bestrafung gegen die durch das Beweisverbot geschützten anderweitigen Interessen abgewogen werden muß (BGHSt 24, 130; 44, 249; BVerfGE 34, 250), sog. **Abwägungslehre** (auch „Vielfaktorenansatz" oder „Fehlerfolgenlehre"). Kriterien für die Abwägung sind

– das Gewicht des Verstoßes gegen die Beweisvorschriften, insbesondere die Bedeutung der betroffenen Rechtsgüter (Persönlichkeitsrecht bei Abhörmaßnahmen)
– die Schwere der vorgeworfenen Tat,
– der Einfluß auf den Beweiswert des Beweisergebnisses,
– die Frage, ob das Beweisergebnis auch auf gesetzmäßigem Wege hätte erlangt werden können (sog. Hypothese rechtmäßiger Beweiserlangung; BGHSt 32, 68 m. Anm. *Schlüchter,* JR 1984, 517 und *Wolter,* NStZ 1984, 276; *Rogall,* NStZ 1988, 385; *BGH* NStZ 1989, 375 m. Anm. *Roxin; Schröder,* Beweisverwertungsverbote und die Hypothese rechtmäßiger Beweiserlangung im Strafprozeß, 1992). Dieser Gesichtspunkt darf allerdings nicht dazu führen, auf die erforderliche richterliche Anordnung einfach zu verzichten (BGHSt 31, 306; *Roxin,* a. a. O.); bei bewußter Mißachtung liegt ein Verstoß gegen den fair-trial-Grundsatz vor (s. o. Rn. 55).

Ein Verwertungsverbot liegt nahe, wenn die verletzte Verfahrensvorschrift dazu bestimmt ist, die Grundlagen der verfahrensrechtlichen Stellung des Beschuldigten im Strafverfahren zu sichern (BGHSt 38, 220; 42, 21).

Entsprechend diesen Grundsätzen hat die Rechtsprechung ein Beweisverwertungsverbot in folgenden Fällen **abgelehnt:**
– Blutentnahme durch einen Medizinalassistenten entgegen § 81 a StPO (BGHSt 24, 125),

135

136

- Nichteinhaltung des Richtervorbehalts bei der Blutabnahme (OLG Stuttgart NStZ 08, 238)
- Aussage eines Beamten ohne Genehmigung entgegen § 54 StPO (*BGH* NJW 1952, 151),
- Nichtbestellung eines Pflichtverteidigers entgegen § 141 Abs. 3 StPO bei Kenntnis des Beschuldigten vom Recht zu schweigen und zur Verteidigerkonsultation (BGHSt 47, 179 m. Anm. *Wohlers*, JR 2002, 294),
- unabsichtliche Überschreitung der Befristung von Zwangsmaßnahmen (BGHSt 44, 243),
- Verlesung eines vom Beschuldigten nicht unterschriebenen Vernehmungsprotokolls (*BGH* NStZ 06, 46),
- Verstoß gegen die Pflicht zur Belehrung von Ausländern nach dem WÜK (BGHSt 52, 48; aber Kompensation, s. u.).

Dagegen hat die Rechtsprechung ein Beweisverwertungsverbot **bejaht** bei
- der Verletzung des Anwesenheitsrechts des Beschuldigten bei der richterlichen Vernehmung im Vorverfahren nach §§ 168 c Abs. 2, 168 d Abs. 1 StPO (BGHSt 26, 332),
- dem auf der gesetzwidrigen Erlangung des Tonbandes beruhenden Gutachten im Schleyer-Prozeß (o. Rn. 126), da der Richter dieses auf legalem Wege nicht hätte erlangen können und das Persönlichkeitsrecht am nichtöffentlich gesprochenen Wort einen hohen Rang genieße (BGHSt 34, 53 m. Anm. *K. Meyer,* JR 87, 215),
- der fehlenden Belehrung über das Schweigerecht des Beschuldigten vor Polizei, Staatsanwalt und Ermittlungsrichter entgegen §§ 163 a, 136 StPO außer bei Kenntnis oder fehlendem Widerspruch (BGHSt 38, 214 m. Anm. *Roxin,* JZ 1992, 923 und *Fezer,* JR 1992, 385; anders noch BGHSt 22, 170; 31, 395; für die Belehrung in der Hauptverhandlung dagegen schon BGHSt 25, 325; s. u. Rn. 282); ebenso für die fehlende Belehrung über das Recht auf Verteidigerkonsultation BGHSt 47, 172,
- der Nichtgewährung einer Verteidigerkonsultation entgegen § 136 StPO, außer bei fehlendem Widerspruch (BGHSt 38, 372; 42, 21),
- Abhörmaßnahmen unter Verstoß gegen den Richtervorbehalt (BGH 31, 306; 35, 34),
- bewusster Verletzung oder grober Verkennung der Erforderlichkeit des Richtervorbehalts (BGHSt 51, 285 m. Anm. *Roxin,* NStZ 07, 616).

In einigen Fällen lehnt der BGH – ebenso wie bei der Vernehmung von Zeugen vom Hörensagen (s. u. Rn. 252) – ein Beweisverwertungsverbot ab

und begnügt sich mit einem geringeren Beweiswert (sog. **Beweiswürdigungs-
lösung**):
– Verletzung des Anwesenheitsrechts des Beschuldigten bei der richterlichen
  Vernehmung im Vorverfahren nach §§ 168 c Abs. 2, 168 d Abs. 1 StPO
  (*BGH* NStZ 1998, 312 m. Anm. *Wönne:* die Protokolle könnten wie polizeiliche Protokolle nach § 251 Abs. 2 StPO verlesen werden und hätten einen dementsprechend geringeren Beweiswert; anders noch BGHSt 26, 332;
  31, 140),
– Ausschluß des Rechts zur Befragung von Zeugen nach Art. 6 Abs. 3 d
  EMRK durch Ausschluß von der Vernehmung nach § 168 c Abs. 3 StPO
  und Nichtbestellung eines Verteidigers (BGHSt 46, 93).

Ferner verlangt der BGH für die Nichtverwertung im Urteil zunehmend
einen **Widerspruch** in der Hauptverhandlung (BGHSt 31, 145 für § 168 c
StPO; BGHSt 38, 214 für § 136 StPO; *BGH* NStZ 1996, 290 für § 136 a
StPO; BGHSt 42, 22 und *BGH* NStZ 2004, 389 für § 137 StPO; BGHSt 52,
38 für das WÜK). Gegen diese Widerspruchslösung zusammenfassend *Fezer,*
StV 1997, 57. Allerdings soll sie bisher nur für länger zurückliegende Verletzungen von Beweisverboten gelten.

Schließlich nimmt der BGH neuerdings eine **Kompensation** durch die Erklärung eines Teils der Freiheitsstrafe für vollstreckt vor (BGHSt 52, 48).

Auch Beweisverwertungsverbote hat die Rechtsprechung unmittel-   137
bar aus dem **Grundgesetz** hergeleitet, wobei regelmäßig ebenfalls eine
Abwägung mit anderen Interessen, insbesondere den Interessen des
Staates an einer funktionstüchtigen Strafrechtspflege (s. o. Rn. 48 ff.),
erfolgt. So bei Verletzungen des durch Art. 2 Abs. 1 i. V. m. Art. 1
Abs. 1 GG geschützten privaten Lebensbereichs BGHSt 19, 329 – in-
times Tagebuch; BVerfGE 34, 238 – heimliche Tonbandaufnahme. Bei
der polizeilichen Tonbandaufnahme eines Telefongesprächs eines
Lockspitzels mit einem Verdächtigen ohne richterliche Genehmigung
hat der BGH ein Verwertungsverbot aus dem Rechtsstaatsprinzip
(Art. 20 Abs. 3 GG) hergeleitet (BGHSt 31, 308 m. Anm. *Gössel,* JZ
1984, 361).

Die Formulierung von den „unmittelbar aus dem GG abgeleiteten Beweisverwertungsverboten" (BGHSt 31, 308) beruht allerdings wiederum noch auf
der veralteten Vorstellung, daß alles, was nicht ausdrücklich verboten ist, erlaubt ist (s. o. Rn. 124). In richtiger Betrachtungsweise sind die meisten Beweiserhebungen, insbesondere die zu ihrem Zweck erfolgenden Zwangsmaßnahmen, nur erlaubt, soweit sie ausdrücklich gestattet sind. Liegen die
Voraussetzungen für die ausdrückliche Gestattung daher nicht vor, so folgt
daraus generell ein Verwertungsverbot (so besonders deutlich BGHSt 31, 299
– Aufnahme von Raumgesprächen bei nichtordnungsgemäß aufgelegtem Tele-
fonhörer).

138   Eine Verwertung unzulässig erlangter Beweismittel muß ohne jeden Zweifel immer dann ausscheiden, wenn die **Verwertung erneut
den Schutzzweck des Beweisverbots verletzt.** Dies gilt etwa für die
Verwertung von Aussagen, die im Interesse des Familienfriedens
nicht erforderlich gewesen wären (§§ 52, 55 2. Alt., 72, 76, 81 c
Abs. 3 StPO).

Die Lösung der Einzelfälle wird auch von der Grundauffassung
beeinflußt, ob man die Wahrheitserforschungspflicht (§§ 160, 244
Abs. 2 StPO) als Ausgangspunkt und die Beweis- und Beweisverwertungsverbote als „hinzunehmende" Ausnahme ansieht (BGHSt 27,
357; 28, 128; 35, 34), oder ob man – richtigerweise – davon ausgeht,
daß die Beweiserhebung fast immer in Grundrechte des Beschuldigten eingreift und daher die Verwertung unzulässig erlangter Beweise
ihrerseits der Begründung bedarf (s. o. Rn. 124).

139   Kein Verwertungsverbot besteht, wenn bei einer zulässigen
Zwangsmaßnahme wegen des Verdachts einer bestimmten Tat Beweismittel für eine andere Tat gefunden werden, sog. **Zufallsfunde**
(§ 108 StPO).

Beispiele: Bei einer Durchsuchung wegen Verdachts des Diebstahls wird
eine bei einem Mord benutzte Tatwaffe gefunden. Bei einer Durchsuchung
bei einem Frauenarzt wegen Steuerhinterziehung werden Aufzeichnungen
über zahlreiche nichtindizierte Schwangerschaftsabbrüche gefunden (so der
berühmte Fall in Memmingen; hier kam allerdings das Problem hinzu, daß
der Arzt hinsichtlich der Schwangerschaft der behandelten Frauen nach § 53
Abs. 1 Nr. 3 StPO zur Verweigerung des Zeugnisses berechtigt war, s. § 97
Abs. 1 StPO; nach BGHSt 38, 146 unbeachtlich).

140   Dieser Grundsatz kann allerdings nicht gelten, wenn bei Maßnahmen, die nur bei Verdacht bestimmter schwerer Straftaten angeordnet
werden können, Beweise für Taten entdeckt werden, die nicht unter
den Katalog dieser Straftaten fallen (§§ 100 d Abs. 5 Nr. 1, 477 Abs. 2
Nr. 2, für Maßnahmen nach anderen Gesetzen § 161 Abs. 2).

Die Verwertung von Ergebnissen der Telefonüberwachung ist auch zulässig, wenn andere Personen den Telefonanschluß benutzen (BGHSt 29, 23),
und gegen Dritte, die von dort aus angerufen werden (BGHSt 32, 15). Auf
Vorhalt der Tonbandaufzeichnung gemachte Aussagen und Geständnisse zu
Nichtkatalogtaten sind nicht verwertbar, sofern sie davon beeinflußt werden
und nicht erst nach längerer Zeit unbeeinflußt davon wiederholt werden
(BGHSt 27, 355 m. Anm. *Rieß*, JR 1979, 167). Der BGH läßt die Verwertung
von Zufallsfunden auch hinsichtlich solcher Taten zu, die mit Katalogtaten in
einem Zusammenhang stehen; dies gilt insbesondere für die einzelnen Taten
der der Beteiligung an einer kriminellen Vereinigung nach §§ 129, 129 a StGB
Verdächtigen (BGHSt 28, 122 m. Anm. *Rieß*, JR 1979, 167). Dies soll sogar
dann gelten, wenn sich hinterher der Verdacht des § 129 StGB nicht bewahr-

heitet (BGHSt 28, 129). Dem wird vom Schrifttum lebhaft widersprochen, da dadurch die mißbräuchliche Konstruktion eines Verdachts nach § 129 StGB provoziert wird.

Durch das „Ges. zum Schutz des vorgeburtlichen/werdenden Lebens usw." von 1992 wurde § 108 StPO – offensichtlich unter dem Eindruck des Memminger Strafprozesses (s. o. Rn. 139) – durch einen **Abs.** 2 ergänzt, wonach bei einem Arzt gefundene Gegenstände nicht in Strafverfahren gegen die Patientin wegen Schwangerschaftsabbruch verwertet werden dürfen. **Abs.** 3 sieht ein Verwertungsverbot für Zufallsfunde beim Zeugnisverweigerungsrecht von Medienmitarbeitern vor.

Verwertungsverbote, insbesondere wegen Fehlern bei Vernehmungen, können durch eine **Wiederholung der Beweisaufnahme** vermieden werden (so im Fall *v. Metzler,* o. Rn. 123, *LG Frankfurt a. M.* StV 2003, 436 m. Anm. *Weigend*).

Aus der Beschränkung der Verwertbarkeit der Zufallsfunde auf Katalogtaten, ihrer „Zweckbindung", ergibt sich die eigenartige Figur des **Beweisverwertungsverbotes ohne vorangehendes Beweisverbot** (*Schroeder,* JR 1973, 253; BGHSt 28, 124). Das gleiche gilt für persönliche Aufzeichnungen und Tonbänder, bei denen erst festgestellt werden muß, welcher „Sphäre" sie angehören (s. o. Rn. 125).

Nicht nur hier, sondern allgemein gilt jedoch der Grundsatz, daß   141 Beweismittel, die unter **absichtlicher oder auch nur bewußter Verletzung der Beweisverbote** erlangt sind, niemals verwertet werden dürfen. Nach BGHSt 24, 131 folgt dies aus dem Anspruch auf ein faires Verfahren (s. o. Rn. 55). Es folgt aber auch schon daraus, daß hier die Verletzungen der Beweisverbote grundsätzlich als Verletzungen des Verfahrensrechts angesehen werden, die jedoch mit einer Nichtverwertbarkeit in vielen Fällen „zu teuer bezahlt" wären. Dieser Grundsatz kann bei einer vorsätzlichen Verletzung nicht gelten; insbesondere ist hier auch eine Disziplinierung der Strafverfolgungsorgane (s. o. Rn. 133) unerläßlich.

Beweisverwertungsverbote können **zu Gunsten des Beschuldigten** aus übergeordneten verfassungsrechtlichen Prinzipien durchbrochen werden (BGH StV 09, 113 m. Anm. *Roxin*).

Weiterführende Literatur: Zum Thema „Beweiserhebungs- und Beweisverwertungsverbote im Spannungsfeld zwischen den Garantien des Rechtsstaates und der effektiven Bekämpfung von Kriminalität und Terrorismus" des 67. DJT 2008 *Jahn,* Gutachten C (Kurzfassung in Beilage zu NJW H. 21/08,13); *Rogall,* JZ 08, 818; *Beulke,* Jura 08, 653. I.

4. Die Fernwirkung von Beweisverboten

142   Ein zusätzliches Problem ergibt sich, wenn aufgrund einer unzulässigen Beweiserhebung und damit eines Verstoßes gegen ein Beweisverbot ein weiteres Beweismittel erlangt worden ist, z. B. der Beschuldigte im Zustand der Ermüdung (§ 136 a StPO!) das Versteck der Leiche oder der Beute preisgegeben hat. Es geht hier um die Fernwirkung von Beweisverboten; in Amerika spricht man in der dort üblichen plastischen Sprache von der „fruit of the poisonous tree doctrine", der Lehre von den Früchten des vergifteten Baums. Auch hier lehnt der BGH eine allgemeingültige Regel ab und verweist auf „die Sachlage und die Art des Verbots" (BGHSt 29, 249). Der BGH hat die Verwertbarkeit eines auf Grund eines Verstoßes gegen § 7 Abs. 3 G 10 erlangten weiteren Beweismittels verneint (BGHSt 29, 244 – Abhören des Telefons eines Journalisten des „Spiegel" – m. eingehender Erörterung der Problematik), für Geständnisse aufgrund Vorhalts von Ergebnissen unzulässiger Telefonüberwachung nach § 100 a StPO jedoch eine Verwertung nur ausgeschlossen, soweit sie durch den Vorhalt beeinflußt worden sind (BGHSt 32, 68 m. Anm. *Wolter*, NStZ 1984, 246 und *Schlüchter*, JR 1984, 517; 35, 32).

Hier vermengt der BGH jedoch, wie auch anderwärts (BGHSt 25, 325 zu der Belehrungspflicht nach § 243 StPO), die Frage der Verwertbarkeit mit der Frage, ob das Urteil auf der Gesetzesverletzung „beruht" i. S. des § 337 Abs. 1 StPO.

Dagegen soll ein durch eine unter Verstoß gegen § 136 a StPO erfolgte Aussage erlangter weiterer Zeuge verwertbar sein.

BGHSt 34, 362: Die Polizei legte zur Ausforschung einen Spitzel in die Zelle des Untersuchungsgefangenen. Diesem gelang es durch schwere Täuschung, das Vertrauen des Untersuchungshäftlings zu erlangen und Einzelheiten über dessen Tat zu erfahren. Die Aussage des Spitzels hielt der BGH für nicht verwertbar, da sie unter Ausnutzung des Zwangs der Untersuchungshaft zustande gekommen sei (s. o. Rn. 123). Jedoch hielt der BGH die Aussage eines weiteren Zeugen, dessen Namen der Spitzel aus dem Zellengenossen herausgelockt hatte, für verwertbar (s. a. Anm. *Fezer*, JZ 1987, 937).

5. Rechtswidrige Erlangung von Beweismitteln durch Privatpersonen

143   Eine besondere Problematik entsteht schließlich, wenn Privatpersonen rechtswidrig Beweismittel erlangt haben und sie den Strafverfolgungsbehörden zugänglich machen (entwendete Aufzeichnungen,

heimliche Tonbandaufnahmen, Abnötigung von Geständnissen).
Nach h. L. sind derartig erlangte Beweismittel grundsätzlich verwertbar, da sich die Beweisverbote der StPO nur an die staatlichen
Behörden richten. Diese Ansicht beruht noch auf der überholten
Auffassung, daß Beweisverwertungsverbote ein vorausgehendes Beweisverbot voraussetzen. Da die Einführung in das Strafverfahren
durch die staatlichen Organe in aller Regel erneut das Persönlichkeitsrecht verletzt, gilt auch hier die „Dreistufentheorie" (s. o.
Rn. 125; BVerfGE 34, 238).

Der BGH hat die Dreistufentheorie übernommen und die Verwertung einer
heimlichen privaten Videoaufnahme über die Vereinbarung der Anzündung
eines Konkurrenzunternehmens bejaht (BGHSt 36, 173; s. a. *BayObLG*
NStZ 1994, 503).

Aber auch abgesehen von einem erneuten Eingriff in die Grundrechte erscheint es bedenklich, daß der Staat sich gewissermaßen als
„Hehler" der rechtswidrig erlangten Beweismittel betätigt. Das Problem wurde durch den Ankauf rechtswidrig erlangter ausländischer
Bankdaten durch den BND aktuell und überaus widersprüchlich diskutiert (s. zuletzt *Pawlik*, JZ 2010, 693).

Weiterführende Literatur: *Otto*, Die strafprozessuale Verwertbarkeit von
Beweismitteln, die durch Eingriff in Rechte anderer von Privaten erlangt wurden, Kleinknecht-FS, 1985, 319; *Wölfl*, Die Verwertbarkeit heimlicher privater
Ton- und Bildaufnahmen im Strafverfahren, 1997.

§ 16. Weitere Aufgaben der Staatsanwaltschaft im Ermittlungsverfahren

Über die in § 15 dargestellten Aufgaben der Ermittlung und der
Beweissicherung hinaus hat die Staatsanwaltschaft im Ermittlungsverfahren noch folgende Aufgaben:

I. Hinwirkung auf einen Täter-Opfer-Ausgleich und eine „Verständigung"

Die Staatsanwaltschaft hat auf einen Täter-Opfer-Ausgleich nach　**144**
§ 46a StGB (§ 155a StPO) hinzuwirken (§ 155a StPO) und ggf. die
Abgabe eines Geständnisses gegen einen Strafnachlass (§ 257c StPO)
vorzubereiten (§ 160 StPO), u. a. durch Anwendung der §§ 154, 154a
StPO (s. o. Rn. 98).

II. Sicherung der Durchführbarkeit des Verfahrens

Da die **Anwesenheit des Angeklagten** nach den §§ 230 ff., 338
Nr. 5 StPO in der Regel für die Hauptverhandlung unabdingbar ist
(näher u. Rn 217 ff.), kann die Staatsanwaltschaft gegen den Beschuldigten wegen Flüchtigkeit oder Fluchtgefahr einen Haftbefehl erwirken (§§ 112 Abs. 2 Nr. 1 und 2, 114 StPO), den Verdächtigen vorläufig festnehmen (§ 127 Abs. 2 StPO) oder eine Ausschreibung zur
Festnahme veranlassen (§ 131 StPO). Schwere verfassungsrechtliche
Bedenken werden gegen die 1997 eingeführte „Hauptverhandlungs-
haft" im beschleunigten Verfahren (§ 127 b StPO) geltend gemacht,
weil keine Verhältnismäßigkeit erforderlich ist und die bloße Befürchtung des Fernbleibens von der Hauptverhandlung (dagegen
§ 230 Abs. 2 StPO) genügt (zuletzt *Grasberger*, GA 1998, 530).
Auch zu diesem Zweck sind die Durchsuchung von Räumlichkeiten
(§§ 102 f. StPO, **u**) sowie die Telefonüberwachung (§ 100 a StPO „zur
Ermittlung des Aufenthaltsortes des Beschuldigten", **u**) zulässig. Außerdem ist für die Feststellung der Verhandlungsfähigkeit des Beschuldigten eine körperliche Untersuchung (§ 81 a StPO) und eine
Verbringung in ein psychiatrisches Krankenhaus (§ 81 StPO) zulässig. Bei Abwesenden ist eine Vermögensbeschlagnahme zwecks Gestellung möglich (§ 290 StPO, s. u. Rn. 164).

145   Immer häufiger werden in der Gegenwart Straftaten von **durchreisenden Ausländern.** Zur Sicherung der Durchführbarkeit des Verfahrens kann die Bestellung eines Zustellungsbevollmächtigten angeordnet werden.

Die §§ 127 a, 132 StPO unterscheiden sich danach, ob die Voraussetzungen
eines Haftbefehls wegen Fluchtgefahr vorliegen (§ 127 a StPO, **u**) oder die Voraussetzungen eines Haftbefehls überhaupt nicht vorliegen (§ 132 StPO, **u**).
Letzteres wird, da nur eine Geldstrafe zu erwarten sein darf, wegen des
Grundsatzes der Verhältnismäßigkeit (§ 112 Abs. 1 S. 2 StPO, s. u. Rn. 150)
meist der Fall sein.

III. Sicherung der Vollstreckbarkeit des Urteils

146   Die Erwirkung der Untersuchungshaft ist auch zulässig, wenn die
Gefahr besteht, daß sich der Beschuldigte der Strafvollstreckung ent-
ziehen wird (für später entstehenden Fluchtverdacht gilt § 457 StPO).
Die Formulierung des § 112 Abs. 2 Nr. 2 StPO (Gefahr, daß der Be-

schuldigte sich dem Strafverfahren entziehen werde), deckt auch diesen Fall, da das „Strafverfahren" auch die Strafvollstreckung umfaßt. Zur Sicherung der Urteilsvollstreckung bei **durchreisenden Ausländern** (s. o. Rn. 145) kann eine angemessene Sicherheitsleistung angeordnet werden (§§ 127 a, 132 StPO, **u**).

Eine immer größere Bedeutung haben in der Gegenwart der **Verfall und die Einziehung von durch Straftaten erlangten Vermögensvorteilen sowie Tatwerkzeugen und Tatprodukten** (§§ 73 ff. StGB). Es liegt auf der Hand, daß hier schon bei der Einleitung eines Strafverfahrens eingeschritten werden muß, damit die entsprechenden Vermögensvorteile und Gegenstände nicht rechtzeitig verschoben werden. Die Sicherstellung erlauben die §§ 111 b–111 n StPO.

IV. Verhütung von Straftaten

Darüber hinaus weist die StPO der Staatsanwaltschaft in begrenztem Maß auch die Aufgabe der Verhütung von Straftaten zu. Dem dienen folgende Möglichkeiten: **147**

(1) Herbeiführung der Untersuchungshaft wegen Wiederholungsgefahr (§ 112 a StPO),
(2) Veranlassung der einstweiligen Unterbringung in einem psychiatrischen Krankenhaus oder einer Entziehungsanstalt aus Gründen der öffentlichen Sicherheit (§ 126 a StPO),
(3) Verhängung eines vorläufigen Berufsverbots (§ 132 a StPO),
(4) Sicherstellung von Gegenständen, die zur Begehung oder Vorbereitung vorsätzlicher Straftaten gebraucht oder bestimmt gewesen sind und die Allgemeinheit gefährden oder möglicherweise der Begehung rechtswidriger Taten dienen werden (§§ 111 b ff. StPO i. V. m. § 74 Abs. 1, 2 Nr. 2 StGB),
(5) Beschlagnahme des Führerscheins und vorläufige Entziehung der Fahrerlaubnis (§§ 94 Abs. 3, 111 a StPO).

Die Parallelität zwischen den §§ 94 Abs. 3 und 111 a StPO ergibt sich aus der üblichen Unterscheidung zwischen der (materiellen) Berechtigung (Fahrerlaubnis) und dem sie dokumentierenden Papier (Führerschein). Grundlage ist die **vorläufige Entziehung der Fahrerlaubnis durch den Richter nach § 111 a StPO**. Diese wirkt zugleich als **Anordnung der Beschlagnahme des Führerscheins (§ 111 a Abs. 3 StPO, u)**. Staatsanwaltschaft und Polizei können dagegen nur an den **Führerschein** herankommen, und auch dies nur bei Gefahr im Verzug (§§ 94 Abs. 3, 98 Abs. 1 StPO). Der Betroffene kann durch Widerspruch oder eigenen Antrag eine richterliche Entscheidung erwirken (§ 98 Abs. 2 StPO, **u**). An die Stelle dieser Entscheidung tritt die Entscheidung über die vorläufige Entziehung der Fahrerlaubnis (§ 111 a Abs. 4 StPO, **u**), die dann wiederum zugleich als Bestätigung der Beschlagnahme des Führerscheins wirkt (§ 111 a Abs. 3 StPO).

148   Eine eigenartige Kombination der Aufgabe der Verhütung von Straftaten und der Ermittlung enthält § 110 a Abs. 1 S. 2 StPO. Danach dürfen **verdeckte Ermittler** „zur Aufklärung von Verbrechen **(u)** eingesetzt werden, soweit aufgrund bestimmter Tatsachen die Gefahr der Wiederholung **(u)** besteht".

V. Vorsorge für zukünftige Strafverfolgung

Schließlich erhält die Staatsanwaltschaft zunehmend die Aufgabe der Vorsorge für künftige Strafverfolgungen. Hierzu gehören:
(1) Herstellung von **Lichtbildern** und **Fingerabdrücken** „für Zwecke des Erkennungsdienstes" (§ 81 b StPO, s. o. Rn. 117),
(2) **DNA-Identitätsfeststellung** (§ 81 g StPO, DNA-Identitätsfeststellungsgesetz, s. o. Rn. 119),
(3) Speicherung **personenbezogener Daten** (§ 484 StPO).

§ 17. Untersuchungshaft, vorläufige Festnahme und Ausschreibung zur Festnahme im einzelnen

I. Die Funktionen der Untersuchungshaft

149   Die „Untersuchungshaft" ist die Haft wegen des dringenden Verdachts einer Straftat vor Rechtskraft des Urteils. Die „Untersuchungshaft" ist – wie bereits in §§ 15, 16 dargelegt – mehrfunktional. Die Funktionen ergeben sich aus den Haftgründen:
Flüchtigkeit oder Sichverborgenhalten (§ 112 Abs. 2 Nr. 1 StPO) sowie Fluchtgefahr (§ 112 Abs. 2 Nr. 2 StPO) – Verfahrens- und Vollstreckungssicherung,
Verdunkelungsgefahr (§ 112 Abs. 2 Nr. 3 StPO) – Ermittlungs- und Beweissicherung,
Wiederholungsgefahr (§ 112 a StPO) – Verhütung von Straftaten.

Der Begriff „Untersuchungshaft" ist daher verfehlt (zur historischen Herkunft *Schroeder*, JuS 1990, 176). Andererseits kann hier nicht – wie beim „Ermittlungsrichter" (s. o. Rn. 106) – von „Ermittlungshaft" gesprochen werden, da die Untersuchungshaft – wie alle Zwangsmaßnahmen – über das Ermittlungsverfahren hinaus noch bis zur Rechtskraft des Urteils zulässig ist. Am besten wäre der Ausdruck „Strafverfolgungshaft".

Die Ausgestaltung der Untersuchungshaft ist – fragmentarisch – in § 119 StPO und ferner in der von den Bundesländern einheitlich erlassenen Untersuchungshaftvollzugsordnung (Verwaltungsvorschrift) geregelt. Ein Untersuchungshaftvollzugsgesetz wird allgemein für erforderlich gehalten und vorbereitet (Referentenentwurf von 2004).

II. Die Voraussetzungen der Untersuchungshaft

Die „Untersuchungshaft" ist eine Verhaftung vor dem Nachweis **150** der Schuld, also zu einem Zeitpunkt, wo für den Betroffenen die Vermutung der Unschuld gilt (Art. 6 Abs. 2 EMRK, s. u. § 43, Rn. 366 ff.), und daher ein schwerer Eingriff.

Um eine ungerechtfertigte Untersuchungshaft möglichst zu vermeiden, hat der Gesetzgeber **fünf Einschränkungen** vorgesehen:

(1) eng begrenzte **Haftgründe:**
   - Flüchtigkeit oder Sichverborgenhalten (§ 112 Abs. 2 Nr. 1 StPO),
   - Fluchtgefahr (§ 112 Abs. 2 Nr. 2 StPO),
   - Verdunkelungsgefahr (§ 112 Abs. 2 Nr. 3 StPO),
   - Wiederholungsgefahr (§ 112 a StPO) – dieser Haftgrund ist nur bei schweren Sexualstraftaten und der wiederholten oder fortgesetzten Begehung schwerwiegender Straftaten zulässig.

Bei Mord und Totschlag, Völkermord, Herbeiführung einer Sprengstoffexplosion mit konkreter Menschengefährdung oder Mitgliedschaft in einer terroristischen Vereinigung ist nach dem Wortlaut des § 112 Abs. 3 StPO Untersuchungshaft sogar ohne Haftgrund zulässig. BVerfGE 19, 350 hat diese Bestimmung jedoch dahingehend eingeschränkt, daß nur die Belegbarkeit mit „bestimmten Tatsachen" entbehrlich ist; vgl. 2.

1997 wurde zur Förderung des **beschleunigten Verfahrens** (s. u. Rn. 171) der Haftgrund des Bevorstehens des beschleunigten Verfahrens und der Befürchtung des Fernbleibens von der Hauptverhandlung eingeführt (§ 127 b Abs. 2 StPO). Dieser Haftgrund ist systematisch fragwürdig (*Stintzing/Hecker*, NStZ 1997, 569); die „Befürchtung des Fernbleibens von der Hauptverhandlung" wird sich mit den erforderlichen „bestimmten Tatsachen" (s. u. 2) nur schwer überzeugend begründen lassen.

(2) Die Begründung der Haftgründe mit **bestimmten Tatsachen,**

(3) **dringender Tatverdacht,**

(4) **Verhältnismäßigkeit** der Untersuchungshaft (§§ 112 Abs. 1 S. 2, 113, 116, 120 StPO),

(5) Grundsätzliche Begrenzung der Untersuchungshaft auf **sechs Monate** (§ 121 StPO).

Die gerichtlichen, insbesondere verfassungsrechtlichen, Anforderungen an die Möglichkeit der **Verlängerung** bei besonderer Schwierigkeit der Ermittlungen oder einem anderen wichtigen Grund steigen laufend. Kein wichtiger Grund ist die unzulängliche Personalausstattung der Justiz (*OLG Koblenz* NStZ 1997, 252).

III. Haftbefehl und vorläufige Festnahme

151   Die Untersuchungshaft kann – wegen Art. 104 Abs. 2 GG – nur durch den Richter angeordnet werden, **Haftbefehl** (§ 114 StPO, u). Jedoch zeigt sich die Herrschaft der Staatsanwaltschaft über das Vorverfahren darin, daß ein Antrag der Staatsanwaltschaft erforderlich ist (§ 125 StPO). Eine Ausnahme gilt auch hier nur, wenn Gefahr im Verzug und ein Staatsanwalt nicht erreichbar ist (§ 125 Abs. 1 2. Alt. StPO).

Nach der Verhaftung ist der Beschuldigte unverzüglich dem Richter, der den Haftbefehl erlassen hat, und wenn dies nicht spätestens am Tage nach der Ergreifung möglich ist, dem Richter des nächsten Amtsgerichts vorzuführen (§§ 115, 115 a, 126 StPO). Der Richter hat den Beschuldigten unverzüglich, spätestens am nächsten Tage, über den Gegenstand der Beschuldigung zu vernehmen, über die Aufrechterhaltung der Haft oder die Aussetzung zu entscheiden und ihn über die möglichen Rechtsbehelfe zu belehren (§§ 115 Abs. 4, 115 a Abs. 3 StPO).

152   Bei Gefahr im Verzug kann der Beschuldigte auch ohne förmlichen Haftbefehl durch Staatsanwaltschaft oder Polizei **„vorläufig festgenommen"** werden (§ 127 Abs. 2 StPO, u); dies ist sogar der Regelfall! In diesem Fall ist natürlich erst recht eine unverzügliche Vorführung vor den Richter erforderlich, der ggf. – auf Antrag der Staatsanwaltschaft – einen Haftbefehl zu erlassen hat (§ 128 StPO).

Bei der gesteigerten Form des dringenden Tatverdachts in Gestalt der **Betreffung oder Verfolgung auf frischer Tat** erweitert sich das Recht der vorläufigen Festnahme auf:
(1) die Sicherung der Anwesenheit in der Hauptverhandlung im beschleunigten Verfahren (§ 127 b, s. o. Rn. 144),
(2) jedermann (§ 127 Abs. 1 StPO).

Die Höchstfrist des „Tages nach der Festnahme" nach § 128 StPO und sogar die der §§ 115, 115 a StPO werden von Polizei und Staatsanwaltschaft häufig dazu mißbraucht, die Vorführung vor den Richter erst am auf die Festnahme folgenden Tag kurz vor Mitternacht vorzunehmen und die Zeit bis dahin zur Erhärtung des Verdachts, insbesondere zur Erlangung eines Geständnisses, zu nutzen. Das ist unzulässig (bedenklich *BGH* NJW 90, 1188). Eine rechtswidrige Freiheitsentziehung kann zu einem Verwertungsverbot für alle während ihrer Dauer gemachten Äußerungen führen (BGHSt 34, 369 m. Anm. *Hamm*, NStZ 1988, 234).

IV. Die Haftprüfung

Wegen ihres einschneidenden Charakters wurde für die Untersu- 153
chungshaft neben dem allgemeinen Rechtsmittel der Beschwerde
nach §§ 304 ff. StPO (s. u. Rn. 179) ein spezieller Rechtsbehelf eingerichtet, nämlich der Antrag auf **Haftprüfung** nach §§ 117 ff. StPO.
Im Gegensatz zu der allgemeinen Beschwerde (§ 306 StPO: höheres
Gericht, „Devolutiveffekt") ist hierfür der Richter zuständig, der
den Haftbefehl erlassen hat (§ 126 StPO).

Der Beschuldigte muß sich für eine Möglichkeit entscheiden (§ 117 Abs. 2
StPO). Das Haftprüfungsverfahren kann gegenüber der Beschwerde Vor-
und Nachteile haben.

V. Der Verkehr mit dem verhafteten Beschuldigten

Befindet sich der Beschuldigte in Untersuchungshaft oder in Straf- 154
haft wegen einer anderen Sache, so ist ihm jederzeit schriftlicher und
mündlicher Verkehr mit dem Verteidiger gestattet (§ 148 Abs. 1
StPO). Als „Verteidigerpost" deklarierte Post darf von der Anstalts-
verwaltung nicht kontrolliert werden. In Strafverfahren wegen der
Zugehörigkeit zu terroristischen Vereinigungen nach § 129 a StGB
ist allerdings eine Kontrolle durch den Richter möglich; außerdem
ist bei direkten Gesprächen eine Trennscheibe vorzusehen (§ 148
Abs. 2 StPO).

Die **Kontaktsperre** bei gegenwärtiger Gefahr für Leib, Leben oder Freiheit
durch eine terroristische Vereinigung erfaßt auch den Verkehr mit dem Verteidiger. Auch die Anwesenheitsrechte bei Ermittlungshandlungen sind ausgeschlossen (§§ 31 ff. EGGVG). Allerdings ist dem Gefangenen auf seinen Antrag vom Präsidenten des Landgerichts ein Rechtsanwalt als Kontaktperson
beizuordnen (§ 34 a EGGVG).

VI. Die Anrechnung der Untersuchungshaft

Wird der Angeklagte verurteilt, so entsteht ihm durch die Untersu- 155
chungshaft kein Nachteil, da sie nach § 51 StGB zwingend auf die
Strafe anzurechnen ist. Der Verurteilte hat dadurch im Gegenteil einen Vorteil, da er einen Teil der Strafe unter den leichteren Vollzugs-
bedingungen der Untersuchungshaft absitzen kann (§ 119 StPO und
Untersuchungshaftvollzugsordnung). Indessen sind die Bedingungen

der Untersuchungshaft noch keineswegs so, wie sie sein sollten. Außerdem deckt sich nur allzu häufig die vom Gericht ausgesprochene Strafe mit der Dauer der Untersuchungshaft. Die Untersuchungshaft stellt also eine Vorbelastung des Täters dar, die die Gerichte zu einem Rechtfertigungszwang führt.

Die Zahl der Untersuchungsgefangenen auf 100.000 Einwohner ist in der Bundesrepublik mit 19 zwar doppelt so hoch wie in Schweden und auch höher als in den Niederlanden und der Schweiz, andererseits aber doch wiederum nur halb so hoch wie in Frankreich und auch deutlich niedriger als in Italien. Ein Freispruch erfolgt nur in 1,5 % der Fälle, so daß das Risiko, ungerechtfertigt in Untersuchungshaft zu kommen, äußerst gering ist. Freilich ist hierbei der erwähnte Rechtfertigungszwang der Gerichte zu berücksichtigen.

VII. Ausschreibung zur Festnahme und Öffentlichkeitsfahndung

156   § 131 StPO ermöglicht anstelle des bisherigen „Steckbriefs" bei Vorliegen eines Haftbefehls oder wenigstens von dessen Voraussetzungen (Abs. 2) die Ausschreibung zur Festnahme (näher Nr. 40 f. RiStBV). Damit soll einerseits eine unnötige Bloßstellung des Beschuldigten vermieden und sollen andererseits die modernen differenzierten Fahndungsmethoden einbezogen werden (BT-Drs. 14/1484 S. 19). Bei Straftaten von erheblicher Bedeutung ist darüber hinaus eine Öffentlichkeitsfahndung möglich (Abs. 3). Zur Einschaltung von Massenmedien s. RiStBV Anl. B. Die Fernsehsendung „Aktenzeichen XY-ungelöst" unterliegt nicht den Beschränkungen des § 131 StPO (str.).

Zur Festnahme ist auch die Ermittlung des Standorts eines **Handys** zulässig (§ 100 i StPO). § 131 a StPO regelt die Ausschreibung zur Aufenthaltsermittlung, § 131 b die Veröffentlichung von Abbildungen zur Identitätsermittlung.

Weiterführende Literatur: *Paeffgen,* Vorüberlegungen zu einer Dogmatik des Untersuchungshaftrechts, 1986; *Hassemer,* Die Voraussetzungen der Untersuchungshaft, StV 1984, 38; *Wolter,* Untersuchungshaft, Vorbeugehaft und vorläufige Sanktionen, ZStW 93 (1981), 452; *Bottke,* Strafprozessuale Rechtsprobleme massenmedialer Fahndung, ZStW 93 (1981), 425; *Soiné,* Öffentliche Fahndung, 1992.

§ 18. Ausgeschlossensein und Ablehnung von Gerichtspersonen und Staatsanwälten

I. Grundlage

Im Interesse der Beteiligten, aber auch schon des Vertrauens in die   157
Rechtspflege, sind Personen, bei denen Bedenken gegen ihre Neutralität und Distanz bestehen, von der Mitwirkung daran ausgeschlossen. BVerfGE 21, 139 hat diese Regelungen auf Art. 101 Abs. 1 S. 2
GG gestützt. Art. 6 EMRK und Art. 14 IPBPR enthalten das Recht
auf ein „unparteiisches Gericht". Die Mitwirkung eines ausgeschlossenen oder zu Unrecht für unbefangen erklärten Richters ist ein absoluter Revisionsgrund (§ 338 Nr. 3 StPO).

II. Betroffene Personen

Die Ausgeschlossenheit und Ablehnungsmöglichkeit gelten für alle
Richter (§§ 22, 24 StPO), Schöffen und Urkundsbeamte (§ 31 StPO).
Wenn sie auch hauptsächlich für die gerichtlichen Verfahren, also das
Eröffnungs- und das Hauptverfahren in Betracht kommen, so gelten
sie doch auch für den Ermittlungsrichter (s. § 26 a Abs. 2 S. 3 StPO).

Im Ermittlungsverfahren wird auch bereits die Ablehnung eines **Sachverständigen** in Betracht kommen (§ 74 StPO). Der Sachverständige ist das einzige Beweismittel, das wegen Besorgnis der Befangenheit abgelehnt werden
kann. Zugleich hat er auch ein eigenes Gutachtenverweigerungsrecht entsprechend dem Aussageverweigerungsrecht des Zeugen (§§ 72, 76, 53, 55 StPO).

III. Ausgeschlossensein kraft Gesetzes

Gesetz unterscheidet zwischen dem Ausgeschlossensein kraft Ge-   158
setzes (§§ 22, 23 StPO) und der Ablehnung (§ 24 StPO). Die Überschrift des Dritten Abschnitts des Ersten Buchs der StPO ist unzutreffend: nach § 22 StPO *werden* die Richter nicht ausgeschlossen,
sondern *sind* von der Ausübung des Richteramtes kraft Gesetzes ausgeschlossen. Gründe hierfür sind die Betroffenheit des Richters als
durch die Tat Verletzter oder eine bestimmte familiäre Beziehung
zum Verletzten oder zum Beschuldigten und schließlich eine frühere
Mitwirkung in der Sache in anderer Funktion.

Das Ausgeschlossensein besteht kraft Gesetzes, ist also vom Gericht von Amts wegen zu berücksichtigen. Sollte das Gericht das Ausgeschlossensein übersehen haben, genügt eine entsprechende Anregung der Beteiligten. Darüber hinaus räumt § 24 StPO den Beteiligten auch für diese Fälle noch das förmliche **Ablehnungsrecht** ein.

IV. Ablehnung

159   Der Schwerpunkt der Ablehnung liegt bei der **Besorgnis der Befangenheit,** das heißt dem Vorliegen eines Grundes, der geeignet ist, Mißtrauen gegen die Unparteilichkeit eines Richters zu rechtfertigen (§ 24 Abs. 2 StPO). Es braucht also keine tatsächliche Befangenheit vorzuliegen und nachgewiesen zu werden, sondern es genügt die Besorgnis der Befangenheit. Diese Regelung erleichtert nicht nur den Beteiligten die Ablehnung, sondern schützt auch den Richter, da ihm mit der Ablehnung keine tatsächliche Befangenheit unterstellt wird. Im übrigen handelt es sich um eine schwierige Generalklausel. In Betracht kommen vor allem Äußerungen über die Schuld vor Erlaß des Urteils, die Kritik an der Ausübung prozessualer Rechte (BGHSt 1, 34; *OLG Brandenburg* StV 2007, 121), spöttische Bemerkungen (*BGH* NStZ 2006, 49), häufige Gespräche, Tennisspiel und gemeinsames Essen mit dem Angeklagten (*BGH* StV 1982, 99; 1986, 369), Drohungen oder unzulässige Versprechen zur Erzielung eines Geständnisses (BGH NStZ 2008, 170).

Lehrreich BGHSt 21, 85: Einem Schöffen wurde beim Einkaufen vorgehalten, die Angeklagten könnten nach deutschem Recht nicht verurteilt werden. Hätte der Schöffe, wie die Verteidigung behauptete, geantwortet: „Zweifeln Sie noch daran?", so hätte dies die Besorgnis der Befangenheit begründet. Der Schöffe behauptete jedoch, nur gesagt zu haben: „Das glauben Sie!". Beim Zureden zu einem Geständnis ist Vorsicht geboten (*BGH* StV 2002, 115).

Die Rechtsprechung läßt schon bei **Verstößen gegen das Strafverfahrensrecht** neben den dafür vorgesehenen Rechtsbehelfen eine Ablehnung wegen Besorgnis der Befangenheit zu, allerdings nur, wenn sie massiv sind und jeder prozessualen Grundlage entbehren (*LG Hildesheim* StV 1987, 12; *LG Köln* StV 1987, 381). Dies führt zu einer den ordnungsgemäßen Ablauf des Strafverfahrens bedrohenden Häufung von Ablehnungsgesuchen (s. u. Rn. 231). Die Gesichtspunkte des Art. 3 Abs. 3 GG begründen keine Besorgnis der Befangenheit (BVerfGE 2, 297).

Einer angeklagten Autofahrerin, die behauptete, nicht die Fahrerin gewesen zu sein, erklärte ein Richter: „Bei unserem Gericht besteht die Gepflogenheit,

Autofahrer aufgrund einer Ähnlichkeit mit dem Radarfoto zu verurteilen, wenn sie nicht Roß und Reiter nennen". Das BayObLG sah hierin einen massiven Verstoß gegen die Aussagefreiheit, der berechtigte Zweifel an der Unvoreingenommenheit des Richters entstehen lassen konnte (StV 1995, 7). Hierbei handelte es sich jedoch um einen zulässigen Hinweis auf die Beweislage.

Schwierigkeiten ergeben sich bei der Reaktion auf politische Ausführungen von Beschuldigten. Die Rechtsprechung neigt hier eher zur Bejahung der Ablehnung (*LG Freiburg* StV 1982, 111, 112; *LG Krefeld* StV 1984, 196).

V. Das Ablehnungsverfahren

Das Ablehnungsgesuch ist bei dem Gericht, dem der Richter ange- **160** hört, bzw. dem abzulehnenden Einzelrichter selbst anzubringen (§§ 26, 26 a StPO). Dabei ist der Ablehnungsgrund glaubhaft zu machen (§ 26 Abs. 2 StPO).

Die **Glaubhaftmachung,** die ein allgemeines Institut des Strafprozeßrechts darstellt (s. §§ 45 Abs. 2, 56 StPO), bedeutet: den Wahrscheinlichkeitsbeweis erbringen, die Wahrscheinlichkeit der Richtigkeit dartun (BGHSt 21, 350). Das Glaubhaftmachen muß das Gericht in die Lage versetzen, ohne den Fortgang des Verfahrens verzögernde weitere Ermittlungen über das Gesuch zu entscheiden (BGHSt 21, 347). Die Mittel der Glaubhaftmachung sind grundsätzlich nur schriftliche Erklärungen, insbesondere eidesstattliche Versicherungen von Zeugen und anwaltliche Versicherungen sowie andere Bescheinigungen und Unterlagen.

Die Entscheidung über das Ablehnungsgesuch ist **zweistufig.** Das **161** Gericht bzw. der abgelehnte Richter entscheiden zunächst über die Zulässigkeit (§ 26 a StPO). Wird diese bejaht, so entscheidet das Gericht unter Ausschluß des abgelehnten Richters oder – beim Einzelrichter – ein anderer Richter, sofern nicht der abgelehnte Richter das Ablehnungsgesuch selbst für begründet hält (§ 27 StPO). Dabei spielt die dienstliche Äußerung des abgelehnten Richters über den Ablehnungsgrund eine wichtige Rolle (§ 26 Abs. 3 StPO); verständlicherweise versuchen die abgelehnten Richter darin oft, ihre Äußerungen abzuschwächen (s. BGHSt 21, 85; o. Rn. 159).

Ein Richter oder Schöffe kann sich **nicht selbst ablehnen.** Das würde den Anspruch auf den gesetzlichen Richter (Art. 101 Abs. 1 S. 2 GG) aushöhlen. Der Richter hat aber mögliche Ablehnungsgründe dem für die Erledigung eines Ablehnungsgesuchs zuständigen Gericht anzuzeigen, das dann entscheidet (§ 30 StPO; unzutreffend die häufige Bezeichnung dieser Vorschrift als „Selbstablehnung").

Der Beschluß, durch den die Ablehnung für begründet erklärt wird, ist nicht anfechtbar; gegen den Beschluß, durch den sie zurückgewiesen wird, ist **sofortige Beschwerde** zulässig; nach der Eröffnung des Hauptverfahrens ist die Anfechtung nur noch in dem Rechtsmittel gegen das Urteil möglich (§§ 28, 338 Nr. 3 StPO).

VI. Die Ablehnung von Staatsanwälten

162   Für Staatsanwälte gelten die §§ 22 ff. StPO nicht. Dies entspricht nach der Rspr. der Pflicht der Staatsanwaltschaft zur Strafverfolgung, so daß auch eine entsprechende Anwendung nicht möglich ist (*BGH* NJW 1984, 1908). In Betracht kommt nur eine Ablösung des Staatsanwalts durch den Dienstvorgesetzten nach § 145 Abs. 1 GVG. Eine Klage darauf nach §§ 23 ff. EGGVG ist jedoch nicht zulässig (*OLG Karlsruhe* MDR 1974, 423). Die Nichtablehnbarkeit des Staatsanwalts steht jedoch in Widerspruch zu § 160 Abs. 2 StPO, und das Schrifttum fordert allgemein eine Abhilfe. Der BGH hat die Möglichkeit der Ablehnung eines Staatsanwalts aus dem **Anspruch auf ein faires Gerichtsverfahren** (s. o. Rn. 54 ff.) für grundsätzlich möglich gehalten (*BGH* NStZ 1984, 419), jedoch bisher nur bei Vernehmung als Zeuge in derselben Sache bejaht (*BGH* NStZ 1990, 24).

Weiterführende Literatur: *Arzt*, Der befangene Strafrichter, 1969; *Wassermann*, Zur Ablehnung eines Richters wegen politischer Befangenheit, DRiZ 1987, 144; *Reinhardt*, Der Ausschluß und die Ablehnung des befangen erscheinenden Staatsanwalts, 1997.

§ 19. Der Abschluß des Vorverfahrens durch Einstellung – Klageerzwingungsverfahren

I. Die Einstellung des Vorverfahrens

163   Bieten die Ermittlungen keinen genügenden Anlaß zur Erhebung der öffentlichen Klage, so stellt die Staatsanwaltschaft das Verfahren ein (§ 170 Abs. 2 S. 1 StPO). Der „genügende Anlaß zur Erhebung der öffentlichen Klage" deckt sich mit dem „hinreichenden Tatverdacht" nach § 203 StPO. Die Einstellung kann darauf beruhen, daß die Ermittlungen die Nichtschuld des Beschuldigten ergeben haben oder aber auch nur darauf, daß ihm die Tat nicht nachweisbar ist.

Das Verfahren kann auch aus Rechtsgründen eingestellt werden,
d. h. wenn das Verhalten des Beschuldigten sich als nicht strafbar erwiesen hat oder Prozeßvoraussetzungen fehlen (s. o. Rn. 68).

Bei vorübergehenden, aber längerdauernden Hindernissen für eine Haupt-   **164**
verhandlung (z. B. nicht endgültige Verhandlungsunfähigkeit) erfolgt eine
vorläufige Einstellung nach § 154f StPO. Entgegen dem Wortlaut des § 154f
StPO kann bei **Abwesenheit** des Beschuldigten das Verfahren nicht in jedem
Fall vorläufig eingestellt werden. Abwesenheit des Beschuldigten ist nach
§ 276 StPO ein unbekannter oder ein gestellungshindernder (sonst Einleitung
einer Auslieferung) ausländischer Aufenthaltsort. Bei Zustellungsmöglichkeit,
etwa im Wege der internationalen Rechtshilfe, bestehen folgende Möglichkeiten:
- bei Nichterforderlichkeit einer Hauptverhandlung und Ausreichen einer
  Geldstrafe oder einer Freiheitsstrafe bis zu einem Jahr mit Aussetzung auf
  Bewährung: Antrag auf Erlaß eines Strafbefehls (§ 407 StPO; s. u. § 23)
- bei Erwartung bloßer Geldstrafe bis zu 180 Tagessätzen oder Freiheitsstrafe bis zu sechs Monaten: Verhandlung in Abwesenheit des Angeklagten
  nach §§ 232, 233 StPO (s. u. Rn. 218)
- Ersuchen an den Aufenthaltsstaat um Übernahme des Verfahrens.

Bei Abwesenheit sind außerdem eine Beweissicherung für den Fall der
künftigen Gestellung und eine Vermögensbeschlagnahme zur Erzwingung
der Gestellung möglich und geboten (§§ 285ff. StPO). Für letztere ist eine
Anklageerhebung erforderlich (§ 290 StPO, u).

Von der Einstellung des Verfahrens muß der Beschuldigte in aller Regel **benachrichtigt** werden (§ 170 Abs. 2 S. 2 StPO). Ferner muß der „Antragsteller"
benachrichtigt werden (§ 171 S. 1 StPO), d. h. jeder der – über die Strafan-
tragsberechtigung nach den §§ 77ff. StGB hinaus – sein Interesse an der Strafverfolgung zum Ausdruck gebracht hat (s. o. Rn. 77), schließlich auf Antrag
der Verletzte (§ 406 d Abs. 1 StPO).

2009 wurden 28,1 % der Ermittlungsverfahren nach 170 Abs. 2 StPO eingestellt, 2,1 % vorläufig (Staatsanwaltsstatistik Tab. 2.2.1.1).

II. Das Klageerzwingungsverfahren

1. Allgemeines

Gegen die Einstellung des Verfahrens besteht zunächst die Mög-   **165**
lichkeit der Dienstaufsichtsbeschwerde. Ist der Antragsteller zugleich
der Verletzte (s. o. Rn. 96), so steht ihm gegen die Einstellung das
Klageerzwingungsverfahren nach §§ 172ff. StPO zu. Hierbei handelt
es sich um eine eigenartige Konstruktion: der Verletzte übernimmt
nicht etwa im Wege der Privatklage selber die Strafverfolgung, sondern kann die öffentliche Strafverfolgung durch die Staatsanwaltschaft erzwingen. Es handelt sich daher nur um die Möglichkeit, die
Einhaltung des Legalitätsprinzips (s. o. § 9) gerichtlich überprüfen zu

lassen. Andererseits steht diese Möglichkeit nur dem Verletzten zu, so daß hier eine eigenartige Verknüpfung öffentlicher und privater Interessen gegeben ist.

Durch Straßenverkehrsdelikte Geschädigte sind entweder wegen des überindividuellen Rechtsguts (dagegen *MSM* II § 50 Rn. 3 ff.) oder wegen der Möglichkeit der Privatklage (s. u. Rn. 167) nicht klageerzwingungsbefugt (*OLG Stuttgart* NJW 1997, 1320). Grundsätzlich *Hefendehl,* GA 1999, 584.

2. Das Verfahren

166   Der verletzte Antragsteller kann gegen den Bescheid über die Einstellung des Verfahrens binnen zwei Wochen **Beschwerde** an den vorgesetzten Beamten der Staatsanwaltschaft, d. i. der Generalstaatsanwalt (§ 147 Nr. 3 GVG), einlegen (§ 172 Abs. 1 StPO, **u**). Wird diese Beschwerde zurückgewiesen, so kann der verletzte Antragsteller binnen eines Monats durch einen Rechtsanwalt **gerichtliche Entscheidung** beantragen (§ 172 Abs. 2, **u**, Abs. 3 StPO). Hierüber entscheidet das Oberlandesgericht (§ 172 Abs. 4 StPO, **u**).

Über diese Möglichkeiten ist der verletzte Antragsteller jeweils zu **belehren** (§§ 171 S. 2, 172 Abs. 2 S. 2 StPO, **u**).

Ergibt sich auch für das Gericht kein genügender Anlaß zur Erhebung der öffentlichen Klage, so verwirft das Gericht den Antrag (§ 174 Abs. 1 StPO). Danach kann eine öffentliche Klage nur aufgrund neuer Tatsachen oder Beweismittel erhoben werden (§ 174 Abs. 2 StPO); dementsprechend kann auch ein neues Ermittlungsverfahren nur aufgrund neuer Tatsachen oder Beweismittel eingeleitet werden. Der gerichtliche Beschluß über die Verwerfung eines Antrags auf Klageerhebung hat somit eine **beschränkte materielle Rechtskraft** (näher u. Rn. 327).

Erachtet das Gericht den Antrag für begründet, so kann es – nach den Grundsätzen des Akkusationsprinzips (s. o. Rn. 58) – das Verfahren nicht selbst eröffnen. Es kann vielmehr nur die Staatsanwaltschaft zur Erhebung der öffentlichen Klage verpflichten (§ 175 StPO).

Da die Staatsanwaltschaft in diesen Fällen die Anklage meist nur widerwillig betreiben wird, eröffnet die StPO dem Verletzten die Möglichkeit, sich dem Verfahren als **Nebenkläger** anzuschließen (§ 395 Abs. 1 Nr. 3 StPO, näher u. § 38).

Zwischen den beiden grundsätzlichen Möglichkeiten der Ablehnung oder Bejahung der Klageerhebung liegen die häufigen Fälle der Lücken in der bisherigen Ermittlungstätigkeit der Staatsanwaltschaft. Das Gericht kann daher selbst Ermittlungen anordnen und damit ein

Mitglied des Gerichts beauftragen oder dazu den Richter eines anderen Gerichts ersuchen (§ 173 Abs. 3 StPO, § 157 GVG). Hat die Staatsanwaltschaft überhaupt nicht oder völlig unzureichend ermittelt, so kann das OLG sie zu Ermittlungen anweisen (*OLG Hamm* StV 2002, 128 m. Anm. *Lilie*; *OLG München* NJW 2007, 3734).

Dem Antragsteller waren 14 Kokain-Bubbles auf Anordnung eines Polizisten aus dem Magen operativ entfernt worden (Verstoß gegen § 81 a StPO, strafbar nach § 223 StGB). Die Staatsanwaltschaft stellte das Verfahren gegen den Polizisten und den Arzt ein. Das OLG Hamm verwarf den Antrag auf gerichtliche Entscheidung. Das BVerfG hob diesen Beschluß auf Verfassungsbeschwerde auf und verwies die Sache an einen anderen Senat des OLG Hamm. Dieser betonte widerwillig, daß er an die Entscheidung des BVerfG gebunden sei, und erließ den o. a. Beschluß. Daraufhin stellte die Staatsanwaltschaft das Verfahren mit Zustimmung des Gerichts nach § 153 a StPO (s. o. Rn. 99) ein. Die hiergegen gerichtete Verfassungsbeschwerde wurde von *BVerfG* NStZ 2002, 211 zurückgewiesen, da § 153 a StPO nicht die Rechte des Verletzten schütze.

Das Klageerzwingungsverfahren ist verhältnismäßig **selten.** Es erfolgte Ende der achtziger Jahre (in den alten Bundesländern) bei rund 600 000 Einstellungen des Verfahrens nur in rund 2000 Fällen, das sind 0,25 %. Der Grund hierfür dürfte vor allem in den geringen Erfolgsaussichten liegen. Denn von den 2000 Verfahren waren nur acht erfolgreich, das sind 0,4 %. Allerdings war der Hauptablehnungsgrund die Nichterfüllung der komplizierten Formvorschriften, so daß hier noch eine Verbesserung möglich erscheint. Der Verf. mußte es jedoch selbst erleben, daß das OLG München die Klageerhebung gegen den Vorstand eines Wirtschaftsunternehmens, der in München offensichtlich wahrheitswidrig den Erwerb aussichtsreicher Schürfrechte in Alaska verkündet und von dem der Verf. Aktien erworben hatte, ablehnte, da der Schaden nicht in Deutschland eingetreten sei!

3. Ausschluß beim Opportunitätsprinzip

Da das Klageerzwingungsverfahren das Legalitätsprinzip absichert,   167
ist es folgerichtig bei der Möglichkeit der Privatklage und bei der Einstellung nach dem Opportunitätsprinzip (s. o. Rn. 65 f.) ausgeschlossen (§ 172 Abs. 2 S. 3 StPO, **u**). Dem Verletzten geschieht hier auch insofern kein Nachteil, als das Gericht seine Zustimmung zu der Einstellung geben muß und daher eine Beteiligung der Rechtsprechung gegeben ist. Allerdings wurde durch das 2. StrRG bei geringfügigen Vermögensstraftaten eine Einstellung ohne Zustimmung des Gerichts ermöglicht und durch das RechtspflegeentlastungsG 1992 erheblich ausgebaut (§§ 153 Abs. 1 S. 2, 153 a Abs. 1 S. 6 StPO). Daß auch in diesen Fällen kein Klageerzwingungsverfahren möglich ist, stellt daher einen Systembruch und eine bedenkliche Beschneidung der Möglichkeiten des Verletzten dar.

Ist auch durch das Klageerzwingungsverfahren des antragstellen-
den Verletzten die Einstellung des Verfahrens nicht aufgehoben worden, so **endet das Strafverfahren.**

§ 20. Der Abschluß des Vorverfahrens durch Klageerhebung

I. Allgemeines

1. Die Beweiswürdigung durch die Staatsanwaltschaft

168   Die Staatsanwaltschaft erhebt Anklage, wenn die Ermittlungen einen „genügenden Anlaß" bieten (§ 170 Abs. 1 StPO). Diese Worte
bedeuten das gleiche wie der „hinreichende Verdacht" nach § 203
StPO (s. o. Rn. 76). Dazu muß die Staatsanwaltschaft die ihr vorlie-
genden Beweise würdigen. Hierbei ist sie zwar freier als das Gericht,
das bei seinem Urteil von der Täterschaft „überzeugt" sein muß
(§ 261 StPO), hat aber folgende Grundsätze zu beachten:

(1) Sie muß **auch die zur Entlastung dienenden Umstände** berücksichtigen (§ 160 Abs. 2 StPO).

(2) Sie darf bestimmte Beweise nicht verwerten **(Beweisverwertungsverbote).**

(3) Die Beweiswürdigung darf **nicht prozessuale Rechte unterlaufen.** Insbesondere dürfen aus dem Schweigen, zu dem der Angeklagte nach §§ 136 Abs. 1 S. 2, 163 a Abs. 3, 4, 243 Abs. 4 StPO berechtigt ist, nicht für ihn nachteilige Schlüsse gezogen werden
(BGHSt 20, 281). Das gleiche gilt für die Nichtentbindung von der
Verschwiegenheitspflicht (BGHSt 45, 363, 367 m. Anm. *Keiser,* StV
2000, 633), die berechtigte Zeugnisverweigerung nach §§ 52 ff. StPO
(BGHSt 22, 113) und das Auskunftsverweigerungsrecht nach § 55
StPO (BGHSt 38, 302).

Systematisch richtiger wäre es, hier bereits ein Beweisverwertungsverbot
hinsichtlich des Schweigens anzunehmen (s. o. b).

Anders ist es jedoch, wenn der Angeklagte sich zur Sache äußert, zu bestimmten Punkten aber schweigt oder einen Zeugen für ein von ihm behaup-
tetes Gespräch nicht von seiner Verschwiegenheitspflicht entbindet (BGHSt
20, 298; 45, 367) oder wenn ein Angehöriger als Zeuge zwar aussagt, die Entnahme einer Blutprobe aber nach § 81 c Abs. 3 StPO verweigert (BGHSt 32,
140 m. Anm. *Pelchen,* JR 1985, 70; eingehend *Miebach,* NStZ 2000, 234; *Asel-
mann,* JR 2001, 80). Späteres Entlastungsvorbringen darf nicht wegen einer

früheren Zeugnisverweigerung als unglaubwürdig angesehen werden (*BGH* NStZ 2003, 443).

Die Verweigerung der freiwilligen Abgabe einer Speichelprobe bei einem Massentest (nemo tenetur, s. o. Rn. 123) darf nicht als Verdachtsgrund gewertet werden (*BVerfG* NJW 1996, 1587; einschränkend BGHSt 49, 56).

(4) Die Beweiswürdigung darf nicht gegen **Denkgesetze** (Regeln der Logik) verstoßen. Darunter fallen Rechenfehler, Begriffsverwechslungen und Zirkelschlüsse (petitiones principii).

Beispiele: „Die Unaufmerksamkeit des Fahrers ergibt sich aus der Schwere des Aufpralls". „Der Zeuge ist glaubwürdig, weil er den Vorgang aus 20 m Entfernung genau beobachten konnte". „B ist als Mittäter anzusehen, weil A die Tat unmöglich allein ausführen konnte".

(5) Die Beweiswürdigung darf nicht gegen **gesicherte wissenschaftliche Erkenntnisse** verstoßen (BGHSt 10, 211). Dies gilt z. B. für die Bestimmung der Vaterschaft nach einem Blutgruppengutachten (BGHSt 6, 70).

(6) Die Beweiswürdigung darf nicht gegen **allgemeingültige Erfahrungssätze** verstoßen, d. h. sie darf nicht einen bestehenden Erfahrungssatz ignorieren oder einen nicht bestehenden Erfahrungssatz zu Unrecht annehmen.

Beispiele: „Daß der Angeklagte für die Hinfahrt zu seinem Arbeitsplatz 50 Min. gebraucht hat, ist kein Gegenargument, da man auf der Rückfahrt von der Arbeit erfahrungsgemäß schneller fährt als auf der Hinfahrt". „Der Aussage des B kann kein Glauben geschenkt werden, da er während der Aussage errötete".
Interessanter Fall *BGH* NStZ 1982, 478 (Würdigung von Striemen auf dem Handrücken eines wegen Tötung durch Strangulieren Verdächtigen).

Hierher gehört auch der Grundsatz, daß **Lügen,** insbesondere ein widerlegtes Alibi, nicht ohne weiteres als Täterschaftsindiz gewertet werden dürfen (von BGHSt 41, 155 als Ausfluß des Grundsatzes „in dubio pro reo", s. u. Rn. 283, angesehen).

2. Vernehmung des Beschuldigten

Bieten die Ermittlungen genügenden Anlaß zur Erhebung der öffentlichen Klage, so hat die Staatsanwaltschaft zunächst zu prüfen, ob der Beschuldigte schon vernommen ist, und andernfalls die Vernehmung vorzunehmen bzw. Gelegenheit zur schriftlichen Äußerung zu geben (§ 163a Abs. 1 StPO). Dabei sind die Hinweispflichten nach § 136 StPO zu beachten (§ 163a Abs. 3 S. 2 StPO). In aller Regel

169

ist die Vernehmung des Beschuldigten allerdings schon vorher, meist
schon durch die Polizei, erfolgt (§ 163 a Abs. 4 StPO).

Anschließend hat die Staatsanwaltschaft den **Abschluß der Ermittlungen**
in den Akten zu vermerken (§ 169 a StPO). Dieser formale Akt hat nur geringe prozessuale Auswirkungen (Verpflichtung zur Bestellung eines Pflichtverteidigers nach Antrag der Staatsanwaltschaft, § 141 Abs. 3 S. 3 StPO; unein-
geschränktes Akteneinsichtsrecht des Verteidigers, § 147 Abs. 2 StPO);
keinesfalls ist er eine Voraussetzung für die Gültigkeit der folgenden Verfah-
rensakte.

3. Einreichung der Anklageschrift und Vorlage der Akten

170   Die Erhebung der öffentlichen Klage erfolgt nach § 170 Abs. 1
durch Einreichung einer **Anklageschrift.** Die Erfordernisse einer Anklageschrift sind – systematisch unglücklich – in dem folgenden Abschnitt der StPO untergebracht, nämlich in den §§ 199 Abs. 2, 200
StPO.

u § 199 Abs. 2 „Anklageschrift"

Die Anklageschrift hat die Funktionen einer Umgrenzung des Pro-
zeßgegenstands für das Gericht **(Umgrenzungsfunktion)** und einer
Information des Angeschuldigten **(Informationsfunktion).** Nur
Mängel mit Auswirkungen auf die erstere machen die Anklageschrift
unwirksam (BGHSt 40, 390).

Mit der Anklageschrift sind dem Gericht „die Akten" vorzulegen. Bei dem
Prozeß wegen der Entführung und quälenden Versteckung des Oetker jr.
wurden an die tausend Spuren verfolgt und über alle von ihnen jeweils eine
Akte angelegt. Die Staatsanwaltschaft legte dem Gericht nur die Akten gegen
den von ihr als Täter verdächtigten Zlof vor. Die Verteidigung wandte ein, daß
andere mindestens ebenso verdächtig seien; sie behauptete einen „materiellen
Aktenbegriff" und verlangte die Vorlage aller **Spurenakten.** Der Streit um den
Umfang der Akten strahlt auch auf das Akteneinsichtsrecht der Verteidigung
(s. o. Rn. 95) zurück. Denn nach § 147 Abs. 1 StPO besteht das Akteneinsichtsrecht hinsichtlich der Akten, die dem Gericht „im Falle der Erhebung
der Anklage vorzulegen wären". BGHSt 30, 131 hat die Pflicht zur Vorlage
der Spurenakten abgelehnt (Anm. *Dünnebier,* StV 1981, 504). Die Akten seien
durch den Prozeßgegenstand und dieser wesentlich durch die Identität des Beschuldigten bestimmt. Die Spurenakten seien daher verfahrensfremde Akten.
BVerfGE 63, 45 hat in diesem Verfahren keinen Verstoß gegen Grundrechte,
insbesondere gegen das Recht auf rechtliches Gehör (Art. 103 Abs. 1 GG) und
den Anspruch auf ein faires Gerichtsverfahren (s. o. Rn. 54 ff.), erkennen können (Anm. *Peters,* NStZ 1983, 275).

4. Sonderformen der Anklageerhebung

a) Antrag auf Aburteilung im beschleunigten Verfahren. Der 171
Einreichung einer Anklageschrift bedarf es nicht, wenn die Staatsanwaltschaft den Antrag auf Aburteilung im beschleunigten Verfahren
stellt (§§ 417 ff. StPO).

Das „beschleunigte Verfahren" wirft allerdings erhebliche **Probleme** auf.
Einerseits verspricht man sich davon eine besondere Abschreckungs- und Er-
ziehungswirkung. Andererseits war ein „kurzer Prozeß" schon immer ein
schlechter Prozeß. Die StPO sieht daher selbst Einschränkungen vor (§ 417:
Eignung zur sofortigen Verhandlung auf Grund einfachen Sachverhalts oder
klarer Beweislage, u; hierbei darf wegen des Abschreckungszwecks auch das
Ermittlungsverfahren nicht lange gedauert haben, *OLG Düsseldorf* NJW
1999, 511 m. Anm. *Scheffler*, NStZ 1999, 268). Das Erfordernis ausreichender
Zeit zur Vorbereitung der Verteidigung in Art. 6 Abs. 3 b EMRK und Art. 14
Abs. 3 b IPBPR hat zu einer weiteren Einschränkung geführt, die praktisch
auf eine Zustimmung des Beschuldigten hinausläuft. Sofern die Eignung zur
Aburteilung im beschleunigten Verfahren vom Strafrichter oder Schöffengericht nicht abgelehnt wird (§ 419 Abs. 1 S. 1), kann die Anklage zu Beginn
der Hauptverhandlung mündlich erhoben werden (§ 418 Abs. 3 StPO, u).
Eine höhere Strafe als Freiheitsstrafe bis zu einem Jahr kann im beschleunigten Verfahren nicht verhängt werden (§ 419 Abs. 1 S. 2 StPO, u).

Der Anteil der Anklagen im beschleunigten Verfahren liegt zwischen 10 %
in Bayern und unter 2 % in einem Viertel aller Gerichtsbezirke. Schwierigkeiten bereitet die kurzfristige Gewinnung von Richtern und Gerichtssälen
(*Dury*, DRiZ 2001, 207).

Weiterführende Literatur: *Schlüchter/Fülber/Putzke*, Herausforderung:
Beschleunigtes Verfahren (§§ 417 ff. StPO), 1999; *Ranft*, Das beschleunigte
Verfahren (§§ 417–420 StPO), Jura 2003, 382.

b) Antrag auf Erlaß eines Strafbefehls. Wenn auch – rechtlich ge- 172
sehen – die Anklageerhebung durch Einreichung einer Anklageschrift
nach §§ 170 Abs. 1, 199 Abs. 2, 200 StPO der „Normalfall" ist, so ist
doch – statistisch gesehen – der Antrag auf Erlaß eines Strafbefehls
nach §§ 407 ff. StPO häufiger (56 % aller Anklageerhebungen). Auch
dieser Antrag stellt eine **Form der Anklageerhebung** dar (§ 407
Abs. 1 S. 4 StPO, u). Er ist nur bei Vergehen zulässig und darf nur
auf Freiheitsstrafe bis zu einem Jahr mit Aussetzung zur Bewährung,
Geldstrafe, Fahrverbot und Entziehung der Fahrerlaubnis mit Sperre
bis zu zwei Jahren gerichtet sein (§ 407 StPO). Da das Strafbefehlsverfahren nicht nur dem Staat, sondern auch dem Beschuldigten die
Hauptverhandlung erspart (s. u. § 23, Rn. 195), soll die Staatsanwaltschaft es immer beschreiten, wenn sie eine Hauptverhandlung nicht
für erforderlich hält, weil eine wesentliche Abweichung vom Ermitt-

lungsergebnis nicht zu erwarten ist. Ein Antrag auf Erlaß eines Strafbefehls ist insbesondere auch bei Abwesenheit des Beschuldigten und
seinem voraussichtlichen Ausbleiben in der Hauptverhandlung ange-
bracht (s. o. Rn. 164, u. Rn. 195, 220). Im Gegensatz zu den sonstigen
Formen der Anklageerhebung muß der Antrag auf Erlaß eines Strafbefehls das angestrebte Strafmaß genau bezeichnen (§ 407 Abs. 1 S. 3
StPO).

u § 407 Abs. 1 S. 1 „Antrag der Staatsanwaltschaft", S. 4 „öffentliche Klage
erhoben"

173   c) **Nachtragsanklage.** Läuft bereits eine Hauptverhandlung in ih-
rem Zuständigkeitsbereich wegen einer anderen „Tat" (näher dazu o.
Rn. 69 f.), so kann die Staatsanwaltschaft die Anklage in Form einer
Nachtragsanklage erheben (§ 266 StPO). Auch hier kann die Anklage
entgegen § 170 Abs. 1 StPO mündlich erhoben werden (§ 266 Abs. 2
S. 1 StPO, u).
        Es gibt also insgesamt **vier Formen der Anklageerhebung.**

II. Die Zuständigkeit der Gerichte

174   Die Klageerhebung erfolgt nach § 170 Abs. 1 StPO bei dem zuständigen Gericht. Die Zuständigkeit gliedert sich in die örtliche und die
sachliche. Die örtliche (von der StPO „Gerichtsstand" genannt,
§§ 7 ff.) wurde bereits o. § 8 behandelt. Für die sachliche Zuständigkeit verweist § 1 StPO auf das GVG.
        In Betracht kommen – abgesehen von den nur bei schweren politi-
schen Straftaten zuständigen Oberlandesgerichten (§§ 74 a, 120
GVG) – die Amtsgerichte und die Landgerichte (§§ 24 ff., 74 GVG),
wobei die Amtsgerichte seit 1924 (s. o. Rn. 36) in den Straf(Einzel-)
richter und die mit einem Berufsrichter und zwei Schöffen, bei umfangreichen Sachen mit zwei Berufsrichtern und zwei Schöffen be-
setzten Schöffengerichte unterteilt werden (§§ 24, 25, 28, 29 GVG;
mißverständlich die Regelung der Schöffengerichte in einem eigenen
Abschnitt *neben* den Amtsgerichten).
        Der Privatkläger hat sich immer an den **Strafrichter** zu wenden
(§ 25 Nr. 1 GVG). Der Einzelrichter ist ferner zuständig für Vergehen, wenn keine höhere Strafe als Freiheitsstrafe von **zwei Jahren**
zu erwarten ist (§ 25 Nr. 2 GVG).

175   Die **Schöffengerichte** sind zuständig für Straftaten mit einer Straf-
erwartung bis zu **vier Jahren** Freiheitsstrafe (abzüglich der vom Einzelrichter abzuurteilenden Privatklagedelikte und der Vergehen mit

einer Höchststraferwartung bis zu zwei Jahren, dadurch seit dem Rechtspflegeentlastungsgesetz 1993 die Zuständigkeit der Schöffengerichte erheblich reduziert).

Vorsätzliche Tötungsdelikte und Delikte mit Todesfolge gehören allerdings immer zur Zuständigkeit der **Landgerichte** als „Schwurgericht" (§§ 24 Abs. 1 Nr. 1, 74 Abs. 2 GVG).

Das Wesen des **Schwurgerichts** besteht an sich in der Besetzung mit neun bis zwölf Laien („Die zwölf Geschworenen"), die allein über die Schuldfrage entscheiden und von dem die Verhandlung leitenden Berufsrichter entsprechende Fragen vorformuliert bekommen. Bereits durch die Emminger-VO von 1924 (Inflationszeit!) wurden die „Schwurgerichte" in Deutschland auf Spruchkörper reduziert, die aus drei Berufsrichtern und sechs Laien bestanden und gemeinsam über die Schuld- und Straffrage zu entscheiden hatten. Seit dem 1. StVRG von 1974 ist vom „Schwurgericht" nur noch die Bezeichnung für eine Strafkammer des Landgerichts übrig geblieben, die wie alle großen Strafkammern mit drei oder zwei Richtern und zwei Schöffen besetzt ist (§§ 74 Abs. 2, 76 GVG).

Außerdem kann die Staatsanwaltschaft in allen Strafsachen „wegen   176 der besonderen Bedeutung des Falles" Anklage beim Landgericht erheben (§§ 24 Abs. 1 Nr. 3, 74 Abs. 1 S. 2 GVG). Diese sog. **bewegliche Zuständigkeitsregelung,** die der Staatsanwaltschaft die Wahl des sachlich zuständigen Gerichts überläßt, gefährdet den Anspruch auf den gesetzlichen Richter nach Art. 101 Abs. 1 S. 2 GG. Das BVerfG hat diese Regelungen jedoch für verfassungsgemäß erklärt, dabei allerdings eine nachprüfbare, an objektiven Kriterien ausgerichtete, Auslegung verlangt (BVerfGE 9, 223; 22, 254). Das OpferRRG hat diese Möglichkeit auf die besondere Schutzbedürftigkeit von Verletzten erweitert, um diesen eine zweite Tatsacheninstanz mit Zeugenvernehmung zu ersparen (BT-Drs. 15/1976 S. 19).

Es kommt nur auf die **zu erwartende Strafe** an, nicht auf die tatsächlich verhängte. Allerdings reicht die Aburteilungskompetenz, der „Strafbann" des Amtsgerichts nur bis zu vier Jahren Freiheitsstrafe und umfaßt nicht die Unterbringung in einem psychiatrischen Krankenhaus und die Sicherungsverwahrung (§ 24 Abs. 2 GVG). Sobald sich herausstellt, daß diese Grenze überschritten wird, müssen der Strafrichter und das Schöffengericht die Sache an das Landgericht verweisen (§ 270 StPO); andernfalls fehlt es an einer Prozeßvoraussetzung (BGHSt 18, 81).

Innerhalb der Landgerichte sind – neben den bereits erwähnten „Schwurgerichten", den besonderen Strafkammern für Straftaten gegen Staat und Verfassung (§ 74 a GVG) und den Jugendkammern (§ 41 JGG, § 74 b GVG) – seit 1971 für bestimmte Wirtschaftsstrafsachen besondere Wirtschaftsstrafkammern gebildet (§ 74 c GVG).

Die Anklageerhebung in Gestalt des Antrags auf Aburteilung im beschleunigten Verfahren (s. o. Rn. 171) und auf Erlaß eines Strafbefehls (s. o. Rn. 172) kann immer nur zum Amtsgericht (überwiegend Einzelrichter, in Ausnahmefällen auch Schöffengericht) gehen.

Strafverfahren gegen eine Person wegen mehrerer Straftaten oder gegen mehrere Personen als Mittäter, Teilnehmer oder durch Begünstigung, Strafvereitelung oder Hehlerei Verbundene können **verbunden** bei dem Gericht angeklagt werden, dem die höhere Zuständigkeit zukommt (§§ 2, 3 StPO).

2004 wurden 929.588 Anklagen (96 %) beim Strafrichter (einschließlich Anträgen auf Erlaß eines Strafbefehls), 30.891 (3,2 %) beim Schöffengericht, 7.653 (0,8 %) bei der Großen Strafkammer und 1.102 (0,11 %) beim Schwurgericht erhoben.

III. Folgen der Anklageerhebung

177   Mit der Anklageerhebung heißt der Beschuldigte nach dem unglücklichen Sprachgebrauch der StPO nicht „Angeklagter", sondern erst „Angeschuldigter" (§ 157 StPO). Die Herrschaft über das Verfahren geht von der Staatsanwaltschaft auf das Gericht über. Anträge der Staatsanwaltschaft in Bezug auf die Untersuchungshaft sind weder erforderlich noch verbindlich (§§ 120 Abs. 3, 125 Abs. 2 StPO). Das gleiche gilt für die sonstigen Zwangsmaßnahmen.

Weiterführende Literatur: *Schroeder,* Die Anklageerhebung beim LG und beim BGH wegen der „besonderen Bedeutung des Falles", MDR 1965, 177; *Achenbach,* Staatsanwalt und gesetzlicher Richter – ein vergessenes Problem?, Wassermann-FS 1985, 849.

§ 21. Die Rechtsbehelfe im Ermittlungsverfahren

I. Rechtsbehelfe wegen der Aufnahme, Fortführung und Einstellung des Ermittlungsverfahrens

178   Gegen die **Einleitung eines Ermittlungsverfahrens** besteht kein Rechtsbehelf, weil das Verfahren bei Anklageerhebung ohnehin zur Prüfung an das Gericht übergeht (*BVerfG* NStZ 1984, 228 f.). Eine Ausnahme gilt nur für die Einleitung des Ermittlungsverfahrens aus schlechthin unhaltbaren Erwägungen, bei objektiv willkürlichem Handeln der Staatsanwaltschaft (BVerfG a. a. O.; weitergehend *Nagel,* StV 2001, 185 m. Nachw.). Auch gegen die **Nichteinstellung** eines Ermittlungsverfahrens gibt es kein Rechtsmittel (*BVerfG* NStZ

04, 447); gegen überlange Ermittlungsverfahren wird man jedoch einen Erzwingungsantrag nach § 27 EGGVG gewähren müssen (*Füßer/Viertel*, NStZ 1999, 116), doch dürfte dem Beschuldigten oft eher an der daraus resultierenden Strafmilderung (s. u. Rn. 363) liegen. Erst recht gibt es keinen Rechtsbehelf gegen die Anklageerhebung, da hier das Eröffnungsverfahren zur Überprüfung führt (s. u. Rn. 182 ff.).

Kein Rechtsbehelf besteht auch hinsichtlich der **Verweigerung der Einstellung** des Verfahrens durch die Staatsanwaltschaft nach den §§ 153 ff. StPO oder ihrer Zustimmung hierzu (*OLG Hamm* NStZ 1985, 472). Jedoch kann hierdurch eine Schadensersatzpflicht wegen Amtspflichtverletzung entstehen (*BGH* NStZ 1988, 510).

Gegen die **Nichtaufnahme oder Einstellung** eines Ermittlungsverfahrens hat nur der Verletzte einen besonderen Rechtsbehelf in Gestalt des Klageerzwingungsverfahrens (s. o. Rn. 165 ff.). Auch dieser Rechtsbehelf entfällt bei der Einstellung des Verfahrens nach dem Opportunitätsprinzip (§ 172 Abs. 2 S. 3 StPO), da hier regelmäßig das Gericht zustimmen muß (Ausnahmen und daher Inkonsequenz bei §§ 153 Abs. 1 S. 2, 153 a Abs. 1 S. 6 StPO; s. o. Rn. 167).

II. Rechtsbehelfe gegen einzelne Anordnungen im Ermittlungsverfahren

1. Anordnungen des Richters

Soweit im Vorverfahren der Richter Anordnungen erlassen oder 179 abgelehnt hat (s. o. Rn. 106 ff.), besteht für den Beschuldigten bzw. die Staatsanwaltschaft (§ 296 Abs. 1 StPO) das Rechtsmittel der **Beschwerde** nach §§ 304 ff. StPO. Die Beschwerde ist zwar bei dem Richter einzulegen, der die Maßnahme erlassen hat (§ 306 Abs. 1, 3 StPO), jedoch im Fall der Nichtabhilfe von diesem dem übergeordneten Gericht vorzulegen (§ 306 Abs. 2 StPO). Damit hat die Beschwerde den sog. **Devolutiveffekt.** Die Beschwerde hemmt jedoch den Vollzug der angefochtenen Entscheidung nicht (§ 307 StPO); der Beschwerde fehlt daher der sog. **Suspensiveffekt.**

Dabei sind die **Beschwer** bzw. das **Rechtsschutzbedürfnis** als allgemeine Zulässigkeitsvoraussetzung zu beachten. Es fehlt bei der richterlichen Anordnung von Kontrollstellen nach § 111 StPO und besteht erst gegenüber den daraus vollzogenen Maßnahmen (BGHSt 35, 363; s. u. b). Es fehlte nach langjähriger Rechtsprechung auch bei **bereits vollzogenen** richterlichen Maßnahmen, da dem Strafprozeßrecht – im Gegensatz zum Verwaltungsrecht (s. § 28

Abs. 1 S. 4 EGGVG) – die nachträgliche Feststellung der Rechtswidrigkeit von erledigten Verfahrensmaßnahmen fremd sei (BGHSt 28, 58; bestätigt von BVerfGE 49, 329). 1997 hat jedoch BVerfGE 96, 27 ein Rechtsschutzinteresse **bei Grundrechtseingriffen regelmäßig** bejaht (jetzt § 101 Abs. 7 StPO). In einigen wenigen Fällen ist die Beschwerde **ausgeschlossen** (§§ 161 a Abs. 3 S. 4, 163 a Abs. 3 S. 3 StPO sowie bei Beschreitung des Haftprüfungsverfahrens nach § 117 Abs. 2 StPO, s. o. Rn. 153). In einigen wenigen Fällen ist im Interesse der Beschleunigung eine Beschwerde innerhalb einer Woche, sog. **sofortige Beschwerde** (§ 311 StPO), erforderlich (§§ 81 Abs. 4, 138 d Abs. 6 StPO).

2. Anordnungen der Staatsanwaltschaft und ihrer Ermittlungspersonen in Eilkompetenz

180   Handeln bei „Gefahr im Verzuge" statt des Richters die Staatsanwaltschaft oder ihre Ermittlungspersonen (sog. Eilkompetenz der Staatsanwaltschaft und ihrer Ermittlungspersonen, o. Rn. 115), so sieht die StPO entweder obligatorisch (§§ 100 Abs. 4, 111 e Abs. 2, 163 c Abs. 1 S. 2, 163 d Abs. 2 S. 2) oder auf Antrag des Betroffenen (§ 98 Abs. 2 S. 2, u) die Herbeiholung einer richterlichen Bestätigung vor. Die Möglichkeit der Beantragung einer gerichtlichen Entscheidung nach **§ 98 Abs. 2 S. 2 StPO** wird auch auf diejenigen Fälle der Ausübung der Eilkompetenz analog angewendet, in denen die Herbeiführung eines gerichtlichen Verfahrens nicht ausdrücklich vorgesehen ist (§§ 81 a, 81 b 1. Alt., 81 c, 105, 111 StPO). Das früher für die Überprüfung **bereits vollzogener** Maßnahmen verlangte besondere Rechtsschutzinteresse (Wiederholungsgefahr oder fortbestehende Diskriminierung (BGHSt 28, 58, 160; 36, 32, 242) ist durch BVerfGE 96, 27 und § 101 Abs. 7 StPO ebenfalls überholt.

Hingegen soll gegen Maßnahmen nach § 81 b 2. Alt. StPO wegen deren Zuordnung zur Gefahrenabwehr (s. o. Rn. 117) nur der Rechtsweg zu den Verwaltungsgerichten möglich sein (BVerwGE 66, 192; dagegen *Krach*, JR 2003, 140).

3. Art und Weise der Vollziehung von Anordnungen

Für die Überprüfung nicht der Rechtmäßigkeit der Anordnungen schlechthin, sondern nur der **Art und Weise der Vollziehung** wurde teilweise der Rechtsweg nach §§ 23 ff. EGGVG mit der Zuständigkeit des OLG angenommen (BGHSt 28, 206; 37, 82). Für entsprechende Einwendungen gegen verdeckte Ermittlungsmaßnahmen wurde jedoch die Möglichkeit einer gerichtlichen Überprüfung eingeführt (**§ 101 Abs. 7 S. 2 StPO**, nach BGHSt 53, 1 abschließende Sonderregelung). Bei sonstigen Einwänden gegen die Art und Weise der Vollziehung der Maßnahmen gilt die Zuständigkeit des sachnäheren Richters nach § 98 Abs. 2 S. 2 StPO (BGHSt 44, 265 m. Anm. *Radtke,* JR 1999, 436 u. *Fezer,* NStZ 1999, 151; 45, 183 m. Anm. *Katholnigg,* NStZ 2000, 155). Bei ausdrücklicher und eindeutiger Regelung des Vollzugs in der richterlichen Anordnung wird allerdings mit Recht gleich die Beschwerde nach §§ 304 ff. StPO (s. o. Rn. 179) bejaht (BGHSt 45, 186 m. Nachw.).

Der Unterschied zwischen der Beschwerde nach §§ 304 ff. StPO und dem Verfahren nach § 98 Abs. 2 S. 2 StPO ist nicht sehr groß, weil auch die Beschwerde beim judex a quo einzulegen ist und von ihm verbeschieden werden kann (s. o. Rn. 179).

Gegen die hierdurch herbeigeführten Entscheidungen des Richters soll nach BGHSt 28, 58, 161, 208 die Beschwerde nach §§ 304 ff. StPO (s. o. Rn. 179) ausgeschlossen sein, da Art. 19 Abs. 4 GG keinen Instanzenzug verlange. Hierfür sprechen in der Tat die §§ 147 Abs. 5 S. 2, 161 a Abs. 3 S. 4, 163 a Abs. 3 S. 3 StPO. Im Zeichen einer allgemeinen Rechtswegeuphorie wankt BGHSt 44, 274 jedoch auch hier.

4. Sonstige Handlungen der Staatsanwaltschaft und ihrer Ermittlungspersonen

Wo die Staatsanwaltschaft und ihre Ermittlungspersonen nicht im Wege der Eilzuständigkeit vor dem Richter, sondern aus eigener Kompetenz entscheiden, gelten entweder spezielle Möglichkeiten zur Herbeiführung einer richterlichen Entscheidung (§§ 147 Abs. 5 S. 2, 161 a Abs. 3, 163 a Abs. 3 S. 3 StPO) oder es greifen die §§ 23 ff. EGGVG mit ihrer ausdrücklichen Einbeziehung auch erledigter Maßnahmen (§ 28 Abs. 1 S. 4, **u**) ein. **181**

5. Handlungen mit Auswirkung auf das Urteil

Soweit sich der Fehler auf das Urteil auswirkt und der Betroffene sein Rügerecht nicht verloren hat (insbesondere durch Zustimmung zur Verlesung eines Protokolls nach § 251 Abs. 1 Nr. 4 StPO), kann der Fehler mit der **Revision gegen das Urteil** angegriffen werden (§ 337 StPO). Dies gilt insbesondere für bereits vollzogene richterliche Anordnungen (s. o. 1; z. B. BGHSt 26, 332 zur fehlenden Anwesenheit bei einer richterlichen Zeugenvernehmung im Vorverfahren). Die Entscheidungen des Beschwerdegerichts enthalten keine Entscheidung über die Verwertbarkeit und präjudizieren diese auch nicht (BGHSt 53, 4).

Weiterführende Literatur: *Engländer,* Die Rechtsbehelfe gegen strafprozessuale Zwangsmaßnahmen, Jura 2010, 414.

2. Abschnitt. Das Zwischenverfahren bzw. der Erlaß eines Strafbefehls

§ 22. Die Entscheidung über die Eröffnung des Hauptverfahrens

I. Zweck des Eröffnungsverfahrens

182   Um dem Beschuldigten, aber auch dem Staat so weit wie irgend möglich eine überflüssige Hauptverhandlung zu ersparen, sieht die StPO – neben der Verlagerung der Anklageerhebung auf ein gerichtsunabhängiges Organ, die Staatsanwaltschaft (s. o. Rn. 61 ff.) – noch eine Vorprüfung der Anklage durch ein Gericht vor (§§ 199 ff. StPO). Es handelt sich hierbei um einen eigenen Verfahrensabschnitt, der als Eröffnungsverfahren oder Zwischenverfahren bezeichnet wird. Der Prüfungsmaßstab (§ 203 StPO: „hinreichender Tatverdacht", u) ist trotz anderer Formulierung der gleiche wie der für die Staatsanwaltschaft bei der Anklageerhebung (§ 170 StPO: „genügender Anlaß zur Erhebung der öffentlichen Klage").

183   Allerdings betraut die StPO mit der Entscheidung über die Eröffnung des Hauptverfahrens nicht ein unbeteiligtes Gericht, sondern das **für die Hauptverhandlung selbst zuständige Gericht** (§ 199 Abs. 1 StPO). Diese Regelung ist aus Gründen der Arbeits- und damit Kostenökonomie verständlich. Andererseits hat sie aber auch eine bedenkliche Folge. Denn da das Gericht mit der Eröffnung des Hauptverfahrens den hinreichenden Tatverdacht bejahen muß (§ 203 StPO), bindet es sich psychologisch selbst und erliegt später leicht dem – oft unbewußten – Druck, die einmal vorgenommene Bejahung des Tatverdachts zu rechtfertigen. Der Gesetzgeber hat dies gesehen und durch das StPÄG 1964 den bisherigen Beschluß über die Bejahung des hinreichenden Verdachts durch einen bloßen Beschluß ersetzt, in dem das Gericht die Anklage zur Hauptverhandlung zuläßt (§ 207 Abs. 1 StPO, u). Damit soll die Vorstellung erweckt werden, als ob das Gericht die anklagende Staatsanwaltschaft hier nur wie der Schiedsrichter den Boxer in den Ring läßt. Das ist jedoch nur eine Verbalkosmetik, denn der Eröffnungsbeschluß setzt nach wie vor die Bejahung des hinreichenden Tatverdachts voraus und enthält sie damit.

Da das Eröffnungsverfahren sich zudem leicht durch ein Rechtsmittel gegen die Anklageerhebung ersetzen ließe und nur in 0,5 % aller Fälle zur Ablehnung der Eröffnung führt, wird vielfach seine Abschaffung gefordert (zusammenfassend *Loritz*, Kritische Betrachtungen zum Wert des strafprozessualen Zwischenverfahrens, 1996).

Da das Eröffnungsverfahren vor allem dem Schutz des Angeschul- **184** digten vor einer ungerechtfertigten Hauptverhandlung dient, hat er starke **Anhörungsrechte.** Der Vorsitzende des Gerichts teilt ihm die Anklageschrift mit und fordert ihn auf, ggf. Einwendungen gegen die Eröffnung des Hauptverfahrens vorzubringen oder die Vornahme einzelner Beweiserhebungen zu beantragen (§ 201 StPO).

Die Entscheidung hierüber wie auch über die Eröffnung überhaupt erfolgt allerdings ohne Anwesenheit des Angeschuldigten und ist auch nicht öffentlich (§§ 201 Abs. 2, 203, 204 StPO). Die Entscheidungen erfolgen nur durch den bzw. die Richter, d. h. ohne die Schöffen (§§ 30 Abs. 2, 76 Abs. 1 GVG).

II. Ablehnung der Eröffnung – Einstellung des Verfahrens

1. Die Ablehnung der Eröffnung

Die Ablehnung der Eröffnung des Hauptverfahrens kann – wie **185** schon die Einstellung des Ermittlungsverfahrens durch die Staatsanwaltschaft (s. o. Rn. 163 f.) – auf tatsächlichen oder auf Rechtsgründen beruhen (§ 204 StPO, **u**). Erstere gliedern sich wiederum auf in die erwiesene Nichtschuld des Angeschuldigten (im Eröffnungsverfahren kaum denkbar) und die fehlende Nachweisbarkeit. Zu den Rechtsgründen für die Nichteröffnung des Hauptverfahrens gehört – neben der fehlenden materiell-rechtlichen Strafbarkeit des Verhaltens – auch das Vorliegen von **Verfahrenshindernissen** (§ 206 a StPO ist falsch eingeordnet; er gilt erst *nach* Eröffnung des Hauptverfahrens). Zu den bereits im Ermittlungsverfahren zu berücksichtigenden Verfahrenshindernissen (s. o. Rn. 68 ff.) tritt hier noch die Verfahrensvoraussetzung des Vorliegens einer Anklageschrift (BGHSt 5, 227).

Selbstverständlich sind in diesen Fällen die prozessualen Zwangsmaßnahmen, insbesondere die Untersuchungshaft, sofort aufzuheben (§ 120 Abs. 1 S. 2 StPO).

Gegen die Ablehnung der Eröffnung des Hauptverfahrens steht der Staatsanwaltschaft die **sofortige Beschwerde,** d. h. die Beschwerde innerhalb einer Woche (§ 311 StPO) zu (§ 210 Abs. 2 StPO). Lehnt auch das Beschwerdegericht die Eröffnung ab, so kann die Anklage nur aufgrund neuer Tatsachen oder Beweismittel wieder aufgenommen werden (§ 211 StPO); der nicht mehr anfechtbare Beschluß über die Ablehnung der Eröffnung des Hauptverfahrens hat also eine **beschränkte materielle Rechtskraft** (s. u. Rn. 327).

In der Praxis hat sich das Verfahren herausgebildet, daß das Gericht der Staatsanwaltschaft seine Bedenken gegen die Eröffnung mitteilt und eine Rücknahme der Anklage anregt. Eine Rücknahme der Anklage ist bis zur Eröffnung des Hauptverfahrens möglich (§ 156 StPO). Nach der Rücknahme stellt die Staatsanwaltschaft das Verfahren dann nach § 170 Abs. 2 StPO ein (s. o. Rn. 163). Obwohl es sich hierbei um eine Umgehung der Ablehnung der Eröffnung des Hauptverfahrens nach § 204 StPO handelt, muß ein solches Verfahren als zulässig erscheinen, da es das umständliche Beschwerdeverfahren nach § 210 Abs. 2 StPO möglicherweise vermeidet.

Interessanter Fall: Eine Strafkammer hatte wegen Überlastung 29 Monate lang nicht über die Eröffnung entschieden. Was tun? *OLG Frankfurt a. M.* NStZ 2002, 220: Obwohl Untätigkeitsbeschwerde in StPO nicht gegeben, Beschwerde der Staatsanwaltschaft zulässig analog § 210 Abs. 2 StPO. Aber keine Eröffnung nach § 210 Abs. 3, weil noch keine Sachprüfung erfolgt. Anweisung der Strafkammer zur Sachprüfung (dagegen *Wirriger* 389).

Im **beschleunigten Verfahren** (s. o. Rn. 171) kann der Richter nicht die Eröffnung des Hauptverfahrens, sondern nur die Entscheidung im beschleunigten Verfahren ablehnen (§ 419 StPO); unter die fehlende „Eignung" dazu fällt auch der nicht hinreichende Tatverdacht (*BGH* NStZ 2000, 443).

2. Die Einstellung nach dem Opportunitätsprinzip

In den Fällen des Opportunitätsprinzips (s. o. Rn. 65 f.) kann auch noch das Gericht – nunmehr mit Zustimmung der Staatsanwaltschaft – das Verfahren einstellen (§§ 153 Abs. 2, 153 a Abs. 2, 153 b Abs. 2, 153 e Abs. 2, 154 Abs. 2, 154 a Abs. 2, 154 b Abs. 4 StPO).

Hiergegen gibt es keinen Rechtsbehelf (§§ 153 Abs. 2 S. 3, 153 a Abs. 2 S. 4 StPO). Die gerichtliche Einstellung nach § 153 Abs. 2 hat beschränkte Rechtskraft analog § 153 a Abs. 1 S. 5 (s. o. Rn. 103; BGHSt 48, 331 m. Anm. *Beulke*, JR 2005, 37 und *Heghmanns*, NStZ 2004, 633).

3. Die vorläufige Einstellung

186   Daneben gibt es noch die vorläufige Einstellung (§ 205 StPO). S. hierzu o. Rn. 164. Bei Abwesenheit sind allerdings die Einleitung eines gerichtlichen Verfahrens zur Beweissicherung und eine Vermögensbeschlagnahme zur Erzwingung der Gestellung möglich und geboten (§§ 285 ff. StPO). Die Erteilung „sicheren Geleits" bietet dem Beschuldigten sehr wenig (§ 295 StPO, s. vor allem Abs. 3). Eine vorläufige Einstellung sehen auch die §§ 154 Abs. 2, 154 b Abs. 4 StPO

vor. Hiergegen gilt der allgemeine Rechtsbehelf der Beschwerde nach § 304 StPO.

4. Verfahren bei Unzuständigkeit

Das Gericht hat ferner seine sachliche und örtliche Zuständigkeit 187 von Amts wegen zu prüfen (§§ 6, 16 S. 1 StPO). Hierbei handelt es sich ebenfalls um Prozeßvoraussetzungen. Im Interesse der Verfahrensbeschleunigung kann das Gericht jedoch bei sachlicher Unzuständigkeit nach dem Grundsatz „Der Ober sticht den Unter" das Verfahren vor einem Gericht niederer Ordnung selber eröffnen, einem Gericht höherer Ordnung die Akten zu dessen Entscheidung vorlegen (§ 209 StPO; erfolgreiche Revision wegen willkürlicher Annahme eines „besonders schweren Falles", s. o. Rn. 176, bei *BGH* StV 1999, 585). Für die örtliche Unzuständigkeit gilt dies wegen des Wahlrechts der Staatsanwaltschaft nicht.

5. Anordnung zusätzlicher Beweiserhebungen

Zwischen der Ablehnung der Eröffnung des Hauptverfahrens und 188 seiner Eröffnung liegt die Anordnung zusätzlicher Beweiserhebungen (§§ 201 Abs. 2, 202 StPO).

Den Ermittlungsrichter kann das über die Eröffnung entscheidende Gericht allerdings nicht mehr beauftragen, da dieser nur auf Antrag der Staatsanwaltschaft tätig wird (s. o. Rn. 107). In Betracht kommt aber die kommissarische Vernehmung durch ein Mitglied des Gerichts oder den Richter eines anderen Gerichts nach § 223 StPO, da dieser – obwohl erst in dem Abschnitt über die Vorbereitung der Hauptverhandlung enthalten – bereits im Eröffnungsverfahren anwendbar ist. Zulässig und häufig ist aber auch die Bitte an die Staatsanwaltschaft, die Beweise selbst oder durch ihre Hilfsbeamten zu erheben. Ob die Staatsanwaltschaft hierzu verpflichtet ist, ist umstritten. Soweit allerdings die Drohung dahintersteht, andernfalls die Eröffnung des Hauptverfahrens abzulehnen, hat die Staatsanwaltschaft ein eigenes Interesse.

Wie hat die Staatsanwaltschaft zu verfahren, wenn sie in diesem Stadium noch eine richterliche Vernehmung für erforderlich hält? Ihre Zuständigkeit zur Einschaltung des Ermittlungsrichters (§ 162 StPO) ist beendet; sie muß daher einen Antrag auf eine entsprechende Anordnung des Eröffnungsgerichts nach § 202 StPO stellen. Wirkung: Während der Ermittlungsrichter nur die Gesetzmäßigkeit, nicht aber die Zweckmäßigkeit der beantragten Untersuchungshandlung prüfen kann (§ 162 Abs. 3 StPO), kann das Eröffnungsgericht auch die Zweckmäßigkeit prüfen.

III. Eröffnung des Hauptverfahrens

189 Erwägt das Gericht die Eröffnung des Hauptverfahrens, so kann es nach § 202a StPO mit den Verfahrensbeteiligten „verfahrensfördernde Maßnahmen" erörtern, insbesondere eine „Verständigung", d. h. einen Strafnachlass gegen eine Verständigung (§ 257c StPO, s. u. Rn. 205).

Bei dem Beschluß über die Eröffnung des Hauptverfahrens – Eröffnungsbeschluß – ist das Gericht (ggf. nach § 210 Abs. 3 das Beschwerdegericht) an die Anträge der Staatsanwaltschaft nicht gebunden (§ 206 StPO; vgl. schon § 155 Abs. 2 StPO). Die **Änderungsmöglichkeiten** sind in § 207 Abs. 2 StPO aufgeführt. Soweit dabei der Umfang der „Tat", d. h. der Gegenstand des Verfahrens, verändert wird, hat die Staatsanwaltschaft eine neue Anklageschrift einzureichen (§ 207 Abs. 3 StPO).

Ob die – nicht seltene – Einstellung hinsichtlich einer Tat wegen relativer Geringfügigkeit nach § 154 Abs. 2 StPO (s. o. Rn. 97) unter § 207 Abs. 1 Nr. 1, Abs. 3 StPO fällt, ist umstritten.

Nach der Eröffnung des Hauptverfahrens wird der „Angeschuldigte" zum **„Angeklagten"** (§ 157 StPO). Gegen den Eröffnungsbeschluß steht dem Angeklagten kein Rechtsbehelf zu (§ 210 Abs. 1 StPO), ggf. aber eine Anhörungsrüge nach § 33a StPO (KG StV 07, 517). Die Herrschaft über das Verfahren geht noch mehr als schon durch die Erhebung der Anklage auf das Gericht über: die Staatsanwaltschaft kann die Anklage nicht einmal mehr zurücknehmen (§ 156 StPO), sog. **„Immutabilitätsprinzip"**. Die Sache wird „rechtshängig" (z. T. wird die Rechtshängigkeit bereits mit der Klageerhebung, s. o. Rn. 163, angenommen).

Kann die Staatsanwaltschaft die Klage nach einer Ablehnung der Eröffnung des Hauptverfahrens zurücknehmen (und sie dann neu – ev. vor einem anderen Gericht – erheben)? Dies wäre zwar nach dem Wortlaut des § 156 StPO zulässig, würde aber eine Umgehung der Folgen des § 211 StPO (s. o. Rn. 185) bedeuten. Entscheidend erscheint daher der Übergang der Entscheidungsbefugnis an das Gericht (*OLG Frankfurt a. M.* JR 1986, 470 m. Anm. *Meyer-Goßner*). § 156 StPO meint daher „die Entscheidung über die Eröffnung des Hauptverfahrens".

Vom „Immutabilitätsprinzip" gibt es – wie von fast allen sog. „Prinzipien" des Strafprozeßrechts – einige Ausnahmen (§§ 153 c Abs. 4, 153 d Abs. 2, 411 Abs. 3 StPO; zu letzterem s. u. Rn. 194).

Der Eröffnungsbeschluß ist dem Angeklagten so bald wie möglich **190** **zuzustellen** (§ 215 StPO), die Ablehnung der Eröffnung ist dem Angeschuldigten (!) lediglich bekanntzumachen (§§ 204 Abs. 2, 35 Abs. 2 S. 2 StPO). Zu benachrichtigen ist im letzteren Fall auf Antrag auch der Verletzte (§ 406 d StPO).

Bei der Eröffnung des Hauptverfahrens beschließt die Strafkammer nach dem RechtspflegeentlastungsG (s. o. Rn. 41), daß sie in der Hauptverhandlung nur mit zwei Berufsrichtern und zwei Schöffen besetzt ist, sofern nicht der Umfang oder die Schwierigkeit der Sache einen dritten Berufsrichter erfordern; dies gilt allerdings nicht bei Schwurgerichtssachen (§ 76 Abs. 2 GVG).

Der Eröffnungsbeschluß ist für das weitere Verfahren eine **Prozeß-voraussetzung** (BGHSt 29, 342). Jedoch kann ihn das Gericht, wenn es ihn vergessen hat, in der Hauptverhandlung **nachholen** und damit das Fehlen der Prozeßvoraussetzung „heilen" (BGHSt 29, 228).

Nach der Eröffnung des Hauptverfahrens kann das Gericht die Sache nicht mehr an ein Gericht niederer Ordnung verweisen, sondern sie nur noch einem Gericht höherer Ordnung vorlegen (§ 225 a StPO) bzw. – nach Beginn der Hauptverhandlung – zuweisen (§§ 269, 270 StPO).

Im **beschleunigten Verfahren** (s. o. Rn. 171, 185) ist kein Eröffnungsbeschluß erforderlich (§ 418 Abs. 1 StPO). Ein Eröffnungsbeschluß ergeht nur, wenn das Gericht die Entscheidung im beschleunigten Verfahren ablehnt (§ 419 Abs. 3 StPO). Terminiert das Gericht die Hauptverhandlung so spät wie im Normalverfahren, so liegt nicht ein Hauptverfahren ohne die Prozeßvoraussetzung des Eröffnungsbeschlusses, sondern ein Fehler beim beschleunigten Verfahren vor, der in der Revision ausdrücklich gerügt werden muß (*OLG Stuttgart* NJW 1999, 511 m. Anm. *Scheffler*, NStZ 1999, 269; *OLG Hamburg* NStZ 1999, 266 m. Anm. *K. Müller*, 2000, 108; *Radtke*, JR 2001, 133).

§ 23. Der Erlaß eines Strafbefehls

I. Zulässigkeit und Erlaß eines Strafbefehls

1. Die Zulässigkeit

Der Erlaß eines richterlichen Strafbefehls ist zulässig, wenn bei **191** Vergehen **(u)** nur Geldstrafe, Verwarnung mit Strafvorbehalt, Fahrverbot, Verfall, Einziehung, Vernichtung, Unbrauchbarmachung, Bekanntgabe der Verurteilung sowie Entziehung der Fahrerlaubnis mit Sperre von nicht mehr als zwei Jahren verhängt werden und eine

Hauptverhandlung nicht erforderlich erscheint, weil eine wesentliche Abweichung vom Ermittlungsergebnis nicht zu erwarten ist (§ 407 StPO). Seit dem Rechtspflegeentlastungsgesetz 1993 kann, sofern der Angeschuldigte einen Verteidiger hat, auch Freiheitsstrafe bis zu einem Jahr mit Aussetzung zur Bewährung verhängt werden (§ 407 Abs. 2 S. 2 StPO). Zu diesem Zweck ist ggf. ein Pflichtverteidiger zu bestellen (§ 408 b StPO). Der Gesetzgeber hat bei diesen Bagatellstraftaten ein Verfahren vorgesehen, bei dem auf die Anwesenheit des Angeklagten und überhaupt die Mündlichkeit und Öffentlichkeit des Verfahrens verzichtet wird. Sogar die übliche Anhörung der Beteiligten (§ 33 StPO) ist hier nicht nötig (§ 407 Abs. 3 StPO). Allerdings wird dem Anspruch des Beschuldigten auf rechtliches Gehör durch seine auch hier obligatorische Vernehmung bzw. Gelegenheit zur schriftlichen Äußerung nach § 163 a Abs. 1 StPO Genüge getan. Außerdem kann der Angeklagte durch Einspruch eine Hauptverhandlung und damit ein rechtliches Gehör herbeiführen (s. u. Rn. 193 ff.). Wegen dieser Abhilfemöglichkeit führt die Versäumung der Vernehmung des Beschuldigten nach § 163 a Abs. 1 StPO nicht zur Unwirksamkeit des Strafbefehls. Auf der anderen Seite erspart das Strafbefehlsverfahren dem Beschuldigten die seelische, zeitliche und finanzielle Belastung einer Hauptverhandlung und entspricht damit dem Verhältnismäßigkeitsgrundsatz (BVerfGE 25, 164; BT-Drs. 10/1313 S. 34). Nach der Einstellung nach §§ 153, 153 a StPO (s. o. Rn. 97 ff.) ist das Strafbefehlsverfahren der zweite große Filter, der die deutschen Gerichte vor einem Ersticken in der Überlast bewahrt.

2. Die Ablehnung des Erlasses eines Strafbefehls

192   Der Amtsrichter bzw. der Vorsitzende des Schöffengerichts können den Erlaß des Strafbefehls aus den gleichen Gründen ablehnen, mit denen das Gericht im Normalfall den Erlaß eines Eröffnungsbeschlusses ablehnt (§ 408 Abs. 2 S. 1 StPO). Auch die Rechtsbehelfe sind gleich (§ 408 Abs. 2 S. 2 StPO; s. o. Rn. 185).

Außerdem können sie eine Hauptverhandlung anberaumen, wenn sie Bedenken haben, ohne eine solche zu entscheiden oder wenn sie von der rechtlichen Beurteilung oder dem Rechtsfolgenantrag im Antrag der Staatsanwaltschaft nach deren Beharren abweichen wollen (§ 408 Abs. 3 S. 2 StPO). Für ersteres kommen die Bedeutung der Sache, Gründe der Spezial- oder Generalprävention sowie das Bedürfnis der Aufklärung der für die Strafzumessung maßgeblichen Umstände in Betracht (s. a. Nr. 175 Abs. 3 RiStBV).

u § 408 Abs. 3 S. 2 „Bedenken", „abweichen"

II. Der Einspruch gegen den Strafbefehl

1. Zulässigkeit und Frist

Das Strafbefehlsverfahren ohne Mündlichkeit und Anhörung des **193**
Angeschuldigten ist nur dadurch tragbar, daß dieser innerhalb von
zwei Wochen gegen den Strafbefehl **Einspruch** einlegen und damit
eine normale Hauptverhandlung herbeiführen kann (§§ 410, **u**, 411
Abs. 1 S. 2 StPO). Hierüber ist der Angeklagte – wie allgemein bei
Rechtsbehelfen – **zu belehren** (§ 409 Abs. 1 Nr. 7, **u**).

Wird gegen den Strafbefehl nicht oder nicht rechtzeitig Einspruch
eingelegt, so erlangt er die Wirkung eines **rechtskräftigen Urteils**
(§ 410 Abs. 3 StPO, **u**). Ein verspäteter oder sonst unzulässiger Einspruch wird durch Beschluß als unzulässig verworfen. Dagegen sofortige Beschwerde (§ 411 Abs. 1 S. 1 StPO), d. h. Beschwerde binnen
zwei Wochen (§ 311 Abs. 2 StPO).

Bei unverschuldeter Versäumung der Frist gibt es die Möglichkeit der Wiedereinsetzung in den vorigen Stand (s. u. Rn. 332 ff.).

2. Das Verfahren nach fristgerechtem Einspruch

Bei rechtzeitigem Einspruch wird **Termin zur Hauptverhandlung** **194**
anberaumt (§ 411 Abs. 1 S. 2 StPO, **u**). Der Strafbefehl übernimmt
dann die Funktion des Eröffnungsbeschlusses, s. o. Rn. 182 ff.
(BGHSt 23, 339 für den insoweit gleichbedeutenden Bußgeldbe-
scheid).

u § 411 Abs. 1 „verspätet", „andernfalls", „Termin zur Hauptverhandlung"

Damit mündet das Strafbefehlsverfahren in das normale Verfahren
(s. u. §§ 24 ff.), allerdings mit vereinfachter Beweisaufnahme (s. u.
Rn. 267).

Allerdings gibt es eine Besonderheit. Der Einspruch kann – obwohl er mangels Devolutiveffekts kein „Rechtmittel" ist – wie die Rechtsmittel **zurückgenommen** werden (§§ 410 Abs. 1 S. 2 i. V. m. 302 StPO). Dies geschieht sehr
häufig, da das Gericht über die im Strafbefehl ausgesprochene Strafe hinaus-
gehen kann, also nicht an das für Rechtsmittel geltende Verbot der reformatio
in peius (s. u. Rn. 308) gebunden ist (§ 411 Abs. 4 StPO). Der Angeklagte und
sein Verteidiger loten daher oft erst einmal aus, wie die „Stimmung" bei dem
Gericht ist und wie die Beweisaufnahme „läuft", und nehmen ggf. den Einspruch zurück. Allerdings ist bei einer Rücknahme des Einspruchs nach Beginn der Verhandlung die Zustimmung der Staatsanwaltschaft erforderlich
(§§ 411 Abs. 3 S. 2 i. V. m. 303 StPO). Im Fall der von der Staatsanwaltschaft

gebilligten Rücknahme erlangt der Strafbefehl Rechtskraft nach § 410 Abs. 3
StPO.

Sozusagen als Ausgleich kann auch die Staatsanwaltschaft die Klage, d. h.
den **Antrag auf Erlaß eines Strafbefehls** (s. § 407 Abs. 1 S. 4 StPO) bis zur
Verkündung des Urteils **zurücknehmen,** nach Beginn der Hauptverhandlung
umgekehrt nur mit Zustimmung des Angeklagten (§ 411 Abs. 3 StPO). Dies
ist eine Ausnahme von dem „Immutabilitätsprinzip" des § 156 StPO (s. o.
Rn. 189). Die Staatsanwaltschaft wird die Klage vor allem zurücknehmen,
wenn sie sie für aussichtslos hält. Sie kann sie aber auch bei einem anderen Gericht oder – insbesondere bei besserer Vorbereitung – bei dem gleichen Gericht erneut einreichen.

Das **Nichterscheinen** des Angeklagten oder eines bevollmächtig-
ten Verteidigers in der Hauptverhandlung gilt zwar nicht als Zurücknahme des Einspruchs (die den Strafbefehl rechtskräftig machen
würde), wohl aber als Verwirkung, die das Gericht berechtigt, den
Einspruch ohne Verhandlung zur Sache durch Urteil zu verwerfen
(§ 412 StPO).

III. Das Strafbefehlsverfahren als Abwesenheitsverfahren

195   Das Strafbefehlsverfahren, das ursprünglich zur Verfahrensvereinfachung
geschaffen wurde und deshalb auf eine Hauptverhandlung in Anwesenheit
des Angeklagten verzichtete, hat sich inzwischen zum **Ersatzmittel bei Abwesenheit des Angeklagten** entwickelt (s. schon o. Rn. 164). Seit dem StVÄG
1987 ist der Antrag auf Erlaß eines Strafbefehls auch noch nach Eröffnung des
Hauptverfahrens möglich, wenn der Durchführung einer Hauptverhandlung
das Ausbleiben oder die Abwesenheit des Angeklagten oder ein anderer wichtiger Grund entgegenstehen (§ 408 a StPO; zu dieser anormalen Regelung u.
Rn. 220). In § 418 Abs. 3 mußte die Regelung ausdrücklich vorgesehen werden, weil im beschleunigten Verfahren kein Eröffnungsbeschluß ergeht (s. o.
Rn. 190).

Weiterführende Literatur: *Meurer,* Der Strafbefehl, JuS 1987, 882.

3. Abschnitt. Das Hauptverfahren

§ 24. Die Vorbereitung der Hauptverhandlung

I. Hauptverfahren und Hauptverhandlung

Das Hauptverfahren, von dem die StPO in § 199 spricht, gliedert 196 sich in die **Vorbereitung der Hauptverhandlung** (§§ 212–225 a StPO) und die **Hauptverhandlung** selbst (§§ 226–295 StPO). Meist wird zu dem **Hauptverfahren** das gesamte weitere Verfahren bis zur Rechtskraft des Urteils, also auch das Rechtsmittelverfahren, gerechnet. Das mag zwar terminologisch richtig sein, ist aber wenig brauchbar. Besser erscheint es, begrifflich zwischen dem Hauptverfahren und dem Rechtsmittelverfahren zu unterscheiden. Allerdings sieht die StPO auch für das Rechtsmittelverfahren wieder eine „Hauptverhandlung" vor (§§ 323 ff., 350 ff.), so daß man genauer von der „Hauptverhandlung erster Instanz" und im Berufungs- bzw. Revisionsverfahren sprechen müßte.

Die Vorbereitung der Hauptverhandlung liegt weitgehend in der Hand des **Vorsitzenden** „des Gerichts". Das ist nicht etwa der Direktor des Amtsgerichts oder der Präsident des Landgerichts, sondern der Vorsitzende des zuständigen Spruchkörpers, also der Strafkammer, beim Amtsgericht der Vorsitzende des Schöffengerichts oder sogar der Einzelrichter.

Auch nach der Eröffnung des Hauptverfahrens kann das Gericht nach § 212 StPO mit den Verfahrensbeteiligten „verfahrensfördernde Maßnahmen" erörtern, insbesondere eine „Verständigung", d. h. einen Strafnachlass gegen eine Verständigung (§ 257c StPO, s. u. Rn. 205).

II. Einstellung bei Verfahrenshindernissen

Liegt ein Verfahrenshindernis vor (s. o. Rn. 68 ff., sei es, daß es bis- 197 her übersehen wurde, sei es, daß es neu eingetreten ist), kann das Gericht das Verfahren ohne Anberaumung einer Hauptverhandlung durch Beschluß einstellen (§ 206 a StPO).

Diese Vorschrift ist offensichtlich falsch in den 4. Abschnitt „Entscheidung über die Eröffnung des Hauptverfahrens" eingeordnet, da sie nach ihrem eigenen Wortlaut erst für die Zeit nach der Eröffnung des Hauptverfahrens gilt. Auch beim Tod des Angeklagten (s. o. Rn. 71) ist eine Einstellung erforderlich (BGHSt 45, 108 gg. 34, 184). **Interessanter Fall:** Einstellung aufgrund vorgetäuschten Todes. Rechtskräftig nach einer Woche (§ 206a Abs. 2 StPO). Aufhebung des Einstellungsbeschlusses analog § 206a Abs. 2 (*BGH* NJW 2008, 1008 m. Anm. *Kühl*).

III. Terminanberaumung und Ladung der Prozeßbeteiligten

198   Der Vorsitzende hat zunächst den **Termin zur Hauptverhandlung anzuberaumen** (§ 213 StPO). Darunter fällt nicht nur die Zeit, sondern auch der Ort der Verhandlung. Eine Frist besteht nicht; der Termin darf jedoch wegen des Verzögerungsverbots (s. u. Rn. 360 ff.) nicht zu spät angesetzt werden. Andererseits muß der Termin so angesetzt werden, daß zwischen der Zustellung der Ladung des Angeklagten und dem Termin eine Frist von mindestens einer Woche liegt (§ 217 StPO). Diese Frist dient nicht nur dazu, daß sich der Angeklagte für die Verhandlung freimachen kann, sondern vor allem dazu, daß er genügend Zeit hat, sich auf die Verhandlung vorzubereiten; sie sichert damit ein Menschenrecht (Art. 6 Abs. 3 b EMRK, Art. 14 Abs. 3 b IPBPR).

Bedenklich daher § 418 Abs. 2 StPO, wonach die Ladungsfrist im **beschleunigten Verfahren** (s. o. Rn. 171, 185, 190) nur 24 Stunden beträgt. Die genannten Bestimmungen bedeuten praktisch das Erfordernis einer Zustimmung des Angeklagten.

Der Vorsitzende hat den **Angeklagten und seinen Verteidiger,** ggf. auch den Privatkläger und den Nebenkläger zur Hauptverhandlung zu **laden** (§§ 214 Abs. 1, 216–218 StPO). Ausgeführt wird die Ladung durch die Geschäftsstelle (§ 214 Abs. 1 S. 2 StPO).

IV. Die Ladung der Zeugen und Sachverständigen

199   Außerdem hat der Vorsitzende die für die Hauptverhandlung erforderlichen **Zeugen und Sachverständigen zu laden** (§ 214 Abs. 1, 2 StPO), während die Staatsanwaltschaft die **sachlichen Beweismittel herbeizuschaffen** hat (§ 214 Abs. 4 StPO). Auch die Herbeischaffung sachlicher Beweismittel kann das Gericht auch von Amts wegen anordnen (§§ 214 Abs. 4 S. 2, 221 StPO).

Darüber hinaus kann der **Angeklagte** die Ladung von Zeugen oder Sachverständigen oder die Herbeischaffung sachlicher Beweismittel beantragen (§ 219 StPO). Da entsprechende Anträge in der Hauptverhandlung wiederholt werden können (§ 246 StPO), sollte der Vorsitzende sie nur bei Vorliegen von Beweisablehnungsgründen nach §§ 244 f. StPO (s. u. Rn. 259 ff.) ablehnen. Auch im Falle der Ablehnung hat der Angeklagte noch das Recht auf eine unmittelbare Veranlassung der Ladung (§ 220 StPO). Diese erfolgt durch den Gerichtsvollzieher (§ 38 StPO; irreführend daher die häufige Ausdrucksweise „unmittelbare Ladung durch den Angeklagten"; u § 220 Abs. 1 S. 1 „lassen"). Diese Möglichkeit ist wichtig, da das Gericht in der Hauptverhandlung die Vernehmung derartig geladener und erschienener Zeugen und Sachverständiger schwerer ablehnen kann als einen gewöhnlichen Beweisantrag (§ 245 Abs. 2 StPO).

Schließlich kann auch noch die **Staatsanwaltschaft** Zeugen und 200 Sachverständige über die Geschäftsstelle laden (§ 214 Abs. 3 StPO).

Zur Ermöglichung der Vorbereitung auf die Vernehmung hat das Gericht die geladenen Zeugen und Sachverständigen rechtzeitig der Staatsanwaltschaft und dem Angeklagten **namhaft zu machen** (§ 222 Abs. 1 S. 1 StPO). Umgekehrt hat die Staatsanwaltschaft von den von ihr selbst geladenen Zeugen und Sachverständigen das Gericht und den Angeklagten, der Angeklagte das Gericht und die Staatsanwaltschaft zu informieren (§ 222 Abs. 1 S. 2, Abs. 2 StPO). Diese Regelung wird dadurch abgesichert, daß die Staatsanwaltschaft und der Angeklagte bei zu später Namhaftmachung eine Aussetzung der Hauptverhandlung verlangen können (§ 246 Abs. 2, 3 StPO). Für die „Rechtzeitigkeit" ist keine Frist vorgesehen; zweckmäßigerweise erfolgt die Mitteilung mit der Ladung. Das OrgKG von 1992 (s. o. Rn. 41) hat zum Schutz von Zeugen vor Mafiabanden die Möglichkeit der **Geheimhaltung von Personalien und Ortsangaben** eingeführt (§ 222 Abs. 1 S. 3 StPO).

V. Mitteilung der Gerichtsbesetzung

Der Anspruch auf den gesetzlichen Richter (Art. 101 Abs. 1 S. 2 201 GG) verlangt eine vorherige Festlegung der Richter und Schöffen in einem Geschäftsverteilungsplan. Bei dem Ausfall von Richtern und Schöffen entstehen leicht Fehler bei der Gerichtsbesetzung. Um die früher häufigen Revisionsrügen wegen fehlerhafter Besetzung des Gerichts einzuschränken, hat das StVÄG 1979 diese Rügemöglichkeit bei erstinstanzlichen Verhandlungen vor dem Landgericht und dem Oberlandesgericht beschränkt. Wenn die Besetzung des Gerichts den Beteiligten mindestens eine Woche vor Beginn der Hauptverhandlung mitgeteilt worden ist, kann sie nur noch **bis zum Beginn** der **Vernehmung des ersten Angeklagten zur Sache** in der Hauptverhandlung geltend gemacht werden (§§ 222 a, 222 b, 338 Nr. 1 StPO). Ist sie später als eine Woche vor dem Beginn der Hauptverhandlung mitgeteilt worden, so hat der Angeklagte ein Recht auf Unterbrechung der Hauptverhandlung (§ 222 a Abs. 2 StPO), und zwar so lange, daß insgesamt eine Woche zur Verfügung steht (BGHSt 29, 283). Der Vorsitzende ist also gehalten, die Besetzung des Gerichts nach Möglichkeit spätestens eine Woche vor Beginn der Hauptverhandlung mitzuteilen.

Das BVerfG hat diese Rügepräklusion als mit Art. 101 Abs. 1 S. 2 GG vereinbar angesehen (NStZ 1984, 370).

VI. Kommissarische Beweiserhebungen

202   Stehen dem Erscheinen eines Zeugen oder Sachverständigen in der Hauptverhandlung für eine längere oder ungewisse Zeit nicht zu beseitigende Hindernisse wie Krankheit oder eine längere Auslandsreise entgegen oder ist ihnen das Erscheinen wegen großer Entfernung nicht zumutbar, so kann das Gericht, das sind der Einzelrichter oder die Berufsrichter (§§ 30 Abs. 2, 76 Abs. 1 S. 2 GVG), mit der Vernehmung ein Mitglied des Gerichts beauftragen oder dazu im Wege der Rechtshilfe (§ 157 GVG) den Richter eines anderen Gerichts ersuchen (**§ 223 StPO**). In der Hauptverhandlung kann dann das Protokoll dieser Vernehmung verlesen (§ 251 Abs. 2 Nr. 1, 2 StPO) oder die Videoaufzeichnung nach § 247 a S. 4 StPO vorgeführt werden (§ 255 a StPO). Ebenso kann ein richterlicher Augenschein eingenommen werden (**§ 225 StPO**), da richterliche Augenscheinsprotokolle ohne Einschränkung in der Hauptverhandlung verlesen werden können (§ 249 Abs. 1 StPO). Bei derartigen „kommissarischen" Zeugenvernehmungen und Augenscheinseinnahmen haben die Staatsanwaltschaft, der Angeklagte und der Verteidiger ein Anwesenheitsrecht (arg. § 224 StPO). Zur Sicherung dieses Anwesenheitsrechts sind die Beteiligten von dem Termin zu benachrichtigen (§ 224 Abs. 1 S. 1 StPO). Die Benachrichtigungspflicht entfällt, wenn sie den Untersuchungserfolg gefährden würde (§ 224 Abs. 1 S. 2 StPO). Nach der Rechtsprechung ist durch diese Bestimmung nur die Benachrichtigungspflicht, nicht aber das Anwesenheitsrecht selbst ausgeschlossen (BGHSt 31, 152; [GS] 32, 129 m. Anm. *Fezer* JZ 1984, 430 und *Grünwald*, StV 1984, 56).

Ein „nicht zu beseitigendes Hindernis" ist auch die – ausreichend begründete (s. u. Rn. 255) – Verweigerung der Genehmigung der Aussage in einer
Hauptverhandlung durch die vorgesetzte Dienstbehörde nach § 54 StPO
oder die Verweigerung der Personalien des Zeugen („Sperrerklärung') analog
§ 96 StPO (BGHSt 32, 126 – heute häufig bei V-Leuten und Verdeckten Ermittlern, § 110 b Abs. 3 – zur Ermittlung der Untergrundszene).

Meist sind die für die Erlangung verlesungsfähiger Protokolle erforderlichen richterlichen Vernehmungen und Augenscheinseinnahmen schon im Ermittlungsverfahren erfolgt (s. o. Rn. 106 ff.).

VII. Rechtsbehelfe

Rechtsbehelfe gegen Entscheidungen des Gerichts bei der Vorbe-   203
reitung der Hauptverhandlung sind in aller Regel **ausgeschlossen**
(**§ 305 S. 1 StPO**). Denn da die Hauptverhandlung mit einem Urteil
schließt, können und sollen sie mit dem Urteil angegriffen werden,
wenn sie sich darauf ausgewirkt haben. Dementsprechend kann nicht
die Terminsanberaumung für sich mit einer Beschwerde angegriffen
werden, wohl aber mit der Revision die Tatsache, daß der Verteidiger
an diesem Tage verhindert und die Verteidigung daher in ihren Rech-
ten beschränkt (§ 338 Nr. 8 StPO), oder ihr Recht auf Anwesenheit in
der Hauptverhandlung nach § 338 Nr. 5 StPO verletzt war (*OLG
Hamm* JR 1971, 471). Fehler bei der kommissarischen Vernehmung
und Augenscheinseinnahme, insbesondere die Mißachtung des Anwesenheitsrechts, können nur mit einem Angriff gegen die Verlesung
der entsprechenden Niederschriften nach § 251 StPO angegriffen
werden. Gegen die Einstellung des Verfahrens (s. o. Rn. 197) gibt es
die sofortige Beschwerde (§ 206 a Abs. 2 StPO), allerdings nur durch
Staatsanwaltschaft und Nebenkläger (s. u. Rn. 349 ff.), da der Angeklagte durch eine Einstellung nicht beschwert ist (s. u. Rn. 295).

§ 25. Die Hauptverhandlung – Allgemeines

Vorbemerkung: Für das wichtigste Rechtsmittel gegen ein Strafurteil, die
Revision, genügt nicht ein Rechtsfehler, sondern das Urteil muß – außer bei
den „absoluten" Revisionsgründen (§ 338 StPO) – **darauf „beruhen"** (§ 337
Abs. 1 StPO), d. h. möglicherweise anders ausgefallen sein (näher u. Rn. 309).
Es ist daher zweckmäßig, schon beim Studium der Rechtsvorschriften für die
Hauptverhandlung grundsätzliche Aussagen der Rechtsprechung zum „Beru-
hen" zu berücksichtigen.

I. Der Ablauf der Hauptverhandlung

204   Die Hauptverhandlung kann Teil einer „Sitzung" des jeweiligen
Gerichts sein, aber andererseits auch mehrere Sitzungstage umfassen
(§§ 45 ff. GVG).
Die Hauptverhandlung hat einen genau geregelten **Ablauf:**
(1) Aufruf der Sache (§ 243 Abs. 1 S. 1 StPO).
(2) Präsenzfeststellung (§ 243 Abs. 1 S. 2 StPO).
(3) Abtreten der Zeugen (§ 243 Abs. 2 S. 1 StPO, s. a. § 58 StPO).

Zweck dieser Vorschrift ist die Abschirmung der Zeugen vor einer Beeinflussung durch die Hauptverhandlung und die Verhinderung einer gezielten
Abstimmung ihrer Aussagen darauf. Die Verletzung dieser Vorschrift führt jedoch nach h. L. nicht zu einem Vernehmungs- oder Verwertungsverbot, weil
diese Beeinträchtigung der Wahrheitsfindung noch schlimmer wäre (OGHSt
2, 21; unglücklich dagegen die verbreitete Abwertung der Vorschrift zu einer
bloßen „Ordnungsvorschrift"). Auch kann man oft erleben, daß Zeugen oder
sonst am Ausgang des Prozesses Interessierte Informanten in den Zuschauer-
raum schicken, um sich oder die späteren Zeugen über den Ablauf der Hauptverhandlung informieren zu lassen. Eine Hinausweisung erscheint auch bei
Offensichtlichkeit wegen des Grundsatzes der Öffentlichkeit der Hauptverhandlung (s. u. Rn. 232 ff.) nicht unproblematisch. Unverfänglich erscheint
ein Informationsverbot für die Verhandlungspausen und dessen Kontrolle
durch Justizwachtmeister. Verstöße gegen § 243 Abs. 2 S. 1 StPO und be-
kanntgewordene Informationen sind bei der Würdigung der Aussage zu berücksichtigen (OGHSt 2, 21).
(4) Vernehmung des Angeklagten über seine persönlichen Verhältnisse (§ 243 Abs. 2 S. 2 StPO).

Diese Bestimmung hatte den guten Sinn, gleich zu Anfang einen „human
touch" in die Verhandlung zu bringen. Heute wird sie als unzulässiger Ein-
bruch in die Persönlichkeitssphäre vor Feststellung der Schuld angesehen. Außerdem wird darauf hingewiesen, daß das Schweigerecht des Angeklagten und
die entsprechende Belehrung nach § 243 Abs. 4 S. 1 StPO auch für die Angaben zur Person gelten müssen. Daher werden für § 243 Abs. 2 S. 2 StPO nur
noch die nach § 111 OWiG erforderlichen Angaben verlangt. Die übrigen Angaben zur Person erfolgen im Rahmen der Vernehmung zur Sache (s. u.).
Noch weiter geht die Forderung nach einem **Schuldinterlokut** (lat., Zwi-
schenentscheidung) wonach zunächst ein Schuldspruch zu fällen und erst anschließend die Strafe zu bemessen ist, wofür dann die erforderlichen persönlichen Angaben ermittelt werden. Schon jetzt wird zum Teil ein sogenanntes
informelles Schuldinterlokut praktiziert, wonach die Erörterung der für die
Strafzumessung erforderlichen Angaben erst nach einer informellen Mitteilung über die bevorstehende Verurteilung erfolgt.

(5) Verlesung des Anklagesatzes (§ 243 Abs. 3 StPO).

Der Zweck dieses Erfordernisses ist die Information der Teilnehmer an der Hauptverhandlung über den Verfahrensgegenstand und seine Grenzen. Das Vergessen ist daher nur bei einfachen Sachverhalten unschädlich, da das Urteil nicht darauf beruht (§ 337 StPO; *BGH* NStZ 1995, 200 m. abl. Anm. *Krekeler,* 299; *BGH* NStZ 2000, 214).

(6) Mitteilung des Vorsitzenden über Vorgespräche über eine Verständigung nach § 257c StPO (§ 243 Abs. 4 StPO)

(7) Hinweis auf die Aussagefreiheit (§ 243 Abs. 4 S. 1 StPO) und bei Bereitschaft Vernehmung des Angeklagten zur Sache (§ 243 Abs. 4 S. 2 StPO).

Hierbei handelt es sich um eine wichtige Zäsur. Bis zum Beginn der Vernehmung des Angeklagten zur Sache müssen geltend gemacht werden:
– die Rüge einer zu kurzfristigen Ladung mit der Folge des Rechts auf Aussetzung der Verhandlung (§ 217 Abs. 2 StPO; s. o. Rn. 198),
– der Einwand der örtlichen Unzuständigkeit des Gerichts (§ 16 S. 3 StPO; s. o. Rn. 174),
– die Rüge der Zuständigkeit besonderer Strafkammern (§ 6 a S. 3 StPO; s. o. Rn. 176),
– die Rüge der falschen Besetzung der Strafkammer (§ 222 b StPO; s. o. Rn. 201).

(8) Beweisaufnahme (§ 244–257 StPO).

(9) Plädoyers (§ 258 Abs. 1 StPO).

(10) letztes Wort des Angeklagten (§ 258 Abs. 2 StPO).

(11) Beratung des Gerichts (§ 260 Abs. 1 StPO).

(12) Verkündung des Urteils (§ 260 Abs. 1 StPO) durch (§ 268 Abs. 2 StPO)

    (a) Verlesung der Urteilsformel,

    (b) Eröffnung der Urteilsgründe.

Der gesetzlich festgelegte Ablauf der Hauptverhandlung sichert nicht nur ein bestimmtes Ritual (s. o. Rn. 15), sondern dient auch dem Schutz des Angeklagten. Insbesondere soll die Vernehmung zur Sache dem Angeklagten Gelegenheit geben, vor der Beweisaufnahme seine Sicht des Falles zusammenhängend darzulegen (§ 243 Abs. 4 S. 2 i. V. m. § 136 Abs. 2 StPO; dazu BGHSt 19, 97; *BGH* NStZ 1986, 370). Der Angeklagte soll also nicht nur das „letzte", sondern auch das „erste Wort" haben. Abweichungen von der vorgesehenen Abfolge sind daher nur zulässig, wenn dafür triftige Gründe vorliegen und der Aufbau der Hauptverhandlung im ganzen gewahrt bleibt oder die Prozeßbeteiligten nicht widersprechen. Eine Abweichung ist vor allem möglich bei sogenannten Punktsachen, bei denen eine Vielzahl von Einzeltaten zu verhandeln ist (BGHSt 10, 342). Eine

Unterbrechung der Vernehmung des Angeklagten kann nur gerügt werden, wenn dagegen nach § 238 Abs. 2 (s. u. Rn. 207) das Gericht angerufen wurde (*BGH* NStZ 1997, 198; 2000, 549).

Wenn das Gericht – was gelegentlich vorkommt – aufgrund der Beratung noch einmal in die Beweisaufnahme eintritt oder dem Angeklagten einen Hinweis auf die Veränderung des rechtlichen Gesichtspunkts gibt (§ 265 StPO, s. u. Rn. 270), müssen die auf die Beweisaufnahme folgenden Hauptverhandlungsteile wiederholt werden.

II. Verständigung über Verlauf und Ergebnis der Hauptverhandlung

205   Das Verständigungsgesetz vom 21. 7. 2009 hat nach ungewöhnlich heftigen Auseinandersetzungen in der Literatur die zu Beginn der sechziger Jahre aufgekommene Praxis der Absprachen im Strafverfahren unter der euphemistischen und sprachlich verfehlten Bezeichnung „Verständigung" in die StPO aufgenommen und zu kanalisieren versucht. Die „Verständigung" ist – grob gesagt – die Zusage eines Strafnachlasses gegen ein Geständnis oder ein sonstiges prozeßförderndes Verhalten des Angeklagten. Derartige Absprachen bringen

(1)   dem Gericht eine Arbeitsersparnis und dem Prozeß eine Verkürzung

(2)   dem Angeklagten eine Strafmilderung

(3)   den Opfern die Verschonung vor einer Vernehmung in der Hauptverhandlung

(4)   der Resozialisierung des Täters die Förderung durch die Mitgestaltung der Verhandlung.

Sie entsprechen allerdings nicht dem herkömmlichen Modell des deutschen Strafprozesses mit seiner umfassenden Aufklärungspflicht (§ 244 Abs. 2 StPO) und der Entscheidung nach dem „Inbegriff der Verhandlung" (§ 261 StPO)

Nach § 257c Abs. 2 StPO können **Gegenstand** einer Verständigung von Seiten des Gerichts die Zusage eines bestimmten Strafrahmens und sonstiger verfahrensbezogener Maßnahmen sein, nicht aber der Schuldspruch und Maßregeln der Besserung und Sicherung. Zulässig soll sogar die Zusage einer Strafaussetzung zur Bewährung über die Voraussetzungen der §§ 56 ff. StGB hinaus sein (*Meyer-Goßner*, § 257c Rn. 12). Von Seiten des Angeklagten „soll" es ein Geständnis sein; andere Leistungen werden nur in Betracht kommen, wenn die

Beweislage so offensichtlich ist, daß ein Geständnis das Verfahren nicht mehr fördert. Nicht ausreichend ist eine bloße Bestätigung der Anklage, ein „Formalgeständnis", ein „schlankes Geständnisse"; erforderlich ist ein „qualifiziertes Geständnis" (BGHSt 50, 48; *Jahn/ Müller*, NJW 2009, 2628).

Dabei soll das Gericht an die Pflicht zur vollständigen Erforschung der Wahrheit nach § 244 Abs. 2 StPO gebunden bleiben (§ 257c Abs. 1 S. 2 StPO). Da die Verständigung jedoch gerade komplizierte Beweiserhebungen ersparen soll, wird diese Vorschrift vielfach nur für ein Feigenblatt gehalten. Sie lässt sich nur dadurch mit einigem Sinn erfüllen, daß das Gericht das Geständnis selbst auf seine Glaubwürdigkeit prüfen muss (BT-Drs. 16/12310, 14; schon BGHSt 50, 40) und daß bei einem glaubwürdigen Geständnis weitere Tatsachen und Beweismittel nicht mehr „für die Entscheidung von Bedeutung sind". Hieraus ergibt sich, daß der Standort der Vorschrift im Gesetz – nach der Beweisaufnahme – falsch ist. Das Gericht hat ferner die allgemeinen Strafzumessungserwägungen zu berücksichtigen (§ 257c Abs. 3 S. 2 StPO); die Strafe muss noch schuldangemessen sein.

Vorverhandlungen über die Verständigung sind zulässig (§ 257b StPO) und müssen in das Protokoll aufgenommen werden (§ 273 Abs. 1 S. 2 StPO). Die Vorschrift soll die Unbegründetheit einer Ablehnung wegen Befangenheit (s. o. Rn. 159) „klarstellen" (BT-Drs. 16/12310, 13), doch kann dies nur für die Verhandlung als solche gelten und keinen „Freibrief" ausstellen. Das Gericht hat zunächst den möglichen Inhalt der Verständigung bekannt zu geben (§ 257c Abs. 3 S. 1 StPO; Wahrung des Grundsatzes der Öffentlichkeit!); die Verständigung kommt zu Stande, wenn der Angeklagte und die Staatsanwaltschaft dem Vorschlag zustimmen (§ 257c Abs. 3 S. 4 StPO).

Die **Bindung des Gerichts** entfällt, wenn rechtlich oder tatsächlich bedeutsame Umstände übersehen wurden oder sich neue ergeben haben, die den in Aussicht gestellten Strafrahmen nicht mehr als tat- oder schuldangemessen erscheinen lassen, ferner wenn sich der Angeklagte nicht mehr an das vereinbarte Prozeßverhalten hält (§ 257c Abs. 4 S. 1, 2 StPO). Diese Möglichkeiten der „Entbindung" des Gerichts sind bedenklich weit (*Meyer-Goßner*, § 257c, Rn. 26). Immerhin darf in diesem Fall das Geständnis nicht verwertet werden (§ 257c Abs. 3 S. 3 StPO). Bei unberechtigter Abweichung des Gerichts von der Verständigung ist eine Revision nach § 337 StPO wegen Verletzung der Vorschrift des § 257c StPO gegeben (SK/*Wolter*, § 257c Rn. 29; nach BGHSt 49, 87 und *BGH* NStZ 2008, 680 Verstoß gegen das fair trial).

Der **Angeklagte** ist an die „Verständigung" überhaupt nicht gebunden. Bei Nichtvornahme seines zugesagten Verhaltens entfällt die Bindung des Gerichts. Auch ein Verzicht auf Rechtsmittel ist unzulässig (§ 302 Abs. 1 S. 2 StPO); hierüber ist der Betroffene ausdrücklich zu belehren (§ 35a S. 3 StPO). Allerdings ist die Rechtsprechung hier inzwischen auf den Trick gekommen, eine Einlegung des Rechtsmittels und seine sofortige Rücknahme zuzulassen (*BGH* NStZ 10, 409).

Die **Gefahr** der „Verständigung" liegt in der Herbeiführung eines wahrheitswidrigen Geständnisses durch Androhung einer hohen Strafe für den Fall der Nichtmitwirkung, aber auch umgekehrt durch das Angebot unwiderstehlicher Vorteile, insbesondere einer Strafaussetzung zur Bewährung („Sanktionsschere"). Damit droht eine Kollision mit § 136a StPO. Besonders misslich ist eine Verständigung nur aus Zeitmangel des Gerichts und der Staatsanwaltschaft.

Weiterführendes Schrifttum: *Jahn/Müller*, Das Gesetz zur Regelung der Verständigung im Strafverfahren – Legitimation und Reglementierung der Absprachenpraxis, NJW 2009, 2625; *Nistler*, Der Deal – das Gesetz zur Regelung der Verständigung im Strafverfahren, JuS 2009, 916 (mit Beispielen); *Altenhain/Haimerl*, Die gesetzliche Regelung der Verständigung im Strafverfahren – eine verweigerte Reform, JZ 2010, 327.

III. Die Leitung der Hauptverhandlung

206   Die Leitung der Verhandlung, die Vernehmung des Angeklagten und die Aufnahme der Beweise erfolgt durch den **Vorsitzenden** (§ 238 Abs. 1 StPO). Auch die Aufrechterhaltung der Ordnung in der Sitzung (sog. Sitzungspolizei) obliegt dem Vorsitzenden (§ 176 GVG). Der Vorsitzende kann gegen Zuhörer bei Nichtbefolgung von Anordnungen und Ungebühr Ordnungsmittel wie Ordnungshaft und Ordnungsgeld verhängen (§§ 177–182 GVG). Nur einige besonders wichtige Akte in diesen Bereichen sind dem Gericht, d. h. ggf. dem entscheidenden Kollegium, vorbehalten (s. z.B. §§ 228 Abs. 1 S. 1, 244 Abs. 6 StPO; §§ 177 S. 2, 178 Abs. 2 GVG).

In dieser Herrschaft des Vorsitzenden über die Hauptverhandlung hat sich ein **Rest des Inquisitionsprozesses** erhalten. Es entsteht leicht der Eindruck einer fehlenden Neutralität des Vorsitzenden und einer „Steuerung" der Beweisaufnahme. Reformforderungen gehen daher dahin, die Leitungsbefugnisse des Vorsitzenden einzuschränken und die Verhandlung mehr dem Wechselspiel zwischen Anklage und Verteidigung zu überlassen.

207   Gegen auf die **Sachleitung** bezügliche Anordnungen des Vorsitzenden kann das Gericht angerufen werden (§ 238 Abs. 2 StPO;

u „als unzulässig beanstandet"). Es handelt sich hier um einen Rechtsbehelf eigener Art, der die Beschwerde nach § 304 StPO ausschließt. Die früheren Versuche, zwischen der „Verhandlungsleitung" nach § 238 Abs. 1 und der „Sachleitung" nach Abs. 2 zu unterscheiden, sind heute überholt. Angreifbar ist allerdings nur die (rechtliche) Zulässigkeit von Anordnungen, nicht ihre Zweckmäßigkeit. Angreifbar sind daher alle Anordnungen, die nach Rechtsfragen überprüft werden können. Nach der Rechtsprechung kann, da der Revisionsgrund des § 338 Nr. 8 StPO einen Gerichtsbeschluß voraussetzt (u), bei Versäumung der Anrufung des Gerichts nach § 238 Abs. 2 StPO und damit der Herbeiführung eines Gerichtsbeschlusses der Mangel in der Revision nicht mehr geltend gemacht werden, auch nicht nach § 337 StPO (BGHSt 3, 368; a. A. vielfach das Schrifttum). Aus dieser Folge wird mit Recht vielfach eine Hinweispflicht des Gerichts hergeleitet.

Die h. M. erstreckt das Beanstandungsrecht und damit zugleich die Beanstandungspflicht nach § 238 Abs. 2 StPO auch auf Anordnungen des Einzelrichters (*OLG Düsseldorf* StV 1996, 252 m. Anm. *A. Ebert*, NStZ 1997, 565).

Der Vorsitzende vernimmt zwar den Angeklagten und nimmt die **208** Beweise auf; die übrigen Beteiligten haben jedoch ein umfassendes Fragerecht (§ 240 StPO; zu dessen Bedeutung im Prozeßmodell der StPO *Degener*, StV 2002, 618). Allerdings ist dieses Fragerecht nicht unbegrenzt (§§ 241, 241 a StPO). Bei Zweifeln über die Zulässigkeit von Fragen entscheidet wiederum das Gericht (§ 242 StPO). Diese Vorschrift gilt jedoch nur für die Fälle, in denen nicht bereits § 238 Abs. 2 StPO eingreift, das sind Fragen der Richter.

Die Vernehmung von Sachverständigen und Zeugen durch die Staatsanwaltschaft und den Verteidiger ohne Mitwirkung des Vorsitzenden (sog. **Kreuzverhör**), ist zwar zulässig (§ 239 StPO), jedoch wird davon im deutschen Strafprozeß wegen des Erfordernisses eines gemeinsamen Antrags von Staatsanwaltschaft und Verteidigung und wegen der Beschränkung auf „benannte" Zeugen kaum Gebrauch gemacht (*Weigend*, ZStW 100, 734).

Weiterführende Literatur: *Fuhrmann*, Das Beanstandungsrecht des § 238 Abs. 2 StPO, GA 1963, 65.

IV. Der Grundsatz der Mündlichkeit

Aus den Vorschriften über die Hauptverhandlung, insbesondere **209** den §§ 243, 249, 257 f. StPO, und dem Begriff der „Verhandlung" ergibt sich der Grundsatz der Mündlichkeit der Hauptverhandlung.

Nach § 249 StPO müssen Urkunden in die Verhandlung grundsätzlich durch **Verlesung** eingeführt werden (**u**). Nicht nur das Urteil (§ 260 StPO), sondern alle während der Hauptverhandlung ergehenden Beschlüsse (§ 35 Abs. 1 StPO) müssen **verkündet** werden. Aus dem Grundsatz der Mündlichkeit wird geschlossen, daß alle Anträge in der Hauptverhandlung mündlich gestellt werden müssen, insbesondere auch Beweisanträge nach § 244 Abs. 3–5 StPO. Allerdings verlangt das Gericht üblicherweise zugleich eine schriftliche Formulierung durch den Verteidiger zur Erleichterung der Protokollierung.

Der Grundsatz der Mündlichkeit ermöglicht vor allem den Zuhörern die Verfolgung der Verhandlung und sichert damit die Funktion der Öffentlichkeit der Hauptverhandlung nach § 169 GVG (s. u. Rn. 232).

Das Erfordernis der Verlesung von Urkunden ist allerdings im Zeitalter der Fotokopie eine für die Erfassung durch die Beteiligten erschwerte und oft auch ermüdende Prozedur, etwa bei umfangreichen Geschäftsbüchern. Aus diesem Grunde hat das StVÄG 1979 mit Recht die Möglichkeit eingeführt, nach Kenntnisnahme der Richter und Schöffen und **Gelegenheit zur Kenntnisnahme** durch die übrigen Beteiligten von der Verlesung abzusehen (§ 249 Abs. 2 StPO, **u**; inzwischen zweimal erweitert). Allerdings gibt diese Vorschrift nur den Beteiligten ein Recht auf Kenntnisnahme und enthält daher eine Behinderung der Öffentlichkeit der Hauptverhandlung. Sie sollte daher nur zurückhaltend angewendet werden. Im übrigen gehen beim Selbstleseverfahren Urkunden- und Augenscheinsbeweis (s. o. Rn. 111) ineinander über.

Eine bedenkliche Einschränkung des Mündlichkeitsgrundsatzes enthält die 1992 zur Bekämpfung von Antragsmißbräuchen eingeführte Möglichkeit des Übergangs zur Schriftform (§ 257 a StPO).

V. Die Unterbrechung der Hauptverhandlung

210   Da das Gericht sein Urteil auf den „Inbegriff der Verhandlung" (§ 261 StPO), d. h. die gesamte Verhandlung, stützen muß, darf die Verhandlung im Interesse der Bewahrung des Eindrucks von der mündlichen Verhandlung und der Zuverlässigkeit der Erinnerung an die Vorgänge in der Hauptverhandlung nicht zu lange unterbrochen werden (BGHSt 24, 226). Eine Hauptverhandlung darf höchstens bis zu **drei Wochen** unterbrochen werden, nach zehn Tagen jeweils bis zu einem Monat (§ 229 Abs. 1, 2 StPO). Bei Krankheit des Angeklagten oder eines Richters wird der Ablauf dieser Fristen gehemmt (§ 229 Abs. 3). Andernfalls ist die gesamte Hauptverhandlung neu zu beginnen (§ 229 Abs. 4; **u** „von neuem zu beginnen"), sog. „**Aussetzung**" der Hauptverhandlung (§ 228 Abs. 1 StPO). Häufig gewährt die StPO den Beteiligten bei überraschenden Tatsachen ein Recht

auf Unterbrechung oder Aussetzung (z. B. § 145 Abs. 3, 217 Abs. 2, 265 Abs. 3, 4 StPO).

Über Unterbrechungen bis zu drei Wochen entscheidet der Vorsitzende, über längere Unterbrechungen und über Aussetzungen das Gericht (§ 228 Abs. 1 StPO).

Auf dem Fehler der Überschreitung der Fristen des § 229 StPO beruht das Urteil regelmäßig; Ausnahmen sind nur denkbar, wenn sich das Gericht längere Zeit ausschließlich mit der Sache befaßt hat und alle Äußerungen auf Tonband aufgenommen wurden (BGHSt 23, 225). Hingegen ist das Beruhen auf dem Fehler der Entscheidung durch den Vorsitzenden statt durch das Gericht nur selten denkbar, insbesondere wenn der Angeklagte nicht widersprochen hat (BGHSt 33, 219).

Die Gerichte versuchen gelegentlich, die Fristen durch **Formaltermine** („Schiebetermine") zu umgehen. Eine Fristwahrung liegt jedoch nur vor, wenn der Termin das Verfahren sachlich fördert und nicht nur zum Schein erfolgt (*BGH* NJW 1996, 3019 m. Anm. *Wölfl*, NStZ 1999, 43; *BGH* NStZ 08, 115 m. Nachw.; großzügig *BGH* NStZ 2000, 606).

VI. Das Hauptverhandlungsprotokoll

Über die Hauptverhandlung ist ein Protokoll zu führen (§§ 271 ff.   **211** StPO). In das Protokoll werden allerdings nur die Formalien (§ 272 StPO) und der Gang und die Ergebnisse der Hauptverhandlung „**im wesentlichen**" sowie die Beobachtung aller wesentlichen Förmlichkeiten (§ 273 Abs. 1 StPO) aufgenommen. Insbesondere wird nicht der Wortlaut von Aussagen aufgenommen. Nur bei Hauptverhandlungen vor dem Strafrichter und dem Schöffengericht, also dem Amtsgericht, sind immerhin die „wesentlichen Ergebnisse" der Vernehmungen in das Protokoll aufzunehmen (§ 273 Abs. 2 StPO, seit dem OpferRRG 2004 auch Tonaufnahme), damit auf die erneute Vernehmung in der Berufungsverhandlung verzichtet werden kann (§ 325 StPO). Kommt es allerdings auf den Wortlaut einer Aussage oder Äußerung an, so hat der Vorsitzende von Amts wegen oder auf Antrag die vollständige Niederschreibung und Verlesung anzuordnen. Lehnt der Vorsitzende dies ab, so kann – wie bei § 238 Abs. 2 StPO (s. o. Rn. 207) – das Gericht angerufen werden (§ 273 Abs. 3 StPO). Diese Vorschrift wird von den Gerichten sehr eng ausgelegt; es muß auf den Wortlaut, nicht auf den Inhalt der Aussage ankommen.

Das Hauptverhandlungsprotokoll hat insbesondere die Bedeutung, daß in der Revision, bei der Verfahrensfehler benannt werden müssen

(s. u. Rn. 319), die Beobachtung der für die Hauptverhandlung vorge-
schriebenen Förmlichkeiten nur, aber auch immer, **durch das Protokoll bewiesen** werden kann (§ 274 StPO).

Der rigorose Formalismus dieser Bestimmung führt zu erheblichen Problemen, wenn das Protokoll unrichtig ist. Darf der Verteidiger einen aus dem
Protokoll ersichtlichen Verfahrensfehler geltend machen, auch wenn er dessen
Nichtvorliegen kennt? Hierbei wird empfohlen, die Revision einem unwissen-
den Kollegen zu überlassen (nach BGHSt 51, 88 beides unzulässig wegen
Rechtsmissbrauch). Der BGH lässt eine Protokollberichtigung auch noch
nach einer Rüge durch die Revision zu (sog. Rügeverkümmerung); dies verstößt jedoch gegen den Grundgedanken des Verbots der reformatio in peius
(s. u. Rn. 308; *Schroeder*, JR 2010, 135). Immerhin verlangt er neuerdings eine
Art Zwischenverfahren mit Widerspruchsrecht des Beschwerdeführers, be-
gründetem Beschluß und Überprüfung durch das Revisionsgericht (BGHSt
51, 298; *BGH* NStZ 2010, 291; von BVerfGE 122, 248 als zulässige Rechtsfortbildung anerkannt).

Die Aufnahme der Hauptverhandlung auf Tonträger zum Zweck
der Gedächtnisstütze bei der Beratung ist zulässig, sofern die Betroffenen zustimmen (BGHSt 19, 193).

Weiterführende Literatur: *Sieß,* Protokollierungspflicht und freie Beweiswürdigung im Strafprozeß, NJW 1982, 1625; *Ranft,* Hauptverhandlungsprotokoll und Verfahrensrüge im Strafprozeßrecht, JuS 1994, 785, 867.

VII. Der Ausschluß der Beschwerde gegen Beschlüsse in der Hauptverhandlung

212   Damit sich die Hauptverhandlung nicht in lauter fortgesetzte Beschwerdeverfahren auflöst, also im Interesse ihrer Konzentration,
sind Beschlüsse in der Hauptverhandlung grundsätzlich der Beschwerde entzogen (§ 305 StPO) und können nur im Zusammenhang
mit dem ganzen Urteil angegriffen werden (§ 336 StPO). Von diesem
Grundsatz gibt es nur wenige Ausnahmen, bei denen – im Interesse
der Beschleunigung – regelmäßig die sofortige Beschwerde nötig ist
(z. B. § 231 a Abs. 3 StPO).

§ 305 **u** „Entscheidungen der erkennenden Gerichte, die der Urteilsfällung
vorausgehen", „nicht"; § 336 **u** „Entscheidungen, die dem Urteil vorausgegan-
gen sind".

§ 26. Pflichten und Rechte zur Anwesenheit bei der Hauptverhandlung

Nach § 338 Nr. 5 StPO besteht ein absoluter Revisionsgrund, wenn **213** die Hauptverhandlung in Abwesenheit der Staatsanwaltschaft oder einer Person, deren Anwesenheit das Gesetz vorschreibt, stattgefunden hat. Diese Vorschrift verweist somit auf Bestimmungen, die die Anwesenheit bestimmter Personen in der Hauptverhandlung vorschreiben.

I. Richter, Staatsanwalt, Urkundsbeamter, Dolmetscher

Nach § 226 StPO müssen zunächst die zur Urteilsfindung berufe- **214** nen Personen, d. h. die **Berufsrichter** und ggf. die **Schöffen**, in der Hauptverhandlung ununterbrochen anwesend sein. Diese strenge Vorschrift beruht darauf, daß die Richter das Urteil auf den „Inbegriff der Verhandlung" (§ 261 StPO), d. h. die gesamte Verhandlung stützen müssen. Dies können sie naturgemäß nur, wenn sie während der ganzen Verhandlung anwesend waren. Wenn ein Richter während der Hauptverhandlung krank wird oder aus sonstigen Gründen vorübergehend ausfällt, muß die Verhandlung unterbrochen werden, was nach § 229 – abgesehen von Großverfahren – nur für höchstens drei Wochen möglich ist (s. o. Rn. 210). Dauert die Krankheit unabsehbar oder fällt der Richter gar durch Tod oder andere Gründe auf Dauer aus, so muß mit der Verhandlung von vorne begonnen werden (s. o. Rn. 210).

Es ist daher sinnvoll, bei längeren Verhandlungen von vornherein Ergänzungsrichter und -schöffen hinzuzuziehen, die im Falle der Verhinderung einspringen können. Sie müssen allerdings, damit die Vorschrift des § 226 Abs. 1 StPO gewahrt bleibt, der Verhandlung – gewissermaßen auf der Reservebank – von Anfang an beiwohnen (§ 192 Abs. 2, 3 GVG).

Die Rechtsprechung wendet bei abwesenden Richtern nicht § 338 **215** Nr. 5, sondern **§ 338 Nr. 1 StPO** (fehlerhafte Besetzung des Gerichts) an. Als „unvorschriftsmäßige Besetzung des Gerichts" gilt es auch, wenn ein Richter während der Hauptverhandlung schläft. Dies soll allerdings nach der – auch für andere Lebenssituationen richtungweisenden – Formulierung des BGH nur gelten, wenn der Richter „einen nicht unerheblichen Zeitraum fest geschlafen hat" (BGHSt 2, 15; *BGH* NStZ 1982, 41). Das gleiche gilt für verfahrensfremde Lektüre eines Richters während der Hauptverhandlung (*BGH* NJW 1962, 2212).

216   Im Gegensatz zu den Richtern braucht die **Staatsanwaltschaft** an der Hauptverhandlung nur als Institution teilzunehmen; sie kann daher wechselnde Vertreter zur Hauptverhandlung entsenden. Das gleiche gilt für den Urkundsbeamten („ein" Urkundsbeamter, bei Verfahren vor dem Einzelrichter überhaupt nicht erforderlich, § 226 Abs. 2) und – bei der deutschen Sprache nicht mächtigen Prozeßbeteiligten – den Dolmetscher (§ 185 GVG).

II. Der Angeklagte

217   Die Anwesenheit des Angeklagten ist ein Menschenrecht nach Art. 14 Abs. 3 d IPBPR. Sie soll dem Angeklagten das rechtliche Gehör (Art. 103 Abs. 1 GG) und das Recht auf Verteidigung (Art. 6 Abs. 3 c EMRK) sichern. Andererseits soll sie aber auch dem Richter einen unmittelbaren Eindruck von der Person des Angeklagten vermitteln und damit die Wahrheitsfindung fördern (BGHSt 26, 90). Dem Anwesenheitsrecht entspricht daher grundsätzlich eine Anwesenheitspflicht des Angeklagten (§§ 230, 231 Abs. 1, 285 StPO). Ein Verzicht auf das Anwesenheitsrecht ist grundsätzlich unmöglich (BGHSt 25, 318).

Daher können auch Staatsanwaltschaft und Nebenkläger die unzulässige Abwesenheit des Angeklagten zu seinem Nachteil rügen (BGHSt 37, 250).

Von dem Grundsatz der Anwesenheit des Angeklagten in der Hauptverhandlung gibt es jedoch einige gesetzlich genau umschriebene **Ausnahmen.** Dabei ist zwischen der – gravierenderen – Abwesenheit während der ganzen Hauptverhandlung und der zeitweiligen Abwesenheit zu unterscheiden.

1. Abwesenheit des Angeklagten während der ganzen Hauptverhandlung (§§ 231 a, 232–233 StPO)

218   Sie ist in folgenden Fällen möglich:

a) Bei **kleineren Straftaten** (höchste mögliche Strafe Geldstrafe von 180 Tagessätzen!, **u**), Hinweis auf die Möglichkeit der Verhandlung in Abwesenheit in der Ladung und unentschuldigtem Fernbleiben (§ 232 StPO). Bei unverschuldetem Fernbleiben auf Antrag Wiedereinsetzung in den vorigen Stand (§ 235 StPO).

b) Bei **etwas schwereren Straftaten** (höchste mögliche Strafe Freiheitsstrafe bis zu sechs Monaten, **u**) und ausdrücklicher Entbindung

von der Pflicht zum Erscheinen durch Gerichtsbeschluß und voran-
gegangener Vernehmung über die Anklage durch einen beauftragten
oder ersuchten Richter (§ 233 StPO).

u Abs. 1 „Antrag", Abs. 2 „durch einen beauftragten oder ersuchten Richter
über die Anklage vernommen"
Zur Durchsetzung dieser Vernehmung ist die zwangsweise Vorführung
nach § 230 Abs. 2 StPO zulässig, nicht jedoch zur Anregung der Stellung des
Antrags auf Entbindung vom Erscheinen (BGHSt 25, 43). Der Antrag kann
wegen seiner einschneidenden Bedeutung vom Verteidiger nur bei einer spezi-
ellen Vollmacht gestellt werden (BGHSt 12, 367).
    Die Strafobergrenzen der §§ 232, 233 StPO sind Voraussetzungen der Ver-
handlung in Abwesenheit, und ihre Überschreitung ist daher nach **§ 338 Nr. 5
StPO** zu rügen. A. A. *OLG Hamm* JR 1978, 120: der sachlichen Zuständigkeit vergleichbare und daher von Amts wegen zu berücksichtigende Verfahrensvoraussetzung.

c) Wenn der Angeklagte sich vorsätzlich und schuldhaft in einen   219
seine Verhandlungsfähigkeit ausschließenden Zustand versetzt
und dadurch wissentlich die ordnungsgemäße Durchführung der
Hauptverhandlung in seiner Gegenwart verhindert hat (§ 231 a
Abs. 1 S. 1 1. Alt. StPO).

Diese Bestimmung wurde 1974 eingefügt (1. StVRErgG) und reagiert auf
Hungerstreiks von angeklagten Terroristen. Sie verstößt nicht gegen das GG,
insbesondere nicht gegen den Anspruch auf rechtliches Gehör (Art. 103 Abs. 1
GG) und den Anspruch auf ein faires Verfahren (Art. 2 Abs. 1 i. V. m. Art. 20
Abs. 3 GG; BGHSt 26, 231; BVerfGE 41, 246). Voraussetzung ist allerdings,
daß der Angeklagte nach Eröffnung des Hauptverfahrens Gelegenheit gehabt
hat, sich vor dem Gericht oder einem beauftragten Richter zur Anklage zu äußern (§ 231 a Abs. 1 S. 2 StPO, u).
    Nach BGHSt 26, 239, 240 soll für den Vorsatz hinsichtlich der Herbeifüh-
rung der Verhandlungsunfähigkeit bedingter Vorsatz ausreichen. Wie sich dies
mit dem Erfordernis der Wissentlichkeit hinsichtlich der dadurch (!) erfolgenden Verhinderung der ordnungsgemäßen Durchführung der Hauptverhandlung vereinbaren läßt, erscheint höchst zweifelhaft – Strafrechtsdogmatik im
Strafprozeßrecht! Befremdlich erscheint es überdies, daß der BGH den – be-
dingten – Vorsatz in Bezug auf die Herbeiführung der Verhandlungsunfähigkeit darin sieht, daß die Angeklagten durch ihr gefährliches Verhalten die
staatlichen Organe zur Anwendung besonders einschneidender Haftbedin-
gungen, insbesondere der Isolierung von anderen Strafgefangenen, gezwungen
hätten, die dann zur Verhandlungsunfähigkeit geführt hätten.

d) Um auch in Fällen, in denen die Voraussetzungen für eine Ver-   220
handlung in Abwesenheit des Angeklagten nicht vorliegen (z. B. Verhängung einer höheren Strafe als Geldstrafe bis zu 180 Tagessätzen,
entschuldigtes Ausbleiben des Angeklagten) eine Verurteilung zu er-

möglichen, hat das StVÄG 1987 die Möglichkeit eingeräumt, noch nach der Eröffnung des Hauptverfahrens bzw. dem Antrag auf Entscheidung im beschleunigten Verfahren **zum Strafbefehlsverfahren überzugehen** (§§ 408 a, 418 Abs. 3 S. 3 StPO). Diese Regelung ist – jedenfalls hinsichtlich des Strafbefehlsverfahrens – sowohl praktisch als auch dogmatisch sehr fragwürdig.

aa) Da dieser Übergang die allgemeinen Voraussetzungen des Strafbefehlsverfahrens verlangt, insbesondere die Nichterforderlichkeit einer Hauptverhandlung, ist er nur in den seltenen Fällen anwendbar, in denen sich die Beweislage seit der Anklageerhebung geändert hat oder sich die Staatsanwaltschaft entgegen ihrer ursprünglichen Anklage mit der im Strafbefehl höchstens verhängbaren Strafe (s. o. Rn. 191) begnügt.

bb) Da der Antrag auf Erlaß eines Strafbefehls eine Form der Anklageerhebung darstellt (§ 407 Abs. 1 S. 4 StPO; s. o. Rn. 172), liegen nunmehr zwei Anklagen in derselben Sache vor. Der Gesetzgeber hat daher für den Strafbefehlsantrag in diesem Fall die Wirkung der Anklageerhebung kurzerhand ausgeschlossen (§ 408 a Abs. 1 S. 3 StPO, **u**). Das gleiche muß wohl auch hinsichtlich der Wirkung als Eröffnungsbeschluß gelten, die der Strafbefehl normalerweise nach Einspruchseinlegung erhält (s. o. Rn. 194).

Die Praxis ist über diese Schwierigkeiten hinweggegangen und bevorzugt das Strafbefehlsverfahren wegen der Unnötigkeit einer Hauptverhandlung nunmehr auch in den Fällen der §§ 232, 233 StPO (s. o. Rn. 218; *Martin*, GA 1995, 120).

221   e) In dem Verfahren **nach Einspruch gegen einen Strafbefehl** (s. o. Rn. 194) kann sich der Angeklagte durch einen Verteidiger vertreten lassen (§ 411 Abs. 2 StPO). Bleiben der Angeklagte und sein Verteidiger in dieser Verhandlung ohne ausreichende Entschuldigung aus, so ist der Einspruch ohne Verhandlung zur Sache zu verwerfen (§ 412 StPO). Es handelt sich hierbei um den ganz seltenen Fall eines Versäumnisurteils im Strafprozeß. Bei fehlerhafter Mißachtung der Entschuldigung durch das Gericht ist Wiedereinsetzung in den vorigen Stand möglich (§§ 412 Abs. 1 S. 1 i. V. m. 329 Abs. 3 StPO).

222   **Von diesen Ausnahmen abgesehen gilt:**

Gegen Beschuldigte, deren **Aufenthalt unbekannt** ist oder die sich an einem gestellungshindernden Aufenthaltsort im **Ausland** befinden (sog. Abwesende, § 276 StPO), findet keine Hauptverhandlung statt (§ 285 Abs. 1 S. 1 StPO; s. schon § 205 StPO, o. Rn. 164). Vor allem totalitäre Staaten, aber auch etwa Frankreich, sehen dagegen die Mög-

lichkeit eines Abwesenheitsverfahrens vor. Zur Möglichkeit der Vermögensbeschlagnahme s. o. Rn. 164.

Auch gegen einen **ausgebliebenen** Angeklagten findet eine Hauptverhandlung nicht statt. Bleibt der Angeklagte ohne genügende Entschuldigung aus, so hat das Gericht die Vorführung (**u**) anzuordnen
oder einen Haftbefehl (**u**) zu erlassen (§ 230 StPO). Voraussetzung
ist allerdings die „Warnung" in der Ladung (§ 216 StPO). Der er-
schienene Angeklagte darf sich aus der Verhandlung nicht entfernen;
der Vorsitzende kann geeignete Maßnahmen treffen, um eine Entfernung des Angeklagten zu verhindern; auch kann er ihn während einer Unterbrechung der Verhandlung in Gewahrsam halten lassen
(§ 231 Abs. 1 StPO).

> Die Sammler der sog. „strafprozessualen Zwangsmaßnahmen" (s. o.
> Rn. 114 ff.) können hier drei weitere Stücke in ihre Sammlung einreihen.

2. Fortführung der Hauptverhandlung bei vorübergehender Abwesenheit des Angeklagten (§§ 231 Abs. 2–231 c, 247 StPO)

Sie ist in folgenden Fällen zulässig: 223

a) Bei eigenmächtiger Entfernung **nach Vernehmung über die
Anklage** (§ 231 Abs. 2 StPO; hierunter fällt auch das Ausbleiben
nach einer Unterbrechung). Diese Ausnahme von der Anwesenheitspflicht des Angeklagten ist eng auszulegen und setzt den Nachweis
eines eigenmächtigen Verhaltens voraus. Eigenmächtiges Verhalten
liegt vor, wenn der Angeklagte ohne Rechtfertigungs- oder Entschul-
digungsgründe wissentlich seiner Anwesenheitspflicht nicht genügt
(BGHSt 37, 249). Darunter fällt nicht das Fernbleiben aus Sorge um
den Verlust des Arbeitsplatzes (*BGH* NStZ 1985, 13) oder aus Irrtum
über den Sitzungstermin (*BGH* NStZ 1983, 209). Dagegen fällt darunter auch ein Selbstmordversuch (BGHSt 16, 178). Alle Fälle der
vorsätzlichen und schuldhaften Herbeiführung der Verhandlungsunfähigkeit fallen, soweit sie nach Vernehmung über die Anklage erfolgten und damit nicht mehr unter § 231 a StPO (s. o. Rn. 219) fallen,
unter § 231 Abs. 2 StPO (*BGH* NJW 1981, 1052). Die Vorschrift
darf nicht zu einer Freistellung von der Teilnahme mißbraucht werden (BGHSt 37, 249).

u § 231 Abs. 2 „Abwesenheit", „über die Anklage schon vernommen"

b) **Vor Vernehmung über die Anklage** ist die Fortführung der
Hauptverhandlung nur möglich nach § 231 a Abs. 1 S. 1 StPO (s. o.
Rn. 219), d. h. wenn sich der Angeklagte vorsätzlich und schuldhaft
in einen seine Verhandlungsfähigkeit ausschließenden Zustand ver-

setzt und dadurch wissentlich die ordnungsgemäße Durchführung der Hauptverhandlung in seiner Gegenwart verhindert.

u § 231 a Abs. 1 StPO „noch nicht über die Anklage vernommen", S. 2 „zur Anklage zu äußern"
Das LG Bielefeld hat die Eigenmächtigkeit nach § 231 Abs. 2 und das schuldhafte Sichversetzen in Verhandlungsunfähigkeit nach § 231 a StPO bei der Ausschlagung einer gefährlichen Operation bejaht. Hiergegen *BVerfG* NStZ 1993, 598 m. Anm. *Meurer* (Verstoß gegen Art. 103 Abs. 1 GG und fair-trial-Grundsatz, s. o. Rn. 54 ff.).

224   c) Die Entfernung des Angeklagten aus dem Sitzungszimmer wegen **ordnungswidrigen Benehmens** ist möglich nach § 177 GVG und bei Befürchtung schwerwiegender Beeinträchtigung des Ablaufs der Hauptverhandlung durch die Anwesenheit des Angeklagten (§ 231 b StPO).

u § 231 b „ordnungswidrigen Benehmens", „Ablauf der Hauptverhandlung in schwerwiegender Weise beeinträchtigen"

d) Bei der Hauptverhandlung gegen **mehrere Angeklagte** kann einzelnen Angeklagten auf Antrag gestattet werden, sich während der sie nicht betreffenden Verhandlungsteile zu entfernen (§ 231 c StPO).

u § 231 c „mehrere Angeklagte"

225   e) Drei weitere – sehr heterogene – Gründe für die Verhandlung ohne den Angeklagten enthält § 247 StPO:
aa) Gefahr der **Nichtaussage der Wahrheit** durch **Zeugen** bei Gegenwart des Angeklagten (S. 1, u); hierunter fällt auch die Ankündigung, vom Zeugnisverweigerungsrecht Gebrauch zu machen (*BGH* NStZ 1997, 402).
bb) Befürchtung erheblicher Nachteile für das **Wohl von Zeugen** unter 16 Jahren oder dringende Gefahr eines schwerwiegenden Nachteils für die Gesundheit sonstiger Zeugen durch psychische Belastung oder Racheakte bei Gegenwart des Angeklagten (S. 2, u).

Nur wenn die Entfernung des Angeklagten nicht ausreicht, ist umgekehrt die Vernehmung des Zeugen außerhalb des Gerichtssaals mit Videoübertragung möglich (§ 247 a StPO, näher u. Rn. 255). Der Grundsatz der unmittelbaren Vernehmung des Zeugen hat also Vorrang vor dem Anwesenheitsrecht des Angeklagten!

cc) Befürchtung eines erheblichen Nachteils für die **Gesundheit des Angeklagten** selbst bei Erörterungen über seinen Zustand und die Behandlungsaussichten (S. 3, u).

Zu beachten ist, daß die Vereidigung der Zeugen und die Erörterungen hierüber (s. §§ 59 ff. StPO) nicht mehr zur „Vernehmung" gehören, so daß der Angeklagte dabei auf jeden Fall wieder zuzulassen ist. Bei Verletzung liegt der absolute Revisionsgrund des § 338 Nr. 5 StPO vor (BGHSt 26, 218; Einschränkung bei erheblicher Gefährdung des Zeugen in BGHSt 37, 49). Eine Heilung durch Wiederholung der Vereidigung in Anwesenheit ist möglich (BGHSt 48, 230).

u „Vernehmung"

Der BGH wendet § 247 S. 1 StPO analog auch dann an, wenn die **226** zuständige Behörde die Präsentation eines Zeugen mit zureichender Begründung (vgl. §§ 96, 54 Abs. 1 StPO i. V. m. § 39 BRRG) von der Abwesenheit des Angeklagten bei der Vernehmung abhängig macht (häufig bei V-Leuten und Verdeckten Ermittlern). Dieses Verfahren geht als weniger einschneidende Stufe der Geheimhaltung der kommissarischen Vernehmung (s. o. Rn. 202) vor (BGHSt 32, 32 m. Anm. *Geerds* JZ 1984, 45; *BGH* NStZ 1985, 136).

3. Materielle Gründe der Verhandlung in Abwesenheit

Nach ihrem materiellen Grund lassen sich die Möglichkeiten der Verhandlung in Abwesenheit des Angeklagten in folgender Weise gliedern:
(1) **Verzicht** des Angeklagten (§§ 231 c, 233 StPO)
(2) eigenes **Verschulden** des Angeklagten (§§ 231 Abs. 2, 231 a, 231 b, 232 StPO; der letztere Fall wird z. T. auch als Verzicht nach (1) angesehen)
(3) Gefährdung der **Wahrheitsfindung** (§ 247 S. 1 StPO)
(4) Nachteile für das **Wohl** des Angeklagten und von Zeugen (§ 247 S. 2, 3 StPO).

4. Ausschluß weiterer Möglichkeiten der Abwesenheitsverhandlung

Weitere Möglichkeiten für eine Verhandlung in Abwesenheit des **227** Angeklagten bestehen nicht. **Interessante Fälle hierzu:**

Der Angeklagte weigerte sich, beim Ortstermin in **gefesseltem** Zustand das Transportfahrzeug zu verlassen. Das Gericht nahm den Ortstermin ohne den Angeklagten vor. Verstoß gegen § 338 Nr. 5 StPO, da ein Grund zur Verhandlung ohne den Angeklagten nicht vorlag. Er hatte sich nicht nach § 231 Abs. 2 StPO „eigenmächtig entfernt" und auch nicht nach §§ 177 GVG, 231 b StPO die Ordnung gestört. Das Gebot der Ungefesseltheit von Untersuchungshäftlingen während der Hauptverhandlung (§ 119 Abs. 5 S. 2 StPO) ist nur eine Sollvorschrift. Das Gericht hätte seine Anwesenheit bei der Weiterverhand-

lung am Tatort nach § 231 Abs. 1 S. 1 erzwingen müssen (BGHSt 25, 319; dagegen *Lüderssen*, K. Meyer-GS, 1990, 269).

Die Verteidigung stellte mit Einverständnis des Angeklagten den Antrag,
daß sich dieser während der Anhörung des medizinischen Sachverständigen
über die Obduktion der getöteten Ehefrau und des Sohns des Angeklagten
mit Inaugenscheinnahme von Lichtbildern aus dem Sitzungssaal entfernen
dürfe. Der Vorsitzende gab diesem Antrag statt. Absoluter Revisionsgrund
nach § 338 Nr. 5 StPO (*BGH* NStZ 1993, 198).

Äußerst bedenklich ist die Auffassung der Rechtsprechung, die
Abwesenheit bei „unwesentlichen Teilen" der Hauptverhandlung für
unbeachtlich zu erklären. Das mag für reine Formalien wie den Aufruf der Zeugen und Sachverständigen hinnehmbar sein, nicht aber für
die Verkündung der Urteilsgründe (so aber BGHSt 15, 263). Der
BGH sagt selbst an anderer Stelle, daß die Beteiligten auch noch während der Verkündung der Urteilsgründe Anträge stellen können
(BGHSt 22, 84).

5. Gerichtsbeschluß und nachträgliche Unterrichtung des Ange-klagten

228   Wegen der einschneidenen Wirkung für den Angeklagten ist für die
Verhandlung in Abwesenheit grundsätzlich ein **Gerichtsbeschluß** erforderlich (Ausnahmen § 232 StPO, s. o. Rn. 218, und § 231 Abs. 2
StPO, o. Rn. 223, bei denen ein schlüssiges Verhalten des Gerichts genügt). Das Fehlen eines solchen Beschlusses bedeutet die Abwesenheit einer Person von der Hauptverhandlung entgegen dem Gesetz
und damit den absoluten Revisionsgrund nach § 338 Nr. 5 StPO
(BGHSt 4, 365).

u § 231 a Abs. 3 „beschließt das Gericht", § 231 b „das Gericht", § 231 c
„Gerichtsbeschluß", § 247 „Das Gericht", „anordnen"

Ferner ist mit Ausnahme des § 231 Abs. 2 StPO (s. o. Rn. 223) bei
allen Fällen der vorübergehenden Abwesenheit bei Rückkehr des Angeklagten eine **Unterrichtung** über den wesentlichen Inhalt der Verhandlung in Abwesenheit erforderlich (§§ 231 a Abs. 2, 231 b Abs. 2,
247 S. 4 StPO, u „zu unterrichten"). Die fehlende Unterrichtung über
den wesentlichen Inhalt der Verhandlung in Abwesenheit gibt allerdings nur einen relativen Revisionsgrund nach § 337 StPO (BGHSt
1, 350). Das Gericht kann in allen Fällen das persönliche Erscheinen
des Angeklagten anordnen (§ 236 StPO).

6. Verhandlungsunfähigkeit

Die Anwesenheit bedeutet nicht nur körperliche Anwesenheit. In 229 engem Zusammenhang mit der Abwesenheit des Angeklagten steht daher dessen Verhandlungsunfähigkeit, d. h. die Fähigkeit, in und außerhalb der Verhandlung seine Interessen vernünftig wahrzunehmen und die Verteidigung in verständiger und verständlicher Weise zu führen (OGHSt 2, 377). Die Verhandlungsunfähigkeit ist im Gegensatz zur Abwesenheit nicht nur ein absoluter Revisionsgrund, sondern sogar ein Prozeßhindernis, das auch ohne Revisionsrüge von Amts wegen zu berücksichtigen ist (BGHSt 26, 92). Die Anwesenheit eines verhandlungsunfähigen Angeklagten in der Hauptverhandlung würde ein verzerrtes Bild seiner Persönlichkeit geben (BGHSt 26, 92). Die Herbeiführung der Verhandlungsunfähigkeit führt nicht nur zur Möglichkeit der Verhandlung in Abwesenheit (s. o. Rn. 223), sondern die Rechtsprechung hat sie als eigenmächtiges Sichentfernen (BGHSt 16, 178) und Nichterscheinen (BGHSt 23, 334) angesehen.

Häufig ist die **eingeschränkte Verhandlungsfähigkeit**, d. h. die 230 Fähigkeit des Angeklagten, der Verhandlung jeweils nur für einige Stunden am Tage zu folgen. Dem muß durch eine entsprechende Terminierung Rechnung getragen werden. Der BGH läßt die Verhandlung in Abwesenheit allerdings auch dann zu, wenn der Angeklagte schuldhaft nur seine Verhandlungsfähigkeit so eingeschränkt hat, daß die Zeit der Verhandlungsfähigkeit nicht ausreicht, das Verfahren in vernünftiger Frist zu Ende zu führen (BGHSt 26, 232 m. abl. Anm. *Grünwald*, JZ 1976, 767; *BGH* NJW 1981, 1052). Dadurch sieht sich der BGH jedoch gezwungen, die Anwesenheit des Angeklagten auch in diesem Zustand, d. h. bei möglicherweise gerade bestehender Verhandlungsunfähigkeit, zuzulassen (BGHSt 26, 234) – ein bedenklicher Widerspruch.

Weiterführende Literatur: *Stein*, Die Anwesenheitspflicht des Angeklagten in der Hauptverhandlung, ZStW 97 (1985), 302; *Hassemer*, Gefährliche Nähe: Die Entfernung des Angeklagten aus der Hauptverhandlung (§ 247 StPO), JuS 1986, 25.

III. Der Verteidiger; Konfliktverteidigung

Die Anwesenheit des Verteidigers in der Hauptverhandlung ist nur 231 bei der notwendigen Verteidigung (s. o. Rn. 91) erforderlich. Dies ergibt sich aus den §§ 145, 228 Abs. 2 StPO. Ein Wechsel des notwendigen Verteidigers verlangt nicht zwingend eine Aussetzung der

Hauptverhandlung (arg. §§ 145 Abs. 2, 3, 227 StPO; BGHSt 13, 340). Durch den Anspruch auf ein faires Gerichtsverfahren (s. o. Rn. 54 ff.) i. V. m. § 265 Abs. 4 StPO kann es auch bei freiwilliger Verteidigung über den Wortlaut des § 228 Abs. 2 StPO hinaus geboten sein, bei überraschendem Nichterscheinen des Verteidigers die Verhandlung auszusetzen. Mindestens ist mit dem Beginn etwa 15 Minuten, bei auswärtigen Verteidigern noch länger zu warten.

In der letzten Zeit versuchen einzelne Verteidiger und Angeklagte zunehmend, das Strafverfahren durch exzessiven Gebrauch der Verteidigungsrechte in der Hauptverhandlung zu torpedieren. Die Mittel hierzu sind vornehmlich: Anträge auf Einstellung des Verfahrens wegen angeblicher Prozeßhindernisse (s. o. Rn. 74), laufende Befangenheitsanträge, insbesondere wegen bloßer prozessualer Fehler (s. o. Rn. 159), unzählige Beweisanträge (s. u. Rn. 262), dabei häufig gerichtet auf die Vernehmung ausländischer und daher nur langwierig zu ladender Zeugen, exzessiver Gebrauch des Rechts zur Befragung von Zeugen (§ 240 Abs. 2 StPO), aber Beanstandung von Fragen anderer Prozeßbeteiligter (§ 242 StPO), Beanstandung von Sachleitungsanordnungen des Vorsitzenden (§ 238 Abs. 2 StPO), exzessive Protokollierungsanträge (§ 273 Abs. 3 StPO), Einführung aller Äußerungen des Beschuldigten durch Verlesung von dessen Erklärungen mit entsprechenden prozessualen Problemen (s. u. Rn. 258). Besonders skandalös war dies bei der Verhandlung gegen eine rechtsextremistische Vereinigung in Stuttgart, die über drei Jahre hingezogen wurde (*Wassermann,* NJW 1994, 1106; s. a. *LG Wiesbaden* StV 1995, 240), und bei der Verhandlung gegen *Zündel* in Mannheim 2005 (dazu *Böhme,* NJW 2006, 2371). Man spricht insoweit von einer **„Konfliktverteidigung".** Eine Ausschließung des Verteidigers ist nicht möglich (*OLG Nürnberg* StV 1995, 287 m. Anm. *Barton;* s. o. Rn. 95). Seit 1994 kann die schriftliche Stellung von Anträgen zu Verfahrensfragen verlangt werden (§ 257 a). Der Vorsitzende kann im Rahmen seiner Sitzungsleitung (s. o. Rn. 206 ff.) Unterbrechungen einer Zeugenvernehmung durch extensive Anträge verhindern (BGHSt 48, 372). Im Strafprozeß besteht ein allgemeines Mißbrauchsverbot (BGHSt 38, 111). Die Diskussion darüber, ob zur Eindämmung derartigen Verhaltens Änderungen des Strafprozeßrechts erforderlich oder zulässig sind, verläuft sehr emotional (*Kintzi,* DRiZ 1994, 325). Zum Missbrauch des Beweisantragsrechts s. u. Rn. 262.

Weiterführende Literatur: *Kudlich,* Strafprozeß und allgemeines Mißbrauchsverbot, 1998; *Grüner,* Über den Mißbrauch von Mitwirkungsrechten und die Mitwirkungspflichten des Verteidigers im Strafprozeß, 2000; *Senge,* Mißbräuchliche Inanspruchnahme verfahrensrechtl. Gestaltungsmöglichkeiten

– wesentl. Merkmal der Konfliktverteidigung? Abwehr der Konfliktverteidigung, NStZ 2002, 225; *Pfister* u. *Beulke*, Rechtsmissbrauch im Strafprozess, StV 2009, 550, 554.

IV. Die Öffentlichkeit der Hauptverhandlung

1. Allgemeines

Schließlich besteht bei der Hauptverhandlung ein Anwesenheits-   232
recht für jedermann als Zuhörer, sog. Öffentlichkeit der Verhandlung
(§ 169 S. 1 GVG).

Die Öffentlichkeit der Gerichtsverhandlungen ist im Gerichtsverfassungsgesetz geregelt. Das ist zwar systematisch unrichtig, beruht aber auf der Erwä-
gung, daß die Regelungen für die verschiedenen Prozeßarten weitgehend
identisch sind, und entspricht daher dem Prinzip der Gesetzgebungsökono-
mie. „Verhandlung vor dem erkennenden Gericht" bedeutet die Hauptverhandlung.

Die Öffentlichkeit der Gerichtsverhandlungen ist ein wichtiger, im
19. Jahrhundert gegen den bis dahin herrschenden Geheimprozeß er-
kämpfter, Grundsatz des liberalen Rechtsstaats. Zu seinen Vorkämp-
fern gehört besonders *Anselm von Feuerbach* (Betrachtungen über
die Öffentlichkeit und Mündlichkeit der Gerechtigkeitspflege, 1821).
Die Öffentlichkeit des Strafverfahrens ist damit eine der grundlegenden Einrichtungen des Rechtsstaats (BGHSt 9, 281). Inzwischen ist
sie auch als **Menschenrecht** anerkannt (Art. 6 Abs. 1 S. 1 EMRK,
Art. 14 Abs. 1 S. 2 IPBPR).

Die StPO betont die Wichtigkeit dieses Grundsatzes dadurch, daß
sie seine Verletzung als **absoluten Revisionsgrund** ansieht (§ 338
Nr. 6 StPO).

So einleuchtend der Grundsatz der Öffentlichkeit der strafrechtlichen Hauptverhandlung auch ist, so schwierig erscheint bei näherer
Betrachtung seine Begründung. Mochte früher der Beistand des Volkes obrigkeitliche Willkür gegen den Angeklagten verhindern, so ist
dem Angeklagten heute in aller Regel die Öffentlichkeit eher peinlich
und würde er häufig gern darauf verzichten. Dies ist aber von der
StPO nicht vorgesehen. Der Grundsatz der Öffentlichkeit der straf-
gerichtlichen Hauptverhandlung dient daher jedenfalls nicht primär
dem Schutz des Angeklagten, sondern dem **Vertrauen der Allgemeinheit in die Unabhängigkeit der Gerichte** (BGHSt 9, 281), der
Vorsorge gegen rechtsstaatswidrige Geheimprozesse, auf dem Rü-

cken des Angeklagten und manchmal in Behinderung der Wahrheitserforschung (BGHSt 9, 282).

233   Das die Öffentlichkeit bedeutende Anwesenheitsrecht für jedermann findet seine **Grenze in den tatsächlichen Gegebenheiten.** Das Gericht ist nicht verpflichtet, für Prozesse mit großem Publikumsinteresse in ein Fußballstadion umzuziehen. Bei Augenscheinseinnahmen in kleinen Zimmern haben manchmal sogar überhaupt keine Zuschauer Platz (BGHSt 5, 83). Diese tatsächlichen Schranken dürfen jedoch nicht als Vorwand dazu benutzt werden, die Öffentlichkeit zu beschränken. Daher muß bei zu erwartendem Publikumsandrang der größte Gerichtssaal gewählt werden; nach einer Augenscheinseinnahme in beengten Räumen darf die Hauptverhandlung nicht dort fortgesetzt werden (BGHSt 5, 83). Im Dienstzimmer eines Richters ist eine Hauptverhandlung nur zulässig, wenn in ihm Zuhörer in einer Anzahl Platz finden, in der sie noch als Repräsentanten einer keiner besonderen Auswahl unterliegenden Öffentlichkeit angesehen werden können (*OLG Köln* NStZ 1984, 282).

Lehrreicher Fall: Das Amtsgericht hatte eine Augenscheinseinnahme auf dem Standstreifen der Autobahn durchgeführt. Anschließend hatte es die einfache Hauptverhandlung dort gleich fortgesetzt und das Urteil verkündet. Verstoß gegen § 338 Nr. 6 StPO, weil die nach § 18 Abs. 9 S. 1 StVO gegebene Beschränkung des Zugangs für Fußgänger zwar bei der Augenscheinseinnahme, nicht aber bei der Fortsetzung der Hauptverhandlung und der Urteilsverkündung hinzunehmen ist (*OLG Köln* NJW 1976, 637).

2. Ausschluß der Öffentlichkeit

234   Der Ausschluß der Öffentlichkeit ist in folgenden Fällen möglich:
(1) Wenn das Verfahren neben der Strafe oder allein die **Unterbringung** des Angeklagten in einem psychiatrischen Krankenhaus oder einer Entziehungsanstalt (§§ 63, 64, 67 StGB) zum Gegenstand hat (§ 171 a GVG).
(2) Soweit (!) Umstände aus dem **persönlichen Lebensbereich** eines Prozeßbeteiligten, Zeugen oder Verletzten zur Sprache kommen, deren öffentliche Erörterung schutzwürdige Interessen verletzen würde; dies gilt allerdings nicht, wenn der Betroffene selber die Öffentlichkeit wünscht oder das Interesse an der öffentlichen Erörterung überwiegt (§ 171 b GVG).

235   (3) Wenn eine Gefährdung der **Staatssicherheit, der öffentlichen Ordnung oder der Sittlichkeit** zu besorgen ist (§ 172 Nr. 1 GVG).

Hierbei handelt es sich um **bedenkliche Generalklauseln.** Diese werden jedoch von der Rechtsprechung eng ausgelegt. Unter die „Gefährdung der öffentlichen Ordnung" fallen wiederholte Störungen durch die Zuhörer. Nicht unter die „Gefährdung der öffentlichen Ordnung" fällt die Erschwerung der Wahrheitsfindung, z. B. durch die Befürchtung, der Angeklagte werde vor der Öffentlichkeit kein Geständnis abgeben (BGHSt 9, 285), oder die Ankündigung einer Zeugin, sie werde bei Aufrechterhaltung der Öffentlichkeit von ihrem Zeugnisverweigerungsrecht Gebrauch machen (BGHSt 30, 193 m. Anm. *Gössel*, NStZ 1982, 141). Im Widerspruch dazu steht es allerdings, wenn der BGH die Ankündigung der vorgesetzten Behörde, sie werde andernfalls keine Aussagegenehmigung erteilen, als Grund für den Ausschluß ansieht (BGHSt 32, 125).

(4) Wenn eine Gefährdung des **Lebens, des Leibs oder der Freiheit** eines Zeugen oder einer anderen Person zu befürchten ist (§ 172 Nr. 1 a GVG).

Dieser Ausschlußgrund wurde durch das OrgKG 1992 (s. o. Rn. 41) eingeführt. Schon davor wurden diese Fälle als „Gefährdung der öffentlichen Ordnung" nach Nr. 1 angesehen (BGHSt 3, 344; 9, 284).

(5) Wenn wichtige **Geschäfts- oder Betriebsgeheimnisse** zur Sprache kommen und durch ihre Erörterung überwiegende schutzwürdige Interessen verletzt würden, sowie wenn **private Geheimnisse** erörtert werden, die nach § 203 StGB geschützt sind (§ 172 Nr. 2, 3 GVG).

(6) Bei Vernehmung einer Person **unter sechzehn Jahren** (§ 172 Nr. 4 GVG).

Über die Ausschließung der Öffentlichkeit entscheidet nicht der **236** Vorsitzende, sondern das **Gericht** – u. U. bereits unter Ausschluß der Öffentlichkeit (§ 174 Abs. 1 S. 1 GVG). Der **Beschluß** über den Ausschluß der Öffentlichkeit muß jedoch in der Regel öffentlich verkündet werden (§ 174 Abs. 1 S. 2 GVG, u). Schon diesbezügliche Fehler eröffnen den absoluten Revisionsgrund nach § 338 Nr. 6 StPO (*BGH* StV 2000, 242).

Interessanter Fall: In einem Verfahren vor dem Jugendschöffengericht regte der Vertreter der Jugendgerichtshilfe einen Ausschluß der Öffentlichkeit an. Der Vorsitzende kündigte eine Entscheidung an, sofern nicht die Zuhörer den Saal freiwillig verließen. Dies geschah. *OLG Braunschweig* StV 1994, 474: unzulässige Umgehung des Beschlußerfordernisses.
Die Möglichkeit des Ausschlusses der Öffentlichkeit wies früher einen folgenreichen Konstruktionsmangel auf: Der fehlerhafte Ausschluß der Öffentlichkeit bildete einen absoluten Revisionsgrund nach § 338 Nr. 6 StPO; der fehlerhafte Nichtausschluß der Öffentlichkeit blieb dagegen ohne Folgen, da die Rechtsprechung ihn wegen der andersartigen Schutzrichtung nicht unter § 338 Nr. 6 StPO faßte (BGHSt 23, 82, 176). Dieser Konflikt hatte naheliegenderweise zur Folge, daß sich die Gerichte in Zweifelsfällen sicherheitshalber

gegen einen Ausschluß der Öffentlichkeit entschieden. Dadurch wurde der Schutz der Intimsphäre nicht ausreichend gesichert. Andererseits wäre die Einräumung eines absoluten Revisionsgrundes auch bei fehlerhafter Nichtausschließung der Öffentlichkeit offensichtlich zu weit gegangen. Das Opferschutzgesetz von 1986 hat hier eine „salomonische" Lösung gefunden: der Ausschluß der Öffentlichkeit wegen der Erörterung von Umständen aus dem persönlichen Lebensbereich ist **nicht anfechtbar** (§ 171 b Abs. 3 GVG) und kann daher auch nicht mit der Revision angegriffen werden (§ 336 S. 2 StPO). Damit kann das Gericht bei der Erörterung von Umständen aus dem persönlichen Lebensbereich ohne Sorgen die Öffentlichkeit ausschließen. Auf dem Nichtausschluß der Öffentlichkeit kann das Urteil beruhen (§ 337 StPO), wenn der Ausschluß zu weitergehenden Erkenntnissen, insbesondere Aussagen der Beteiligten, geführt hätte (*BGH* NStZ 1998, 586).

Bei Verhandlungen, bei denen die Öffentlichkeit ausgeschlossen ist, kann **einzelnen Personen der Zutritt gestattet** werden (§ 175 Abs. 2 S. 1 GVG). Dafür kommen insbesondere Angehörige, Pressevertreter und Auszubildende in Betracht. Ein Rechtsanspruch hierauf besteht nicht. Dem Verletzten kann die Anwesenheit nur in Ausnahmefällen verweigert werden (§ 175 Abs. 2 S. 2 GVG).

Bei einem Ausschluß der Öffentlichkeit wegen Gefährdung der Staatssicherheit dürfen die Massenmedien keine Berichte über die Verhandlung veröffentlichen (§ 174 Abs. 2 GVG); der Verstoß dagegen ist strafbar nach § 353 d Nr. 1 StGB. In den übrigen Fällen kann das Gericht den anwesenden Personen eine Schweigepflicht auferlegen (§ 174 Abs. 3 GVG); der Verstoß hiergegen ist strafbar nach § 353 d Nr. 2 StGB.

237   Die **Verkündung des Urteils** erfolgt auch bei einem Ausschluß der Öffentlichkeit öffentlich (§ 173 Abs. 1 GVG). Jedoch kann durch einen besonderen Beschluß des Gerichts aus den o. Rn. 234–235 aufgeführten Gründen die Öffentlichkeit auch für die Verkündung der Urteilsgründe oder eines Teils davon ausgeschlossen werden (§ 173 Abs. 2 GVG).

Nicht selten sind **unbewußte Beschränkungen der Öffentlichkeit**, z. B. durch ins Schloß gefallene Türen, unrichtige Annahme der Nichtöffentlichkeit durch Justizwachtmeister u. ä. Die Rechtsprechung bejaht eine Gesetzesverletzung nur bei einer Verletzung der Aufsichtspflicht des Gerichts und insbesondere des Vorsitzenden, wobei die Anforderungen nicht überspannt werden dürften (BGHSt 22, 297).

3. Ausschluß einzelner Zuhörer

238   Einzelne Zuhörer können in folgenden Fällen und Formen von der Teilnahme an der Verhandlung ausgeschlossen werden:

a) Versagung des Zutritts gegenüber **nichterwachsenen Personen** (hinzukommen muß die fehlende geistige Reife) sowie Personen, die in einer der **Würde des Gerichts** nicht entsprechenden Weise erscheinen (§ 175 Abs. 1 GVG). Dieser unbestimmte Begriff ist eng auszulegen und umfaßt vor allem das Erscheinen in betrunkenem oder verwahrlostem Zustand und in provozierender Aufmachung.

b) Entfernung aus dem Sitzungszimmer und ggf. Ordnungshaft bis zu 24 Stunden bei Nichtbefolgung von Anordnungen zur Aufrechterhaltung der **Ordnung in der Sitzung** (§ 177 GVG).

Unzulässig ist ein Verbot des Mitschreibens, sofern nicht der konkrete Verdacht besteht, daß dies zur Information wartender Zeugen geschieht (*BGH* NStZ 1982, 389; s. o. Rn. 204), erst recht natürlich die Hinausweisung eines Reporters unter Hinweis auf einen früheren mißliebigen Prozeßbericht (BVerfGE 50, 234).

c) Sofort vollstreckbare Ordnungshaft bis zu einer Woche bei **Ungebühr** (§ 178 GVG). Dieser Begriff entspricht im wesentlichen dem der Nichtentsprechung der Würde des Gerichts nach a). Die Auffassungen hierzu haben sich in der letzten Zeit erheblich gelockert. Immer noch fallen darunter aber neben den o. a) genannten Verhaltensweisen das Nichtaufstehen beim Erscheinen des Gerichts (*OLG Koblenz* NStZ 1984, 234), der Zeugenvereidigung und der Urteilsverkündung, das demonstrative Lesen einer Zeitung (*OLG Karlsruhe* JR 1977, 392) und das Zuschlagen der Saaltür.

d) Ausweisung aus dem Sitzungszimmer wegen Druck auf den Zeugen als Maßnahme der Sitzungspolizei (§ 176 GVG, s. o. Rn. 206; *BGH* NStZ 2004, 222).

e) Ausweisung aus dem Sitzungszimmer wegen Inbetrachtkommens als Zeuge (§ 58 StPO; allerdings nicht „alle Armenier", *BGH* NStZ 2004, 455).

Über die Sitzungspolizei des Gerichtsvorsitzenden ist kein **Hausverbot** zulässig. Nach der sitzungspolizeilichen Entfernung aus dem Sitzungszimmer greift aber § 123 StGB ein (BGHSt 30, 350).

4. Ausweiskontrollen

In der letzten Zeit häufen sich Ausweiskontrollen beim Zutritt zu **239** Sitzungssälen zur Verhinderung von Störungen (*OLG Karlsruhe* JR 1976, 383) oder gar beim Zutritt zum Gerichtsgebäude zur Sicherheit aller darin befindlicher Personen (BGHSt 27, 13). Die Rechtsprechung hält derartige Kontrollen für zulässig. Gewiß ist die Abhängigmachung der Anwesenheit in der Hauptverhandlung von der Vorlage des Ausweises keine Unmöglichmachung des Zutritts, und bei dem rechtstreuen Bürger ist eine Einschüchterung (*Roxin*, JR 1976, 387) nicht ersichtlich. Äußerst fraglich erscheint aber, wieso eine Ausweiskontrolle der Aufrechterhaltung der Ordnung in der Sitzung dienen kann und ob damit eine ausreichende Rechtsgrundlage für solche Maßnahmen besteht (*Roxin*, a. a. O.). Führen derartige Kontrollen zu Verzögerungen des Zutritts und wird der Beginn der Hauptverhandlung nicht verschoben, so liegt auch nach der Rechtsprechung eine Verletzung des Grundsatzes der Öffentlichkeit vor (BGHSt 28, 341).

5. Rundfunk und Fernsehen

240   Trotz des Grundsatzes der Öffentlichkeit der Hauptverhandlung ist bemerkenswerterweise die heute typische Öffentlichkeit, nämlich die **Ton- und Bildmedienöffentlichkeit ausgeschlossen** (§ 169 S. 2 GVG). Der Grund hierfür liegt zunächst einmal in der Abwehr der Massenmedien von den Regungen der Angeklagten bei den schweren Belastungen, die eine Hauptverhandlung und vor allem eine Verurteilung mit sich bringt, und damit in der Wahrung ihrer Menschenwürde. Wer im Film gesehen hat, wie bei den Nürnberger Prozessen das Teleobjektiv das Minenspiel der Angeklagten bei der Verkündung der Todesurteile einzufangen versuchte, kann dies nur bestätigen. Außerdem dient die Abwehr der Bild- und Tonmedien aber auch der Wahrung der Unabhängigkeit der Richter und der Unbefangenheit der sonstigen Beteiligten (BGHSt 22, 84).

Das BVerfG hat die Vereinbarkeit der Regelung mit Art. 5 GG festgestellt. Persönlichkeitsschutz, Resozialisierungszweck, Fairneß des Verfahrens und Wahrheitsfindung genießen Vorrang vor einer Rundfunk- und Fernsehöffentlichkeit, die die Gefahr der manipulativen auf Sensationen fixierten Berichterstattung in sich birgt (BVerfGE 103, 44 m. Anm. *Huff*, NJW 2001, 1622). Dagegen dürfen Fernsehaufnahmen vor und nach der Verhandlung und in den Verhandlungspausen nicht untersagt werden (BVerfGE 91, 125; *BVerfG* NStZ 2000, 543 m. Anm. *Ernst*, NJW 2001, 1624).

Fraglich ist, ob bei einer Verletzung dieses Verbots ebenfalls der absolute Revisionsgrund des § 338 Nr. 6 StPO eingreift. Der Wortlaut der Vorschrift läßt dies durchaus zu. Mit Recht ist auch darauf hingewiesen worden, daß ein Schauprozeß für die Rechtspflege ebenso abträglich ist wie ein Geheimprozeß (*Roxin*, JZ 1968, 805). Der BGH hat dies abgelehnt, da das Verbot der Ausweitung der Öffentlichkeit in seiner Bedeutung nicht mit dem Verbot ihrer Einschränkung vergleichbar sei (BGHSt 36, 122 m. abl. Anm. *Roxin*, NStZ 1989, 376). Wenn die betreffenden Verhandlungsteile nicht ohne Medien wieder-

holt werden, wird sich ein Beruhen auf der Rechtsverletzung nach
§ 337 StPO allerdings kaum ausschließen lassen (BGHSt 22, 83).

Fotoaufnahmen während der Verhandlung sind nach § 169 S. 2 GVG nicht
unzulässig, werden aber meist auf Grund der Sitzungspolizei (§ 176 GVG,
s. o. Rn. 206) verboten. Daher setzen Zeitungen oft Zeichner ein (sehenswert
das Buch des F.A.Z.-Zeichners *Dittmann,* „Nieder mit den schwarzen Para-
grafenhengsten!", 2001).

Weiterführende Literatur: *Roxin,* Aktuelle Probleme der Öffentlichkeit im
Strafverfahren, Peters-FS, 1974, S. 393; *Schroeder,* Die Öffentlichkeit im deutschen Strafverfahren, in: Eser/Kaiser (Hrsg.), Viertes deutsch-sowjetisches
Kolloquium über Strafrecht und Kriminologie, 1989, 141; *Odersky,* Die Öffentlichkeit der Hauptverhandlung nach dem Opferschutzgesetz, Pfeiffer-FS,
1988, S. 325.

V. Anwesenheitsrechte und fremdes Hausrecht

Bei den nicht seltenen Augenscheinseinnahmen außerhalb des Ge-   241
richtsgebäudes wird häufig von den Inhabern des Hausrechts die
Teilnahme bestimmter Personen oder der Öffentlichkeit nicht gestattet. Hierbei ist zu differenzieren:
1. Auf die Teilnahme von Personen, deren **Anwesenheit** das Gesetz für **uneinschränkbar** hält, kann nicht verzichtet werden. Statt
dessen muß das Haus, sofern es selbst als Beweismittel in Betracht
kommt, beschlagnahmt (§ 94 StPO) oder auf die Augenscheinseinnahme verzichtet werden.

Das Gericht wollte eine Augenscheinseinnahme auf dem Balkon eines Pri-
vathauses durchführen. Der Wohnungsinhaber wollte den Angeklagten, da er
mit ihm verfeindet war, nur mit verbundenen Augen durch seine Wohnung
oder auf einer Leiter auf den Balkon lassen. Beides lehnte der Angeklagte ab.
Das Gericht führte die Augenscheinseinnahme daraufhin ohne ihn durch.
Falsch. Es lag keiner der Anwesenheitsausschließungsgründe der StPO vor.
Die von dem Wohnungsinhaber vorgeschlagenen Zugangswege waren für
den Angeklagten nicht zumutbar. Das Gericht hatte keine Möglichkeit, den
Wohnungsinhaber zur Gestattung des Durchgangs zu zwingen. Daher absolu-
ter Revisionsgrund nach § 338 Nr. 5 StPO. Das Gericht hätte sein Urteil ohne
die Augenscheinseinnahme fällen und den Täter ggf. freisprechen müssen
(*OLG Hamburg* JR 1987, 78 m. Anm. *Foth*).

2. Hingegen findet der Grundsatz der **Öffentlichkeit** des Verfah-   242
rens eine Grenze an dem fremden Hausrecht. Es handelt sich um
eine hinzunehmende Einschränkung der Öffentlichkeit, über die
nicht das Gericht, sondern nach § 176 GVG der Vorsitzende entscheidet. Die Wahrheitsfindung genießt Vorrang (BGHSt 40, 191).

Das gleiche gilt auch, wenn der Vorstand einer Justizvollzugsanstalt keine Zuhörer von draußen einläßt (*BGH* JR 1979, 261 m. Anm. *Foth*).

§ 27. Die Beweisaufnahme

I. Allgemeines

1. Die Beweisaufnahme als Kernstück der Hauptverhandlung

243   Die Beweisaufnahme ist der wichtigste Teil, das Kernstück der Hauptverhandlung im deutschen Strafprozeß. Dies beruht auf folgenden Grundlagen:

a) Für ein **Tatstrafrecht** setzt die Bestrafung das Vorliegen einer Tat und damit eines äußeren Vorgangs voraus.

b) Ein rechtsstaatliches Strafrecht kann sich nicht mit dem bloßen Verdacht der Begehung einer Tat begnügen, sondern verlangt den Nachweis dieser Tat. Dieses Erfordernis ist inzwischen als Menschenrecht anerkannt: nach Art. 6 Abs. 2 EMRK und Art. 14 Abs. 2 IPBPR hat jeder Angeklagte den Anspruch, bis zu dem im gesetzlichen Verfahren erbrachten Nachweis seiner Schuld als unschuldig zu gelten, sog. **Vermutung der Unschuld** (näher u. § 43). Auch die StPO legt das Erfordernis des Nachweises der Tat an mehreren Stellen fest. Nach § 244 Abs. 2 StPO muß das Gericht die Wahrheit erforschen. Nach § 261 StPO muß das Gericht von der Tat überzeugt sein. Die Tatsachen, in denen die gesetzlichen Merkmale der Straftat gefunden werden, müssen für erwiesen erachtet sein (§ 267 Abs. 1 S. 1 StPO).

244   c) Die Verurteilung darf nur auf das **in der Hauptverhandlung Bewiesene** gestützt werden. Dies ergibt sich – neben der schon erwähnten Pflicht des Gerichts zur umfassenden Erforschung der Wahrheit in der Hauptverhandlung (§ 244 Abs. 2 StPO) – vor allem aus § 261 StPO, wonach das Gericht seine Überzeugung aus dem „Inbegriff der Verhandlung" schöpft. Dieses Erfordernis ist ein Bestandteil des Grundsatzes der **Unmittelbarkeit** (s. ferner u. Rn. 250). Auch nach § 264 StPO ist Gegenstand der Urteilsfindung das Ergebnis der Hauptverhandlung. Da auch die Staatsanwaltschaft zu ihrer Entscheidung darüber, ob sie Anklage erheben muß, und zur Beweissicherung die Beweise erheben muß, ergibt sich die unglückliche Zweistufigkeit der Beweisaufnahme im deutschen Strafprozeß (s. o. Rn. 59, 110, 113).

Nicht ausreichend sind bloße **Beobachtungen** des Gerichts während der Hauptverhandlung, z. B. über Zuhörer, ohne daß sie in die Hauptverhandlung eingeführt wurden (*BGH* NStZ 1995, 609).

2. Die beiden Prinzipien der Beweisaufnahme

Im Interesse der maximalen Sicherung der Wahrheitsfindung hat **245** die StPO zwei Prinzipien miteinander kombiniert und ihre weitgehende Überschneidung nicht gescheut:

a) Die Wahrheitsermittlung von Amts wegen. Das Gericht hat von Amts wegen die Beweisaufnahme auf alle Tatsachen und Beweismittel zu erstrecken, die für die Entscheidung von Bedeutung sind (§ 244 Abs. 2 StPO). Dieser Grundsatz wurde früher als „Inquisitionsmaxime" bezeichnet, sollte jedoch zur Vermeidung von Assoziationen an den Inquisitionsprozeß besser als **Instruktionsmaxime** bezeichnet werden. Üblich ist auch die Bezeichnung als Ermittlungsgrundsatz, Wahrheitsermittlungspflicht oder Aufklärungspflicht. Der Richter muß die Beweismittel erschöpfen, wenn eine Änderung der durch die bisherige Beweisaufnahme begründeten Vorstellung von dem zu beurteilenden Sachverhalt in Betracht kommt. Die Aufklärungspflicht verlangt die Benutzung des sachnäheren Beweismittels (*BGH* StV 2003, 385).

u § 244 Abs. 2 „von Amts wegen"

b) Das Beweisantragsrecht. Außerdem räumt aber die StPO den **246** Verfahrensbeteiligten noch ein eigenes Initiativrecht in Gestalt eines Rechts zur Stellung von Beweisanträgen ein. Die StPO erwähnt dieses wichtige Recht nur negativ in Form der Unzulässigkeit und der Möglichkeit der Ablehnung von Beweisanträgen (§ 244 Abs. 3–6 StPO). Zwischen § 244 Abs. 2 und 3–6 StPO gehört der wichtige Satz: **Die Beteiligten haben das Recht zur Stellung von Beweisanträgen.** In bezug auf Zeugen ist dieses Recht sogar ein Menschenrecht (Art. 6 Abs. 3 d EMRK, Art. 14 Abs. 3 e IPBPR). An sich erscheint ein solches Beweisantragsrecht der Verfahrensbeteiligten neben der umfassenden Wahrheitsermittlungspflicht des Gerichts nach § 244 Abs. 2 StPO überflüssig. Das Gesetz berücksichtigt jedoch einen gewissen Beurteilungsspielraum. Dementsprechend sind Revisionen wegen einer Verletzung der Aufklärungspflicht nach § 244 Abs. 2 StPO (sog. Aufklärungsrüge) nur selten erfolgreich. Die Formulierung, daß die Aufklärungspflicht bereits bei einer „auch nur entfernten Möglichkeit" neuer Erkenntnisse eingreife und der Richter eher zu viel als zu wenig tun müsse (BGHSt 23, 188), wird allgemein

als zu weitgehend angesehen. Für eine Verletzung der Aufklärungspflicht wird überwiegend verlangt, daß der Sachverhalt das Gericht
zur Benutzung weiterer Beweismittel drängte oder diese mindestens
nahelegte (BGHSt 3, 175). Mit dem Beweisantragsrecht kann das Gericht daher zu Beweiserhebungen gezwungen werden, die es selbst
für entbehrlich hält (BGHSt 21, 124; 32, 73).

u § 244 Abs. 3 S. 1 „Beweisantrag", „abzulehnen"
Anders die sog. **Identitätslehre,** nach welcher sich Instruktionsmaxime und
Beweisantragsablehnungsrecht decken. Danach hat das Beweisantragsrecht le-
diglich die Funktion der Information des Gerichts. Dieser Lehre ist zuzuge-
ben, daß das Beweisablehnungsrecht des Gerichts sehr weit geht (s. u.
Rn. 259). Aber sie kann das Antragsverfahren und das Erfordernis eines
Gerichtsbeschlusses (§ 244 Abs. 6 StPO) sowie den Ausschluß des Beweisant-
ragsrechts im Privatklageverfahren (§ 384 Abs. 3 StPO) nicht erklären (gut
BT-Drs. 12/1217, 35).

Weiterführende Literatur: *Julius,* Zum Verhältnis von Aufklärungspflicht
und Beweisantragsrecht im Strafprozeß, NStZ 1986, 61; *Wessels,* Die Aufklärungsrüge im Strafprozeß, JuS 1961, 1; *Frister,* Das Verhältnis von Beweisantragsrecht und gerichtlicher Aufklärungspflicht im Strafprozeß, ZStW 105,
340; *Gössel,* Der falsche Weg zum richtigen Ziel, JR 1995, 364 (mit Erwiderung *Foth,* JR 1996, 99).

247   Der Beweisantrag muß eine bestimmte Beweistatsache behaupten
(**Beweisthema**), ein bestimmtes **Beweismittel** angeben und darlegen,
weshalb das Beweismittel zu dem Beweisthema etwas ergeben, insbesondere der Zeuge etwas bekunden kann (sog. **Konnexität,** BGHSt
43, 329 m. Anm. *Schlüchter/Duttge,* NStZ 1998, 618; krit. *Herdegen,*
NStZ 1999, 180). Andernfalls handelt es sich um bloße Beweisanre-
gungen oder um **Beweisermittlungsanträge,** z. B. bei Anträgen auf
Sachverständigengutachten mit unbestimmtem Ausgang, bei Angaben unbestimmter Zeugen oder einer Urkunden- oder Aktensamm-
lung (BGHSt 30, 142).

Abgrenzungsmittel ist die Frage, ob die Behauptungen so substantiiert
sind, daß darauf die Ablehnungsgründe des § 244 Abs. 3 StPO (s. u. Rn. 259)
überhaupt anwendbar wären. Zu unsubstantiiert daher die Angabe, der Zeuge
X werde Beobachtungen mitteilen, wonach der Zeuge Y schon des öfteren jemand zu Unrecht belastet habe, und aufgrund bestimmter konkreter Tatsachen etwas zur Glaubwürdigkeit von Y sagen (BGHSt 37, 162 m. Anm. *Gollwitzer,* JR 1991, 472). Dies gilt insbesondere für die Bestreitung von
Ereignissen, sog. Negativtatsachen (BGHSt 39, 254; 43, 329; *Niemöller,* StV
2003, 687). Das Beweisziel ersetzt nicht die Beweistatsachen (BGHSt 39,
254). Der Antrag auf Vernehmung von 54 Businsassen zum Beweis der Tatsache, daß es keine Verabredung zur Autobahnblockade gegeben habe, ist ein
Beweisermittlungsantrag (*BayObLG* NJW 1996, 332).

Um der Ablehnung eines bloßen Beweisermittlungsantrags zu entgehen, behaupten Verteidiger gelegentlich „aufs Geratewohl", „ins Blaue hinein" bestimmte Tatsachen, die der Zeuge bestätigen soll. Der Ablehnung solcher Anträge als verkappte Beweisermittlungsanträge haben *BGH* NStZ 1989, 334 und 2004, 51 Schranken auferlegt: nur ausnahmsweise, Beurteilung aus der Sicht eines verständigen Antragstellers auf der Grundlage der von ihm selbst nicht in Frage gestellten Tatsachen. S. a. u. Rn. 262.

Weiterführendes Schrifttum: *Tenorth-Sperschneider,* Zur strukturellen Korrespondenz zw. den gesetzl. Ablehnungsgründen nach § 244 Abs. 3 Satz 2 StPO und den Anford. an einen zul. Beweisantrag, 2004.

Obwohl Prozeßhandlungen grundsätzlich unbedingt sein müssen, hat sich die Zulässigkeit von **Eventualbeweisanträgen** und **Hilfsbeweisanträgen** herausgebildet. Das sind Beweisanträge, die nur für den Fall des Eintritts bestimmter prozessualer Ereignisse gestellt werden. Beliebt ist insbesondere der Hilfsbeweisantrag im Plädoyer des Verteidigers für den Fall, daß der Angeklagte nicht freigesprochen wird. Mit der Stellung unbequemer und zeitraubender Hilfsbeweisanträge versucht der Verteidiger, das Gericht unter Druck zu setzen – eine zulässige Form der versuchten Nötigung. **248**

Immerhin erklärt die Rechtsprechung inzwischen Beweisanträge zur Schuldfrage für den Fall der Überschreitung eines bestimmten Strafmaßes für unzulässig. Überraschend allerdings die Begründung nicht mit der Rechtswidrigkeit der Verknüpfung, sondern mit dem versteckten Angebot einer unzulässigen Absprache (s. o. Rn. 205; BGHSt 40, 287; *BGH* NStZ 1995, 246).

Beweisanträge dürfen nicht wegen Verspätung abgelehnt und können noch bis zur Urteilsverkündung gestellt werden (§ 246 StPO).

II. Die Beweisverbote in der Hauptverhandlung

Das Gericht ist in seiner Wahrheitsermittlungspflicht gehindert durch die sog. „Beweisverbote", die schon bei der Ermittlung zu berücksichtigen sind und die wir daher schon o. Rn. 122 ff. kennengelernt haben. Auch ein Beweisantrag in der Hauptverhandlung muß abgelehnt werden, wenn die Beweiserhebung **„unzulässig"** ist (§ 244 Abs. 3 S. 1 StPO, **u**). **249**

In der Hauptverhandlung kommen noch folgende – hauptverhandlungsspezifische – Beweisverbote hinzu:

1. Unterlassung des Hinweises auf die Aussagefreiheit

Der Angeklagte ist vor seiner Vernehmung zur Sache erneut auf seine Aussagefreiheit hinzuweisen (§ 243 Abs. 4 StPO). In die Sprache der „Beweisverbote" übersetzt (s. o. Rn. 122 ff.) bedeutet dies: die Vernehmung des Angeklagten ohne Hinweis auf die Aussagefreiheit ist unzulässig; insoweit besteht ein „Beweisverbot".

2. Verbote der Einführung in die Hauptverhandlung

a) Soweit die Einführung von Beweismitteln in die Hauptverhandlung durch Verlesung, Vernehmung von Verhörspersonen, Abspielen von Tonbändern und Augenschein **Grundrechte verletzt,** ist sie unzulässig. So mit Recht BGHSt 14, 363 für das Abhören heimlich aufgenommener Tonbandaufnahmen; BGHSt 31, 297 für infolge Nichtauflegung des Telefonhörers aufgezeichnete Raumgespräche; BGHSt 34, 43 für das Abspielen einer heimlich hergestellten Stimmprobe. Auch Tagebuchaufzeichnungen höchstpersönlichen Inhalts dürfen – jedenfalls außerhalb von Fällen schwerer Kriminalität – nicht in die Hauptverhandlung eingeführt werden (BGHSt 19, 334).

250 b) Außerdem schreibt die StPO für die Einführung von Beweismitteln in die Hauptverhandlung bestimmte Formen vor und schafft damit spezifische Verbote für die Einführung in die Hauptverhandlung.

Bei der Beweisaufnahme über Wahrnehmungen einer Person ist diese in der Hauptverhandlung als Zeuge zu vernehmen; die Vernehmung darf nicht durch die Verlesung einer schriftlichen Erklärung oder eines Protokolls über eine frühere Vernehmung ersetzt werden (§ 250 StPO), sog. **Grundsatz der Unmittelbarkeit.**

Überwiegend wird auch das Gebot der Wahrnehmung durch das erkennende Gericht selbst als „Unmittelbarkeitsgrundsatz" bezeichnet und muß dann als **„formelle Unmittelbarkeit"** von der eben dargestellten „materiellen Unmittelbarkeit" abgegrenzt werden. Indessen sind die Ausnahmen von der „formellen Unmittelbarkeit" (z. B. kommissarische Vernehmung, s. o. Rn. 202) regelmäßig zugleich Durchbrechungen der „materiellen Unmittelbarkeit" (Verlesung von Protokollen, Vernehmung von Verhörspersonen). S. ferner o. Rn. 244.

251 Der Unmittelbarkeitsgrundsatz verbietet nicht die Vernehmung von **Zeugen vom Hörensagen,** d. h. von Zeugen über fremde Äußerungen. Darunter fallen zunächst einmal alle Personen, die zufällig fremde Äußerungen, die für den Beweis einer Straftat wichtig sind, gehört haben. Insbesondere brüsten sich häufig Täter mit Straftaten oder müssen ihr Gewissen gegenüber fremden Personen erleichtern.

Darüber hinaus stützt die Polizei ihre Ermittlungtätigkeit seit jeher auf Vertrauensleute („V-Leute") in der Unterwelt. In der letzten Zeit sind solche V-Leute angesichts der insbesondere auf Verbergung der kriminellen Tätigkeit gerichteten organisierten Kriminalität sowie der Betäubungsmittelkriminalität immer wichtiger geworden. Die Ermittlungsorgane können die Drahtzieher nur überführen, wenn sie V-Leute, Verdeckte Ermittler (§ 110 a StPO) und verdeckt operierende Polizeibeamte in die Organisationen einschleusen (Beschreibung der Methoden bei BGHSt 32, 120 f.). Das Auftreten dieser Personen als Zeugen macht sie wegen der Enttarnung für weitere Operationen unverwendbar und führt auch oft zu einer Gefährdung von Leib, Leben oder Freiheit aus der Unterwelt. Aus diesem Grunde sind die Ermittlungsbehörden bestrebt, die Erkenntnisse der V-Leute nicht unmittelbar, sondern mittelbar, nämlich durch die Verlesung von Vernehmungsprotokollen oder durch die Vernehmung der Polizeibeamten, die die V-Leute geführt oder vernommen haben, in die Verhandlung einzubringen.

Bei der Vernehmung solcher Verhörspersonen ist die von § 250 S. 1 StPO vorausgesetzte „Tatsache" die Angabe der anderen Person; auch liegt keine Ersetzung der Vernehmung durch die Verlesung des über eine frühere Vernehmung aufgenommenen Protokolls nach § 250 S. 2 StPO vor (BGHSt 17, 382). Auch aus anderen Vorschriften der StPO und Grundsätzen des Verfassungsrechts ergibt sich kein Verbot der Vernehmung von Zeugen vom Hörensagen. Insbesondere enthält die Aufklärungspflicht nach § 244 Abs. 2 StPO kein entsprechendes Verbot; im Gegenteil verlangt sie gerade die Vernehmung der Zeugen vom Hörensagen, da diese immerhin Beiträge zur Wahrheitserforschung liefern können (BGHSt 32, 122). Dabei ist nicht nur an Belastungen des Beschuldigten zu denken, sondern auch an den Fall, daß ein Zeuge vom Hörensagen bekundet, ein anderer habe ihm die Tat gestanden. Das von § 240 StPO, vor allem aber von Art. 6 Abs. 3 d EMRK, Art. 14 Abs. 3 e IPBPR, gewährte Recht auf Fragen an die Belastungszeugen ist – in Bezug auf den mittelbaren Zeugen – gewährleistet (a. A. *EGMR* StV 1997, 617 – Fall van Mechelen – m. Anm. *Renzikowski*, JZ 1999, 605; *EGMR* NJW 2003, 2893). Im Gegensatz zum anglo-amerikanischen Recht gilt daher im deutschen Recht nicht der Grundsatz „Hearsay is no evidence". Immer stärker wird jedoch aus Art. 6 Abs. 3 d) EMRK ein **Konfrontationsrecht** des Angeklagten mit den unmittelbaren Belastungszeugen hergeleitet (*Walther,* GA 2003, 204; BGHSt 46, 93; 51, 150).

Allerdings verlangt die **Aufklärungspflicht des § 244 Abs. 2 StPO** (s. o. **252** Rn. 246), daß sich das Gericht bemüht, auch an das **sachnähere Beweismittel,** d. h. den unmittelbaren Zeugen, heranzukommen (BGHSt 32, 122 f.). Die Polizeibehörden versuchen, dies durch eine Versagung der Herausgabe der Personalien **nach** (§ 110 b Abs. 3 S. 3) **oder analog § 96 StPO** und durch eine Versagung oder Beschränkung der Aussagegenehmigung für Beamte und nach dem Verpflichtungsgesetz verpflichtete Personen nach **§ 54 StPO** zu verhindern. In Betracht kommen Gefahren für Leib, Leben oder Freiheit der Zeugen, aber auch schon die Gefahr der Enttarnung und damit der weiteren Unverwendbarkeit (BGHSt 33, 74; jetzt gesetzlich klargestellt in § 110 b Abs. 3 S. 3 StPO). Die Behörde hat dabei zu erwägen, ob bestimmte Vorkehrungen zur Wahrung ihrer Belange ausreichen, insbesondere der Ausschluß der Öffentlichkeit und die kommissarische Vernehmung (BGHSt 29, 113; BVerfGE 57, 286). **Die Gerichte** haben hiergegen Entscheidungen der obersten Dienstbehörden, das sind die Innenministerien (BGHSt 41, 36), herbeizuführen und ihnen ggf. mit Gegenvorstellungen zu begegnen (BGHSt 36, 159). Dabei haben sie insbesondere eine Entfernung des Angeklagten aus der Hauptverhandlung nach § 247 StPO (s. o. Rn. 225 f.) und einen Ausschluß der Öffentlichkeit nach § 172 GVG (s. o. Rn. 235) anzubieten. Auch die neuen Möglichkeiten der Geheimhaltung der Identität des Zeugen (§§ 68, 110 b Abs. 3 StPO) und der Vernehmung mittels Videoübertragung (§ 247 a StPO) sollen dessen unmittelbare Vernehmung erleichtern (*BGH* NStZ 2003, 274). Der Angeklagte kann gegen die Sperrerklärung Anfechtungsklage im Verwaltungsrechtsweg (nicht nach §§ 23 ff. EGGVG) erheben (BGHSt 44, 107). Alsdann ist – als „dritte Stufe" – eine kommissarische Vernehmung anzubieten (s. o. Rn. 202). Bleiben alle Bemühungen erfolglos, so hat das Gericht die Sperrerklärung hinzunehmen und kann bzw. muß (§ 244 Abs. 2 StPO) die Verhörperson vernehmen (BGHSt 36, 159).

Fauler Trick: Angesichts des Verlangens einiger Länderinnenminister nach Ausschluß des Angeklagten und seines Verteidigers bei der Vernehmung von V-Leuten beschlossen mehrere Strafkammern die „kommissarische Vernehmung" durch sich selbst. Unzulässige Umgehung der Hauptverhandlung und damit Verstoß gegen § 338 Nr. 5 StPO (BGHSt 31, 236; 32, 32).

Im übrigen muß der **geringere Beweiswert des Zeugens vom Hörensagen** im Rahmen der freien Beweiswürdigung nach § 261 StPO berücksichtigt werden. „Je größer die Zahl der Zwischenglieder, desto geringer ist der Beweiswert der Aussage" (BGHSt 17, 385). Auf die Aussagen von Zeugen vom Hörensagen kann eine Feststellung regelmäßig nur dann gestützt werden, wenn diese Bekundungen durch andere wichtige Gesichtspunkte bestätigt werden (BGHSt 17, 386; 42, 25; BVerfGE 57, 292). Hierdurch wird nach *BGH* NStZ 2000, 265 die fehlende Möglichkeit zu Fragen an den Zeugen (s. o. Rn. 251) ausgeglichen.

Die Pflicht zur besonders vorsichtigen Beweiswürdigung gilt allgemein bei Sperrung von Beweismitteln (BGHSt 49, 112 – Fall El Motassadeq).

Weiterführende Literatur: *Detter,* Der Zeuge vom Hörensagen – eine Bestandsaufnahme, NStZ 2003, 1.

In der letzten Zeit reißt es ein, daß **Angeklagte schriftliche Erklärungen** abgeben oder von ihren Verteidigern verfertigen lassen. Erstere sind keine formellen Beweismittel (s. o. Rn. 112); sie können verlesen werden, weil dies nicht ausdrücklich verboten ist, müssen dies aber nur, wenn ein darin enthaltendes Geständnis verwertet werden soll (BGHSt 52, 175). Letztere verlangen eine Vernehmung des Verteidigers (BGHSt 39, 305; *BGH* NStZ 2002, 555). Zulässig ist auch die Verlesung von Erklärungen des Angeklagten durch den Verteidiger (a. A. *Olk,* JZ 2006, 204).

Von dem Unmittelbarkeitsgrundsatz gibt es allerdings – wie bei fast jedem „Grundsatz" des Strafverfahrens – **Ausnahmen:**

aa) Bei allseitigem Einverständnis, wenn der Angeklagte einen Ver- **253** teidiger hat, und bei unmöglicher gerichtlicher Vernehmung (auch kommissarischer nach § 223 StPO) von Zeugen, Sachverständigen oder Mitbeschuldigten können **Niederschriften** (Protokolle) über eine frühere **Vernehmung** und schriftliche Erklärungen verlesen werden (**§ 251 Abs. 1 Nr. 1–3 StPO**).

Derartige Protokolle stammen entweder aus dem Ermittlungs- (s. o. Rn. 106 ff.) oder dem Eröffnungsverfahren (s. o. Rn. 188), aus der Vorbereitung der Hauptverhandlung (s. o. Rn. 202) oder aus anderen Strafverfahren. Sie können auch noch nach Beginn der Hauptverhandlung hergestellt werden, da sich die „kommissarische Vernehmung" nach §§ 223 f. StPO (s. o. Rn. 202) entgegen der Einordnung in den Abschnitt „Vorbereitung der Hauptverhandlung" nicht auf diesen Zeitraum beschränkt.

Etwas erweitert ist demgegenüber die Verlesbarkeit von Nieder- **254** schriften über **richterliche (u) Vernehmungen.** Sie ist auch zulässig bei bloß unzumutbarem Erscheinen von Zeugen, Sachverständigen oder Mitbeschuldigten in der Hauptverhandlung (**§ 251 Abs. 2 Nr. 2 StPO**). Nr. 1 deckt sich weitgehend mit Abs. 1 Nr. 2, Nr. 3 erlaubt die Verlesung auch ohne Verteidiger.

Voraussetzung ist allerdings in allen Fällen, daß der Zeuge vor seiner Vernehmung über sein Zeugnisverweigerungsrecht nach § 52 StPO belehrt wurde (BGHSt 10, 190; s. o. Rn. 122). Dies gilt auch nach dem Tod der Zeugen, da § 52 StPO nicht nur dem Schutz des Zeugen vor einer Pflichtenkollision, sondern auch dem Schutz der Familienbeziehungen über den Tod hinaus dient (h. L. gegen BGHSt 22, 35). Voraussetzung ist ferner, daß die kommissarische Vernehmung keine Vorschriften verletzte, insbesondere das Anwesenheitsrecht von Verteidiger und Angeklagtem (§ 224 StPO) beachtet wurde (BGHSt 32, 129; s. o. Rn. 202). Bei der Verlesung von Niederschriften über kommissarische Vernehmungen zeigt sich der Mechanismus der indirekten Sanktionierung im Strafprozeß (s. o. Rn. 19 f.) in mehrfach gestufter Form: Eine kommissarische Vernehmung darf nicht unter Mißachtung des Anwesenheitsrechts des Verteidigers erfolgen. Geschieht dies doch, darf die Niederschrift nicht verlesen werden. Geschieht dies doch, darf dies im Urteil nicht verwertet werden (BGHSt 32, 129).

Die Unmöglichkeit der Vernehmung eines Zeugen nach § 251 **255** Abs. 1 Nr. 2 StPO ist insbesondere auch gegeben, wenn die Verwaltungsbehörde einem Zeugen nach § 54 StPO i. V. m. § 62 BBG (Bundesbeamte) oder § 39 BRRG (Landesbeamte) aus Gründen des Wohls des Bundes oder eines deutschen Landes oder der ernstlichen Gefährdung oder erheblichen Erschwerung der Erfüllung öffentlicher Aufgaben die **Genehmigung zur Aussage** oder die oberste Landesbehörde nach (§ 110 b Abs. 3 S. 3) oder analog § 96 StPO (BGHSt 32, 34) sogar die Herausgabe der **Personalien des Zeugen verweigert** (BGHSt 29, 111; BVerfGE 57, 282).

Zu den Pflichten des Gerichts hiergegen s. o. Rn. 252. Der Grundsatz des fairen, rechtsstaatlichen Verfahrens (s. o. Rn. 54 ff.) verbietet außerdem eine Verlesung der Protokolle, wenn die Behörde dem Gericht das bessere Beweismittel willkürlich, offensichtlich rechtsfehlerhaft oder ohne Angabe von Gründen vorenthält (BVerfGE 57, 290; BGHSt 29, 111 f.). Die Sperrung eines V-Manns ist eher zulässig als die eines Verdeckten Ermittlers (*BGH* NStZ 2005, 43).

Der Große Senat des BGH hatte 1983 die Vernehmung von Zeugen unter optischer oder akustischer Abschirmung für unzulässig erklärt (BGHSt 32, 115). In dieser scheinbaren Einschränkung der Möglichkeiten der Gerichte lag – entsprechend der indirekten Sanktionierung im Strafprozeß (s. o. Rn. 19 f.) – in Wahrheit eine Ausweitung ihrer Befugnisse: dadurch wurde die Möglichkeit der Gerichte zur Annahme der „Nichterreichbarkeit" von Zeugen und damit zur Verwertung von Niederschriften über ihre Aussagen nach § 251 StPO erweitert.

In den Fällen des § 251 Abs. 2 StPO ist nunmehr auch zulässig, sofern zur Erforschung der Wahrheit erforderlich:
– eine **Videoübertragung** (§ 247 a S. 1 2. Halbs. StPO, erforderlichenfalls mit optischer und akustischer Verfremdung, *BGH* NJW 2003, 74),
– die **Vorführung der Videoaufzeichnung** einer früheren Vernehmung (aus dem Ermittlungsverfahren, §§ 58 a, 168 e StPO, oder einer anderen Hauptverhandlung, § 247 a S. 5 StPO), § 255 a Abs. 1 StPO.

Dabei geht die Videovernehmung u. U. als „sachnächstes Beweismittel" vor (BGHSt 46, 79 einerseits; *BGH* NStZ 08, 358 andererseits).

Durchbrechungen des Unmittelbarkeitsgrundsatzes, d. h. der Erforderlichkeit der Aussage der Zeugen in der Hauptverhandlung, sind ferner möglich:
– bei **Zeugen unter 16 Jahren** in Verfahren wegen bestimmter Straftaten gegen Minderjährige: Vorführung einer **Videoaufzeichnung** (§ 255 a Abs. 2 StPO).

Ergänzende Zeugenvernehmung ist zulässig (S. 2) und fällt ggf. unter die Aufklärungspflicht (BGHSt 48, 272); umgekehrt ist auch eine ergänzende Videovorführung zulässig (BGHSt 49, 68: nicht nach § 255 a, sondern als Augenscheinseinnahme)

– bei der Gefahr eines **schwerwiegenden Nachteils für das Wohl eines Zeugen,** wenn er in der Hauptverhandlung trotz Entfernung des Angeklagten und Ausschlusses der Öffentlichkeit vernommen wird: **Videoübertragung** (§ 247 a S. 1 1. Halbs. StPO).

Bei Videoaufnahmen von Zeugenvernehmungen sind also zu unterscheiden: Video**aufnahmen** von Vernehmungen (im Vorverfahren nach §§ 58 a, 168 e StPO, in der Hauptverhandlung nach § 247 a S. 4 StPO) Video**übertragungen** von Zeugenvernehmungen (§ 247 a S. 1–3 StPO) **Vorführung** von Videoaufnahmen (§ 255 a StPO).

Voraussetzung für die Abweichungen vom Grundsatz der Unmittelbarkeit ist immer ein **Gerichtsbeschluß** (§§ 247 a, 251 Abs. 4, 255 a Abs. 1 StPO; *Diemer,* NJW 1999, 1675).

Weiterführende Literatur: *Lesch,* Die Grundsätze der Mündlichkeit und Öffentlichkeit im Strafverfahren, JA 1995, 691; *Diemer,* Der Einsatz der Videotechnik in der Hauptverhandlung, NJW 1999, 1667; *Meurer,* Zeugenschutz und Unmittelbarkeitsgrundsatz, JuS 1999, 937; *Diemer,* Verfahrensrügen im Zusammenhang mit der audiovisuellen Vernehmung nach § 247 a StPO, NStZ 2001, 393; *Beulke,* Die Unmittelbarkeit der Beweisaufnahme in der Hauptverhandlung, JA 2008, 758.

bb) Nicht selten ist der Fall, daß ein Zeuge **erst in der Hauptverhandlung** – konfrontiert mit dem Angeklagten und angesichts des Ernstes der Situation, manchmal auch, weil er dem Angeklagten nur einen Schrecken einjagen wollte – von seinem **Zeugnisverweigerungsrecht** nach § 52 StPO Gebrauch macht, während er vor der Polizei oder Staatsanwaltschaft oder vor dem Ermittlungsrichter ausgesagt hat. § 252 StPO bestimmt, daß derartige frühere Aussagen **nicht verlesen** werden dürfen. § 252 StPO ist also wiederum eine Ausnahme von § 251 StPO, der seinerseits eine Ausnahme von § 250 StPO darstellt. Das RG war nun auf den Ausweg verfallen, die früheren Verhörspersonen (Polizist, Staatsanwalt, Richter) als Zeugen über die frühere Aussage **zu vernehmen,** da § 252 StPO nur die „Verlesung" der früheren Aussage verbiete. Die überwiegende Meinung in der Wissenschaft hielt dies jedoch für eine Umgehung des Gesetzes und meinte, daß das Verbot der „Verlesung" in § 252 StPO jede „Verwertung" ausschließe.

Der Ausdruck „Verwertungsverbot" ist hier nicht ganz genau. Die genannte Auffassung will nicht erst die Verwertung im Urteil, sondern schon die **Einführung** in die Hauptverhandlung durch Vernehmung der Verhörspersonen ausschließen.

256

257 BGHSt 2, 99 konnte sich nur entschließen, diese Auffassung für nichtrichterliche Verhörspersonen, also Polizeibeamte und Staatsanwälte, anzuerkennen. Da der Richter den Zeugen im Gegensatz zur Polizei und Staatsanwaltschaft auf sein Zeugnisverweigerungsrecht hinweisen müsse, sei sich der Zeuge seines Zeugnisverweigerungsrechts bewußt; die erstmalige Geltendmachung des Zeugnisverweigerungsrechts in der Hauptverhandlung sei ein unzulässiger Widerruf mit rückwirkender Kraft. Durch die sog. Kleine Strafprozeßreform von 1964 wurde nun auch für die Polizei und die Staatsanwaltschaft die Pflicht zur Belehrung über das Zeugnisverweigerungsrecht eingeführt (§§ 161 a Abs. 1 S. 2, 163 a Abs. 5 StPO). Auch danach hat der BGH aber an seinem Grundsatz der Nichtvernehmbarkeit von Polizei und Staatsanwaltschaft über frühere Zeugenaussagen festgehalten, nunmehr gestützt auf das Argument, daß richterliche Vernehmungen ein größeres Vertrauen genössen als nichtrichterliche.

In der Sache erscheint die „mittlere Lösung" des BGH gerechtfertigt. Die Ausübung des Zeugnisverweigerungsrechts erst in der Hauptverhandlung veranlaßt einen erheblichen unnützen Aufwand. Die Justiz ist nicht dazu da, daß jemand einen Angehörigen bis zur Hauptverhandlung „zappeln läßt". Bei der Vernehmung durch den Ermittlungsrichter sollte der Zeuge den Ernst der Situation hinreichend genug erfaßt haben, daß er zu einer abschließenden Abwägung über die Ausübung des Zeugnisverweigerungsrechts in der Lage ist. Ähnlich jetzt auch BGHSt 45, 346: Interesse an effektiver Strafverfolgung geht vor Entscheidungsfreiheit des Zeugen bis zur Hauptverhandlung.

Dieser Vorrang der effektiven Strafverfolgung gilt auch, wenn das Angehörigenverhältnis erst nach der richterlichen Vernehmung entstanden ist (BGHSt 45, 347 gegen BGHSt 27, 231) oder bei einer früheren richterlichen Vernehmung geleugnet wurde (BGHSt 48, 294). Insbesondere kommt es nicht selten vor, daß sich der Angeklagte und eine Belastungszeugin vor der Hauptverhandlung verloben oder dies jedenfalls glaubhaft machen. BGHSt 45, 203 hat das Verwertungsverbot noch weiter eingeschränkt, indem er – bei Ausübung des Zeugnisverweigerungsrechts – einen Verzicht auf das Verwertungsverbot zuläßt (Anm. *Keiser*, NStZ 2000, 458; *Fezer*, JR 2000, 341; *Wollweber*, NJW 2001, 3760; zweifelnd BGHSt 49, 75); das Einverständnis der übrigen Verfahrensbeteiligten reicht allerdings nicht aus (*BGH* NStZ 1997, 95).

Bei Äußerungen gegenüber V-Leuten liegt schon gar keine „Vernehmung" vor (BGHSt 40, 211 – Fall Sedlmayr, s. o. Rn. 123).

Das Verwertungsverbot des § 252 StPO umfaßt auch durch den Zeugen angebotene Urkunden und Augenscheinsobjekte und im Zusammenhang mit der Vernehmung erstellte Sachverständigengutachten, z.B. die Feststellung von Körperverletzungen durch den Amtsarzt (BGHSt 22, 219, dort allerdings nicht ganz überzeugend als „Bestandteil der Aussage" charakterisiert).

§ 252 StPO gilt auch für die §§ 53–54 StPO, nicht aber für das bloße Auskunftsverweigerungsrecht des § 55 StPO (BGHSt 17, 350), hier aber keine Zulässigkeit der Vernehmung nach § 250 StPO (BGHSt 51, 325 m. Anm. *Heger* JR 2008, 121). Er gilt auch für § 255 a Abs. 1 StPO; danach darf bei einer Zeugnisverweigerung die Videoaufnahme nicht vorgeführt werden, obwohl auf das weniger zuverlässige Beweismittel der Richtervernehmung zurückgegriffen werden kann (BGHSt 49, 72; zum Ganzen *Eckstein*, JA 2002, 118).

cc) Bei **Erinnerungslücken** eines Zeugen oder Widersprüchen zu   **258** früheren Aussagen können die einschlägigen Stellen aus allen früheren Protokollen verlesen werden (**§ 253 StPO**).

dd) In richterlichen Protokollen enthaltene **Geständnisse** des Angeklagten dürfen verlesen werden (**§ 254 StPO**), sofern eine Belehrung über das Schweigerecht erfolgte, s. o. Rn. 126).

ee) **Zeugnisse oder Gutachten öffentlicher Behörden,** von Sachverständigen und Gerichtsärzten, ärztliche Atteste über Körperverletzungen, die nicht schwer sind (§ 226 StGB), Gutachten über die Auswertung von Fahrtenschreibern, die Bestimmung der Blutgruppe oder des Blutalkoholgehalts sowie Protokolle und Erklärungen der Strafverfolgungsbehörden über Ermittlungshandlungen (außer Vernehmungen) können ebenfalls verlesen werden (**§ 256 StPO**).

III. Die Ablehnung von Beweisanträgen

Abgesehen von der Unzulässigkeit der beantragten Beweiserhe-   **259** bung (s. o. Rn. 249 ff.) kann ein Beweisantrag nur aus ganz bestimmten, im Gesetz genau umschriebenen Gründen abgelehnt werden (§ 244 Abs. 3–5 StPO):

1. Anträge auf Einnahme eines Augenscheins oder auf Vernehmung eines im Ausland befindlichen Zeugen

Sie können schon dann abgelehnt werden, wenn die Beweiserhebung nach dem pflichtgemäßen Ermessen des Gerichts zur Erforschung der Wahrheit nicht erforderlich ist (**§ 244 Abs. 5 StPO**). Diese Möglichkeit der Ablehnung eines Beweisantrags deckt sich völlig mit den Gründen für die Aufklärungspflicht des Gerichts nach § 244 Abs. 2 StPO. Damit ist eine Vorwegnahme der Beweiswürdigung, eine **Beweisantizipation,** ausnahmsweise zulässig (*BVerfG* NJW 1997, 999). Insbesondere ist anerkannt, daß die Besichtigung von Abbildungen oder von Fotografien genügen kann (*BGH* NStZ 1981,

310). Beispiele für die unzulässige und die zulässige Ablehnung von
Anträgen auf Augenscheinseinnahme bei *BGH* NStZ 1984, 565 und
1988, 88.

u § 244 Abs. 5 S. 1 „Augenscheins"; S. 2 „Zeugen", „im Ausland"

2. Sonstige Beweisanträge

260   Für die sonstigen Beweisanträge, d. h. Anträge auf Vernehmung
von Zeugen und Sachverständigen und die Verlesung von Urkunden
(s. o. Rn. 111), führt **§ 244 Abs. 3 S. 2 StPO sieben Beweisablehnungsgründe** auf:

a) Die **Offenkundigkeit (u)** gliedert sich in die Allgemeinkundig-
keit (Tatsachen und Erfahrungssätze, von denen verständige Menschen regelmäßig Kenntnis haben oder über die sie sich aus zuverläs-
siger Quelle ohne besondere Sachkunde sicher unterrichten können,
insbesondere geographische und historische Tatsachen, Naturgesetze)
und die Gerichtskundigkeit (Tatsachen und Erfahrungssätze, die die
zur Entscheidung berufenen Richter aus anderen Verfahren erlangt
haben), BGHSt 26, 59.

b) Die **Bedeutungslosigkeit (u)** kann auf rechtlichen (z. B. Vorliegen eines Strafausschließungsgrundes) oder tatsächlichen Gründen
beruhen. Letzteres gilt insbesondere, wenn die Tatsache nur mögliche, nicht aber zwingende Schlüsse zuläßt.

c) **Erwiesensein (u)** der unter Beweis gestellten Tatsache, nicht
etwa ihres Gegenteils. Diese Einschränkung darf nicht durch die Annahme einer Bedeutungslosigkeit oder völligen Ungeeignetheit umgangen werden (*BGH* NJW 1997, 2762 m. Anm. *Herdegen,* NStZ
1997, 505; *Wohlers,* StV 1997, 567). Es gilt der Grundsatz der Chan-
cengleichheit zwischen erhobenen und beantragten Beweisen (*BGH*
StV 1986, 419).

d) Der Beweisablehnungsgrund der **völligen Ungeeignetheit des
Beweismittels (u)** muß zur Vermeidung einer unzulässigen Vorwegnahme der Beweiswürdigung eng ausgelegt werden. Darunter fallen
etwa die Vernehmung eines Hellsehers (*BGH* NJW 1978, 207), Sachverständige mit unzulänglichen Untersuchungsmethoden oder Augenscheinseinnahmen über nicht mehr rekonstruierbare Verhältnisse
am Tatort und befangene Sachverständige (vgl. § 74 StPO, *BGH* StV
1999, 576). Die Unglaubwürdigkeit von Zeugen macht sie nur in
ganz seltenen Ausnahmefällen zu völlig ungeeigneten Beweismitteln
(*BGH* NStZ 1984, 42: Mitglied einer terroristischen Vereinigung).

e) Die **Unerreichbarkeit (u)** von Zeugen wurde bereits o. Rn. 255
bei der Verlesbarkeit der Niederschriften über ihre früheren Verneh-

mungen dargestellt. Zur Erreichbarkeit gehört jetzt auch die audiovisuelle Fernvernehmung nach § 247 a StPO (s. o. Rn. 255; BGHSt 45,
188 m. Anm. *Duttge,* NStZ 2000, 158; *Rose,* JR 2000, 77). Ebenso wie
bei § 251 StPO (s. o. Rn. 255) darf auch bei der Bestimmung der Unerreichbarkeit nach § 244 Abs. 3 S. 2 StPO das Verzögerungsverbot
(s. u. § 42) in die Abwägung einbezogen werden (*BGH* NStZ 1982,
127).

f) Der Beweisablehnungsgrund der **Prozeßverschleppungsabsicht** 261
(u) ist vom BGH erheblich eingeschränkt worden. Insbesondere genügt nicht die bloße Verspätung des Beweisantrages; Beweisanträge
können noch bis zum Beginn der Urteilsverkündung vorgebracht
werden (§ 246 StPO). Erforderlich ist, daß der Antragsteller ausschließlich die Verzögerung des Verfahrensabschlusses auf unbestimmte Zeit bezweckt, ihm nachgewiesen ist, daß er sich der Unmöglichkeit bewußt ist, durch die beantragte Beweiserhebung eine
für ihn günstige Wendung des Verfahrens herbeizuführen, und daß
schließlich auch das Gericht von der Nutzlosigkeit der beantragten
Beweiserhebung überzeugt ist (BGHSt 21, 121; NStZ 1998, 207
m. Anm. *Sander).* Beispiele für eine zulässige Ablehnung wegen Prozeßverschleppungsabsicht bei *BGH* JR 1983, 35 und 1985, 35, beide m. Anm. *Meyer.* Durch die komplizierte Einschränkung des
Beweisablehnungsgrundes der Prozeßverschleppungsabsicht ist allerdings auch die Revisionsbegründung so schwierig geworden, daß
viele Revisionen hieran scheitern (s. z. B. *BGH* NStZ 1986, 520; erfolgreich aber bei *BGH* NJW 1992, 2712). BGHSt 52, 355 erlaubt
nach 9-tägiger Verhandlung eine Fristsetzung für weitere Beweisanträge und die Ankündigung, daß die Fristüberschreitung als Indiz
für eine Verschleppungsabsicht gewertet und Hilfsbeweisanträge erst
in den Urteilsgründen abgelehnt werden können (sehr umstr., jedoch
gebilligt von *BVerfG* StV 2010, 113).

g) Die sog. **Wahrunterstellung (u)** ist eine juristische Ausformung
der Alltagsdevise „Geschenkt!". Sie kommt in Betracht, wenn das
Gericht eine weitere Aufklärung nicht für möglich erachtet, den Beweisantrag aber auch nicht wegen „völliger Ungeeignetheit" des Beweismittels (s. o. d) zurückweisen kann. Damit ist die Wahrunterstellung eine vorwegnehmende Anwendung des Grundsatzes „in dubio
pro reo" *(Roxin).* Dabei darf auch die mit der Beweiserhebung verbundene Verzögerung des Verfahrens (s. u. § 42) im Wege der Abwägung berücksichtigt werden. Hält sich das Gericht im Urteil nicht an
die Wahrunterstellung, so liegt darin sowohl eine Verletzung des

§ 244 Abs. 3 S. 2 StPO als auch des Anspruchs auf ein faires Verfahren (s. o. § 6; BGHSt 32, 44).

3. Zusätzliche Ablehnungsgründe bei Sachverständigenbeweis

262   Beweisanträge auf Vernehmung eines Sachverständigen können außerdem abgelehnt werden, wenn das Gericht selbst die erforderliche Sachkunde besitzt oder wenn das Gegenteil der behaupteten Tatsache bereits durch ein früheres Gutachten erwiesen ist, außer wenn bestimmte Gründe für die Unterlegenheit des früheren Gutachtens vorliegen (§ 244 Abs. 4 StPO).

u § 244 Abs. 4 „Sachverständigen"

4. Mißbrauch des Beweisantragsrechts

Interessanter Fall: Ein wegen Betrugs bei der Erteilung von Aufträgen an Handwerker bei zwei Bauprojekten Angeklagter stellte 30 Verhandlungstage lang ununterbrochen Beweisanträge und kündigte weitere 200 Beweisanträge an. Außerdem schloß er sich den 8500 schriftlich eingereichten Beweisanträgen seines Mitangeklagten an. Die Strafkammer ordnete nach der Prüfung und Ablehnung von 106 Beweisanträgen an, der Angeklagte dürfe in Zukunft Beweisanträge nur noch über seinen Verteidiger stellen. Der Verteidiger legte Revision ein und begründete sie mit einer unzulässigen Beschränkung der Verteidigung (§ 338 Nr. 8 StPO, s. u. Rn. 320). Der BGH verwarf die Revision wegen Mißbrauchs des Beweisantragsrechts (BGHSt 38, 111 m. Anm. *Scheffler,* JR 1993, 169; einschränkend *BayObLG* NStZ 2004, 647). S.a. *BGH* StV 1991, 99: Antrag auf Vernehmung eines erkennenden Richters mit der Folge der Ausschaltung aus dem Prozeß. Dramatisch *LG Wiesbaden* StV 1995, 239. Der Bekämpfung von Mißbräuchen des Beweisantragsrechts dienen auch die 1992 eingeführte Möglichkeit des Verlangens der Schriftform (§ 257 a StPO) und die neuere Rspr. zur Ablehnung wegen Prozeßverschleppungsabsicht (s. o. Rn. 261). Man spricht hierbei auch von **Scheinbeweisanträgen,** doch verlangt dieser Begriff eine strenge Beschränkung auf Beweisanträge, die nicht die Wahrheitsermittlung bezwecken (z. B. Reklame, Bloßstellung von Zeugen, Ausschaltung von Richtern – *BGH* StV 1991, 99). Bedenklich die Einbeziehung in die „Unzulässigkeit" nach § 244 Abs. 3 S. 1 StPO (*BGH* a. a. O.).

Fall: Ein Prozeßbeteiligter beantragt die Vernehmung eines Zeugen darüber, daß ein Zeuge die Tatsache, die er bei der Vernehmung bestritten hat, ihm berichtet habe. Das Gericht hält den ersten Zeugen für glaubwürdig. Kein Erwiesensein, keine Bedeutungslosigkeit (s. o. Rn. 260). *BGH* StV 1997, 567 liebäugelt mit Scheinbeweisantrag, völliger Ungeeignetheit und Prozeßverschleppungsabsicht, aber unzulässigerweise (*Herdegen,* NJW 1997, 2762).

Weiterführende Literatur: *Schroeder,* Die Beweisaufnahme im Strafprozeß unter dem Druck der Auseinandersetzung zwischen Ost und West, ROW 1969, 193; *Thole,* Der Scheinbeweisantrag im Strafprozeß, 1992; *Herdegen,*

Das Beweisantragsrecht, NStZ 1998, 444; 1999, 176; 2000, 1; *Kudlich*, Der
Mißbrauch des Beweisantragsrechts, JA 2002, 580.

5. Gerichtsbeschluß

Die Ablehnung eines Beweisantrages bedarf eines **Gerichtsbe-** 263
schlusses (§ 244 Abs. 6 StPO, u), der mit Gründen versehen sein
muß (§ 34 StPO). Ein Hilfsbeweisantrag (s. o. Rn. 248) kann allerdings, da der Antragsteller damit auf eine Behandlung vor der Urteilsfällung verzichtet hat, auch erst in den Urteilsgründen abgelehnt
werden (BGHSt 32, 13). Ein isolierter Angriff gegen die Ablehnung
des Beweisantrages ist ohnehin nicht möglich (s. o. Rn. 212).

Ausnahmen hiervon wiederum: Beweisablehnung wegen Prozeßverschlep-
pung (s. o. Rn. 261; BGHSt 22, 124) und wegen Rechtsmißbrauchs (s. o. 4), da
diese Beweisablehnungsgründe so bedenklich sind, daß dem Antragsteller Gelegenheit gegeben werden muß, sie zu widerlegen.

Fall: Die Verteidigung beantragte, Frau Dr. Z als Sachverständige zum Beweis der Tatsache zu vernehmen, daß bei dem Angeklagten die Voraussetzungen der §§ 20, 21 StGB gegeben waren. Der Staatsanwalt lehnte Frau Dr. Z
wegen Besorgnis der Befangenheit ab. Das Gericht gab diesem Antrag statt.
In der Revision rügte die Verteidigung, daß über ihren Beweisantrag auf Vernehmung der Sachverständigen Dr. Z nicht entschieden worden sei. In der Tat
darf ein Beweisantrag nur abgelehnt werden, wenn einer der Gründe des § 244
StPO vorliegt; hierzu bedarf es eines Gerichtsbeschlusses (§ 244 Abs. 6 StPO).
Die Ablehnung wegen Besorgnis der Befangenheit macht den Sachverständigen jedoch zu einem „völlig ungeeigneten" Beweismittel i. S. des § 244 Abs. 3
S. 2 StPO. Zur Ablehnung des Beweisantrages bedarf es keines erneuten ausdrücklichen Beschlusses; sie ist in der Ablehnung wegen Besorgnis der Befangenheit enthalten (*BGH* StV 1999, 576).

IV. Die Beweiserhebungspflicht in bezug auf präsente Beweismittel

Hinsichtlich präsenter Beweismittel, d. h. vorgeladener und er- 264
schienener Zeugen und Sachverständiger und herbeigeschaffter Urkunden und Augenscheinsobjekte, gelten besondere Regeln (§ 245
StPO). Der Grund liegt darin, daß die Beweiserhebung in diesen Fällen wenig Aufwand verursacht. Allerdings wurde diese Regelung zunehmend mißbraucht. Angeklagte brachten das Alte Testament mit in
die Hauptverhandlung, um damit die charakterliche Minderwertig-
keit des jüdischen Volkes zu beweisen (BGHSt 17, 28), und die Ge-
sammelten Werke Lenins, um damit die Aggressionsabsichten der
Westmächte unter Beweis zu stellen (BGHSt 17, 341). Mit der Ein-

schränkung des § 245 StPO durch das StVÄG 1979 ist der Gesetzgeber allerdings über das Ziel hinausgeschossen.

265   1. Danach ist zwischen **vom Gericht vorgeladenen Zeugen und Sachverständigen und vom Gericht oder der Staatsanwaltschaft herbeigeschafften Beweismitteln** einerseits und vom Angeklagten und der Staatsanwaltschaft vorgeladenen Zeugen und Sachverständigen sowie vom Angeklagten herbeigeschafften Beweismitteln zu unterscheiden. Nur hinsichtlich der ersteren ist die Beweisaufnahme von Amts wegen erforderlich (§ 245 Abs. 1 StPO, **u**). Da diese Personen vom Gericht nur geladen und die Beweismittel nur herbeigeschafft werden, wenn das Gericht bei der Vorbereitung der Hauptverhandlung keinen Beweisablehnungsgrund sieht (s. o. Rn. 199), bringt dies dem Angeklagten keinerlei Vorteile. Ein Vorteil besteht lediglich darin, daß das Gericht die Beweise erheben muß, auch wenn seit der Vorbereitung der Hauptverhandlung ein Beweisablehnungsgrund entstanden ist oder das Gericht seine Auffassung insofern geändert hat.

BGHSt 37, 169 hat diese Regelung noch weiter eingeengt: „herbeigeschafft" ist das Beweismittel nicht schon bei Bezeichnung in der Anklageschrift und Vorhandensein im Gerichtssaal, sondern nur, wenn das Gericht zu erkennen gegeben hat, daß es von ihm in der Beweisaufnahme Gebrauch machen will (Anm. *Köhler*, StV 1992, 4).

266   2. Hinsichtlich der **vom Angeklagten** (über den Gerichtsvollzieher, § 38 StPO) **oder der Staatsanwaltschaft vorgeladenen Zeugen und Sachverständigen sowie der vom Angeklagten herbeigeschafften Beweismittel** (§ 245 Abs. 2, **u**) muß auch bei Erscheinen bzw. Herbeischaffung ein Beweisantrag gestellt werden (**u**). Dabei hat das Gericht bei Zeugen und Urkunden fast die gleichen Beweisablehnungsgründe wie bei normalen Beweisanträgen (s. o. Rn. 259). Eine Einschränkung besteht nur darin, daß die Wahrunterstellung fehlt (das Fehlen der Unerreichbarkeit versteht sich von selbst!), daß eine Beweisablehnung nur bei Offenkundigkeit der zu beweisenden Tatsache (nicht wie bei § 244: der Offenkundigkeit überhaupt, d. h. auch des Gegenteils der zu beweisenden Tatsache) möglich ist und daß an die Stelle der Bedeutungslosigkeit (s. o. Rn. 260) der fehlende Zusammenhang tritt (damit sollen vor allem die genannten Fälle der Beibringung völlig heterogener Beweismittel erfaßt werden). Bei selbstgeladenen Sachverständigen und noch mehr bei Augenscheinsobjekten ist die Beweiserhebungspflicht des Gerichts allerdings deutlicher stärker als beim normalen Beweisantrag nach § 244 Abs. 4, 5 StPO (s. o. Rn. 259 ff.).

Interessanter Fall: Ein nach einer gewaltsamen „Demonstration" gegen den Verleger *Axel Springer* wegen Landfriedensbruch Angeklagter hatte Springer als Zeugen geladen, um die Kampagne gegen ihn im Gerichtssaal fortzusetzen. Springer erschien nicht und wurde mit einem Ordnungsgeld in Höhe von 1.000 DM belegt (s. dazu o. Rn. 106). Das KG hob den Beschluß auf, da der Angeklagte sein Ladungsrecht nach § 220 StPO zu verfahrensfremden Zwecken mißbraucht habe (JR 1971, 338 m. Anm. *Peters*). Diese Lösung erscheint bedenklich (*Wagner*, JuS 1972, 315). Jedoch wird das Gericht, wenn es den Antrag auf Vernehmung nach den dargelegten Grundsätzen ablehnen kann, kaum ein Ordnungsgeld wegen Nichterscheinens verhängen (LR/*Gollwitzer*, LR § 220 Rn. 11).

Weiterführende Literatur: *Köhler*, Das präsente Beweismittel nach dem Strafverfahrensänderungsgesetz 1979, NJW 1979, 348; *Marx*, Die Verwertung präsenter Beweismittel nach neuem Recht, NJW 1981, 1415.

V. Die Einschränkung der Beweisaufnahme beim beschleunigten Verfahren und nach Einspruch gegen einen Strafbefehl

Im beschleunigten Verfahren (s. dazu schon o. Rn. 171) können vor dem Schöffengericht in weiterer Durchbrechung des Unmittelbarkeitsgrundsatzes über die §§ 251 und 256 StPO hinaus Niederschriften und Urkunden verlesen werden, sofern die Verfahrensbeteiligten zustimmen (§ 420 Abs. 1–3 StPO). Der Einzelrichter ist sogar nach dem Vorbild von § 77 OWiG nur an die Aufklärungspflicht und nicht an Beweisanträge gebunden (§ 420 Abs. 4 StPO, u; s. hierzu o. Rn. 246). **267**

Diese Einschränkungen gelten auch für das Verfahren nach Einspruch gegen einen Strafbefehl (s. o. Rn. 194; § 411 Abs. 2 S. 2 StPO, u).

VI. Der Freibeweis

Die vorstehend geschilderten strengen Regeln gelten nur für die Beweisaufnahme über Umstände, die für die Verhängung und die Bemessung der Strafe relevant sind. Dagegen gilt für Tatsachen, die für die Feststellung von Prozeßvoraussetzungen und für sonstige Tatsachen, die nur prozessual erheblich sind (z. B. Alter eines Zeugen wegen der Frage der Vereidigung), ein erleichtertes Beweisverfahren, der sog. „Freibeweis" im Gegensatz zum „strengen Beweis". Für einige dieser Tatsachen sieht die StPO selber ein erleichtertes Beweisverfahren vor, insbesondere die Glaubhaftmachung (z. B. § 56, s. schon o. **268**

Rn. 160) und die erweiterte Urkundenverlesung (§ 251 Abs. 3 StPO). Im übrigen ist das Freibeweisverfahren dem pflichtgemäßen Ermessen des Gerichts überlassen. Insbesondere können schriftliche oder fernmündliche Auskünfte und dienstliche Äußerungen eingeholt werden. Jedoch gelten der Anspruch auf rechtliches Gehör (BGHSt 21, 87) und die Aufklärungspflicht (BGHSt 26, 284) auch hier.

Bedenkt man, daß nach der Lehre vom Freibeweis auch so einschneidende Tatsachen wie die Behauptung der Abnötigung eines Geständnisses durch schwere Mißhandlung in einem formlosen Verfahren beurteilt werden können (BGHSt 16, 164), erhebt sich zweifellos ein Unbehagen. Dieses stützt sich in der letzten Zeit zunehmend auch darauf, daß die Prozeßvoraussetzungen über die Zulässigkeit des Prozesses schlechthin entscheiden und den – zum materiellen Recht gehörenden – objektiven Strafbarkeitsbedingungen sehr nahestehen.

§ 28. Einstellung nach dem Opportunitätsprinzip und Änderungen gegenüber der Anklage

I. Die Einstellung nach dem Opportunitätsprinzip

269   Die Einstellung des Verfahrens aus den Gründen des Opportunitätsprinzips (s. o. Rn. 97 ff., 185) ist überwiegend noch in der Hauptverhandlung möglich (Ausnahme: § 153 b Abs. 2 StPO). Allerdings ist nun das Gericht zuständig; jedoch hat die Staatsanwaltschaft ihre Zustimmung zu geben (s. bes. §§ 153 Abs. 2, 153 a Abs. 2, 154 a Abs. 2 StPO). Selbstverständlich kann die Staatsanwaltschaft die Anregung hierzu geben.

Bei einer Einstellung wegen Geringfügigkeit in der Hauptverhandlung ist jedoch ganz besonders darauf zu achten, daß hier nicht Beweisschwierigkeiten, die nach dem Grundsatz „in dubio pro reo" einen Freispruch verlangen (s. u. Rn. 283 ff.), durch eine Einstellung wegen „Geringfügigkeit" umgangen werden.

Fall aus der Praxis des Verfassers (AG Bayreuth 1990): Zwei Inhaberinnen eines Einzelhandelsgeschäfts hatten Schadensersatz verlangt, weil eine von ihnen in den Nachtkasten ihrer Bank eingeworfene Geldbombe mit DM 8.000,– von der Bank als leer deklariert wurde. Nachdem die Bank erklärt hatte, ein Abhandenkommen des Geldes bei ihr sei nicht möglich, erfolgte Anklage gegen die beiden Damen wegen versuchten Betruges. Als von zwei Bankangestellten einer ausgesagt hatte, die Geldbomben würden immer zu zweit geöffnet, der andere dagegen, der erste öffne die Geldbomben immer allein, bot das Gericht an, das Verfahren gegen Zahlung eines Geldbetrages zugunsten einer gemeinnützigen Einrichtung einzustellen, der etwas über dem angerichteten Schaden, also bei DM 10.000,– liegen müsse. Im weiteren Verlauf der Verhandlung stellte sich heraus, daß der Filialleiter veranlaßt hatte, die Unterschrift der mit der Kontrolle der durch Geldbombe eingelieferten Beträge beauftragten Angestellten nachträglich anzubringen. Daraufhin bot das Gericht an, das Verfahren gegen die Zahlung eines Betrages einzustellen, der den nichtversicherten Schaden der Bank in Höhe von 10 % umfasse, also DM 800,–! Dies verbunden mit der Erklärung, daß das Gericht noch niemals einen Vorschlag zur Einstellung nach § 153 a StPO gemacht habe, wenn es nicht von der Schuld des Angeklagten überzeugt gewesen sei. Angesichts der erheblichen Kosten für zahlreiche Zeugenvernehmungen blieb den Angeklagten kaum eine andere Wahl, als diesen Vorschlag anzunehmen.

II. Änderungen gegenüber der Anklage

Häufig ergeben sich im Laufe der Hauptverhandlung Änderungen 270 gegenüber der Anklage. Hierbei sind aufgrund des Anklagegrundsatzes (s. o. Rn. 58) zwei Fälle zu unterscheiden.

1. Änderungen der Tatsachen oder der rechtlichen Beurteilung

Es ändern sich die tatsächlichen Grundlagen (Ort, Zeit, Gegenstand, Begehungsart) oder die rechtliche Beurteilung der angeklagten Tat. Häufig ist beides zugleich (z. B. beim Auftreten von strafschärfenden Merkmalen). Ergibt sich dabei die Zuständigkeit eines höheren Gerichts (s. o. Rn. 174), so verweist das Gericht die Sache dorthin. Ansonsten ist dies unschädlich, da das Gericht innerhalb der angeklagten Tat an die gestellten Anträge nicht gebunden ist (§§ 155 Abs. 2, 264 Abs. 2 StPO). Man spricht hier auch von einer „Umgestaltung" der zugelassenen Anklage. Die Anklage mit ihrer rechtlichen Bezeichnung der Tat ist jedoch eine wichtige Voraussetzung für eine sachgemäße Verteidigung des Angeklagten (Informationsfunktion, s. o. Rn. 170). Daher muß er auf eine Veränderung des rechtlichen Gesichtspunkts besonders **hingewiesen** und ihm Gelegenheit zur Verteidigung gegeben werden (§ 265 Abs. 1 StPO).

u § 265 „anderen als des in der gerichtlich zugelassenen Anklage angeführten Strafgesetzes", „hingewiesen"

Wegen ihrer Schutzfunktion wird diese Vorschrift weit ausgelegt: ein „anderes" Strafgesetz ist auch die Verurteilung wegen Vollendung statt wegen Versuch, wegen Tuns statt Unterlassens, wegen einer anderen Beteiligungsform und wegen einer wesentlich anderen Tatbestandsalternative. Auch beim Übergang zu einem milderen Strafge-

setz ist ein Hinweis erforderlich. Die Hinweispflicht gilt auch bei wesentlichen Änderungen der tatsächlichen Grundlagen (BGHSt 19,
88). Der Angeklagte hat ein Recht auf **Aussetzung** der Hauptverhandlung, d. h. zum Neubeginn mit ihr (s. o. Rn. 210, § 265 Abs. 3, 4
StPO; BGHSt 48, 183).

Die Grenzen der „Umgestaltung" der Anklage ergeben sich aus
dem prozessualen Tatbegriff (s. o. Rn. 69 f.). Unzulässig ist der Übergang von der Anklage wegen Strafvereitelung zur Verurteilung wegen
Mord (BGHSt 32, 215 m. Anm. *Roxin*, JR 1984, 346; *Jung*, JZ 1984,
535), von der Anklage wegen Diebstahls zur Verurteilung wegen Begünstigung (BGHSt 35, 80 m. Anm. *Roxin*, JZ 1988, 260).

2. Die Einbeziehung neuer Straftaten

Stellt sich im Laufe der Hauptverhandlung eine neue Straftat des
Angeklagten in dem o. Rn. 69 f. geschilderten Sinn heraus, so ist eine
Einbeziehung in das Verfahren nur durch eine **Nachtragsanklage**
möglich (§ 266 StPO).

u „weitere Straftaten des Angeklagten".

Hierzu ist die **Zustimmung des Angeklagten** erforderlich (**u**).
Hierbei handelt es sich zwar nicht um eine Prozeßvoraussetzung;
das Fehlen wird daher nicht von Amts wegen, sondern nur auf Revisionsrüge hin beachtet. In diesem Fall erfolgt allerdings eine Einstellung des Verfahrens. Außerdem ist ein Beschluß des Gerichts erforderlich (**u**). Dieser hat die Wirkung eines Eröffnungsbeschlusses
(s. o. § 22) und setzt daher einen hinreichenden Tatverdacht voraus
(§ 203 StPO). Fehlt es an einem Einbeziehungsbeschluß, so fehlt mit
dem Eröffnungsbeschluß eine Prozeßvoraussetzung und ist das Verfahren durch Urteil einzustellen (§ 260 Abs. 3 StPO; BGHSt 35, 80).

Bei einer Einbeziehung ist § 243 Abs. 4 StPO erneut anzuwenden (§ 266
Abs. 2 S. 4 StPO). Außerdem kann der Angeklagte eine Unterbrechung, d. h.
eine Verhandlungspause bis zu zehn Tagen (§ 229 Abs. 1 StPO, s. o. Rn. 210),
beantragen und ist auf dieses Recht ausdrücklich hinzuweisen (§ 266 Abs. 3
StPO).

Weiterführende Literatur: *Hilger,* Kann auf eine Nachtragsanklage (§ 266
StPO) die Eröffnung des Hauptverfahrens mangels hinreichenden Tatverdachts abgelehnt werden?, JR 1983, 441; *Meyer-Goßner,* Nachtragsanklage
und Ablehnung der Eröffnung des Hauptverfahrens, JR 1984, 53.

§ 29. Schlußvorträge und letztes Wort des Angeklagten

I. Die Schlußvorträge

Nach dem Schluß der Beweisaufnahme erhalten der Staatsanwalt   271
und der Angeklagte zu ihren Ausführungen und Anträgen das Wort
(§ 258 Abs. 1 StPO). Diese abschließenden Ausführungen werden
Schlußvorträge oder Plädoyers genannt. Wenn der Angeklagte einen
Verteidiger hat, hat, wie sich aus § 258 Abs. 3 StPO ergibt, dieser das
Recht zum Schlußvortrag.

Die Schlußvorträge sind ein Ausfluß des Anspruchs auf rechtliches
Gehör nach Art. 103 Abs. 1 GG und sind vor allem psychologisch
sehr wichtig, da sie den Beteiligten zum Abschluß der Verhandlung
die Möglichkeit gewähren, ihre Sicht der Dinge zusammenfassend
darzulegen. Dem entspricht es auch, daß der Angeklagte bzw. sein
Verteidiger nach dem Staatsanwalt zu Wort kommen; eine Verletzung
dieser Reihenfolge ist allerdings kein Revisionsgrund.

Wegen dieser großen Bedeutung stellen die Schlußvorträge für den
Staatsanwalt und den Verteidiger erhebliche Belastungen dar, insbesondere weil die StPO keine Unterbrechung der Verhandlung für
eine Vorbereitung der Schlußvorträge vorsieht. Die oft beklagten
floskelhaften Ausführungen sind eine Folge dieser Regelung. Der
Verteidiger hat immerhin noch Zeit, während des Schlußvortrages
des Staatsanwalts seinen Schlußvortrag zu entwerfen. Neuerdings
setzt sich daher mit Recht die Auffassung durch, daß die Nichtgewährung wenigstens einer etwa halbstündigen Unterbrechung zur
Vorbereitung des Plädoyers einen Verstoß gegen § 258 Abs. 1 StPO
darstellt (*KG* NStZ 1984, 523).

Der **Staatsanwalt** ist aufgrund seiner prozessualen Stellung im   272
Strafverfahren verpflichtet, einen Schlußvortrag zu halten und darin
den Sachverhalt tatsächlich und rechtlich zu würdigen und einen bestimmten Antrag zu stellen.

Interessanter Fall: *OLG Düsseldorf* NJW 1963, 1167 – Der eingeschnappte
Staatsanwalt. Nach der Ablehnung eines von ihm gestellten Beweisantrages
weigerte sich der Staatsanwalt, einen Schlußantrag zu stellen. Daraufhin sprachen der Verteidiger und der Angeklagte, und der Amtsrichter verkündete das
Urteil. Das OLG Düsseldorf hat in der Fortsetzung der Hauptverhandlung
und der Urteilsverkündung ohne Schlußvortrag des Staatsanwalts einen

grundlegenden Verfahrensmangel gesehen, auf dem die Verurteilung des Angeklagten beruhen könne. Vgl. auch *BGH* NStZ 1984, 468: Das LG verurteilte, nachdem die Staatsanwaltschaft eine Einstellung nach § 154 StPO beantragt und deswegen keinen Antrag hinsichtlich der Strafhöhe gestellt hatte.
Die Revision der Staatsanwaltschaft wurde vom BGH verworfen, da die
Staatsanwaltschaft darin nicht ausgeführt hatte, welchen Antrag sie gegebenenfalls gestellt hätte.

Ob der **Verteidiger** zu einem Schlußvortrag verpflichtet ist, ist umstritten. Manche sehen in der Verweigerung eines Schlußvortrags mit
Recht eine „Weigerung, die Verteidigung zu führen" nach § 145 StPO
(dagegen *BGH* NStZ 1987, 217).

Auf den Schlußvortrag des Verteidigers steht dem Staatsanwalt das
Recht der Erwiderung zu (§ 258 Abs. 2 StPO). Obwohl nicht ausdrücklich erwähnt, steht dem Verteidiger hiergegen wiederum das
Recht der Gegenerwiderung zu; dieses wird aus § 258 Abs. 3 StPO
geschlossen, wonach das „letzte Wort" auch vom Verteidiger gesprochen werden kann (*OLG Oldenburg* NJW 1957, 839).

II. Das letzte Wort des Angeklagten

273   Anschließend muß dem Angeklagten das letzte Wort erteilt werden. Die etwas unglückliche Formulierung des § 258 Abs. 2 und 3
StPO läßt sich dahingehend zusammenfassen, daß, wenn der Angeklagte keinen Verteidiger hat, sein Schlußvortrag mit seinem letzten
Wort zusammenfällt, daß er dagegen, wenn ein Verteidiger den
Schlußvortrag gehalten hat, selber noch einmal zu Wort kommen
soll. Hierbei dient das „letzte Wort" oft dem Vorbringen der persönlichen Einstellung des Angeklagten zu seiner Tat. Gerade hierauf hat
sich der Begriff des „letzten Worts" seit längerem spezialisiert. In dieser Ausgestaltung ist das Recht auf das „letzte Wort" eine Ausstrah-
lung der Würde des Menschen (BGHSt 17, 33).

In der Praxis hat sich daher eine andere Terminologie herausgebildet, als sie
in § 258 StPO zum Ausdruck kommt:
Schlußvortrag des Staatsanwalts – Schlußvortrag des Verteidigers – ggf. Erwiderung des Staatsanwalts – dagegen Erwiderung des Verteidigers – letztes
Wort des Angeklagten.

274   In diesem Rahmen erhält auch § 258 Abs. 3 StPO seinen guten
Sinn: der Angeklagte soll bei der Erteilung des letzten Wortes darauf
hingewiesen werden, daß bei Vorhandensein eines Verteidigers die
Aufgabenteilung nicht dahin geht, daß der Verteidiger die juristischen
Gesichtspunkte vorbringt, der Angeklagte in seinem „letzten Wort"

dagegen nur allgemein seine Einstellung zu der Tat, sondern daß er auch in diesem Fall noch Einzelpunkte zu seiner Verteidigung vorbringen kann (a. A. BGHSt 18, 86, wonach eine allgemeine Erteilung des „letzten Worts" genügen soll). Angesichts der Bedeutung des letzten Worts läßt sich ein Beruhen des Urteils auf seiner Nichterteilung nur ausnahmsweise ausschließen (BGHSt 22, 281; StV 2000, 296).

Der Grundsatz, daß nach Rückkehr zu früheren Teilen der Hauptverhandlung die nachfolgenden Teile **wiederholt** werden müssen (s. o. Rn. 205), wird bei der Erteilung des letzten Worts an den Angeklagten oft übersehen. Während die „Profis" Staatsanwalt und Verteidiger neben der Gewährung der Stellungnahme zu den neuen Verhandlungsteilen nicht noch einmal ausdrücklich auf ihr Recht zu einem Schlußvortrag hingewiesen werden müssen, muß der Angeklagte hier ausdrücklich befragt werden, ob er noch etwas zu seiner Verteidigung anzuführen habe (BGHSt 22, 279).

§ 30. Das Urteil

I. Allgemeines

1. Das Urteil als Abschluß der Hauptverhandlung

Die Hauptverhandlung endet mit der Verkündung des Urteils 275 (§ 260 Abs. 1 StPO). Diese Bestimmung der StPO ist inzwischen nicht mehr ganz zutreffend, da auch noch in der Hauptverhandlung eine Einstellung nach Opportunitätsgründen erfolgen kann (s. o. Rn. 269) und in diesem Fall die Hauptverhandlung mit einem „**Beschluß**" endet (s. bes. §§ 153 Abs. 2, 153 a Abs. 2, 154 Abs. 2, 154 a Abs. 2 StPO). Aber das sind Ausnahmefälle. In der Regel kann eine Hauptverhandlung nur durch ein Urteil enden. Außerdem können mit dem Urteil Beschlüsse verbunden werden: die näheren Bedingungen für die Strafaussetzung zur Bewährung sowie die Entscheidung über die Fortdauer der Untersuchungshaft sind in mit dem Urteil zu verkündenden Beschlüssen zu regeln (§§ 268 a, 268 b StPO).

2. Der Inhalt des Urteils

Das Urteil lautet auf Verurteilung oder Freispruch, ggf. Verurteilung 276 mit Teilfreispruch. Um den Verurteilten aus Kostengründen mehr Teilfreisprüche zu gewähren, wendet die h. L. hier inkonsequenterweise nicht den prozessualen, sondern den materiellrechtlichen Tatbegriff an. Die Unterschiede sind allerdings nicht allzu groß

(s. o. Rn. 69 f.). Ein Teilfreispruch ist nur möglich, wenn dem Täter eine von mehreren Taten nicht nachgewiesen werden kann.

Wenn sich in der Hauptverhandlung ein endgültiges (sonst § 205 StPO, s. o. Rn. 186) Verfahrenshindernis herausstellt, ist die **Einstellung** des Verfahrens nicht mehr – wie vor Beginn einer Hauptverhandlung – durch Beschluß (§ 206 a StPO; s. o. Rn. 197), sondern nur noch durch Urteil möglich (§ 260 Abs. 3 StPO; „außerhalb der Hauptverhandlung" in § 206 a StPO bedeutet also vor Beginn der Hauptverhandlung, nicht außerhalb der Sitzung; peinlicher Fehler bei der Freilassung *Honeckers, KG* JR 1993, 127). Man bezeichnet ein solches Urteil als **Prozeßurteil,** während Verurteilung und Freispruch, da sie zur Sache Stellung nehmen, als **Sachurteil** bezeichnet werden. Ein bloßes Prozeßurteil ist auch die Verwerfung des Einspruchs gegen einen Strafbefehl wegen Ausbleibens des Angeklagten und seines Verteidigers nach § 412 StPO (s. o. Rn. 221).

II. Beratung und Beweiswürdigung

1. Die Beratung

277   Das Urteil wird in einer Beratung gewonnen (§ 260 Abs. 1 StPO). Die näheren Bestimmungen hierfür geben die §§ 192–197 GVG. Danach dürfen bei der Beratung nur die zur Entscheidung berufenen Richter sowie – bei Gestattung durch den Vorsitzenden – die zur juristischen Ausbildung beschäftigten Personen (Rechtsreferendare; gegen die Möglichkeit der Anwesenheit von Studenten im Praktikum *OLG Karlsruhe* NJW 1969, 628; umstr.) und ausländische Gäste anwesend sein (§ 193 GVG). Nicht teilnehmen dürfen also insbesondere der Staatsanwalt und der Urkundsbeamte. Daher „zieht sich das Gericht" in der Regel „zur Beratung zurück". Ein derartiges „Sichzurückziehen" ist nicht in jedem Fall erforderlich, insbesondere beim beschleunigten Verfahren (s. o. Rn. 171) mit Verkündung des Urteils am Ort der Augenscheinseinnahme und bei Wiedereintritt in die Verhandlung nach kurzer Nachholung von Verhandlungsteilen (s. o. Rn. 205). Hierbei muß jedoch jeder Anschein vermieden werden, daß das Gericht schon vorher festgelegt ist und die erneute „Beratung" nur als eine bloße Formalie ansieht (BGHSt 19, 157; 24, 171).

278   Ist die Bestimmung des § 260 Abs. 1 StPO mit ihrem Erfordernis einer „Beratung" unpräzise gefaßt, weil sie für die zahlreichen Hauptverhandlungen vor dem **Einzelrichter** gar nicht gelten kann? Überzeugender erscheint es, den Begriff der „Beratung" nicht formell

als Diskussion unter mehreren Beteiligten, sondern materiell als Gewinnung des Urteils durch Würdigung der Beweise, Subsumierung des Sachverhalts unter die einschlägige Strafvorschrift und Zumessung der Strafe aufzufassen. Bei einer solchen Betrachtung ist eine „Beratung" auch beim Einzelrichter erforderlich. Sie spielt sich hier allerdings im Inneren des Einzelrichters selbst ab. „Der Einzelrichter berät nur mit sich selbst" (BGHSt 11, 79).

Bedenklich allerdings, daß der BGH mit dieser guten Formulierung das Niederschreiben der Urteilsformel während der Schlußvorträge der Beteiligten für zulässig erklärt hat, da es sich hierbei nur um einen „Entwurf", um „vorbereitende Überlegungen" handle.

Die allgemeine Vorschrift, wonach die absolute Mehrheit der Stimmen genügt (§ 196 GVG), wird durch § 263 StPO spezialisiert: zu jeder dem Angeklagten nachteiligen Entscheidung über die Schuldfrage und die Rechtsfolgen der Tat ist eine Zweidrittelmehrheit erforderlich.

Zu beachten ist, wie sich bereits das GVG von 1877 bemüht, Autoritätsdruck zu neutralisieren: die Schöffen stimmen vor den Richtern, der Richter mit dem jüngeren Dienstalter stimmt vor dem älteren (§ 197 GVG).

2. Die Freiheit der Beweiswürdigung

Eines der wichtigsten Bestandteile der „Beratung" des Urteils ist die Beweiswürdigung. Über das Ergebnis der Beweisaufnahme entscheidet das Gericht nach § 261 StPO nach seiner „freien Überzeugung". Das Gericht ist also in seiner Bewertung der Beweise „frei"; es kann einem Zeugen glauben, dem anderen oder dem Angeklagten nicht.   **279**

Diese Regelung ist für Laien schwer verständlich; sie sehen darin oft einen Freibrief für eine Willkür des Gerichts. Man muß sich jedoch vor Augen halten, daß eine Alternative nur in der Festlegung des Beweiswertes bestimmter Beweise liegt. Aber welche sollen das sein? Mit seinen Beweisregeln hat das Mittelalter absurde und z. T. schreckliche Erfahrungen gemacht (s. o. Rn. 27). Sollen zwei Zeugen oder sieben Zeugen (sog. „Übersiebnungsverfahren") den Beweis der Wahrheit erbringen? Dann wäre das Opfer bei nur einem vorhandenen Tatzeugen schutzlos und würde sich zwangsläufig zusätzliche Zeugen „kaufen". Soll der Sieg im Zweikampf die Unschuld beweisen?

Immerhin muß das Gericht von der Schuld „überzeugt" sein. Überzeugung ist die persönliche Gewißheit des Richters (BGHSt 10, 208). Allerdings sind bloß „abstrakte", „theoretische", „unvernünftige" Zweifel unbeachtlich und „übertriebene", „überspannte"   **280**

Anforderungen an die vom Richter zu erlangende Gewißheit zu vermeiden; ausreichend ist ein „nach der Lebenserfahrung ausreichendes Maß an Sicherheit" (*BGH* StV 1999, 5 – Fall *Monika Weimar*). Der „vernünftige Zweifel" hat seine Grundlage in rationaler Argumentation (*BGH* NStZ 1988, 237). Seit längerem verstärkt der BGH die revisionsrechtliche Überprüfung der Beweiswürdigung. Insbesondere bei Verurteilungen verlangt er, daß die festgestellten Tatsachen mit hoher Wahrscheinlichkeit das tatsächliche Geschehen wiedergeben (NStZ 1990, 402, 501 – Kauf eines bei einem Sprengstoffanschlag benutzten Weckers durch eine Sympathisantin, 603; NJW 1999, 1562 – Pistazieneisfall; *Schäfer*, StV 1995, 147).

3. Einschränkungen der Freiheit der Beweiswürdigung

281 Außerdem ist die „Freiheit" der Beweiswürdigung durch bestimmte Grundsätze eingeschränkt. Im wesentlichen wurden sie schon bei der Beweiswürdigung durch die Staatsanwaltschaft behandelt (s. o. Rn. 168). Für das Gericht kommen noch folgende Einschränkungen hinzu:

a) Zunächst ergibt sich aus § 261 StPO („Inbegriff der Verhandlung"), daß das Urteil **nur auf Vorgänge in der Hauptverhandlung** gestützt werden darf.

Revisionsgrund daher irrtümliche Annahme der Vereidigung eines Zeugen, obwohl dieser nur teilvereidigt war (*BGH* StV 1999, 137).

b) Der „Inbegriff der Verhandlung" bedeutet andererseits, daß („alles inbegriffen") die Beweiswürdigung alle in der Hauptverhandlung erhobenen Beweise **erschöpfend auswerten** muß.

Beispiel: Das LG hat die verlesenen Aussagen eines früheren Mitglieds einer kriminellen Vereinigung nicht berücksichtigt, da es die Nichtmitteilung der Personalien des Zeugen durch die Innen- und Justizminister der Bundesländer ohne weitere Nachforschungen für willkürlich hielt (BGHSt 29, 109; s. schon o. Rn. 255).

Hierunter faßt die Rechtsprechung auch das Verbot, von mehreren naheliegenden tatsächlichen Möglichkeiten nur eine in Betracht zu ziehen und die anderen außer acht zu lassen (BGHSt 25, 367).

Beispiele: Ein die Einlassung verweigernder Kfz-Halter kann nicht als Fahrer angesehen werden (BGHSt 25, 367). Anschreiben im Abfall kann nicht zur Verurteilung wegen vorsätzlicher oder auch nur fahrlässiger Abfallbeseitigung führen (*BayObLG* NJW 1994, 3177).

c) Auch das Gericht darf bestimmte, vor allem rechtswidrig er- 282
langte, Beweise nicht verwerten (**Beweisverwertungsverbote**).
Hierzu o. Rn. 131 ff. Die für die Hauptverhandlung geltenden Beweisverbote (s. o. Rn. 249 ff.) haben sämtlich ein Beweisverwertungsverbot zur Folge.

d) Es gilt der Grundsatz „**in dubio pro reo**" („Im Zweifel für den 283
Angeklagten"). Dies ergibt sich an sich schon aus den Vorschriften,
die die Erforschung der Wahrheit und einen Nachweis der Tat verlangen (§§ 244 Abs. 2, 267 Abs. 1 S. 1 StPO) sowie aus der Vermutung der Unschuld nach Art. 6 Abs. 2 EMRK und Art. 14 Abs. 2
IPBPR (s. o. Rn. 243). Die Widerlegung von Schutzbehauptungen,
insbesondere des Alibi-Beweises, darf nicht ohne weiteres als Schuld-
indiz gewertet werden. Die besondere Bedeutung des Grundsatzes
„in dubio pro reo" liegt bei der Behauptung begünstigender Tatsachen (z. B. Notwehr, Provokation nach § 213 StGB, vorherige Ge-
genbeleidigung, BGHSt 10, 373). Auch wenn derartige Tatsachen
nicht nachgewiesen sind, dürfen sie angenommen werden. Der
Grundsatz „in dubio pro reo" erlaubt bei Zweifeln darüber, ob der
Täter ein Mehr oder Weniger verwirklicht hat (z. B. Grund- oder
Qualifizierungstatbestand, Versuch oder Vollendung), die Bestrafung
nach dem Weniger. Neuerdings läßt der BGH dies auch bei sog. nor-
mativ-ethischen Stufenverhältnissen wie Beihilfe und Täterschaft
oder Anstiftung, Fahrlässigkeit und Vorsatz, Vollrausch und in verminderter Schuldfähigkeit begangene Tat zu (BGHSt 32, 57).

Der Grundsatz „in dubio pro reo" ist für jeden Mitangeklagten gesondert
anzuwenden. Daher beim Vorwurf des Verschwindenlassens eines Autos
zum Zweck des Versicherungsbetruges Annahme zugunsten des Eigentümers,
der Wagen sei gestohlen, Annahme zugunsten des Mitangeklagten, er sei freiwillig übergeben worden (*BGH* StV 1996, 81).

Ob der Grundsatz „in dubio pro reo" auch für Verfahrensvoraussetzungen
gilt, will der BGH von Fall zu Fall entscheiden (BGHSt 18, 277 mit Bejahung
für die Verjährung).

Eine Ausnahme von dem Grundsatz „in dubio pro reo" bildet die 284
Wahlfeststellung. Danach braucht der Richter, wenn er sicher ist,
daß der Angeklagte einen von zwei – nicht in einem Stufenverhältnis
stehenden – Straftatbeständen erfüllt hat, aber keine Gewißheit darüber gewinnen kann, welcher von beiden Tatbeständen dies war (insbesondere Diebstahl oder Hehlerei bei Auffinden einer gestohlenen
Sache beim Angeklagten), nicht hinsichtlich beider Tatbestände den
Grundsatz „in dubio pro reo" anzuwenden, sondern kann auf wahl-
deutiger Tatsachengrundlage verurteilen (BGHSt 9, 392). Die Rechtfertigung dieser Abweichung vom Grundsatz „in dubio pro reo" liegt

in der Vermeidung lebensfremder und der Gerechtigkeit wider-
sprechender Ergebnisse (BGHSt 12, 388).

285   Allerdings ist diese Abweichung nur tragbar, soweit die beiden Taten
„**rechtsethisch und psychologisch gleichwertig**" sind (BGHSt 9, 394). Dies
gilt z. B. – außer für den weitaus häufigsten Fall von Diebstahl und Hehlerei
– für Diebstahl und Unterschlagung, Betrug und Untreue, Raub und räuberi-
sche Erpressung, Meineid und falsche Versicherung an Eides Statt. Abgelehnt
wurde es dagegen für Diebstahl und Erpressung, Raub und Hehlerei, Vollrausch und in verminderter Schuldfähigkeit begangene Tat, Vorsatz und Fahrlässigkeit. Bei den letzten beiden Fällen ist allerdings zu berücksichtigen, daß
der BGH den Vollrausch und die Fahrlässigkeitstatbestände zunächst zugleich
als „Auffangtatbestände" für nicht nachweisbar vermindert schuldfähiges bzw.
vorsätzliches Handeln angesehen hat (BGHSt 9, 398; 17, 212) und jetzt ein
„normativ-ethisches Stufenverhältnis" annimmt (BGHSt 32, 57) und damit
praktisch das gleiche Ergebnis wie bei der Wahlfeststellung ermöglicht hat.
      Die Wahlfeststellung wird in den meisten Strafprozeßlehrbüchern dem ma-
teriellen Recht (so auch § 2 b StGB i. d. F. von 1935), in den Strafrechtslehrbü-
chern dem Prozeßrecht zugeschoben. Offensichtlich liebt niemand dieses Institut. In Wahrheit überwiegt der prozessuale Charakter (*Wolter*, Wahlf. und
in dubio pro reo, 1987, 27).

286   e) Die hier genannten Grundsätze der Beweiswürdigung sieht die
Rechtsprechung nicht als Ausflüsse des § 261 StPO, sondern als Regeln der **Auslegung des sachlichen Rechts** an (s. z. B. BGHSt 45,
363, 371, mit wichtiger Folge für die Begründung der Revision, s. u.
Rn. 319). Nur bei der Stützung des Urteils auf Vorgänge außerhalb
der Hauptverhandlung (o. Rn. 281 a) und teilweise bei der Verletzung
von Beweisverwertungsverboten (o. Rn. 282) hat die Rechtsprechung
eine Verletzung des § 261 StPO selbst angenommen (BGHSt 29, 20;
19, 275).

      Weiterführende Literatur: *Rieß*, Zur Revisibilität der freien tatrichterli-
chen Überzeugung, GA 1978, 257; *Löffeler*, „In dubio pro reo" – einheitliche
Antwort auf alle Zweifelsfragen?, JA 1987, 77; *G. Schäfer*, Freie Beweiswür-
gung und revisionsrechtliche Kontrolle, StV 1995, 147; *Geppert*, Der Grundsatz der freien Beweiswürdigung (§ 261 StPO), Jura 2004, 105.

III. Verkündung und schriftliches Urteil

      Es ist zwischen dem **Urteil** und der **Urteilsurkunde**, dem schrift-
lichen Urteil, zu unterscheiden.

1. Die Verkündung des Urteils

Die nach § 260 Abs. 1 StPO erforderliche „Verkündung des Ur-   **287**
teils" ist in § 268 StPO näher geregelt. Sie soll am Schluß der Verhandlung erfolgen, kann allerdings verschoben werden, jedoch – entsprechend den Regeln über die Unterbrechung der Hauptverhandlung
(§ 229 Abs. 1 StPO; s. o. Rn. 210) – nicht länger als zehn Tage (§ 268
Abs. 3 StPO; die Formulierung „Aussetzung" der Verkündung des
Urteils in § 268 Abs. 4 StPO ist daher falsch).

Das Urteil ergeht im Namen des Volkes (§ 268 Abs. 1 StPO); die
Versäumung dieser Worte führt jedoch nicht zu einer Aufhebung
des Urteils. Anschließend folgt die Verlesung der **Urteilsformel**
(auch Urteilstenor oder Urteilsspruch genannt, § 268 Abs. 2 StPO).
Diese enthält (in § 260 Abs. 4 StPO nur unvollständig genannt):

(1) die rechtliche Bezeichnung der bejahten Straftat in der Fassung
der Überschrift des Straftatbestandes,

(2) den Rechtsfolgenausspruch,

(3) den Kostenausspruch (§§ 464, 465 StPO).

Beim **Freispruch** lautet die Urteilsformel nur „Der Angeklagte   **288**
wird freigesprochen". Die Tatsache, ob der Angeklagte wegen erwiesener Unschuld oder nur mangels Beweises freigesprochen wird, darf
wegen des Grundsatzes der Vermutung der Unschuld (Art. 6 Abs. 2
EMRK, Art. 14 Abs. 2 IPBPR) in der Urteilsformel nicht erscheinen.
Das gleiche gilt für den Anklagevorwurf, von welchem der Angeklagte freigesprochen worden ist.

Auf die Verlesung der Urteilsformel folgt die Eröffnung der **Ur-   289
teilsgründe** (§ 268 Abs. 2 S. 1 StPO). Diese geschieht entweder durch
Verlesung oder durch mündliche Mitteilung ihres wesentlichen Inhalts (§ 268 Abs. 2 S. 2 StPO). Die Verlesung setzt bereits schriftlich
abgefaßte Urteilsgründe voraus. Das ist jedoch nur selten, insbesondere bei kleineren Strafsachen, der Fall (und soll „tunlichst" bei einer
„Aussetzung" der Verkündung des Urteils der Fall sein, § 268 Abs. 4
StPO). Daher ist schon die von § 268 Abs. 2 S. 2 StPO vorgesehene
„Mitteilung des wesentlichen Inhalts der Urteilsgründe" ein Euphe-
mismus. Die Rechtsprechung hat entwickelt, daß für die Gründe,
auf denen das Urteil beruht, allein die Gründe des schriftlichen Urteils maßgeblich sind (BGHSt 7, 370). Die mündliche Mitteilung des
wesentlichen Inhalts der Urteilsgründe solle dagegen die Prozeßbeteiligten nur vorläufig über die Gründe unterrichten, die das Gericht
zu seiner Entscheidung bestimmt haben (BGHSt 8, 42). Demgemäß
wird nicht nur zugelassen, sondern sogar empfohlen, daß die mündliche Urteilsbegründung von der schriftlichen mehr oder weniger

deutlich abweicht: während die letztere für Juristen bestimmt sei, richte sich die erstere vornehmlich an den Angeklagten und an die Öffentlichkeit. Auch in dieser Modifizierung ist die mündliche Urteilsbegründung eine schwierige Aufgabe, insbesondere wegen der knappen Vorbereitungszeit, ebenso wie die Plädoyers für Staatsanwalt und Verteidiger (s. o. Rn. 271). Sie obliegt als Teil der Verhandlungsleitung dem Vorsitzenden (§ 238 Abs. 1 StPO; s. o. Rn. 206); die Urteilsbegründung kann jedoch auch dem für die Abfassung des schriftlichen Urteils bestimmten beisitzenden Berufsrichter überlassen werden.

Zur Urteilsverkündung gehört schließlich die **Rechtsmittelbelehrung** (§ 35 a StPO).

2. Das schriftliche Urteil

290   Die Urteilsurkunde ist, sofern das Urteil mit den Gründen nicht bereits in das Hauptverhandlungsprotokoll aufgenommen worden ist (regelmäßig nur bei kleineren Sachen), unverzüglich anzufertigen. Leidvolle Erfahrungen haben den Gesetzgeber veranlaßt, eine **Höchstfrist von fünf Wochen** einzurichten, für die jedoch wiederum bestimmte Verlängerungsmöglichkeiten vorgesehen sind (§ 275 Abs. 1 StPO). Die verspätete Urteilsabsetzung ist ein **absoluter Revisionsgrund nach § 338 Nr. 7 StPO.** Ein weiteres prozessuales Druckmittel besteht darin, daß die Revisionsbegründungsfrist vor Zustellung des Urteils nicht zu laufen beginnt (§ 345 Abs. 1 S. 2 StPO; s. u. Rn. 319) und damit das Urteil auch nicht vollstreckbar wird.

291   Für das schriftliche Urteil, dessen Abfassung in der Regel einem der beisitzenden Richter zugewiesen wird, ergeben sich aus den §§ 260, 267 und 275 StPO folgender **Aufbau** und Inhalt:

(1) **Eingang,** auch Urteilskopf oder, weil früher mit roter Tinte geschrieben, Rubrum genannt, § 275 Abs. 3: Bezeichnung des Angeklagten (Nr. 141 RiStBV), Sitzungstag, beteiligte Richter und Schöffen, Staatsanwalt, Verteidiger, Protokollführer.
(2) **Urteilsformel** (s. o. Rn. 287).
(3) Angewendete **Strafvorschriften** nach §, Abs., Nr., Buchst. und Bezeichnung des Gesetzes, sog. Paragraphenliste (§ 260 Abs. 5 StPO).
(4) **Gründe.**

Im Gegensatz zu den bisher behandelten Bestandteilen wird dieser Bestandteil des schriftlichen Urteils ausdrücklich mit „Gründe:" überschrieben. Diese Bezeichnung verwendet § 275 Abs. 1 StPO für das schriftliche Urteil, während §§ 267, 268 StPO von „Urteilsgründen" sprechen und beim Zivilurteil der Ausdruck „Entscheidungsgründe" gebraucht wird. Die häufige Formulierung beim Abdruck von Strafurteilen „Aus den Gründen:" bedeutet nicht etwa, daß die Verurteilung aus den angeführten Gründen erfolgt ist, sondern daß nur ein Auszug aus den Gründen abgedruckt wird. Der Inhalt der „Gründe" wird in § 267 StPO festgelegt. Daraus ergibt sich vor allem, daß im Gegensatz zum Zivilurteil mit seiner Trennung zwischen „Tatbestand" (Tatsachengrundlage) und „Entscheidungsgründen" im Strafurteil auch die Tatsachengrundlage in den „Gründen" dargestellt wird. In teilweiser Abweichung von § 267 StPO hat sich für die Entscheidungsgründe folgende Gliederung herausgebildet: Ausführungen zur Person des Angeklagten, erwiesener Sachverhalt, Vorbringen des Angeklagten und Beweiswürdigung, Rechtsausführungen, Strafzumessung, **Unterschrift** der Berufsrichter, § 275 Abs. 2 StPO (nicht notwendig lesbar, aber auch nicht bloße Striche oder geometrische Figuren, *OLG Oldenburg* NStZ 1988, 145).

Interessanter Fall BGHSt 26, 92: Ein Richter stellte seiner Unterschrift unter das Urteil einen „Vermerk" voran, wonach das Abstimmungsverfahren seiner Auffassung nach nicht dem Gesetz entsprochen habe und die schriftlichen Urteilsgründe mit dem Beratungsergebnis nicht übereinstimmten. Der Vorsitzende eliminierte diesen Heckenschuß kurzerhand dadurch, daß er den Richter nach § 275 Abs. 2 S. 2 StPO für „verhindert" erklärte. Auf die Zulässigkeit des letzteren Verhaltens, das an das Eingreifen des Ermittlungsrichters als „Notstaatsanwalt" bei bewußtem Nichteinschreiten des Staatsanwalts aus Rechtsgründen erinnert (s. o. Rn. 107), ging der BGH nicht ein, da der „Vermerk" vor der Unterschrift irrelevant sei.

Die Ausführungen zur Person des Angeklagten sollen nach einer neueren Auffassung – in Übereinstimmung mit dem Institut des „Schuldinterlokuts" in der Hauptverhandlung (s. o. Rn. 204) – nur im Rahmen der Strafzumessung erfolgen. Die Aufführung am Anfang bringt in das Urteil jedoch einen „human touch" und erlaubt es, sich die Person des Täters vorzustellen. Interessante Kritik an einem schlechten Urteil bei *BGH* NStZ 2007, 720.

Verzichten alle Berechtigten auf Rechtsmittel (näher u. Rn. 295 f.) **292** oder wird innerhalb der Rechtsmitteleinlegungsfrist kein Rechtsmittel eingelegt, so ist eine vereinfachte Fassung der Urteilsgründe, sog. **„abgekürztes Urteil"** zulässig (§ 267 Abs. 4 StPO). Dabei kann insbesondere auf die Beweiswürdigung und die Begründung der Strafzumessung verzichtet werden. Dies führt zu einer erheblichen Arbeitsersparnis des Richters und verlockt daher zu entsprechendem „Handel mit der Gerechtigkeit" (milde Strafe gegen Rechtsmittelverzicht und umgekehrt).

Beim **Freispruch** müssen die Urteilsgründe erkennen lassen, ob der Täter für nicht überführt oder ob die – nachgewiesene – Tat nicht für strafbar gehalten wurde, ob also der Freispruch aus tatsächlichen oder aus rechtlichen Gründen erfolgt ist (§ 267 Abs. 5 StPO).

4. Abschnitt. Das Rechtsmittelverfahren

§ 31. Allgemeines

I. Das Recht auf Rechtsmittel als Menschenrecht

293 Das Recht auf Überprüfung von Strafurteilen durch ein höheres Gericht ist in Art. 14 Abs. 6 IPBPR als Menschenrecht anerkannt (s. a. Art. 2 7. Zusatzprot. zur EMRK).

II. Das Dritte Buch der StPO

Die StPO behandelt nach den „Allgemeinen Vorschriften" und dem „Verfahren im ersten Rechtszug" in ihrem Dritten Buch die „Rechtsmittel". Dieses Buch ist wiederum in die vier Abschnitte
– Allgemeine Vorschriften,
– Beschwerde,
– Berufung,
– Revision.

unterteilt. Indessen hatten wir schon festgestellt, daß die **Beschwerde** hauptsächlich gegen Beschlüsse und Verfügungen des Richters im Vorverfahren in Betracht kommt (s. o. Rn. 179). Sie ist zwar grundsätzlich gegen alle von den Gerichten im ersten Rechtszug oder im Berufungsverfahren erlassenen Beschlüsse zulässig (§ 304 Abs. 1 StPO). Diese weitgehende Einräumung wird jedoch durch § 305 StPO, wonach Entscheidungen der erkennenden Gerichte, die der Urteilsfällung vorausgehen, der Beschwerde entzogen sind, fast auf Null reduziert.

Ausgenommen, d. h. beschwerdefähig, sind Entscheidungen über Zwangsmaßnahmen (die jedoch in der Regel schon im Vorverfahren durch den Ermittlungsrichter verhängt werden, s. o. Rn. 106) sowie Entscheidungen im Hinblick auf dritte Personen, insbesondere Zeugen und Sachverständige (§ 305 S. 2 StPO).

294 Rechtsmittel **gegen Urteile** in Strafsachen sind die **Berufung** (§§ 312–332 StPO) und die **Revision** (§§ 333–358 StPO), erstere allerdings nur gegen Urteile der Amtsgerichte. Zur Einlegung von Berufung und Revision sind – neben dem später zu erörternden Neben-

kläger und dem Privatkläger (s. u. Rn. 349 ff. und 353 ff.) – sowohl die Staatsanwaltschaft als auch der Beschuldigte berechtigt (§ 296 Abs. 1 StPO), für letzteren auch der Verteidiger und der gesetzliche Vertreter (§§ 297 f. StPO).

III. Der Rechtsmittelverzicht

Berufung und Revision müssen innerhalb einer Woche nach Verkündung des Urteils eingelegt werden (§§ 314, 341 StPO, **u**).   **295**

Schon vor Ablauf dieser kurzen Frist ist ein Verzicht auf die Rechtsmittel möglich (§ 302 StPO). Vor 1969 bestand für den Angeklagten ein starker Druck, da nur bei einem Rechtsmittelverzicht die Untersuchungshaft auf die Strafe anzurechnen war (§ 450 StPO). Seit 1969 ist jedoch die Untersuchungshaft in der Regel auch ohne Verzicht auf die Strafe anzurechnen (§ 51 Abs. 1 S. 1 StGB).

Die Anrechnung unterbleibt nur ausnahmsweise, wenn sie im Hinblick auf das Verhalten des Verurteilten nach der Tat nicht gerechtfertigt ist (§ 51 Abs. 1 S. 2 StGB), insbesondere der Angeklagte den Prozeß verschleppt hat, um sich dadurch die Annehmlichkeiten der Untersuchungshaft zu verschaffen (BGHSt 23, 307). Nur in diesen seltenen Fällen nützt daher heute dem Angeklagten noch ein Rechtsmittelverzicht bei der Anrechnung der Untersuchungshaft.

Durch das 1. StVRG von 1974 (s. o. Rn. 39) wurde die frühere Bestimmung, daß nur bei einem allseitigen Rechtsmittelverzicht ein abgekürztes Urteil (§ 267 Abs. 4 StPO; s. o. Rn. 292) ergehen konnte, dahingehend erweitert, daß dies auch bei Nichteinlegung eines Rechtsmittels innerhalb der Rechtsmitteleinlegungsfrist zulässig ist. Damit wurde die zweite Quelle eines Drucks auf den Angeklagten in Richtung auf die Abgabe eines Rechtsmittelverzichts trockengelegt.

Auf den Rechtsmittelverzicht sind weder die Vorschriften des BGB   **296** über Willensmängel noch § 136 a StPO analog anwendbar (BGHSt 17, 14). Ein Rechtsmittelverzicht ist als Prozeßerklärung grundsätzlich unwiderruflich und unanfechtbar. Allerdings sollen die „**Grundgedanken**" des § 136 a StPO anwendbar sein; unwirksam ist ein Rechtsmittelverzicht aus Gründen der Gerechtigkeit bei schwerwiegenden Willensmängeln, insbesondere, wenn sie vom Gericht zu verantworten sind (BGHSt 17, 18; *BGH* NJW 2001, 1435).

Nicht selten ist die **Drohung des Staatsanwalts mit dem Antrag auf Erlaß eines Haftbefehls.** Der BGH hat sie für unbeachtlich erklärt, da sie entweder sachlich gerechtfertigt sei und damit keine widerrechtliche Drohung darstellen könne oder aber ungerechtfertigt sei und dann sicherlich vom Gericht zurückgewiesen werde (BGHSt 17, 21). Diese Empfehlung einer vertrauensvollen Gelassenheit geht an der Realität der psychischen Verfassung

des Angeklagten unter dem Eindruck der Drohung mit dem Erlaß eines Haftbefehls sicherlich vorbei. Allerdings war die Entscheidung des BGH im Ergebnis zutreffend, weil der Angeklagte wegen einer anderen Sache in Strafhaft
saß und die Auswirkung des Erlasses des neuen Haftbefehls daher ohnehin
erst längere Zeit auf sich hätte warten lassen. Unwirksam ein Rechtsmittelverzicht nach der Drohung mit einem sachwidrigen Antrag auf Aufhebung der
Außervollzugsetzung des Haftbefehls (*BGH* NStZ 2004, 509).

Im übrigen ist nach dem Erlaß eines Urteils, insbesondere mit Verhängung
einer vom Angeklagten nicht erwarteten Freiheitsstrafe, oft Fluchtgefahr gegeben. Hier muß der Staatsanwalt unabhängig von einem Rechtsmittelverzicht
Antrag auf Erlaß eines Haftbefehls stellen, da auch bei einem Rechtsmittelverzicht kein sofortiger Eintritt der Strafvollstreckung unmittelbar im Anschluß
an die Gerichtsverhandlung erfolgen würde.

297   Im übrigen hat der BGH versucht, voreilige Rechtsmittelverzichte
mit anderen Mitteln auszuschließen. So bedarf der Rechtsmittelverzicht der gleichen Form wie die Einlegung des Rechtsmittels, also
Einlegung zu Protokoll der Geschäftsstelle oder in Schriftform
(§§ 314, 341 StPO; BGHSt 18, 257). Außerdem muß dem Angeklagten Gelegenheit zur Beratung mit seinem Verteidiger gegeben werden
(BGHSt 18, 260; 45, 57). Auf diese Möglichkeit muß der Vorsitzende
den Angeklagten hinweisen (BGHSt 19, 101). Anders für einen „ge-
richtserfahrenen" Angeklagten *OLG Hamburg* NStZ 1997, 53. Nach
einer **Verständigung** (s. o. R. 205) ist ein Verzicht ausgeschlossen
(§ 302 Abs. 1 S. 2 StPO); hierüber ist der Angeklagte zu belehren
(§ 33a StPO).

IV. Die Zulässigkeit von Rechtsmitteln

298   Aus den §§ 312, 319, 322, 333, 335 Abs. 3, 346, 349 StPO ergibt
sich, daß bei den Rechtsmitteln vor der Begründetheit die **Zulässigkeit** zu prüfen ist; nur bei ihrer Bejahung kommt es zur Prüfung der
Begründetheit.

Zur Zulässigkeit gehören:
(1) die Statthaftigkeit (§§ 312f., 333, 335 StPO, s. u. Rn. 313),
(2) die Aktivlegitimation (s. o. Rn. 294),
(3) die Beschwer (s. u. Rn. 299f.),
(4) die Einhaltung der Formvorschriften (§§ 314, 341, 344, 345 Abs. 2
     StPO),
(5) die Einhaltung der Fristen (§§ 314, 341, 345 StPO),
(6) das Nichtvorliegen eines Verzichts (s. o. Rn. 295f.).

In § 313 Abs. 2 eigenartige Vermischung der Unzulässigkeit und Unbegründetheit. Nach der Gesetzesbegründung fehlt es bei einer offensichtlichen Un-

begründetheit an einer Beschwer (BT-Drs. 12/1217, 40). Das ist offensichtlich falsch.

Spezialproblem, aber gut zur Einübung prozessualen Denkens: Der wegen versuchter Einfuhr von 500 g Haschisch Angeklagte wurde auf Antrag des Sitzungsvertreters der Staatsanwaltschaft freigesprochen. Die Staatsanwaltschaft legte Berufung ein. Das Gericht verwarf die Berufung nach § 313 Abs. 2 StPO. Hiergegen sofortige Beschwerde der Staatsanwaltschaft. Erfolgsaussichten?

Entscheidung über Nichtannahme unanfechtbar (§ 322 a StPO). Dies gilt allerdings nur, wenn tatsächlich ein Fall des § 313 Abs. 1 StPO vorgelegen hat. Dies war nicht der Fall, da der Angeklagte weder zu einer geringen Strafe verurteilt worden ist (§ 313 Abs. 1 S. 1 StPO) noch die Staatsanwaltschaft eine geringe Strafe beantragt hatte (§ 313 Abs. 1 S. 2 StPO). Eine analoge Anwendung ist nicht zulässig, da § 313 StPO der Entlastung der Rechtspflege bei Bagatelldelikten dient und ein Freispruch auch bei schweren Delikten mangels Beweises erfolgen kann. Daher hier sofortige Beschwerde nach § 322 Abs. 2 StPO zulässig und begründet (*OLG Koblenz* NStZ 94, 601).

V. Insbesondere die Beschwer

Aus der ausdrücklichen Bestimmung, daß die Staatsanwaltschaft **299** die Rechtsmittel auch zugunsten des Beschuldigten einlegen kann (§ 296 Abs. 2 StPO), folgt, daß der Beschuldigte die Rechtsmittel nur zu seinen Gunsten einlegen kann. Das bedeutet, daß er eine Verbesserung seiner Stellung bezwecken muß, und das bedeutet wiederum, daß er durch das Urteil **beschwert** sein muß. Die Beschwer ist ein Betroffensein zum Nachteil. Sie ist unabhängig von den gestellten Anträgen; beschwert ist daher auch ein Angeklagter, der die erbetene milde Strafe erhalten hat.

Manche wollen die Beschwer zur allgemeinen Voraussetzung von Rechtsmitteln machen, müssen dann aber angesichts des § 296 Abs. 2 StPO für die Staatsanwaltschaft den Begriff der Beschwer auf alle Fälle erweitern, in denen unrichtig entschieden worden ist. Rechtsmittel der Staatsanwaltschaft zugunsten des Beschuldigten kommen übrigens in der Praxis kaum vor.

Die Beschwer muß sich aus dem **Urteilstenor** (s. o. Rn. 287) ergeben; eine Belastung nur durch die Urteilsgründe genügt nicht. Keine Beschwer ist daher gegeben, wenn der Freispruch des Angeklagten in den Gründen nur auf Mangel an Beweisen (BGHSt 7, 153), auf Schuldunfähigkeit (BGHSt 16, 374) oder auf entschuldigenden Notstand (*BGH* NJW 1970, 2053 m. Anm. *Schroeder,* JuS 1980, 336 – der berühmte „Spanner"-Fall) gestützt wird.

Das **BVerfG** hält zwar eine Grundrechtsverletzung durch die Urteilsgründe **300** für möglich, wenn sie den Angeklagten so belasten, daß eine erhebliche, ihm nicht zumutbare Beeinträchtigung eines grundrechtlich geschützten Bereichs festzustellen ist, die durch den Freispruch nicht aufgewogen wird (BVerfGE 28, 161), und eine solche Verletzung von Grundrechten müßte auch von den strafprozessualen Rechtsmittelgerichten berücksichtigt werden. Das BVerfG hat jedoch bisher keine Fälle einer solchen Verletzung feststellen können (a. a. O. und BVerfGE 6,9).

Das RG und der *BGH* (NJW 1970, 155) lehnen eine Beschwer sogar ab, wenn ein Einstellungsurteil nach § 260 Abs. 3 StPO, z. B. wegen Verjährung, ergeht (s. o. Rn. 276) und stattdessen ein Freispruch erstrebt wird (hiergegen wohl mit Recht *OLG Oldenburg* NJW 1985, 1177).

Stirbt der Angeklagte nach Verkündung, aber vor Rechtskraft des Urteils, so sind die Angehörigen nach § 296 Abs. 1 StPO nicht zur Einlegung von Rechtsmitteln befugt. Sie sind darüber hinaus auch nicht beschwert, da das Strafverfahren mit dem Tode des Angeklagten endet und gegenstandslos wird und der Verstorbene gemäß Art. 6 Abs. 2 EMRK als unschuldig gilt (*BGH* NStZ 1983, 179).

VI. Teilanfechtung

301   Berufung und Revision können auf bestimmte Punkte beschränkt werden (§§ 316, 318, 327, 343, 344, 352 StPO) – sog. Teilanfechtung. Voraussetzung ist allerdings, daß der angegriffene Teil sich losgelöst und getrennt von dem übrigen Teil des Urteils selbständig prüfen und beurteilen läßt (BGHSt 10, 101). Das ist insbesondere bei mehreren Verurteilten und bei mehreren „Taten" eines Verurteilten (**„vertikale" Teilanfechtung),** innerhalb einer Straftat beim Strafmaß der Fall (**„horizontale" Teilanfechtung).** Aber auch innerhalb der Straffrage ist noch eine Teilanfechtung möglich, z. B. hinsichtlich der Höhe des Tagessatzes bei der Geldstrafe (BGHSt 27, 70) oder hinsichtlich der Strafaussetzung zur Bewährung (*OLG Hamburg* JR 1979, 258).

VII. Verfahren bei beiderseitigen Rechtsmitteln

302   Durch die Rechtsmittelberechtigung sowohl des Angeklagten als auch der Staatsanwaltschaft und ihre konträre Natur tritt eine gewisse Aufspaltung des Verfahrens ein. Es muß nunmehr über beide Rechtsmittel entschieden werden. Die Urteilsformeln lauten daher: „Auf die Berufung (die Revision) des Angeklagten (der Staatsanwaltschaft) wird das Urteil des ... aufgehoben. Der Angeklagte wird ... bzw.

Die Sache wird zu neuer Verhandlung und Entscheidung an das ... zurückverwiesen" oder/und „Die Berufung (die Revision) des Angeklagten (der Staatsanwaltschaft) wird als unzulässig (als unbegründet) verworfen." Es ergeben sich folgende Kombinationsmöglichkeiten:

(1) beide Rechtsmittel sind unzulässig (sehr selten, weil die Staatsanwaltschaft kaum die Zulässigkeitsvoraussetzungen verletzen wird),

(2) das Rechtsmittel des Angeklagten ist unzulässig, das der Staatsanwaltschaft zulässig, aber unbegründet,

(3) das Rechtsmittel des Angeklagten ist unzulässig, das der Staatsanwaltschaft zulässig und begründet,

(4) beide Rechtsmittel sind zulässig, aber unbegründet,

(5) beide Rechtsmittel sind zulässig und begründet.

Beispiele: Prozeßrecht: Das Gericht hat sowohl einen Beweisantrag der Staatsanwaltschaft als auch einen des Angeklagten zu Unrecht abgelehnt. Materielles Recht: Das Gericht hat den Angeklagten wegen einer Tat zu Unrecht freigesprochen, wegen einer anderen Tat eine zu hohe Freiheitsstrafe verhängt. Kombination materielles Recht/Prozeßrecht: Das Gericht hat einen Beweisantrag der Staatsanwaltschaft zu Unrecht abgelehnt, gleichzeitig aber zu Ungunsten des Angeklagten eine Vorschrift des StGB zu Unrecht angewendet.

Obwohl es sich um selbständige Rechtsmittel handelt, über deren 303 beider Zulässigkeit und Begründetheit entschieden werden muß, gilt der Grundsatz, daß **über mehrere Rechtsmittel durch ein und dasselbe Urteil zu entscheiden** ist (RGSt 67, 250). Dieser Grundsatz gilt allerdings nicht, soweit über Rechtsmittel wegen Unzulässigkeit oder – bei der Revision (s. u. Rn. 321) – offensichtlicher Unbegründetheit oder Begründetheit durch Beschluß entschieden werden kann. In diesen Fällen ist es möglich, zunächst über das eine Rechtsmittel durch Beschluß und anschließend über das andere durch Urteil zu entscheiden (*BGH* StV 2000, 605 m. ablehnender Anm. *Hamm* StV 2000, 637).

VIII. Suspensiveffekt

Durch die rechtzeitige Einlegung von Berufung oder Revision 304 wird die **Rechtskraft** des angegriffenen Urteils **gehemmt** (§§ 316 Abs. 1, 343 Abs. 1 StPO) – sog. Suspensiveffekt. Damit kann das Urteil noch nicht vollstreckt werden (§ 449 StPO). Im Gegensatz zu der sog. materiellen Rechtskraft als Sperre für ein neues Verfahren wegen der gleichen Tat (s. o. Rn. 69) handelt es sich hierbei um die formelle Rechtskraft. Befindet sich der Angeklagte in Untersuchungshaft, so

dauert diese fort. Befindet er sich in Freiheit, so wird das Gericht bei
Verhängung einer Freiheitsstrafe die Fluchtgefahr zu prüfen haben
und ggf. einen Haftbefehl erlassen (§ 125 Abs. 2 StPO).

IX. Die Rechtsmittelzurücknahme

305   Bis zur Entscheidung über das Rechtsmittel ist ferner eine Zurücknahme des Rechtsmittels möglich (§ 302 StPO). Dies geschieht verhältnismäßig häufig. Vor allem zwingt die Einlegungsfrist von einer
Woche nach Verkündung des Urteils (§§ 314, 341 StPO), also vor Zustellung des schriftlichen Urteils mit seiner Begründung, die Betroffenen in vielen Fällen dazu, zunächst einmal „zur Sicherheit" ein
Rechtsmittel einzulegen. Ergibt das schriftliche Urteil dann eine Aus-
sichtslosigkeit des Rechtsmittels, wird dieses zurückgenommen. Für
Willensmängel bei der Zurücknahme gelten die gleichen Grundsätze
wie bei dem Verzicht.

Beispiele für ungültige Rücknahme: Rücknahme zur Freilassung nach einem rechtswidrigen Haftbefehl (*KG* JR 1977, 34); Rücknahme wegen unzu-
treffender richterlicher Auskunft über die Erfolglosigkeit des Rechtsmittels
(*OLG Zweibrücken* StV 1982, 13).

X. Der Devolutiveffekt

306   Das Rechtsmittel muß bei dem Gericht eingelegt werden, das das
angegriffene Urteil erlassen hat (§§ 314, 341 StPO). Dieses Gericht
ist auch befugt und verpflichtet, über die Fristgemäßheit des Rechtsmittels zu befinden und das Rechtsmittel bei Nichteinhaltung der
Frist (und bei der Revision auch der Form) als unzulässig zu verwerfen (§§ 319, 346 StPO). Über das Rechtsmittel entscheidet jedoch
nicht das Gericht, das die angegriffene Entscheidung erlassen hat
(sog. iudex a quo), sondern die höhere Instanz, und zwar bei der Berufung das Landgericht (§ 74 Abs. 3 GVG), bei der Revision der
BGH oder das OLG (§§ 135, 121 GVG, § 335 Abs. 2 StPO). Das
Rechtsmittel bringt die Sache also vor die höhere Instanz, sog. **Devolutiveffekt** (dtsch. „Abwälzungseffekt").

307   Man kann dies dahingehend ausdrücken, daß der „Devolutiveffekt" nur bei
fristgerechter Einlegung des Rechtsmittels eintritt; man kann auch sagen, daß
der Devolutiveffekt insoweit „eingeschränkt" ist. Übrigens ist die Prüfung der
Fristgemäßheit der Einlegung des Rechtsmittels dem Rechtsmittelgericht keineswegs völlig entzogen; es kann das Rechtsmittel ebenfalls noch wegen

Nichteinhaltung der Frist durch Beschluß als unzulässig verwerfen (§§ 322 Abs. 1 S. 1, 349 Abs. 1 StPO).

XI. Verbot der reformatio in peius

Der Angeklagte soll bei der Einlegung eines Rechtsmittels keinem 308 Risiko unterworfen werden; daher darf die Entscheidung nicht zu seinen Ungunsten abgeändert werden, sog. Verbot der reformatio in peius (§§ 331 Abs. 1, 358 Abs. 2 StPO). Dies gilt allerdings nicht, wenn gleichzeitig die Staatsanwaltschaft ein Rechtsmittel eingelegt hat. Für die Staatsanwaltschaft gilt das Verbot der „reformatio in peius" (die für den Angeklagten eine „reformatio in melius" darstellt) nicht: bei einem Rechtsmittel der Staatsanwaltschaft kann das Urteil auch zugunsten des Beschuldigten abgeändert oder aufgehoben werden (§ 301 StPO).

u §§ 331 Abs. 1, 358 Abs. 2 StPO „nicht zum Nachteil des Angeklagten"

§ 32. Berufung und Revision

I. Berufung und Revision im Vergleich

Berufung und Revision werden nicht nur vor unterschiedlichen 309 Gerichten verhandelt (Landgericht – Bundesgerichtshof oder Oberlandesgericht), sondern sind auch inhaltlich völlig unterschiedlich ausgestaltet. Die Berufung führt zu einer umfassenden Prüfung des Urteils hinsichtlich der Feststellung des Sachverhalts und der rechtlichen Würdigung, die Revision nur zu einer Überprüfung des Urteils im Hinblick auf Rechtsverletzungen (vgl. §§ 318 S. 2, 337 StPO). Aus diesem fundamentalen Unterschied folgen zwangsläufig weitere **Unterschiede:**

1. Während bei der Berufung eine neue **Beweisaufnahme** erfolgt (§ 324 Abs. 2 StPO), freilich mit erleichterter Möglichkeit der Verlesung von Protokollen und damit Einschränkung des Unmittelbarkeitsgrundsatzes (§ 325 StPO), ist dies bei der Revision nicht der Fall: Die Hauptverhandlung beschränkt sich auf einen Vortrag des Berichterstatters, die Plädoyers des Staatsanwalts und des Verteidigers sowie – sofern er überhaupt anwesend ist (s. § 350 StPO) – das letzte Wort des Angeklagten (§ 351 StPO). In den meisten Fällen

wird über die Revision sogar ohne Hauptverhandlung durch Beschluß entschieden (§ 349 Abs. 2, 4 StPO; näher u. Rn. 321 f.).

310 2. Bei der Berufung erfolgt die **Überprüfung des Urteils** grundsätzlich umfassend, sofern sie nicht vom Beschwerdeführer auf bestimmte Punkte beschränkt ist (§ 318 StPO); bei der Revision erfolgt
die Überprüfung umgekehrt nur insoweit, wie das Urteil angefochten
wird (§ 352 StPO).

3. Die Revision bedarf einer **Begründung** (§ 344 StPO, u, näher u.
Rn. 319), während es bei der Berufung dem Beschwerdeführer freisteht, ob er sie begründen will (§ 317 StPO).

311 4. Die „**Begründetheit**" des Rechtsmittels (§§ 328 Abs. 1, 353
Abs. 1 StPO) bedeutet bei Berufung und Revision etwas völlig Un-
terschiedliches.

Beide Formulierungen haben zunächst mit der „Begründ*ung*" des Rechtsmittels nach den §§ 317, 344, 345 StPO (o. Rn. 309 – c) nichts zu tun. Während es dort um eine formelle Begründung, d. h. die Geltendmachung bestimmter Gründe, geht, enthält die „Befindung" (§ 328 Abs. 1 StPO) bzw.
„Erachtung" (§ 353 Abs. 1 StPO) „für begründet" die Feststellung, daß das
Rechtsmittel Erfolg gehabt hat.

Dies bedeutet bei der Berufung, daß das Berufungsgericht aufgrund seiner tatsächlichen Feststellungen, deren Würdigung und der
Strafzumessung zu einem anderen Ergebnis gelangt als das Amtsgericht. Für die Revision bedeutet es dagegen, daß eine Verletzung des
Gesetzes vorliegt und das Urteil darauf beruht (§ 337 Abs. 1 StPO).
Die **Begründetheit** besteht hier in:
a) dem Nichtvorliegen der Prozeßvoraussetzungen bzw. dem Vorliegen von Prozeßhindernissen oder
b) der Verletzung des Verfahrensrechts oder
c) der Verletzung des materiellen Rechts oder
d) dem Beruhen des Urteils auf der Rechtsverletzung.

Zulässigkeit (o. Rn. 298) und Begründetheit decken sich also nicht
mit der Unterscheidung von Verfahrensrecht und materiellem Recht!
Allerdings gehören alle Fragen des materiellen Rechts zur Begründetheit.

312 5. Während bei einer Begründetheit des Rechtsmittels das Berufungsgericht in aller Regel selbst ein **Urteil in der Sache** erläßt
(§ 328 StPO, u), kann das Revisionsgericht nur ausnahmsweise in
der Sache selbst entscheiden und muß die Sache in der Regel an die
Tatsachengerichte zurückverweisen, wobei die Zurückverweisung –
zur Vermeidung einer möglichen Voreingenommenheit – an eine andere Abteilung oder Kammer des Gerichts, dessen Urteil aufgehoben

wird, oder an ein anderes Gericht gleicher Ordnung erfolgt (§ 354 StPO). Besser als die Bezeichnung „Revision" wäre daher die in vielen anderen Staaten übliche Bezeichnung „Kassation".

u § 354 Abs. 1 StPO „selbst zu entscheiden", „Freisprechung", „absolut bestimmte Strafe", „gesetzlich bestimmte Strafe", „Absehen von Strafe"
§ 354 Abs. 2 StPO „in anderen Fällen", „zurückzuverweisen"
Das Justizmodernisierungsgesetz 2004 hat die Möglichkeiten des Revisionsgerichts zur eigenen Entscheidung geringfügig erweitert (§ 354 Abs. 1 a, 1 b StPO).

6. Während **gegen das Berufungsurteil immer noch die Revision möglich** ist (§ 333 StPO i. V. m. § 74 Abs. 3 GVG; anders nach der geplanten Justizreform), ist gegen das Urteil des Revisionsgerichts kein Rechtsmittel möglich. Entscheidet das Revisionsgericht in der Sache selbst oder verwirft es die Revision, so wird das Urteil sofort rechtskräftig. Bei Zurückverweisung ist dann allerdings gegen das neue Urteil wieder ein Rechtsmittel möglich.

Aus alledem ergibt sich, daß die **Berufung für den Verurteilten** 313 **günstiger** ist, da sie eine neue Beweisaufnahme enthält und ein weiteres Rechtsmittel offenhält. Nur, wenn der Verurteilte möglichst schnell zu einem rechtskräftigen Freispruch kommen will und sich seiner Schuldlosigkeit sicher ist, ist die Revision günstiger.

Allerdings besteht für den Verurteilten die Möglichkeit, statt der Berufung gleich die Revision einzulegen. § 333 StPO wird nämlich durch § 335 StPO dahingehend erweitert, daß Revision auch gegen die Urteile eingelegt werden kann, gegen die Berufung zulässig ist (sog. **Sprungrevision**), und damit – abgesehen von den Bagatellfällen nach § 313 StPO (str.) – gegen alle Urteile. Die Revision ist also gegen alle Urteile möglich, die Berufung dagegen nur gegen Urteile der Strafrichter und Schöffengerichte.

Diese Regelung erscheint **paradox:** Ausgerechnet in den schweren Sachen, bei denen es um hohe Strafen geht, hat der Angeklagte nur eine Tatsacheninstanz und kann eine Überprüfung des in der ersten Instanz gefällten Urteils nur im Hinblick auf Rechtsfehler erreichen. Das Argument, daß die Strafkammern und Schwurgerichte, gegen deren Urteile die Berufung ausgeschlossen ist, mit drei oder zwei Berufsrichtern besetzt sind (§ 76 GVG) und daher bei der Tatsachenfeststellung weniger Fehler unterlaufen können, überzeugt kaum. Der Hauptgrund für diese paradoxe Regelung ist historischer Art. Ursprünglich gab es in allen zur Zuständigkeit der Strafkammern und der Schwurgerichte gehörenden Sachen die „gerichtliche Voruntersuchung" (§§ 178–198 StPO), bei der das Ermittlungsverfahren im wesentlichen von einem Untersuchungsrichter geführt wurde (die „gerichtliche Voruntersuchung" wurde erst durch das 1. StVRG 1975 abgeschafft, s. o. Rn. 39). Bei den wenigen Sachen, die damals den Schöffengerichten zugewiesen waren (die Zuständigkeit des Einzelrichters wurde überhaupt erst 1924 begründet), gab es eine derartige gerichtliche Voruntersuchung nicht. Für diese wenigen Sachen wurde damals die Berufung eingeführt, wobei ihr die zahlreichen Gegner nur deshalb zustimmten, weil sie dem Schöffengericht mit seiner Laienbeteiligung überhaupt mißtrauten. Durch die Emminger-Reform von 1924 (s. o. Rn. 36) wurde die Zuständigkeit des Einzelrichters begründet und die der Schöffengerichte erheblich erweitert. Dadurch ist der Ausnahmecharakter der Berufung verschwunden und ihre Nichtgewährung bei den schwereren Strafsachen noch schwerer haltbar geworden. Die erneute Ausweitung der Zuständigkeit der Amtsgerichte durch das Rechtspflegeentlastungsgesetz von 1992 (s. o. Rn. 41) hat die Zulässigkeit der Berufung abermals erweitert (wodurch der Entlastungseffekt zweifelhaft wird!). Die Einführung der Berufung in allen Strafsachen würde allerdings erhebliche Zusatzbelastungen der Strafrechtspflege mit sich bringen.

314   Die Rechtsprechung läßt es großzügig zu, daß der Verurteilte, wenn er die Möglichkeit der Wahl zwischen Berufung und Revision hat, innerhalb der Rechtsmitteleinlegungsfrist zunächst nur allgemein ein Rechtsmittel einlegt bzw. die Anfechtung des Urteils erklärt und die Wahl zwischen Berufung und Revision **erst innerhalb der Revisionsbegründungsfrist** des § 345 StPO, d. h. innerhalb eines Monats nach Zustellung des Urteils, vornimmt (BGHSt 2, 63), ja sogar innerhalb dieser Frist von der Berufung zur Revision (BGHSt 5, 338) und umgekehrt von der Revision zur Berufung (BGHSt 17, 44) übergeht.

Macht in den Fällen der Wahlmöglichkeit ein Beteiligter von der Berufung, ein anderer von der Revision Gebrauch, so wird auch letztere als Berufung behandelt (§ 335 Abs. 3 StPO), damit über die Rechtsmittel in einem Verfahren entschieden werden kann.

Es verwundert nach alledem nicht, daß von der Sprungrevision nur in rd. 0,2 % der möglichen Fälle Gebrauch gemacht wird. Im übrigen wird in etwa 13 % der berufungsfähigen Urteile Berufung, in 26,7 % der revisionsfähigen Urteile Revision eingelegt. Von den Berufungen sind ca. 43 % erfolgreich, von den Revisionen zum BGH 15 %. Etwa 95 % der Revisionen zum BGH werden von den Angeklagten, 4 % von der Staatsanwaltschaft und 1 % von den Nebenklägern eingelegt. Dafür ist die Staatsanwaltschaft mit ihrer Revision in rd. 60 %, der Angeklagte nur in etwa 16 % aller Fälle erfolgreich (*Rieß*, Sarstedt-FS, 1981, 292 ff.).

Bei den Abwesenheitsurteilen nach §§ 232 und 412 StPO (s. o. Rn. 218 f.) sind statt des Antrags auf Wiedereinsetzung in den vorigen Stand (s. u. Rn. 332) sogleich Berufung und Revision möglich. Beide Möglichkeiten können auch verbunden werden (§§ 315, 342 StPO).

II. Besonderheiten bei der Berufung

Bei der Berufung bestehen – neben den schon geschilderten Unter- **315** schieden gegenüber der Revision – weitere Besonderheiten:

1. Eine Berufung des Angeklagten ist, wenn er – oder in den Fällen, in denen eine Verhandlung in seiner Abwesenheit zulässig ist (s. o. Rn. 217 ff.), ein Vertreter – unentschuldigt nicht erschienen ist, ohne Verhandlung zur Sache zu verwerfen. Es wird also nicht – wie in den o. Rn. 217 ff. geschilderten Fällen – ohne den Angeklagten verhandelt, sondern es wird die Berufung wegen seiner Abwesenheit verworfen. Es handelt sich hierbei um den – neben dem ähnlichen Verfahren bei der Verwerfung des Einspruchs gegen einen Strafbefehl wegen Nichterscheinens (s. o. Rn. 194, 219) – einzigen Fall eines **Versäumnisurteils** im Strafprozeß.

§ 329 Abs. 1 StPO u „ohne Verhandlung zur Sache verworfen"
Die Rechtsprechung sieht in dieser Regelung die Fiktion eines Rechtsmittelverzichts. Wenn überhaupt, müßte man besser von der Vermutung einer Zurücknahme der Berufung (s. o. Rn. 305) sprechen (näher *Schroeder*, NJW 1973, 308). In der Wissenschaft ist ohnehin die Auffassung herrschend, daß der Grund für die Verwerfung der Berufung in der **Verwirkung** durch die Säumnis des Angeklagten liegt.

Als Ausnahme von dem Grundsatz der Verhandlung in Anwesen- **316** heit des Angeklagten (§ 230 StPO) ist § 329 StPO und besonders der Begriff der fehlenden Entschuldigung eng auszulegen (BGHSt 17, 397). Der Angeklagte ist auf diese Möglichkeit sowohl in der allgemeinen Rechtsmittelbelehrung (§ 35 a S. 2 StPO) als auch noch einmal in der Ladung zu der Berufungsverhandlung (§ 323 Abs. 1 S. 2 StPO) hinzuweisen.

Was tun, wenn der Berufungsführer zu der Berufungsverhandlung stockbetrunken erscheint? Ebenso wie die Anwesenheit des Angeklagten nicht nur die körperliche Anwesenheit bedeutet, sondern die Anwesenheit in verhandlungsfähigem Zustand (s. o. Rn. 228), bedeutet auch das Erscheinen in verhandlungsunfähigem Zustand ein Nichterscheinen. Daher mit Recht Bestätigung der Verwerfung der Berufung durch BGHSt 23, 331.
Die Verwerfung der Berufung wegen Ausbleibens des Angeklagten erfolgt überraschenderweise in etwa 12 % aller vom Angeklagten eingelegten Berufungen.

2. Erscheint der Angeklagte bei einer **von der Staatsanwaltschaft** **317** **eingelegten Berufung** nicht, so kann über diese Berufung in seiner Abwesenheit verhandelt werden (§ 329 Abs. 2 StPO). Da hierbei

auch das Verbot der reformatio in peius (s. o. Rn. 308) und die sonst bei Abwesenheit geltenden Beschränkungen der Strafhöhe (§§ 232, 233 StPO, s. o. Rn. 218) nicht gelten (BGHSt 17, 392), kann dies zu unliebsamen Überraschungen für den Angeklagten führen. Allerdings darf die Verhängung einer höheren Strafe ohne Anwesenheit des Angeklagten wegen §§ 244 Abs. 2 und 265 Abs. 4 StPO nach BGHSt 17, 399 nicht „unbillig" sein. Außerdem verwirkt der Angeklagte sein in § 303 StPO festgelegtes Recht auf Zustimmung zur Rücknahme der Berufung durch die Staatsanwaltschaft (§ 329 Abs. 2 S. 2 StPO).

u § 329 Abs. 2 StPO „Berufung der Staatsanwaltschaft", „ohne den Angeklagten verhandelt", „ohne Zustimmung des Angeklagten zurückgenommen"

318   3. Gegen das in seiner Abwesenheit erlassene Berufungsurteil kann der Angeklagte ggf. Wiedereinsetzung in den vorigen Stand beantragen (§ 329 Abs. 3 i. V. m. §§ 44 ff. StPO, u). Stattdessen kann er aber auch Revision einlegen und eine Verletzung des Gesetzes, nämlich des § 329 StPO, geltend machen. Er kann aber auch beides verbinden (§ 342 StPO).

Ob in der Berufungsverhandlung noch neue Taten im Wege einer **Nachtragsanklage** (§ 266 StPO; s. o. Rn. 270) einbezogen werden können, ist überaus umstritten. Dem Argument, daß dem Angeklagten damit eine Instanz verlorengeht, wird entgegengehalten, daß ihm ja die Zustimmung freisteht (s. o. Rn. 270). Die Einbeziehung verstößt aber gegen zwingende, der Disposition des Angeklagten nicht unterliegende, Zuständigkeitsvorschriften (*Palder,* JR 1985, 96).

Dies gilt erst recht, wenn das Erstgericht wegen einer überhaupt nicht angeklagten Tat verurteilt hat.

Beispiel: Anklage gegen B wegen Diebstahl und gegen S wegen Hehlerei und falscher Versicherung an Eides Statt. Verurteilung des S wegen falscher Versicherung an Eides Statt und des B wegen Anstiftung dazu unter Freispruch im übrigen. Berufung gegen dieses Urteil von seiten beider Verurteilter. In der Berufungsverhandlung Nachtragsanklage gegen B wegen Anstiftung zur falschen Versicherung an Eides Statt, Zulassung zur Hauptverhandlung mit Zustimmung des B. Verwerfung der Berufungen. Revision des B.

Keine „Nachtragsanklage" nach § 266 StPO, weil nach rechtskräftigem Freispruch wegen der angeklagten Tat für B im Berufungsverfahren überhaupt keine zugelassene Anklage vorlag. Auch keine Umdeutung als „Verweisung" der Sache durch das Berufungsgericht an sich selbst als Gericht des ersten Rechtszuges nach § 328 Abs. 2 StPO, da das Berufungsgericht als Berufungsgericht verhandelt hat (BGHSt 33, 167 m. Anm. *Naucke,* JR 1986, 120).

III. Besonderheiten bei der Revision

Bei der Revision bestehen folgende verfahrensrechtliche Besonder-   **319**
heiten:

1. Anforderungen an die Begründung

Die Revisionsbegründung, die innerhalb eines Monats (u) nach
Zustellung des Urteils durch den Verteidiger oder einen Rechtsanwalt
erfolgen muß (§ 345 StPO), ist eine – neben der innerhalb einer Woche erforderlichen Einlegung des Rechtsmittels überhaupt (§ 341
StPO) – weitere wichtige Zulässigkeitsvoraussetzung für die Revision. Daher erstreckt sich die Zulässigkeitsprüfungsbefugnis des iudex a quo auch hierauf (§ 346 StPO). Erforderlich ist die Behauptung
einer „Verletzung" des Gesetzes (§ 337 StPO, u), d. h. der fehlenden
oder fehlerhaften Anwendung einer Rechtsnorm.

Möglich ist die Begründung der Revision mit Verletzungen des
Verfahrensrechts oder „einer anderen Rechtsnorm", d. h. des materiellen Rechts (§ 344 Abs. 2 StPO, u). Bei Verletzungen des **Verfahrensrechts** müssen die den Mangel begründenden Tatsachen in der
Revisionsbegründung angegeben werden (§ 344 Abs. 2 S. 2 StPO, u).
Dabei spielt das Protokoll der Hauptverhandlung (s. o. Rn. 211) eine
wichtige Rolle. Außerdem muss ein konkreter Zusammenhang zwischen dem Verfahrensfehler und dem Urteil dargetan werden (*BGH*
NStZ 2008, 117). Die Rüge der Verletzung des **materiellen Rechts**
kann dagegen in allgemeiner Form erfolgen („Ich rüge die Verletzung
materiellen Rechts"); in diesem Fall und auch bei begrenzten materiell-rechtlichen Rügen erfolgt eine Überprüfung der gesamten Anwendung des materiellen Rechts durch das Revisionsgericht. Hier
wird also der Streit um die Zugehörigkeit der Rechtsnormen (s. o.
Rn. 5 ff.) praktisch. Der Sachrüge unterliegen auch Fehler bei der Beweiswürdigung.

Weiterführendes Schrifttum: *Bick*, Die Verfahrensrüge in der Revision in
Strafsachen, JA 2001, 691; *Stolz*, Die Abgrenzung zwischen Sach- und Verfahrensrüge bei Revisionsangriffen gegen die Beweiswürdigung, JuS 2003, 71.
Von den erfolgreichen Revisionen beruhten 1980 durchschnittlich 78 % auf
materiell-rechtlichen und nur 22 % auf Verfahrensfehlern (*Rieß*, Sarstedt-FS
1981, 292 f.); 1995 betrug das Verhältnis 85 : 9 % (*Nack*, NStZ 1997, 155). Die
Erfolgsquote beträgt bei Sachrügen ca. 9 %, bei Verfahrensrügen nur 0,9 %.

Verfahrenshindernisse oder fehlende Prozeßvoraussetzungen
(s. o. Rn. 68) sind dagegen auch vom Revisionsgericht von Amts we-

gen zu prüfen. Allerdings ist bei vor Erlaß des Urteils eingetretenen Verfahrenshindernissen erforderlich, daß die Revision zulässig ist, d. h. fristgerecht begründet worden ist (§ 344 StPO). Dabei ist es nicht erforderlich, daß die Begründung auf die fehlerhafte Nichtberücksichtigung des Verfahrenshindernisses gestützt wird; es genügt irgendeine Begründung. Nach dem Erlaß des Urteils eingetretene Verfahrenshindernisse muß das Revisionsgericht sogar berücksichtigen, wenn überhaupt keine Revisionsbegründung vorliegt (BGHSt 22, 213).

Entgegen dem Wortlaut des § 337 StPO braucht die Revisionsbegründung nicht darzulegen, daß das Urteil auf der gerügten Gesetzesverletzung *beruht*. Für den Erfolg der Revision, d. h. die Aufhebung des angegriffenen Urteils, ist ein solches „Beruhen" allerdings erforderlich.

2. Die Begründetheit der Revision

320   Verletzungen des Gesetzes, die in Verfahrensverstößen bestehen (s. o. 1), müssen nachgewiesen sein (BGHSt 31, 400; *BGH* NStZ 1989, 386 m. abl. Anm. *Roxin*). Dies gilt auch für Prozeßvoraussetzungen, insbesondere die Verhandlungsunfähigkeit (hierzu *Meurer*, JR 1990, 390). Fehler der Beweiswürdigung (s. o. Rn. 281 ff.) müssen sich aus dem Urteil selbst ergeben; die Rüge der Aktenwidrigkeit des Urteils ist unzulässig (*BGH* NStZ 1997, 294).

Entgegen dem Wortlaut des § 337 Abs. 1 StPO ist keine Kausalität zwischen der Gesetzesverletzung und dem Urteil erforderlich. Vielmehr genügt die Tatsache, daß das Urteil ohne die Gesetzesverletzung **möglicherweise anders ausgefallen** wäre; es genügt also die potentielle Kausalität.

Eine unbefriedigende Wortklauberei betreibt die h. L., wenn sie eine Kausalität verlangt, aber deren Nachweis nicht für erforderlich hält.

Bei bestimmten Rechtsverletzungen wird das Beruhen vom Gesetz vermutet (§ 338 StPO), sog. **absolute Revisionsgründe** im Gegensatz zu den **relativen** des § 337 StPO. Dies sind teils besonders schwere Rechtsverletzungen, teils aber auch solche, bei denen eine mögliche Kausalität überhaupt nicht ermittelt werden kann, weil sie erst nach der Verkündung des Urteils unterlaufen sind (z. B. § 338 Nr. 7 StPO: Fehlen der Entscheidungsgründe beim schriftlichen Urteil oder nicht fristgerechte Abfassung des schriftlichen Urteils).

u § 338 StPO „stets als auf einer Verletzung des Gesetzes beruhend anzusehen"

Von den erfolgreich auf Verfahrensfehler gestützten Aufhebungen im Revisionsverfahren beruhen durchschnittlich 77 % auf den relativen und 17 % auf den absoluten Revisionsgründen (*Nack*, NStZ 1997, 158).

Indem § 338 Nr. 8 StPO eine unzulässige Beschränkung der Verteidigung „in einem für die Entscheidung wesentlichen Punkt" verlangt (**u**), ist er praktisch ein relativer Revisionsgrund nach § 337 StPO (dazu zuletzt *Weiler*, NStZ 1999, 105). Erforderlich ist i. d. R. ein Verfahrensverstoß, ausnahmsweise auch ein Verstoß gegen die Verfahrensfairness, z. B. Verweigerung eines angemessenen Sitzplatzes (*OLG Celle* StV 1989, 8) oder nicht durch Aussetzung geheilte Unterlassung der Ladung des Verteidigers (OLG München StV 2007, 291). Auf der anderen Seite hat der BGH, der die unzulässige Gestattung von Fernsehaufnahmen während der Hauptverhandlung nicht als „Verletzung der Vorschriften über die Öffentlichkeit des Verfahrens" nach § 338 Nr. 6 StPO ansieht (s. o. Rn. 240), ausgeführt, daß sich dabei ein „Beruhen" kaum jemals ausschließen lasse (BGHSt 22, 84), und insofern diesen relativen Revisionsgrund praktisch zu einem absoluten gemacht.

3. Entscheidung durch Beschluß

Das Revisionsgericht kann die Revision ohne die – ohnehin schon stark verkümmerte (s. o. Rn. 309) – Hauptverhandlung durch Beschluß als „offensichtlich unbegründet" verwerfen (§ 349 Abs. 2 StPO). Das Gesetz versucht, diese einschneidende und nur zur Entlastung der Revisionsgerichte (erstmals 1922) geschaffene Möglichkeit durch drei Erfordernisse einzuschränken: 321

    a) Antrag der Staatsanwaltschaft,

    b) zwei Wochen Gelegenheit zur Stellungnahme für den Beschwerdeführer (§ 349 Abs. 3 StPO),

    c) einstimmige Beurteilung der Revision als offensichtlich unbegründet durch alle fünf Mitglieder des zuständigen Strafsenats des BGH (§ 139 GVG) oder die drei Mitglieder des Strafsenats des OLG (§ 122 Abs. 1 GVG).

u § 349 Abs. 2 StPO „Antrag der Staatsanwaltschaft", „durch Beschluß", „einstimmig", „offensichtlich unbegründet"; § 349 Abs. 3 StPO „binnen zwei Wochen", „schriftliche Gegenerklärung"

Auf der anderen Seite kann das Urteil, wenn die Mitglieder des Revisionsgerichts die Revision einstimmig für begründet erachten, auch durch Beschluß aufgehoben werden (§ 349 Abs. 4 StPO).

u „einstimmig", „begründet", „durch Beschluß"

322 Zwar hat die Belastung der Revisionsgerichte erheblich zugenommen. So werden derzeit gut 35 % aller erstinstanzlichen Urteile der
Landgerichte angefochten; die Zahl der Neueingänge beim BGH liegt
seit 2007 deutlich über 3 000 (www.bundesgerichtshof.de). Dennoch
ist das Beschlußverfahren nach § 349 Abs. 2 StPO sehr bedenklich.
Die durch die Abschneidung der Berufung und damit einer zweiten
Tatsacheninstanz ohnehin eingeschränkte Stellung des wegen schwerer Straftaten Angeklagten wird dadurch noch weiter eingeschränkt.
Einen Verstoß gegen das Rechtsstaatsprinzip hat das BVerfG allerdings abgelehnt (NJW 1982, 925). Besonders unbefriedigend ist die
nicht selten anzutreffende Kombination, daß der BGH über die Revision der Staatsanwaltschaft durch Urteil, über die des Angeklagten
durch Beschluß entscheidet (s. o. Rn. 303), ja daß er die Möglichkeiten von § 349 Abs. 2 und 4 StPO kombiniert, indem er die Revision
gleichzeitig teilweise für offensichtlich unbegründet, teilweise für begründet erklärt (BGHSt 43, 31).

Von der Möglichkeit des § 349 Abs. 2 und/oder Abs. 4 StPO machten die
Strafsenate des BGH 2010 in gut 90 % aller erledigten Revisionen Gebrauch;
die Quote der durch ein Revisionsurteil nach Hauptverhandlung erledigten
Revisionen betrug dagegen lediglich 4,5 % (www.bundesgerichtshof.de).
Ein OLG beriet die Revision „vorläufig" und „regte" dann die Staatsanwaltschaft „an", einen Antrag nach § 349 Abs. 2 StPO zu stellen. *BVerfG*
NStZ 2000, 382 verwies den Beschwerdeführer auf die Ablehnung wegen Befangenheit (s. o. Rn. 159; dazu *Gieg/Widmaier,* NStZ 2001, 57).

Weiterführende Literatur: *F. Meyer,* Stellungnahme zur Kritik an der Praxis der Revisionsverwerfung nach § 349 Abs. 2 StPO, StV 1984, 222; *Fezer.*
Revisionsurteil oder Revisionsbeschluss – Strafverfahrensnorm und Strafverfahrenspraxis in dauerhaftem Widerstreit?, StV 2007, 40.

Gegen einen Beschluß nach § 349 Abs. 2 StPO ist kein weiteres
Rechtsmittel vorgesehen, so daß seine Rechtskraft sofort eintritt.
Auch eine Wiedereinsetzung in den vorigen Stand ist nicht möglich
(*BGH* NStZ 1997, 45). In Frage kommt jedoch noch eine Zurückversetzung in den vorigen Stand wegen Nichtgewährung des rechtlichen
Gehörs nach § 356 a StPO. Bei Fehlen eines Antrags der Staatsanwaltschaft kommt auch eine Verfassungsbeschwerde wegen Verstoßes
gegen das Willkürverbot des Art. 3 Abs. 1 GG in Betracht (*BVerfG*
NJW 1982, 324).

4. Schuldspruchberichtigung

323 Obwohl das Revisionsgericht nach § 354 StPO die Sache in aller
Regel zurückzuverweisen hat und nur ausnahmsweise selbst ent-

scheiden kann (s. o. Rn. 312), hat die Rechtsprechung mit Hilfe eines
argumentum a maiore ad minus die Möglichkeit der „Schuldspruchberichtigung" entwickelt (BGHSt 12, 30). Wenn auch die Pflicht
zum Hinweis auf die Änderung des rechtlichen Gesichtspunkts nach
§ 265 Abs. 1 StPO (s. o. Rn. 269) nach der systematischen Einordnung nur für die Hauptverhandlung gilt, muß sie dem Grundgedanken nach auch hier Anwendung finden, es sei denn, daß schon die
Anklage einen entsprechenden Vorwurf enthalten oder der Tatrichter
einen entsprechenden Hinweis gegeben hatte oder aber daß der Angeklagte nichts zu seiner Verteidigung hätte vorbringen können. In
begrenztem Maße wird auch eine Korrektur des Strafausspruchs für
zulässig gehalten. Sogar die Schuldspruchberichtigung kann auch
durch den Beschluß nach § 349 Abs. 2 StPO (s. o. Rn. 321 f.) erfolgen
(*BGH* NJW 1982, 189 m. Anm. *Schroeder,* JuS 1982, 491).

5. Der Streit über den Zweck der Revision

Über den Zweck der Revision und seine Auswirkungen auf die 324
Auslegung des Revisionsrechts hat sich ein grundsätzlicher Streit entwickelt. Der weithin vertretene Revisionszweck der *Einzelfallgerech-
tigkeit* ist zu stark auf die Anwendung des materiellen Rechts bezo-
gen und muß daher auf den Zweck der *richtigen Rechtsanwendung
im Einzelfall* erweitert werden. Mit Rücksicht auf die §§ 121 Abs. 2,
132 Abs. 2–4 GVG werden jedoch auch die Zwecke der *Sicherung
der einheitlichen Rechtsanwendung* und der *Rechtsfortbildung* ange-
führt. Zwischen den hier genannten Zwecken besteht aber kein Gegensatz. Die Revision hat die richtige Anwendung des Rechts im Einzelfall zu sichern, dies einheitlich im gesamten Bundesgebiet, und bei
Bedarf eine Fortbildung „des Rechts", d. h. eine Änderung der Auslegung des Rechts, herbeizuführen. Außerdem hat die Revision – wie
alle Rechtsmittel – die Funktion der Erzwingung richtiger Rechtsanwendung durch die Gerichte (sog. *Disziplinierungsfunktion*).

5. Abschnitt. Die Rechtskraft und Rechtsbehelfe gegen rechtskräftige Entscheidungen

§ 33. Die Rechtskraft

I. Eintritt der Rechtskraft

325   Nach §§ 316, 343 StPO wird durch die rechtzeitige Einlegung eines Rechtsmittels die „Rechtskraft" eines Urteils gehemmt. Das bedeutet positiv, daß durch das Verstreichenlassen der (einwöchigen) Frist für die Einlegung von Berufung und Revision (§§ 314, 341 StPO) die Rechtskraft des Urteils eintritt.

Die Rechtskraft tritt auch noch in anderen Fällen ein:

(1) bei einem Rechtsmittelverzicht von Seiten aller dazu Berechtigten (s. o. Rn. 295),

(2) bei Zurücknahme eines Rechtsmittels (s. o. Rn. 305), da dies als gleichzeitiger Verzicht auf eine weitere Einlegung gedeutet wird (BGHSt 10, 247; dagegen *Specht*, GA 1977, 72),

(3) bei Urteilen, gegen die kein Rechtsmittel mehr zulässig ist, das sind Verwerfungen von Revisionen und eigene Sachentscheidungen des Revisionsgerichts (§§ 349, 354 Abs. 1 StPO).

Mit der Rechtskraft tritt die Vollstreckbarkeit des Urteils ein (§ 449 StPO). Außerdem erfolgt die Eintragung in das Bundeszentralregister (§ 4 BZRG).

II. Formen der Rechtskraft

1. Formelle und materielle Rechtskraft

326   Die Rechtskraft in dem unter Rn. 325 dargestellten Sinn, daß das Urteil nicht mehr mit Rechtsmitteln angefochten werden kann, wird auch als **„formelle Rechtskraft"** bezeichnet. Da nach Art. 103 Abs. 3 GG niemand wegen derselben Tat mehrmals bestraft werden kann („ne bis in idem"), hat ein (formell) rechtskräftiges Urteil zugleich die Wirkung, daß es eine erneute Bestrafung sperrt. Diese Bestimmung ist von der Rechtsprechung über ihren Wortlaut hinaus dahingehend ausgelegt worden, daß schon eine erneute Straf*verfolgung* un-

zulässig ist (BGHSt 5, 329), daß das „Strafklagerecht verbraucht" ist. Diese Sperrwirkung bezeichnet man als **materielle Rechtskraft.** Die materielle Rechtskraft ist ihrer prozessualen Natur nach ein Verfolgungshindernis für eine erneute Verfolgung. Sie sperrt eine erneute Verfolgung wegen der gleichen „Tat". Insofern gelten die gleichen Probleme wie bei der Bindung des Gerichts an die Anklage und allgemein beim Prozeßgegenstand des Strafverfahrens (s. o. Rn. 69 f.).

2. Teilrechtskraft und beschränkte Rechtskraft

Bei der Teilanfechtung (s. o. Rn. 301) tritt nur eine **Teilrechtskraft** 327 ein.

Handelt es sich um abtrennbare Prozeßgegenstände, die Gegenstand eines eigenen Verfahrens hätten sein können (mehrere Angeklagte, mehrere selbständige Taten eines Angeklagten), so spricht man in Fortsetzung der o. Rn. 301 genannten Begriffe von **„vertikaler Teilrechtskraft",** im übrigen, also insbesondere bei der Beschränkung des Rechtsmittels auf das Strafmaß, von **„horizontaler Teilrechtskraft".**
Eine Durchbrechung der vertikalen Teilrechtskraft sieht § 357 StPO vor: Erreicht ein Angeklagter mit der Revision eine Aufhebung des Urteils wegen Verletzung des materiellen Strafrechts, so ist dies auch auf solche Angeklagten zu erstrecken, hinsichtlich derer das Urteil bereits rechtskräftig geworden ist. Der Grund dieser Regelung ist die „Durchsetzung der Gerechtigkeit" und die Vermeidung von das Rechtsgefühl verletzenden Ungleichheiten (BGHSt 12, 341). Obwohl derartige Ungleichheiten bei einer erfolgreichen Berufung ebenso auftreten können, lehnt die Rechtsprechung eine analoge Anwendung des § 357 StPO im Berufungsverfahren ab (*KG* JR 1956, 308 m. Anm. *Sarstedt*). Hingegen wendet die Rechtsprechung § 357 StPO auch bei Fehlen von Verfahrensvoraussetzungen an, weil die Verfahrensvoraussetzungen von Amts wegen zu berücksichtigen sind (BGHSt 12, 340).

Von der Teilrechtskraft ist die **beschränkte Rechtskraft** zu unterscheiden. Diese kommt nur bei Beschlüssen in Betracht und liegt vor, wenn eine Strafverfolgung nur unter bestimmten Bedingungen wiederaufgenommen werden kann (z. B. §§ 153 a Abs. 1 S. 4, 174 Abs. 2, 211 StPO; s. dazu o. Rn. 102, 166, 185).

III. Rechtskraftunfähige Urteile

Nach den §§ 316, 343 StPO werden alle Urteile, gegen die nicht 328 rechtzeitig ein Rechtsmittel eingelegt worden ist, rechtskräftig. Insbesondere aus den absoluten Revisionsgründen des § 338 StPO ergibt sich, daß dies auch bei schweren Fehlern (z. B. Entzug vor dem gesetzlichen Richter entgegen Art. 101 Abs. 1 S. 2 GG) gilt. Es fragt

sich aber, ob dies auch bei schwersten Verstößen von Urteilen gegen
das Grundgesetz und rechtsstaatliche Grundsätze der Fall ist, ob also
der Verurteilte auch hier gezwungen ist, den Eintritt der Rechtskraft
durch ein Rechtsmittel abzuwehren und ob, falls er dies versehentlich
oder auch wissentlich wegen offensichtlicher Unzumutbarkeit unter-
läßt, die Vollstreckbarkeit des Urteils eintritt.

329   Die Rechtsprechung sieht Urteile dann als nichtig an, wenn sie einen derart schweren, offen zutage liegenden Mangel aufweisen, daß
es bei Berücksichtigung der Belange der Rechtssicherheit und des
Rechtsfriedens vom Standpunkt der Gerechtigkeit aus schlechthin
unerträglich wäre, das so zustande gekommene Urteil als einen mit
staatlicher Autorität ausgestatteten, in einem rechtsförmlichen Verfahren gefundenen verbindlichen Richterspruch anzuerkennen und
gelten zu lassen (*BVerfG* NJW 1985, 125; BGHSt 33, 127 m. Anm.
Katholnigg, JR 1985, 346).

Damit wird die Nichtigkeit von Urteilen mit Recht auf **krasse Ausnahmefälle** beschränkt. Darunter fallen nicht die Mitwirkung nichtwirksam bestellter
Schöffen (BGHSt 33, 127) und der Verstoß gegen den Grundsatz „ne bis in
idem" durch fälschliche Annahme der Rechtzeitigkeit eines Einspruchs gegen
einen Strafbefehl (BGHSt 13, 309).
Interessanter Fall *BGH* NStZ 1984, 279: Die Strafkammer hatte ein Urteil
verkündet und dabei die Einbeziehung einer anderen früheren Freiheitsstrafe
vergessen. Nach erneuter Beweisaufnahme, Plädoyers, letztem Wort und Beratung verkündete der Vorsitzende ein neues Urteil, das die frühere Freiheitsstrafe einbezog. Hinsichtlich dieses Urteils verzichteten Angeklagter und
Staatsanwaltschaft auf Rechtsmittel. Anschließend legte die Staatsanwaltschaft
gegen beide Urteile Revision ein. – Die Strafkammer hat das zweite Urteil offensichtlich als Berichtigung des ersten angesehen. Dies war jedoch wegen der
bereits erfolgten Verkündung unzulässig. Es lagen daher zwei wirksame Urteile vor. Das zweite Urteil verstieß nicht gegen das Verbot des „ne bis in
idem", da das erste Urteil noch nicht rechtskräftig war. Für seinen Erlaß fehl-
ten allerdings die in § 243 Abs. 2–4 StPO vorgesehenen wesentlichen Teile der
Hauptverhandlung. Damit war es jedoch entgegen der Auffassung der Staatsanwaltschaft nicht nichtig. Der BGH hob das erste Urteil auf, weil die Strafkammer dafür – nach ihrer Auffassung folgerichtig – keine Urteilsgründe ver-
faßte (§ 338 Nr. 7 StPO). Eine Zurückverweisung unterblieb wegen der
Rechtskraft des zweiten Urteils.

330   Als nichtig dürften Strafurteile anzusehen sein, die
(1) **nicht vorgesehene Strafen** aussprechen,
(2) **strafunmündige Personen** verurteilen,

Beispiel: Ein Jugendgericht glaubt einem wegen Diebstahls angeklagten
Roma nicht, daß er erst 11 Jahre alt ist, und verurteilt ihn zu Jugendarrest.
Nach Ablauf der Rechtsmittelfrist wird eine Geburtsurkunde beigebracht,

die das elfjährige Alter ausweist. Ein Wiederaufnahmeverfahren nach § 359 Nr. 5 StPO (näher u. § 35) ist unnötig.

(3) **gegen Verstorbene** ergehen oder wenn der Verurteilte nach Einlegung des Rechtsmittels verstirbt (*OLG Schleswig* NJW 1978, 1016).

Die h. L. nimmt eine Nichtigkeit des Urteils auch an, wenn es nicht **331** gegen den erschienenen Angeklagten ergangen ist, weil der Angeklagte in die Verhandlung – vom Gericht unbemerkt – einen „Vertreter" geschickt hat. Hier ist jedoch ein Urteil in Abwesenheit des Angeklagten erfolgt, das dieser wegen Verstoßes gegen § 230 Abs. 1 StPO (s. o. Rn. 217 ff.) mit Rechtsmitteln angreifen muß.

Nichtig sind auch Urteile aufgrund des Mißbrauchs von Strafverfahren zur Vernichtung politischer Gegner in **Unrechtssystemen** (zur Nichtigkeit von SS-"Standgerichtsurteilen" *Mohr*, NJW 1998, 959, der Urteile in den „Waldheimer Prozessen" in der DDR 1950 *KG* NJW 1954, 1901). Zur Aufhebung nationalsozialistischer Unrechtsurteile sind zahlreiche, schwer übersichtliche Regelungen ergangen (*Beckmann*, JZ 1997, 922); für die Aufhebung von DDR-Unrechtsurteilen gilt das Strafrechtliche Rehabilitierungsgesetz.

Weiterführende Literatur: *Grünwald*, Die Frage der Nichtigkeit von Strafurteilen, ZStW Bd. 76, 250; *Herzberg*, Ne bis in idem – Zur Sperrwirkung des rechtskräftigen Strafurteils, JuS 1972, 113; *Schroeder*, Die Rechtsnatur des Grundsatzes „ne bis in idem", JuS 1997, 227.

§ 34. Die Wiedereinsetzung in den vorigen Stand

Mit Ablauf der Rechtsmittelfrist (s. o. Rn. 295) bzw. – bei eingeleg- **332** ter Revision – der Revisionsbegründungsfrist (s. o. Rn. 319) werden die Urteile rechtskräftig; der Strafbefehl erlangt mit Ablauf der Einspruchsfrist die Bedeutung eines rechtskräftigen Urteils (§ 410 Abs. 3 StPO). Sofern die Nichteinhaltung der Fristen jedoch unverschuldet war, ist auf Antrag Wiedereinsetzung in den vorigen Stand zu gewähren (§ 44 StPO). In Frage kommen insbesondere Erkrankung, Unfall, Naturereignisse, Verzögerung der Postbeförderung, Verschulden des Verteidigers (BGHSt 14, 308; *BVerfG* NJW 1994, 460). Bei fehlender Rechtsmittelbelehrung (§ 35 a StPO) gilt die Fristversäumnis stets als unverschuldet (§ 44 S. 2 StPO).

Wichtig ist und häufig übersehen wird, daß nicht nur ein Antrag auf Wiedereinsetzung gestellt werden muß, sondern daß die versäumte Handlung innerhalb der Antragsfrist **nachzuholen** ist (§ 45 Abs. 2 S. 2 StPO). Ist dies erfolgt, so kann die Wiedereinsetzung sogar auch ohne Antrag gewährt werden (§ 45 Abs. 2 S. 3 StPO) – die Nachholung ist also wichtiger als der Antrag auf Wiedereinsetzung! Der Wiedereinsetzungsantrag hemmt die Vollstreckung einer gerichtlichen Entscheidung nicht (§ 47 Abs. 1 StPO; kein „Suspensiveffekt", s. u. Rn. 388). Allerdings kann das Gericht einen Aufschub der Vollstreckung anordnen (§ 47 Abs. 2 StPO).

Gegen die Versagung der Wiedereinsetzung ist sofortige Beschwerde, d. h. Beschwerde binnen einer Woche (§ 311 Abs. 2 StPO), zulässig (§ 46 Abs. 3 StPO).

333 Bei erfolgter Wiedereinsetzung in den vorigen Stand nach § 46 Abs. 1, 2 StPO fällt die aufgrund der Fristversäumnis eingetretene Rechtskraft der durch das nachgeholte Rechtsmittel angegriffenen Entscheidung wie auch von das Rechtsmittel als verspätet zurückweisenden Entscheidungen weg. Eine förmliche Aufhebung ist nicht erforderlich! Allerdings ist eine entsprechende Feststellung in dem Wiedereinsetzungsbeschluß im Interesse der Rechtsklarheit geboten.

Es ist bemerkenswert, daß die Rechtsgelehrten die genaue Bezeichnung dessen, was mit der alten Entscheidung geschieht, geflissentlich vermeiden. *Geppert* (GA 1972, 176) spricht von der „Beseitigung", *Meyer-Goßner* (§ 44 Rn. 24) und KK/*Maul* (§ 44 Rn. 1) reden vom „Wegfall". Noch mehr drückt sich vor einer Charakterisierung LR/*Wendisch* (§ 46 Rn. 14): „die von Rechts wegen eintretende Folge".

334 Die Wiedereinsetzung in den vorigen Stand wird von der StPO auch bei der **Versäumung von Terminen** für zulässig erklärt (§§ 235, 329 Abs. 3, 412 StPO). Hier führt sie zur Aufhebung der wegen der Versäumnis ergangenen Urteile. Soweit in diesen Fällen die Urteile noch nicht rechtskräftig sind, ergeben sich die Möglichkeiten der Wahl zwischen der Wiedereinsetzung in den vorigen Stand und dem Rechtsmittel sowie der Kombination zwischen ihnen (§§ 315, 342 StPO); s. a. §§ 33 a, 356 a StPO.

§ 35. Verfassungs- und Menschenrechtsbeschwerde

I. Die Verfassungsbeschwerde

335 Es ist eine der großen rechtsstaatlichen Sicherungen des Grundgesetzes, daß es die Grundrechte nicht nur – wie andere Verfassungen – proklamiert und ihre Beachtung den Staatsorganen, Behörden und Gerichten zur Pflicht macht, sondern daß es jedermann die Möglichkeit gibt, mit der Verfassungsbeschwerde vor dem Bundesverfas-

sungsgericht eine Verletzung seiner Grundrechte geltend zu machen (Art. 93 Abs. 1 Nr. 4 a GG, §§ 13 Nr. 8 a, 90 ff. BVerfGG).

In Betracht kommen vor allem Verletzungen von Grundrechten durch die strafprozessualen Zwangsmaßnahmen (s. o. §§ 15–17). Darüber hinaus verbindet das BVerfG aber auch mit dem allgemeinen Freiheitsrecht des Art. 2 Abs. 1 GG den Anspruch auf ein faires, rechtsstaatliches Strafverfahren und erweitert damit die Anwendungsmöglichkeiten der Verfassungsbeschwerde erheblich (s. o. Rn. 54 ff.).

Erforderlich ist eine Erschöpfung des Rechtswegs, also die vergeb- 336 liche Einlegung der Revision (§ 90 Abs. 2 BVerfGG). Die Verfassungsbeschwerde ist binnen eines Monats nach Verkündung des Revisionsurteils bzw. der Mitteilung des Verwerfungsbeschlusses zu erheben (§ 93 BVerfGG).

Auch beim BVerfG gibt es ein Vorprüfungsverfahren. Eine Kammer in der Besetzung von drei Richtern kann die Annahme der Verfassungsbeschwerde durch einstimmigen Beschluß ablehnen, wenn sie unzulässig ist oder aus anderen Gründen keine hinreichende Aussicht auf Erfolg hat, ihr aber auch durch einstimmigen Beschluß stattgeben, wenn sie offensichtlich begründet ist, weil das BVerfG die maßgebliche verfassungsrechtliche Frage bereits entschieden hat (§ 93 b BVerfGG).

Erweist sich die Verfassungsbeschwerde als begründet, so hebt das BVerfG die Revisionsentscheidung und das durch sie bestätigte Urteil auf und verweist die Sache an die niedrigste Instanz, deren Entscheidung aufgehoben wurde, zurück (§ 95 Abs. 2 BVerfGG).

Gegen Strafurteile, die auf einem vom BVerfG für verfassungswidrig erklärten *Gesetz* beruhen, ist eine Wiederaufnahme (s. u. § 36) möglich (§§ 79, 82 BVerfGG; dazu *LG Trier* NJW 1997, 472).

II. Die Menschenrechtsbeschwerde

Die **Europäische Konvention zum Schutze der Menschenrechte** 337 **und Grundfreiheiten** von 1950 enthält zahlreiche Menschenrechte auf dem Gebiet des Strafverfahrens, insbesondere Schutzvorschriften bei der Untersuchungshaft (Art. 5), den Anspruch auf ein faires, öffentliches Verfahren innerhalb einer angemessenen Frist, die Vermutung der Unschuld, den Anspruch auf Information in der Muttersprache und auf unentgeltliche Beiziehung eines Dolmetschers, den Anspruch auf ausreichende Zeit zur Vorbereitung der Verteidigung (Art. 6). Die EMRK hat jedoch in der Bundesrepublik nur den Rang eines einfachen Gesetzes. Sie ist damit von den Gerichten wie deutsches Strafprozeßrecht zu beachten; eine Verfassungsbeschwerde kann auf sie nicht gestützt werden (BVerfGE 10, 274). Das BVerfG hat jedoch einige ihrer Bestimmungen, insbesondere den Grundsatz des fairen Verfahrens, auch mit dem Rechtsstaatsprinzip begründet und daraus i. V. m. Art. 2 GG die Möglichkeit einer Verfassungsbeschwerde hergeleitet (s. o. Rn. 52, 55).

Die EMRK sieht jedoch ein **eigenes Beschwerdeverfahren** vor. Jedermann kann eine Beschwerde wegen Verletzung der in der Konvention vorgesehenen Rechte an den Europäischen Gerichtshof für Menschenrechte richten (Art. 34 EMRK; bis 1999 Europ. Kommission f. Menschenrechte). Auch für die Menschenrechtsbeschwerde gilt die Zulässigkeitsvoraussetzung der Erschöpfung der innerstaatlichen Rechtswegs; dazu gehört auch die Einlegung der Verfassungsbeschwerde (o. Rn. 335). Ferner gilt eine Frist von sechs Monaten nach der endgültigen innerstaatlichen Entscheidung (Art. 35 EMRK). Der Gerichtshof versucht zunächst eine gütliche Einigung (Art. 38 EMRK). Auch wenn diese scheitert, kann er das angegriffene Urteil nicht aufheben, sondern nur eine Entschädigung zusprechen (Art. 41 EMRK); § 359 Nr. 6 StPO sieht jedoch eine Wiederaufnahme des Verfahrens (s. u. § 36) vor. Danach kann in schwerwiegenden Auslegungsfragen die Große Kammer angerufen werden (Art. 43 EMRK).

Mehrfach haben Bürger der Bundesrepublik Deutschland vor der Europäischen Kommission und dem Europäischen Gerichtshof für Menschenrechte mit Menschenrechtsbeschwerden Erfolg gehabt, vor allem wegen einer zu langen Untersuchungshaft. Wenn auch die angegriffenen Entscheidungen von den Europäischen Organen nicht aufgehoben werden können, ist die moralische Wirkung ihrer Entscheidungen doch erheblich.

Näher *Ambos,* Europarechtliche Vorgaben für das (deutsche) Strafverfahren, NStZ 2002, 628; 2003, 14.

338   Im wesentlichen die gleichen, teilweise aber auch noch etwas weitergehende Menschenrechte auf dem Gebiet des Strafverfahrens enthält auch der **Internationale Pakt über bürgerliche und politische Rechte** von 1966, der von der Bundesrepublik 1968 unterzeichnet und mit Gesetz vom 15. 11. 1972 ratifiziert wurde. Dieser Pakt sieht keine Individualbeschwerde vor; jedoch wurde durch das Fakultativprotokoll, das für die Bundesrepublik Deutschland Ende 1992 in Kraft getreten ist (BGBl. II 1246), die Möglichkeit einer schriftlichen Mitteilung von Privatpersonen an den Ausschuß für Menschenrechte geschaffen, die eine Prüfung und deren Mitteilung an den betroffenen Staat auslöst.

§ 36. Das Wiederaufnahmeverfahren

I. Die Zulässigkeit der Wiederaufnahme

Während totalitäre Staaten regelmäßig weitgehende Möglichkeiten 339
zur Durchbrechung der Rechtskraft von Urteilen vorsehen („Aufsichtsverfahren" in der Sowjetunion, „Kassation" in der DDR, „außerordentlicher Einspruch" und Nichtigkeitsbeschwerde unter dem Nationalsozialismus, s. o. Rn. 37), ist in unserem Recht die Aufhebung rechtskräftiger Urteile eng begrenzt, und dabei die zuungunsten des Verurteilten noch mehr als die zu seinen Gunsten.

Eine Wiederaufnahme ist nur bei Vorliegen eines der eng begrenzten Wiederaufnahmegründe möglich. Sie gliedern sich in Straftaten beim Erlaß des Urteils (sog. falsa) und neue Tatsachen oder Beweismittel (sog. nova).

Das Gesetz unterscheidet die Wiederaufnahme zugunsten des Verurteilten (§§ 359 ff. StPO) und zuungunsten des „Angeklagten" (§ 362 StPO; diese Ausdrucksweise ist nötig, um auch den Freigesprochenen einzubeziehen). Da jedoch die Wiederaufnahmegründe der Straftaten beim Erlaß eines Urteils weitgehend identisch sind, ist eine Gliederung nach den Wiederaufnahmegründen sinnvoller.

1. Die Wiederaufnahme wegen Straftaten beim Erlaß eines Urteils

Wegen Straftaten beim Erlaß des Urteils ist eine Wiederaufnahme 340
sowohl zugunsten als auch zuungunsten des Verurteilten zulässig. In Betracht kommen Urkundenfälschung, Falschaussage von Zeugen oder Sachverständigen und Rechtsbeugung oder Bestechlichkeit von Richtern oder Schöffen (§§ 359 Nr. 1–3, 362 Nr. 1–3 StPO). Zulässigkeitsvoraussetzung ist die Tatsache, daß wegen dieser Straftat eine rechtskräftige Verurteilung ergangen ist oder die Einleitung oder Durchführung eines Strafverfahrens aus anderen Gründen als wegen Mangels an Beweisen, also vor allem wegen fehlender Prozeßvoraussetzungen, nicht erfolgen kann (§ 364 S. 1 StPO).

Die häufige Behauptung von Verurteilten, ein Belastungszeuge habe gelogen, macht daher zunächst einmal die langwierige Betreibung einer rechtskräftigen Verurteilung des Zeugen wegen Falschaussage oder Meineids erforderlich. Bei Falschaussage im Nötigungsnotstand ist eine Wiederaufnahme zuungunsten des Verurteilten nicht möglich (*KG* JZ 1997, 629). Zugunsten hilft § 359 Nr. 5 StPO (s. u. Rn. 341).

2. Die Wiederaufnahme wegen neuer Tatsachen oder Beweismittel

341   Eine Wiederaufnahme propter nova ist zuungunsten des Verurteilten nur zulässig, wenn er ein glaubwürdiges Geständnis der Straftat ablegt (§ 362 Nr. 4 StPO).

Dagegen ist eine Aufhebung des Urteils **zugunsten** des Verurteilten in allen Fällen möglich, in denen neue Tatsachen oder Beweismittel beigebracht sind, die einen Freispruch oder die Anwendung eines milderen Strafgesetzes zur Folge haben (§ 359 Nr. 5 StPO; Nr. 4, die Aufhebung eines zugrundeliegenden Zivilurteils, ist nur ein – überflüssiger – Unterfall).

Diese Möglichkeit hört sich weitgehend an, ist aber verhältnismäßig selten. In Frage kommen das Wiederauftauchen des angeblichen Mordopfers, die Widerlegung eines Sachverständigengutachtens, das Auftauchen einer neuen Urkunde.

342   Die Tatsachen und Beweismittel müssen „neu" sein, d. h. dem Gericht bis zur Urteilsfällung unbekannt oder von ihm nicht benutzt worden sein. Darunter fallen nicht Beweismittel, die das Gericht abgelehnt hat, weil es einen Beweisablehnungsgrund angenommen hat. Darüber hinaus legt die Rechtsprechung die in § 359 Nr. 5 StPO erwähnte „Eignung" zur Begründung einer milderen Bestrafung des Angeklagten sehr eng aus.

Ein gewisses Mißtrauen ist zweifellos geboten, da die Verurteilten, wenn die Rechtsmittel erfolglos geblieben sind, ihr Heil erfahrungsgemäß oft mit aller Gewalt in „neuen Tatsachen" suchen. Insbesondere kennt jeder Verteidiger zur Genüge die als Zeugen namhaft gemachten Mitgefangenen, denen angeblich ein Dritter erzählt hat, daß der Verurteilte nicht der Täter ist.

Fall aus der Praxis des Verfassers: Während eines Hafturlaubs erscheint der wegen Diebstahl während des Dienstes zu Freiheitsstrafe verurteilte ehemalige Polizeibeamte P, der von dem Mandanten als Zeuge dafür benannt worden ist, daß ein gewisser Müller sich mit der Tat gebrüstet habe. Frage: „Sind diese Angaben richtig?". Antwort: „Nein! Es war vereinbart, die Sache auf den Schwarz zu schieben. Der hatte ohnehin 8 Jahre, und dem hätte es nicht viel geschadet. Während meiner Abwesenheit ist man dann auf den Müller gekommen. Da mache ich nicht mit, denn der Müller ist mein Freund!".

Trotz solcher nicht seltener Vorkommnisse muß man insgesamt sagen, daß die Gerichte Wiederaufnahmeanträgen zu restriktiv gegenüberstehen.

Da der EGMR ein Urteil eines Mitgliedsstaates nicht aufheben kann (s. o. Rn. 337), ist hierfür ebenfalls die Wiederaufnahme vorgesehen (§ 359 Nr. 6 StPO).

II. Das Wiederaufnahmeverfahren

Das Wiederaufnahmeverfahren gliedert sich in **drei Abschnitte:** 343
1. **Zulässigkeitsprüfung** (sog. Aditionsverfahren), §§ 365 ff. StPO.

Schon im Rahmen dieser Zulässigkeitsprüfung erfolgt eine Prüfung der „Eignung" der Beweismittel (§ 368 Abs. 1 StPO). Dabei läßt der BGH eine gewisse Wertung der Beweiskraft der genannten Beweismittel zu (BGHSt 17, 304).

2. **Begründetheitsprüfung** (sog. Probationsverfahren), §§ 369 ff. StPO.

Hier wird zunächst ein Richter mit der Aufnahme der Beweise beauftragt (§ 369 StPO). Danach sind die Staatsanwaltschaft und der Angeklagte zu Erklärungen über das Ergebnis der Beweisaufnahme aufzufordern (§ 369 Abs. 4 StPO, u). Danach entscheidet das Gericht – zwar nunmehr mit allen Berufsrichtern, aber immer noch ohne mündliche Verhandlung – über die Begründetheit des Wiederaufnahmeantrags (§ 370 StPO). Dabei verlangt die Rechtsprechung die „hinreichende Wahrscheinlichkeit", daß in der neuen Hauptverhandlung eine für den Verurteilten günstige Entscheidung ergeht. Wenn auch der Grundsatz „in dubio pro reo" in Anbetracht eines bereits rechtskräftigen Urteils nicht gelten kann, so geht es doch zu weit, geradezu den Grundsatz „in dubio contra reum" zu bejahen.

Wenn bereits genügend Beweise vorliegen, kann das Gericht den Verurteilten ohne Hauptverhandlung durch Beschluß freisprechen (§ 371 Abs. 2–4 StPO). Wenn das Gericht die „genügende Bestätigung" bejaht, kommt es zur dritten Stufe des Wiederaufnahmeverfahrens, nämlich

3. **Neue Hauptverhandlung** (§§ 370 Abs. 2, 373 StPO).

Für die Zurückhaltung des Gesetzgebers gegenüber der Wiederaufnahme ist es bezeichnend, daß § 373 Abs. 1 StPO als erste Möglichkeit der Entscheidung die Aufrechterhaltung des früheren Urteils nennt!

Die schwierige Stellung des Verurteilten bei der Durchführung eines Wiederaufnahmeverfahrens ist durch das 1. StVRG 1974 wenigstens insoweit verbessert worden, als er den Anspruch auf Bestellung eines **Pflichtverteidigers** erhalten hat (§ 364 a StPO). Angesichts der Schwierigkeit der Beibringung neuer Tatsachen und Beweismittel ist die Beiordnung eines Pflichtverteidigers sogar schon für die Vorbereitung des Wiederaufnahmeverfahrens möglich. Dafür ist allerdings naturgemäß eine weitere Vorwegwürdigung erforderlich: es müssen hinreichende tatsächliche Anhaltspunkte dafür vorliegen, daß bestimmte Nachforschungen zu geeigneten neuen Tatsachen oder Beweismitteln führen (§ 364 b Abs. 1 Nr. 1 StPO). 344

Auch in gerichtsverfassungsrechtlicher Hinsicht wurde die Stellung des Verurteilten im Wiederaufnahmeverfahren verbessert. Während früher das gleiche Gericht zuständig war, das das angegriffene Urteil erlassen hatte, und dabei erfahrungsgemäß oft auf eine Bestätigung seines früheren Urteils fixiert war, ist nun ein **anderes Gericht** mit gleicher sachlicher Zuständigkeit zuständig. Für Wiederaufnahmeverfahren werden bestimmte Gerichte vom Präsidium des Oberlandesgerichts vor Beginn des Geschäftsjahres bestimmt (§ 140 a GVG).

III. Sonderfälle der Wiederaufnahme

345   1. Gegenüber einem rechtskräftigen **Strafbefehl** ist die Wiederaufnahme eines Verfahrens zuungunsten des Verurteilten auch zulässig, wenn neue Tatsachen oder Beweismittel die Verurteilung wegen eines Verbrechens begründen (§ 373 a StPO). Der Grund hierfür liegt in dem summarischen Charakter des Verfahrens zum Erlaß eines Strafbefehls. Damit können aber auch die nicht seltenen Fälle erfaßt werden, in denen nach Rechtskraft eines Strafbefehls wegen einfacher Körperverletzung bei dem Opfer die schweren Folgen des § 226 StGB eintreten oder gar das Opfer stirbt (§ 227 StGB).

2. Auch gegenüber rechtskräftigen Urteilen allgemein wird für diese Fälle vielfach die Möglichkeit einer sog. **Ergänzungsanklage** gefordert, mit der der neu eingetretene Grad des Unrechts verfolgt und in das alte Urteil einbezogen werden kann. Diese Forderung hat sich bisher jedoch noch nicht durchsetzen können.

3. Nach **§ 79 Abs. 1 BVerfGG** ist die Wiederaufnahme gegenüber rechtskräftigen Strafurteilen zulässig, die auf einer vom BVerfG für mit dem GG unvereinbar oder nach § 78 BVerfGG für nichtig erklärten Norm beruhen. In Anwendung dieser Bestimmung haben einige Landesjustizminister nach der Entscheidung des BVerfG zur Verfassungswidrigkeit der Verurteilung von Sitzblockierern wegen Nötigung von 1995 (BVerfGE 92, 1) die Wiederaufnahme gegen alle früheren Verurteilungen betrieben, obwohl die Verfassungswidrigkeit 1986 und 1987 abgelehnt worden war (BVerfGE 73, 206; 76, 211). Hiergegen *Schroeder*, JuS 1995, 878; *LG Trier* NJW 1997, 472.

4. Die Wiederaufnahme gegen Urteile von **nationalsozialistischen** Militär- und Sondergerichten ermöglichte das Zuständigkeitsgesetz vom 7. 8. 1952. Zur Aufhebung von nationalsozialistischen und DDR-Unrechtsurteilen s. o. Rn. 331.

Weiterführende Literatur: *Waßmer*, Die Wiederaufnahme in Strafsachen – Bestandsaufnahme und Reform, Jura 2002, 454.

6. Abschnitt. Die Beteiligung des Verletzten am Verfahren

§ 37. Allgemeines

Die ursprünglich erforderliche Einleitung des Strafverfahrens 346 durch eine Klage des Verletzten wurde in der zweiten Hälfte des Mittelalters angesichts des Risikos des privaten Klägers durch Kosten und Bedrohung von Seiten der Straftäter zunehmend durch die öffentliche Klage ersetzt (s. o. Rn. 27 ff.), und für das geltende Strafprozeßrecht gilt das „Offizialprinzip" (§ 152 Abs. 1 StPO; s. o. § 8). Die Kehrseite dieser Entwicklung bestand allerdings darin, daß das Tatopfer an den Rand des Strafverfahrens gedrängt wurde und nur noch als Zeuge in Erscheinung trat, mit entsprechenden Pflichten und den Angriffen der Verteidigung ausgeliefert. Das **5. Buch der Strafprozeßordnung** spricht daher nur noch von einer „Beteiligung des Verletzten am Verfahren".

Der Ausdruck „**Verletzter**" ist im übertragenen Sinne zu verstehen und 347 umfaßt jeden in seinen berechtigten Interessen unmittelbar Beeinträchtigten (s. o. Rn. 96). Der **Aufbau** des 5. Buches spiegelt die Befugnisse des Verletzten irreführend vor. Die an erster Stelle genannte Privatklage ist weniger eine Befugnis als eine Last des Verletzten, sich die strafrechtliche Verurteilung des Täters selbst erkämpfen zu müssen. Wichtiger ist die Möglichkeit, sich einer öffentlichen Anklage anzuschließen, die sog. Nebenklage. Die Möglichkeit, im Strafprozeß Schadensersatz geltend zu machen (§§ 403 ff. StPO), wurde erst 1942 eingeführt und bringt gegenüber einem anschließenden Zivilprozeß wenig Vorteile. Durch das **Opferschutzgesetz** von 1986 (dazu BT-Drs. 10/5305, 6124; s. o. Rn. 40) wurde ein eigener „Vierter Abschnitt. Sonstige Befugnisse des Verletzten" (§§ 406 d ff.) in das 5. Buch der StPO eingefügt. Weitere Verbesserungen brachten das **Zeugenschutzgesetz** von 1998 und die **Opferrechtsreformgesetze** von 2004 und 2009 (s. o. Rn. 42).

Auch an anderen Stellen finden sich verstreut Vorschriften zugunsten des Verletzten, z. B. das Klageerzwingungsverfahren (s. o. Rn. 165 ff.) und das Anwesenheitsrecht bei Ausschluß der Öffentlichkeit (§ 175 Abs. 2 S. 2 GVG, s. o. Rn. 236).

Im folgenden wird die Reihenfolge der StPO entsprechend der 348 praktischen Bedeutung der „Beteiligung des Verletzen am Strafverfahren" umgekehrt. Die allgemeinen Befugnisse des Verletzten wurden, da schon von Beginn des Verfahrens an zu berücksichtigen,

dort dargestellt (s. o. Rn. 96). Im folgenden werden zuerst die Nebenklage (§ 38), dann die Entschädigung des Verletzten (§ 39) und
schließlich die Privatklage (§ 40) behandelt.

Weiterführende Literatur: *Schünemann,* Zur Stellung des Opfers im System der Strafrechtspflege, NStZ 1986, 193; *Weigend,* Das Opferschutzgesetz
– kleine Schritte zu welchem Ziel?, NJW 1987, 1170.

§ 38. Die Nebenklage

349   Die Nebenklage ist der Anschluß einer Privatperson an eine von
der Staatsanwaltschaft erhobene öffentliche Klage. Der Kreis der Berechtigten ist in § 395 StPO nach der Reihenfolge der Paragraphen im
StGB geregelt und daher sehr unübersichtlich. Er wurde immer mehr
und schließlich durch das 2. OpfRRefG 2009 auf alle Delikte (!) ausgedehnt. Berechtigt zur Nebenklage sind vor allem die **Opfer schwerer Straftaten und ihre Hinterbliebenen** (§ 395 Abs. 1 Nr. 1–4,
Abs. 2 Nr. 1 StPO). Nebenklageberechtigt ist ferner derjenige, der
die öffentliche Klage im **Klageerzwingungsverfahren** erzwungen
hat (§ 395 Abs. 2 Nr. 2 StPO; s. o. Rn. 166), da seine Befürchtung,
daß die Staatsanwaltschaft die von ihm erzwungene Klage nur
„lasch" betreibt, nicht von der Hand zu weisen ist. Nebenklagebe-
fugnis besteht schließlich bei **allen Straftaten,** wenn dies aus besonderen Gründen, insbesondere wegen der schweren Folgen der Tat geboten erscheint (§ 395 Abs. 3 StPO; krit. *Barton* JA 2009, 755).

Die Nebenklage dient damit dem Genugtuungsbedürfnis des Verletzten
und der Hinterbliebenen und der Einbeziehung der Verbrechensopfer in das
Strafverfahren. In aller Regel dient die Nebenklage auch zur Vorbereitung
der Geltendmachung zivilrechtlicher Schadensersatzansprüche. Damit stellt
sie jedoch zugleich eine erhebliche Belastung für den Angeklagten dar. Er
sieht sich im Prozeß mehreren Anklägern gegenüber und muß nicht nur die
Kosten seines Rechtsanwalts, sondern auch die der Rechtsanwälte der Nebenkläger tragen (§ 472 StPO). Ein schlechtes Bild auf die Strafrechtspflege wirft
es auch, wenn Rechtsanwälte, die sonst als Verteidiger in warmen Worten für
Milde gegenüber ihren Mandanten werben, nunmehr den Interessen des Nebenklägers als ihres Auftraggebers entgegenkommen und den Angeklagten als
„Bestie in Menschengestalt" verteufeln. Bei den „Mauerschützenprozessen"
trat ein- und derselbe Rechtsanwalt in einem Verfahren als Verteidiger, in einem anderen als Nebenklägervertreter auf! Die Nebenklage ist daher trotz einer eingehenden Reform durch das Opferschutzgesetz von 1986 nach wie vor
umstritten.

Die **Befugnisse des Nebenklägers** regeln die §§ 397 f., 400 f. StPO. 350
Wichtig sind vor allem die Rechte auf kostenlose Beiordnung eines
Rechtsanwalts (§ 397 a Abs. 1 StPO), auf Akteneinsicht (§ 406e
Abs. 1 S. 2 StPO), zur Stellung eigener Beweisanträge und zur Einle-
gung von Rechtsmitteln.

Der Anschluß als Nebenkläger, der durch schriftliche Erklärung
erfolgen muß (§ 396 StPO), ist in jeder Lage des Verfahrens zulässig,
auch noch nach Erlaß des Urteils zur bloßen Einlegung von Rechtsmitteln (§ 395 Abs. 4 StPO).

Die Nebenklage ist zwar „in jeder Lage des Verfahrens" zulässig
(§ 395 Abs. 4 StPO), setzt aber naturgemäß die Erhebung der öffentlichen Klage voraus. Damit ist der Nebenklageberechtigte von dem
Ermittlungsverfahren mit seinen wichtigen Vorentscheidungen ausgeschlossen. Jedoch bestimmt § 406 g StPO, daß sich der Nebenklageberechtigte schon vor Erhebung der öffentlichen Klage und ohne An-
schluss einen Rechtsanwalt als Beistand nehmen und bei schweren
Taten kostenlos bestellen lassen kann, dem insbesondere bei richterlichen Vernehmungen und Augenscheinseinnahmen im Vorverfahren
die Anwesenheit zu gestatten ist. Der Verletzte ist so bald wie möglich, also ggf. schon bei der Polizei, auf seine Befugnis zur Nebenklage und zur Beiziehung eines Rechtsanwalts hinzuweisen (§ 406 h
StPO).

Interessanter Fall: Nach einer Verurteilung wegen Vergewaltigung legte
das Opfer als Nebenklägerin Revision zugunsten (!) des Angeklagten ein, da
dieser zu Unrecht verurteilt worden sei. Unzulässig, da keine Beschwer der
Nebenklägerin durch die Verurteilung (s. o. Rn. 299). § 296 Abs. 2 StPO gilt
für die Nebenklägerin nicht (BGHSt 37, 136).

§ 39. Entschädigung des Verletzten

Die Aufspaltung des Rechts in Einzelfächer und der gerichtlichen 351
Zuständigkeit auf nach Sachgebieten getrennte Spruchkörper hat
dazu geführt, daß die Rechtsfolgen des einheitlichen Vorgangs einer
Straftat, nämlich Bestrafung und Schadensersatz, vor unterschiedlichen Gerichten verhandelt werden, vor dem Straf- und dem Zivilgericht. Für Laien ist diese Aufspaltung oft befremdlich. Auch der Resozialisierung würde es dienen, wenn die Schadensersatzpflicht des
Täters in die Wahl der Strafe einbezogen würde, ganz abgesehen davon, daß sie – genauso wie die Strafe – erhebliche general- und spezialpräventive Wirkungen entfaltet. Aus diesem Grunde wurde 1942

die Möglichkeit der Geltendmachung von Schadensersatz im Strafprozeß, sog. **Adhäsionsprozeß**, eingeführt (§§ 403 ff. StPO).

Allerdings hat das Gericht die Befugnis, den Antrag auf Schadensersatz **zurückzuweisen,** wenn er sich zur Erledigung im Strafverfahren nicht eignet, insbesondere seine Prüfung das Verfahren erheblich
verzögern würde (§ 406 Abs. 1 S. 4, 5 StPO). Die Rechtsanwälte
schätzen das Adhäsionsverfahren nicht, weil es geringere Gebühren
bringt als ein gesondertes Zivilverfahren (Nr. 4143 Vergütungsver-
zeichnis RVG).

352   Der zugelassene Antragsteller hat im Prozeß keine Rechte; er darf
lediglich an der Verhandlung teilnehmen (§ 404 Abs. 3 StPO). Er hat
allerdings keine Nachteile zu befürchten, da das Gericht seinen Anspruch nicht ablehnen kann. Wird der Angeklagte nicht verurteilt,
so sieht das Gericht durch Beschluß von einer Entscheidung über
den Antrag auf Schadensersatz ab (§ 406 Abs. 1 S. 3, Abs. 5 S. 2
StPO). Spricht es nur einen Teil des beantragten Schadensersatzes
zu, so kann der Rest anderweitig geltend gemacht werden (§ 406
Abs. 3 S. 3 StPO).

Trotzdem ist dem Verletzten häufig nicht zu einer Geltendmachung seines Antrags im Strafprozeß zu raten, da man davon ausgehen darf, daß sich bei einer gleichzeitigen Verurteilung die Höhe der
Strafe mindernd auf die Bemessung des Schadensersatzes, insbesondere des Schmerzensgeldes, auswirkt und die Geltendmachung eines
Restbetrages vor dem Zivilgericht auch keine besonders günstige
Prozeßposition darstellt. Der Prozentsatz der Adhäsionsurteile bei
den Amts- und Landgerichten betrug 2009 nur 0,5 % bzw. 4,2 %
der erledigten Fälle (Strafgerichte 2009, Tab. 2.1 und 4.1; näher zur
Praxis *Spiess*, Das Adhäsionsverfahren in der Rechtswirklichkeit,
2008). Vorschläge zur Effektivierung („Naumburger Modell") bei
Rössner/Klaus, ZRP 1998, 162.

Gegen das Absehen von einer Entscheidung steht dem Antragsteller die sofortige Beschwerde zu (§ 406 a Abs. 1 StPO). Dagegen kann der Angeklagte
auch gegen den zivilrechtlichen Teil des Urteils mit den normalen strafprozessualen Rechtsmitteln vorgehen (§ 406 a Abs. 2 StPO).

Das OpferRRG 2004 hat die bisher umstrittene Möglichkeit eines **Vergleichs** gesetzlich eingeführt (§ 405 StPO).

§ 40. Die Privatklage

I. Die Lasten der Privatklage

Es wurde schon o. § 8 dargelegt, daß es anstelle der in der Regel 353 erforderlichen Anklageerhebung durch die Staatsanwaltschaft (sog. Offizialprinzip) bei einigen weniger gravierenden Delikten die Klage durch den Verletzten selbst gibt, die sog. Privatklage (§ 374 StPO).

Die Privatklagedelikte sind zumeist zugleich **Antragsdelikte.** Privatklage-berechtigt sind auch die übrigen neben dem Verletzten zum Strafantrag Berechtigten (§ 374 Abs. 2 StPO i. V. m. §§ 77 f. StGB). In der Erhebung der Privatklage liegt zugleich die Stellung des Strafantrags.

Die Privatklage ermöglicht zwar dem Verletzten die eigene Verfolgung gegen ihn gerichteter Straftaten unabhängig von einer möglichen Unlust der Staatsanwaltschaft, die durch das Klageerzwingungsverfahren kaum wirkungsvoll behoben werden kann (s. o. Rn. 165 ff.). Andererseits erlegt sie aber die ganze Last der sonst vom Staatsanwalt geleisteten Tätigkeit dem Verletzten selber auf. Der Ausdruck „können" in § 374 StPO ist daher eher ein „müssen".

Auch sonst erlegt die StPO dem Privatkläger erhebliche **Lasten** 354 auf:

1. Er muß **Sicherheit** für die dem Beschuldigten voraussichtlich erwachsenden Kosten leisten (§ 379 StPO i. V. m. §§ 108 ff. ZPO).

2. Er muß einen **Prozeßkostenvorschuß** leisten (§ 379 a StPO i. V. m. § 67 GKG).

3. Unterliegt der Privatkläger, so muß er neben den Kosten des Verfahrens auch die **notwendigen Auslagen,** insbesondere die Kosten des Rechtsanwalts, **des Beschuldigten** zahlen (§ 471 Abs. 2 StPO).

4. In der Hauptverhandlung steht der Privatkläger schlechter da als der Staatsanwalt und sogar der Nebenkläger im normalen Prozeß, da das Gericht bei der **Beweisaufnahme** nicht an die Beweisablehnungs-gründe des § 244 Abs. 3–5 StPO gebunden ist (§ 384 Abs. 3 StPO).

5. Kommt das Gericht in der Hauptverhandlung zu der Auffassung, daß statt eines Privatklagedelikts oder neben ihm ein Offizialdelikt, also größeres Unrecht, vorliegt, so wird das Privatklageverfahren durch Urteil eingestellt (§ 389 StPO), und der Privatkläger bleibt wiederum mit den Kosten des Verfahrens, seinen notwendigen Aus-

lagen und sogar den dem Beschuldigten erwachsenen notwendigen Auslagen hängen (§ 471 Abs. 2 StPO).

355   6. Erscheint der Privatkläger in der Hauptverhandlung nicht, so gilt dies als Zurücknahme der Privatklage mit der Folge der Einstellung durch Beschluß (§ 391 Abs. 2 StPO), wiederum mit der Pflicht zur Tragung der Kosten und der notwendigen Auslagen auch des Beschuldigten (§ 471 Abs. 2–4 StPO).

7. Das Gericht kann das Verfahren – wie allgemein (s. o. Rn. 269) – noch in der Hauptverhandlung **wegen Geringfügigkeit einstellen** (§ 383 Abs. 2 StPO), wobei es hinsichtlich der Verteilung der Kosten und der notwendigen Auslagen beider Beteiligter nach pflichtgemäßem Ermessen entscheiden kann (§ 471 Abs. 3 Nr. 2 StPO).

8. Ein Rechtsmittel des Privatklägers wird auch zugunsten des Beschuldigten wirksam (§ 390 Abs. 1 S. 3 StPO)!

Es verwundert daher nicht, daß nur rd. 6 % aller Privatklagen zu einer Verurteilung führen. Dies hat wiederum zur Folge, daß überhaupt nur noch sehr wenige Verletzte gegen das ihnen angetane Unrecht mit einer Privatklage vorgehen (1999: 1.276!). Der Staat mag sich listig vorkommen, daß er sich auf diese Weise lästige Verfahren wegen Kleinkriminalität vom Hals hält. In Wahrheit ist festzustellen, daß gegen Kleinkriminalität in der Bundesrepublik weitgehend kein Rechtsschutz besteht. Gerade der unzulängliche Rechtsschutz bei Delikten, die nicht an das Vermögen, sondern an die Person gehen wie Beleidigung, Körperverletzung, Bedrohung, ist aber für das allgemeine Rechtsbewußtsein von gefährlicher langfristiger Destruktivität.

Dem Verletzten ist daher anzuraten, zu versuchen, die Staatsanwaltschaft zu der Erhebung der öffentlichen Klage zu bewegen, die nach § 376 StPO auch bei den Privatklagedelikten möglich ist. Er kann dann als Nebenkläger eintreten (s. o. Rn. 349 ff.).

II. Das Verfahren im übrigen

356   Gelingt ihm das nicht, so muß er bei den meisten Privatklagedelikten zunächst vor einer Vergleichsbehörde einen **Sühneversuch** unternehmen (§ 380 StPO).

Die Vergleichsbehörden werden von den Ländern bestimmt, zumeist in ihren AGGVG. Als Vergleichsbehörden sind teils die Gemeinden, teils Schiedsmänner, in den neuen Bundesländern Schiedsstellen eingesetzt (s. im einzelnen *Meyer-Goßner* zu § 380 StPO). Der Sühneversuch ist zwar eine Voraussetzung für die Eröffnung des Hauptverfahrens; wird sein Fehlen aber übersehen, so ist dies für den Fortgang des Verfahrens unschädlich. Der Sühneversuch ist daher keine Prozeßvoraussetzung (s. o. Rn. 68 ff.), sondern nur eine

Eröffnungsvoraussetzung (*BayObLG* NJW 1958, 1150; unzutr. allerdings die dort und auch sonst verwendete Bezeichnung als „Klagevoraussetzung").

Im übrigen folgt das Verfahren dem normalen Ablauf. Auf die – **357** private – Klageerhebung (§ 381 StPO) folgt das Eröffnungsverfahren mit der Gelegenheit zur Äußerung für den Beschuldigten (§ 382 StPO) und dem Eröffnungsbeschluß bzw. der Zurückweisung der Klage (§ 383 StPO). Der Privatkläger erhält die Stellung des Staatsanwalts (§ 385 Abs. 1 StPO). Jedoch kann er das Recht auf Akteneinsicht nur durch einen Rechtsanwalt ausüben (§ 385 Abs. 3 StPO). Sowohl der Privatkläger als auch der Angeklagte können sich in der Hauptverhandlung durch einen Rechtsanwalt vertreten lassen (§§ 378, 387 StPO). Kleinere Besonderheiten der Hauptverhandlung nennt § 384 StPO.

Da bei einigen Privatklagedelikten (Beleidigung, Körperverletzung) häufig wechselseitige Straftaten vorliegen (s. a. § 199 StGB), eröffnet § 388 StPO die Möglichkeit der **Widerklage.** Bemerkenswerterweise ist der Widerkläger nicht zur Sicherheitsleistung für die Kosten des Privatklägers und zum Gebührenvorschuß verpflichtet. Ob für die Zulassung der Widerklage ein Eröffnungsbeschluß erforderlich ist, ist in Literatur und Rechtsprechung umstritten (vgl. *BayObLG* NJW 1958, 1149).

Die Privatklage kann – anders als die öffentliche Klage (§ 156 StPO, „Im- **358** mutabilitätsprinzip", s. o. Rn. 189) – in jeder Lage des Verfahrens **zurückgenommen** werden. Nach Beginn der Vernehmung des Angeklagten zur Sache, die sich somit auch hier wieder als wichtige Zäsur erweist (s. o. Rn. 204), ist jedoch die Zustimmung des Angeklagten erforderlich (§ 391 Abs. 1 StPO). Bei der Rücknahme der Privatklage fällt die Widerklage nicht in sich zusammen, sondern bleibt bestehen (§ 388 Abs. 4 StPO). Die Zurücknahme der Privatklage erfolgt häufig aufgrund von Gegenleistungen des Beschuldigten, insbesondere einer Zurücknahme der beleidigenden Äußerungen und einer Regelung über die Kosten, und stellt sich dann als **Vergleich** dar. Der Vergleich ist Vollstreckungstitel nach § 794 Abs. 1 Nr. 1 ZPO.

Insgesamt zeigt das Privatklageverfahren eine Mischung zwischen Partei- und Amtsprozeß. Zwar heißt der Initiator – wie im Zivilprozeß – „Kläger", der Beklagte heißt jedoch – wie im Strafprozeß – „Beschuldigter" und – nach Eröffnung des Verfahrens – „Angeklagter". In der Hauptverhandlung wird nicht die Klage, sondern der Eröffnungsbeschluß verlesen (§ 384 Abs. 2 StPO). Das Gericht bestimmt den Umfang der Beweisaufnahme (§ 384 Abs. 3 StPO).

Weiterführende Literatur: *Hirsch,* Gegenwart und Zukunft des Privatklageverfahrens, Lange-FS 1976, 815.

3. Teil. Ergänzungen, Zusammenfassungen, Dogmatik

§ 41. Schema des Verfahrensablaufs

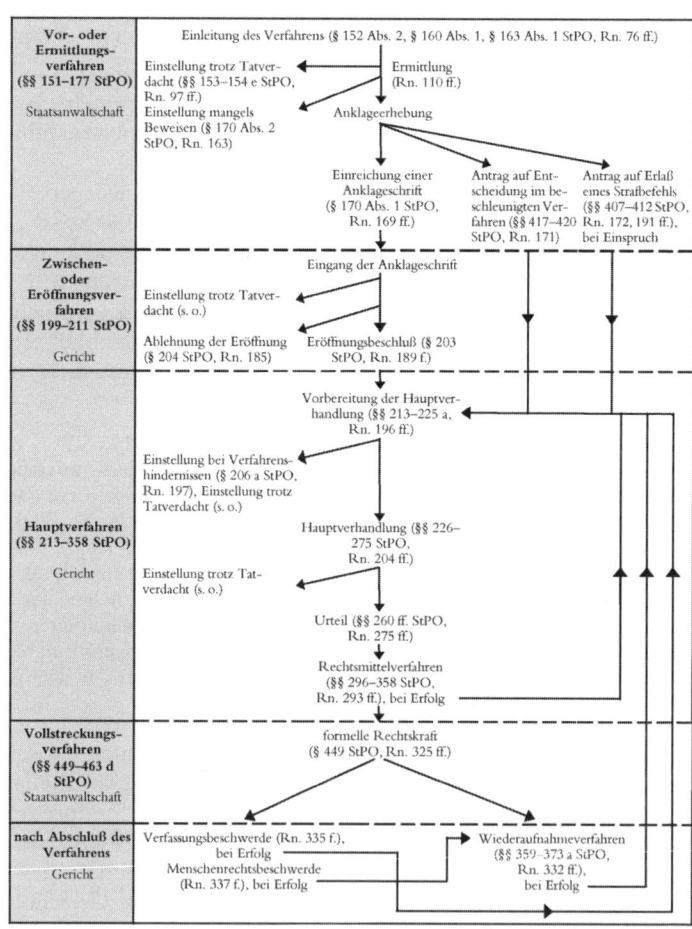

359

Vor- oder Ermittlungsverfahren (§§ 151–177 StPO) Staatsanwaltschaft	Einleitung des Verfahrens (§ 152 Abs. 2, § 160 Abs. 1, § 163 Abs. 1 StPO, Rn. 76 ff.)

Einstellung trotz Tatverdacht (§§ 153–154 e StPO, Rn. 97 ff.) ← Ermittlung (Rn. 110 ff.)

Einstellung mangels Beweisen (§ 170 Abs. 2 StPO, Rn. 163) — Anklageerhebung

Einreichung einer Anklageschrift (§ 170 Abs. 1 StPO, Rn. 169 f.)

Antrag auf Entscheidung im beschleunigten Verfahren (§§ 417–420 StPO, Rn. 171)

Antrag auf Erlaß eines Strafbefehls (§§ 407–412 StPO, Rn. 172, 191 ff.), bei Einspruch

Zwischen- oder Eröffnungsverfahren (§§ 199–211 StPO) Gericht

Eingang der Anklageschrift

Einstellung trotz Tatverdacht (s. o.)

Ablehnung der Eröffnung (§ 204 StPO, Rn. 185) — Eröffnungsbeschluß (§ 203 StPO, Rn. 189 f.)

Hauptverfahren (§§ 213–358 StPO) Gericht

Vorbereitung der Hauptverhandlung (§§ 213–225 a, Rn. 196 ff.)

Einstellung bei Verfahrenshindernissen (§ 206 a StPO, Rn. 197), Einstellung trotz Tatverdacht (s. o.)

Hauptverhandlung (§§ 226–275 StPO, Rn. 204 ff.)

Einstellung trotz Tatverdacht (s. o.)

Urteil (§§ 260 ff. StPO, Rn. 275 ff.)

Rechtsmittelverfahren (§§ 296–358 StPO, Rn. 293 ff.), bei Erfolg

Vollstreckungsverfahren (§§ 449–463 d StPO) Staatsanwaltschaft

formelle Rechtskraft (§ 449 StPO, Rn. 325 ff.)

nach Abschluß des Verfahrens Gericht

Verfassungsbeschwerde (Rn. 335 f.), bei Erfolg

Menschenrechtsbeschwerde (Rn. 337 f.), bei Erfolg

Wiederaufnahmeverfahren (§§ 359–373 a StPO, Rn. 332 ff.), bei Erfolg

§ 42. Das Verzögerungsverbot

I. Allgemeines

Für eine ganze Reihe von Prozeßhandlungen sieht die StPO ge- **360** naue und verhältnismäßig kurze Fristen vor. Diese Fristen sind allerdings sehr einseitig verteilt. Sie gelten nämlich hauptsächlich für die Einlegung von Rechtsbehelfen und damit für die nichtstaatlichen Beteiligten, während für das Handeln der Staatsanwaltschaft im Vorverfahren überhaupt keine und für das Gericht nur wenige Fristen gelten (§ 121 StPO: Haftprüfung nach 6 Monaten Untersuchungshaft; § 229 StPO: Fortsetzung der Hauptverhandlung innerhalb von drei Wochen bzw. einem Monat; § 275 StPO: Frist für die Absetzung des schriftlichen Urteils).

Man hat aus den erwähnten Fristenregelungen sowie aus Art. 6 Abs. 1 EMRK (Anspruch auf Hörung der Sache „innerhalb einer angemessenen Frist") und § 26 Abs. 2 DRiG (Möglichkeit der Ermahnung von Richtern zu „unverzögerlicher Erledigung der Amtsgeschäfte") einen allgemeinen **Beschleunigungsgrundsatz** hergeleitet. Auch die neueren Strafverfahrensreformgesetze verfolgen durchweg das Ziel der Beschleunigung der Strafverfahren.

Ein solcher allgemeiner Beschleunigungsgrundsatz ist jedoch aus dem geltenden Recht nicht abzuleiten und wäre auch nicht sachgerecht. Ein „kurzer Prozeß" ist die sprichwörtliche Redewendung für einen scharfen Prozeß unter Zurückstellung rechtsstaatlicher Anforderungen. Gegen einen allgemeinen „Beschleunigungsgrundsatz" spricht schon, daß das „beschleunigte Verfahren" nach § 417 StPO nur bei einfachen Sachverhalten oder klarer Beweislage zulässig ist (s. o. Rn. 171).

Die Strafverfolgungsorgane trifft allerdings die Pflicht, das Straf- **361** verfahren nicht unangemessen zu verzögern, **Verzögerungsverbot.** Nur dieses Verbot ergibt sich auch aus Art. 6 Abs. 1 EMRK und § 26 Abs. 2 DRiG. Der Grund liegt darin, dem Betroffenen eine unzumutbare lange psychische Belastung durch das Strafverfahren zu ersparen. Daher beginnt die Frist bereits mit der Bekanntgabe des Schuldvorwurfs an den Betroffenen (*BGH* NStZ 1982, 291). Aber auch für das Opfer ist eine Verzögerung des Prozesses zusätzlich belastend (*Jerouschek,* JZ 2000, 191).

In **Untersuchungshaftsachen** kann man allerdings wegen des Eingriffs in die verfassungsmäßige Freiheit der Person (Art. 2 Abs. 2 S. 2 GG) von einem „Gebot besonderer Beschleunigung" sprechen (BVerfGE 42, 11; *OLG Bamberg* StV 1991, 169).

II. Die Folgen von Verstößen

362 Allerdings fragt es sich, welche Sanktionen bei einer Verletzung dieses Verbots eingreifen. Es gibt hier haarsträubende Fälle.

Beispiele: Einleitung des Ermittlungsverfahrens Juni 1960, Anklageerhebung März 1965, Hauptverhandlung April bis Mai 1966, Aufhebung des Urteils durch den BGH Januar 1967, neuer Termin April 1968, Bestellung eines neuen Sachverständigen Februar 1970, Entscheidung über einen Ablehnungsantrag September 1970 (*LG Krefeld* JZ 71, 733). Tat Januar 1964, Festnahme Februar 1964, Anklageerhebung April 1969, rechtskräftige Verurteilung 1977 (*BVerfG* NJW 1984, 967). Taten (Straßenverkehrsgefährdung) 1969 – August 1972, Einleitung des Ermittlungsverfahrens 1972, Anklageerhebung Dezember 1979, Verweisung an die Jugendstrafkammer Januar 1982, Verweisung an die Große Strafkammer März 1982, geänderte Anklage Mai 1982, Eröffnung des Hauptverfahrens Juli 1987 (*OLG Düsseldorf* NStZ 1988, 427). Selbstanzeige eines Großbankrotts 1983, Ermittlungsverfahren 1985–1988, Hauptverhandlung 1992–1994, Feststellung der Fehlerhaftigkeit des Urteils und Erforderlichkeit eines neuen Sachverständigengutachtens und einer neuen Hauptverhandlung 1996 (*BGH* NStZ 1996, 506). Neuerdings wird sogar eine Frist von eineinhalb Jahren zwischen Anklageerhebung und Eröffnung als unzulässige Verzögerung angesehen (BGHSt 52, 124).

Eine „Untätigkeitsbeschwerde" der Staatsanwaltschaft gegen die Verzögerung der Verfahrenseröffnung durch das Gericht brächte – wenn überhaupt zulässig – nur wenig Hilfe, da sie sich nur gegen die endgültige Ablehnung einer Entscheidung richten und im übrigen das Beschwerdegericht den Tatrichter nur zu einem unverzüglichen Eintritt in die sachliche Prüfung verpflichten könnte (*OLG Dresden* NStZ 2005, 652). Für § 210 Abs. 3 StPO *Wirriger,* NStZ 2002, 390.

363 Vielfach ist versucht worden, ein **Verfahrenshindernis der überlangen Verfahrensdauer** zu begründen (s. o. Rn. 74). Der **BGH** hat diese Auffassung jedoch abgelehnt, da die „Unangemessenheit" ein Werturteil voraussetze und Verfahrensverzögerungen häufig vom Beschuldigten selbst erstrebt und verursacht würden. Zunächst verlangte er, ungerechtfertigte Belastungen des Beschuldigten müßten im Wege der **Strafzumessung** bis hin zum Absehen von Strafe, durch Einstellung des Verfahrens nach den §§ 153, 153 a StPO (s. o. Rn. 97 ff.) und durch eine Begnadigung ausgeglichen werden (BGHSt 24, 239; *BGH* NStZ 1983, 135; 1996, 506).

Gegen die prozessuale Berücksichtigung einer überlangen Verfahrensdauer spricht auch, daß das materielle Recht für die Verfolgungsverjährung bestimmte Fristen vorsieht (§ 78 StGB). Allerdings sieht § 78 c StGB vor, daß die Verjährungsfristen durch bestimmte Verfolgungshandlungen von neuem in Gang gesetzt werden (sog. Unterbrechung der Verjährung). § 78 c Abs. 3 S. 2 bestimmt jedoch, daß die Verfolgungsverjährung spätestens nach dem Ablauf des Doppelten der gesetzlichen Verjährungsfrist eintritt.

Das **BVerfG** hat für „extrem gelagerte Fälle" eine Verletzung des **364** Rechtsstaatsgebots und des Rechts des Beschuldigten auf ein rechtsstaatliches faires Verfahren (Art. 2 Abs. 1, 20 Abs. 3 GG) anerkannt (Nachw. in NJW 1995, 1277). Für den Fall, daß eine Anwendung des § 153 StPO und eine Berücksichtigung bei der Strafzumessung nicht möglich sind, hat das BVerfG ein Verfahrenshindernis angenommen (NStZ 1984, 128). Im Beschluß v. 29. 9. 2000 (NStZ 2001, 261) hat es in Fortführung der bedenklichen Zubilligung eines Verfahrenshindernisses gegenüber den Spionagemanagern der DDR (s. o. Rn. 7, 74) eine **Unangemessenheit** der Fortführung eines Strafverfahrens und damit ein „**Verfahrenshindernis von Verfassungs wegen**" angenommen.

In dem Fall **BGHSt 35, 137** hatten die Frankfurter Justizbehörden eine Revision erst nach fünf Jahren dem Generalbundesanwalt zugeleitet. Eine Berücksichtigung im Wege der Strafzumessung wäre nur nach Zurückverweisung und damit nach einer erneuten erheblichen Verfahrensverzögerung möglich gewesen. Der vom BGH gewünschten Einstellung des Verfahrens wegen Geringfügigkeit nach § 153 StPO (hier bei einer Freiheitsstrafe von vier Jahren und sechs Monaten!) verweigerte die Staatsanwaltschaft die Zustimmung (§ 153 Abs. 2 StPO). Daraufhin „brach" der BGH das Verfahren durch Urteil „ab" und bemühte sich krampfhaft, diesen „Abbruch", der an sich nur als Einstellung bei einem Verfahrenshindernis möglich ist (§ 260 Abs. 3 StPO), als „Zurückverweisungsverbot" oder „Verfolgungsverbot" zu deklarieren.

Bejahung des Verfahrenshindernisses der überlangen Verfahrens- **365** dauer in extremen Fällen und bei bereits erfolgten Zwangsmaßnahmen (Untersuchungshaft, Vollstreckung einer Ersatzfreiheitsstrafe) und damit Irreparabilität bei *OLG Düsseldorf* NStZ 1988, 427 (Sachverhalt s. o. Rn. 362) und *OLG Zweibrücken* NStZ 1989, 134 und **BGHSt 46, 159.**

Das **LG Ellwangen** stellte ein Verfahren wegen der Mutlangen-Blockade nach über dreijähriger Untätigkeit wegen „Unzumutbarkeit" nach § 206 a StPO ein (JR 1993, 257 m. Anm. *Otto*); das OLG Stuttgart wies die Beschwerde der Staatsanwaltschaft hiergegen zurück (JR 1994, 81 m. Anm. *Meurer*). Beide Gerichte drückten sich um die Stellungnahme zu einem Verfah-

renshindernis herum und sprachen nebulös von den „Voraussetzungen für
den Abbruch des Verfahrens".

Da die „Strafabschlagslösung" bei hohen Mindeststrafdrohungen
und bei der lebenslangen Freiheitsstrafe nicht anwendbar ist und
nach dem EGMR dem Betroffenen nicht seine „Opferstellung"(!)
nach Art. 34 EMRK nimmt, verlangt BGHSt 52, 124 nunmehr, daß
im Urteil ein Teil der verhängten Strafe für vollstreckt erklärt wird –
„**Vollstreckungslösung**" (Anm. *Gaede* JZ 2008, 422).

§ 43. Die Vermutung der Unschuld

366   In der französischen Erklärung der Menschenrechte von 1789
(Art. 9) wurde erstmals die Vermutung der Unschuld niedergelegt.
Nach Art. 6 Abs. 2 EMRK „wird bis zum gesetzlichen Nachweis sei-
ner Schuld vermutet, daß der wegen einer strafbaren Handlung An-
geklagte unschuldig ist". Ebenso lautet Art. 5 Abs. 2 IPBPR. Das
BVerfG hat die Vermutung der Unschuld auch aus dem Rechtsstaats-
prinzip hergeleitet und ihr damit Verfassungsrang zuerkannt
(BVerfGE 19, 347; 74, 370; s. dazu o. Rn. 52).

Dieser Grundsatz paßt jedoch schlecht in den deutschen Strafprozeß mit seiner Pflicht zur Ermittlung der Wahrheit von Amts wegen.
Wollte man mit diesem Grundsatz ernst machen, so wären alle strafprozessualen Zwangsmaßnahmen (s. o. Rn. 114 ff.) unzulässig, ja, die
„Vermutung der Unschuld" läßt – genau genommen – überhaupt keinen Verdacht zu und entzieht damit dem Hauptverfahren bis zum
Beweis der Täterschaft in der Beweisaufnahme die Rechtsgrundlage.
Es kommt hinzu, daß die Übersetzung „Angeklagter" falsch ist und
nach dem englischen Text („charged") mindestens der „Angeschuldigte" und damit das Zwischenverfahren einzubeziehen sind. Darüber hinaus gilt nach h. L. die Vermutung der Unschuld sogar für das
gesamte Strafverfahren, also auch das Vorverfahren. Da dieses auf
dem „Verdacht" beruht (s. o. Rn. 76), wäre es nach dem Grundsatz
der „Vermutung der Unschuld" unzulässig.

367   Der Grundsatz bedeutet daher eher, daß jemand vor dem Nachweis der Schuld noch **nicht als schuldig behandelt** werden darf.
Dies hat Bedeutung vor allem für die **Ausgestaltung der Untersuchungshaft**, nämlich ihre deutliche Unterscheidung von der Freiheitsstrafe, und für die Behandlung des Nichtverurteilten durch die
Strafverfolgungsorgane in der Öffentlichkeit, insbesondere in **Presse-
mitteilungen** (daher die häufig etwas verkrampften Formulierungen

von dem „mutmaßlichen Täter" usw. in der Presse). Doch greifen hier eher die Vorschriften gegen die Befangenheit von Gerichtspersonen (o. Rn. 159) ein.

Umstritten ist, ob nicht die Vermutung der Unschuld wenigstens eine Gleichbehandlung von Verdächtigen und Nichtverdächtigen bei der Anwendung strafprozessualer **Zwangsmaßnahmen** verlangt und damit die weitgehende Differenzierung des geltenden Rechts (s. o. Rn. 114 ff.) unzulässig macht. Da jedoch Zwangsmaßnahmen zur Aufrechterhaltung einer funktionierenden Strafrechtspflege unerläßlich sind, wäre es absurd, aus Gründen der Unschuldsvermutung deren ganze Härte auch auf alle Nichtverdächtigen zu erstrecken. Immerhin zwingt der Grundsatz der Vermutung der Unschuld dazu, die Zulässigkeit der strafprozessualen Zwangsmaßnahmen genau zu begründen. Die Begründung wird teils in der Eigenschaft des Verdächtigen als „Störer" bzw. „Anscheinsstörer" i. S. des Polizeirechts gesehen (*Krauß*, s. u., 170; SK/*Rudolphi*, Vor § 94 Rn. 10). Andere halten die Einbeziehung polizeirechtlicher Grundsätze in das Strafverfahrensrecht für unzulässig; das statt dessen angebotene „Prinzip des überwiegenden öffentlichen Interesses" (*Frister* [s. Lit. bei Rn. 370], 131) befriedigt allerdings kaum mehr. Die Vermutung der Unschuld schwächt sich mit zunehmendem Verdacht ab.

Bemerkenswerterweise finden gerade die modernen Tendenzen zur **368** Entkriminalisierung und Depönalisierung gewisse Schwierigkeiten in dem Grundsatz der Vermutung der Unschuld. Dies galt sowohl für die **Einstellung des Strafverfahrens** mit Überweisung an sog. „Gesellschaftsgerichte" in den „sozialistischen" Staaten (in der DDR „Konfliktkommissionen") wie auch für § 153 a StPO (s. o. Rn. 98). Das deutsche Strafprozeßrecht hat einen Ausweg aus diesem Dilemma versucht, indem es die Voraussetzungen der Einstellung im Potentialis formuliert hat (§ 153 Abs. 1 StPO: „anzusehen wäre"; § 153 b StPO: „absehen könnte"; § 154 Abs. 1 Nr. 1 StPO: „führen kann", Nr. 2: „zu erwarten ist"; § 154 a Abs. 1 StPO: „zu erwartend", „zu erwarten hat"; § 154 b Abs. 2 StPO: „führen kann", „zu erwarten hat"). Andere Formulierungen (§ 153 a StPO: „bei einem Vergehen", „Schwere der Schuld nicht entgegensteht"; § 154 c StPO: „wegen der Schwere der Tat", § 383 Abs. 2 StPO: „ist die Schuld des Täters gering") sind entsprechend potentiell zu verstehen (BVerfGE 74, 373). Gleichwohl bleibt es problematisch, wie aufgrund einer bloßen Möglichkeit Auflagen und Weisungen auferlegt werden können.

Skandalös ist es, daß einige neue Vorschriften der StPO vor dem Nachweis der Schuld vom „Täter" sprechen (§§ 98 a Abs. 1 S. 2, 100 c Abs. 1 Nr. 1–3,

Abs. 2 S. 2, 163 e Abs. 1 S. 2, 3, 163 f Abs. 1 S. 2, 3; näher *Schroeder,* NJW 2000, 2483).

369   Die Vermutung der Unschuld ist ferner insofern wichtig, als sie es verbietet, dem Verdächtigen die Beweislast für seine Unschuld aufzuerlegen. Für den Erlaß des Urteils deckt sich die Vermutung der Unschuld daher mit dem Grundsatz **„in dubio pro reo".** Indessen ist der Grundsatz „in dubio pro reo" eher eine Folge des Erfordernisses des Nachweises der Täterschaft (s. o. Rn. 283) als der Vermutung der Unschuld.

370   Eine gewisse Bedeutung hat die Unschuldsvermutung bei der Formulierung von **Freisprüchen und Verfahrenseinstellungen** und bei entsprechenden **Kostenentscheidungen** erfahren (BVerfGE 74, 358; *BVerfG* NStZ 1988, 84).

Wirkungsvoller als die „Vermutung der Unschuld" erscheint der Grundsatz der Berücksichtigung eines möglichen **späteren Freispruchs.** Bei sämtlichen Maßnahmen gegen einen Verdächtigen ist immer im Auge zu behalten, was diesem gegenüber bei einem späteren Freispruch mit gutem Gewissen vertreten werden, bzw. welches Sonderopfer dem Unschuldigen bei einem Verdacht auferlegt werden kann (*Krauß,* s. u., 176).

Weiterführende Literatur: *Krauß,* Der Grundsatz der Unschuldsvermutung im Strafverfahren, Strafrechtsdogmatik und Kriminalpolitik (Hrsg. Müller-Dietz), 1971, 153; *Frister,* Schuldprinzip, Verbot der Verdachtsstrafe und Unschuldsvermutung als materielle Grundprinzipien des Strafrechts, 1988; *Gropp,* Zum verfahrenslimitierenden Wirkungsgehalt der Unschuldsvermutung, JZ 1991, 804; *Stuckenberg,* Die normative Aussage der Unschuldsvermutung, ZStW Bd. 111 (1999), 422.

§ 44. Das Verbot der Veranlassung zur Selbstbelastung

I. Herkunft

371   Im kanonischen Strafprozeßrecht entwickelte sich im 12. Jahrhundert die uneingeschränkte Wahrheitspflicht des Beschuldigten, die schließlich in die Zulassung der Folter mündete (s. o. Rn. 27 ff.). Hiergegen wurde in England im 16. Jahrhundert der Grundsatz **„Nemo tenetur se ipsum prodere",** „No man is bound to give evidence against himself" geltend gemacht. Dieses Prinzip setzte sich Mitte des 17. Jahrhunderts in der englischen Gerichtspraxis durch

und wurde 1791 in der französischen Erklärung der Menschenrechte sowie in dem V. Amendment zur Verfassung der Vereinigten Staaten niedergelegt: „No person … shall be compelled in any Criminal Case to be a witness against himself.“

Der Grundsatz wurde noch nicht in die Europäische Menschenrechtskonvention von 1949, wohl aber in den Internationalen Pakt über bürgerliche und politische Rechte vom 16. 12. 1966 (s. o. Rn. 46, 338) übernommen: „Der wegen einer strafbaren Handlung Angeklagte darf nicht gezwungen werden, gegen sich selbst als Zeuge auszusagen oder sich schuldig zu bekennen“ (Art. 14 Abs. 3 g).

In **Deutschland** bestanden noch nach Abschaffung der Folter im 18. und Anfang des 19. Jahrhunderts „Ungehorsamsstrafen“ für das Leugnen bis hin zum Prügeln (s. o. Rn. 34). Mit dem reformierten Strafprozeß Mitte des 19. Jahrhunderts wurden zwar die Lügenstrafen abgeschafft; die Strafprozeßordnungen der deutschen Länder sahen jedoch nach wie vor Ermahnungen zur Erklärung der Wahrheit vor. Erst mit der StPO von 1879 wurden sie beseitigt. In § 55 erkannte die StPO – allerdings nur für den Zeugen – ein Recht auf Verweigerung der Auskunft bei Gefahr der Selbstbelastung an und ordnete auch eine Belehrung über dieses Recht an (Abs. 2). Der Beschuldigte hatte zwar ein Schweigerecht, brauchte hierauf aber nicht hingewiesen zu werden. 1950 wurde die Vorschrift des § 136 a StPO eingeführt, die nicht nur die Mißhandlung und Quälerei zur Herbeiführung von Aussagen des Beschuldigten verbietet und damit – aufgrund der leidvollen Erfahrungen unter dem Nationalsozialismus – das Verbot der Folter erneuert, sondern weit darüber hinaus jede Beeinträchtigung der Freiheit der Willensentschließung und der Willensbetätigung des Beschuldigten durch Ermüdung und durch Täuschung untersagt. Durch die Kleine Strafprozeßreform von 1964 wurde dann die Pflicht eingeführt, den Beschuldigten bei der ersten Vernehmung, und zwar auch schon durch die Polizei, darauf hinzuweisen, daß es ihm freistehe, sich zu der Beschuldigung zu äußern oder nicht zur Sache auszusagen und vor der Vernehmung einen Verteidiger zu befragen (§§ 136, 163 a Abs. 3–4, 243 Abs. 4 StPO).

In den **USA** wurden die Belehrungspflichten aus dem Aussagezwangsverbot hergeleitet (Entscheidung des Supreme Court Miranda v. Arizona von 1966, sog. Miranda warnings), allerdings auf die Vernehmung in unfreier Situation (Polizeiwache) beschränkt (näher *Salditt*, GA 1992, 51; *Lorenz*, StV 1996, 172).

II. Die Begründung im geltenden Recht

373   BGHSt 14, 364 nannte als Begründung noch ziemlich schwammig
die Menschenwürde, die „rechtsstaatliche Grundhaltung der StPO",
das „Verbot, gegen den Beschuldigten in menschenunwürdiger Weise
zu verfahren". 1973 fand der Grundsatz Eingang in das positive deutsche Recht durch die Ratifizierung des IPBPR (Art. 14 Abs. 3 g). Inzwischen sind weitere Begründungen hinzugekommen (Zusammenfassung bei BGHSt 52 17):
– „Niederschlag" in der StPO (§§ 55, 136, 136a, 163a, 244 Abs. 4)
– „Verbürgung" in Art. 1, 2 GG
– Bestandteil des Rechts auf ein faires Verfahren nach Art. 6 EMRK
  (s. o. Rn. 54), ja dessen „Kernbereich" (Fall „Allan", EGMR StV
  03, 257).

Die Verbürgung im GG eröffnet zugleich die Möglichkeit der Verfassungsbeschwerde (s. o. Rn. 335).

III. Umfang

374   Vielfach wird versucht, in den Nemo-tenetur-Grundsatz über das
Verbot des Selbstbezichtigungszwangs (Art 14 Abs. 3 g IPBPR) auch
ein Täuschungsverbot einzufügen.
   Der Streit geht vor allem darum, wie weit Veranlassungen zur
Selbstbelastung durch Mittelsmänner (V-Leute, Telefongehilfen) den
Grundsatz verletzen (s. o. Rn. 123 und *Roxin*, NStZ 1995, 465).
BGH 14, 364 hat das Verbot der Verwendung heimlicher Tonband-
aufnahmen – neben der Verletzung des Persönlichkeitsrechts –
auch auf das Verbot der Veranlassung zur Selbstbelastung gestützt.
Auch das Verbot der Verwertung von Tonbandaufnahmen von Tele-
fongesprächen, die ein Lockspitzel mit einem Verdächtigen geführt
hatte, wurde – wenigstens teilweise – auf die „durch Täuschung be-
wirkte Provokation der fernmündlichen Selbstbelastung" gestützt
(BGHSt 31, 308). Schließlich wurde § 81 b StPO (Zulässigkeit von
„Messungen und ähnlichen Maßnahmen an dem Beschuldigten") auf
passive Duldungs- und Verhaltenspflichten beschränkt und, da das
Erzwingungsverbot durch eine Täuschung umgangen werde, die Zulässigkeit einer heimlichen Stimmaufnahme für einen Sachverständi-
genstimmenvergleich verneint (BGHSt 34, 45 – Schleyer-Fall, s. o.
Rn. 126). Das BVerfG hat aus dem gleichen Grunde wegen der Verpflichtung des Gemeinschuldners zur uneingeschränkten Aussage im

Konkursverfahren nach §§ 75, 100, 101 Abs. 1 KO deren Verwertung im Strafverfahren untersagt (BVerfGE 56, 37). Der GS hat entschieden, daß der Nemo-tenetur-Grundsatz nur den Selbstbelastungs-*zwang* verbietet, aber die Veranlassung der Ausforschung eines Beschuldigten durch eine Privatperson durch die Polizei „einem Verstoß gegen den nemo-tenetur-Grundsatz nahekommt" und damit bei Straftaten von weniger erheblicher Bedeutung (§§ 98 a, 100 a, 110 a StPO) ein Verstoß gegen den fair-trial-Grundsatz (s. o. Rn. 54 ff.) möglich ist (BGHSt 42, 139 m. Anm. *Rieß* NStZ 96, 505 u. *Roxin* NStZ 97, 18).

Inzwischen werden Täuschungen vor allem bei folgenden Begleitumständen als Verstoß gegen den Nemo-tenetur-Grundsatz angesehen:
- Inhaftierung des Befragten (BGHSt 34, 326; 44, 124; 52, 11; 53, 307; *BGH* NStZ 2010, 527)
- ausdrückliche Entscheidung für das Schweigen (*EGMR* StV 2003, 257; BGHSt 52, 18; 53, 305; *BGH* NStZ 2010, 527).

Wichtigste Monographien: *Rogall,* Der Beschuldigte als Beweismittel gegen sich selbst, 1977; *Nothhelfer,* Die Freiheit von Selbstbezichtigungszwang, 1989; *Bosch,* Aspekte des nemo-tenetur-Prinzips aus verfassungsrechtlicher und strafprozessualer Sicht, 1998; *Verrel,* Die Selbstbelastungsfreiheit im Strafverfahren, 2001.

§ 45. Die Grundsätze des Strafverfahrensrechts

Im Verlauf der vorangegangenen Darstellung hatten wir festgestellt, daß in der Strafprozeßrechtswissenschaft eine Reihe von „Grundsätzen", „Prinzipien" oder „Maximen" des Strafprozeßrechts entwickelt worden sind bzw. daß manche Regelungen als „Prozeßgrundsätze" oder „Prozeßprinzipien" oder als Ausfluß davon bezeichnet werden. 375

Die von der Wissenschaft entwickelten „Grundsätze" des Strafprozeßrechts sind allerdings sehr heterogen. Sie betreffen bald Grundelemente der technischen Konstruktion des Strafprozesses (z. B. Anklagegrundsatz), bald grundlegende rechtsstaatliche Erfordernisse (z. B. Öffentlichkeitsgrundsatz). Außerdem werden sie fast regelmäßig durch Ausnahmen durchlöchert, wobei die Ausnahmen nicht nur im Ausmaß der Regelungen, sondern auch in der Anwendungshäufigkeit manchmal die „Grundsätze" übertreffen. Ohnehin bedeutet ja der Ausdruck „Grundsatz" bei den Juristen im Gegensatz zum normalen

Sprachgebrauch gerade eine Regel, von der Abweichungen möglich sind.

376   Die „Grundsätze" des Strafverfahrensrechts sind daher z. T. nur modellhafte Pole, zwischen denen die Regelung unseres Strafprozeßrechts angesiedelt ist, z. T. haben sie eine didaktische Funktion, indem sich eine differenzierte Regelung leichter darstellen und begreifen läßt, wenn man sie in das Regel-Ausnahme-Schema bringt.

Gelegentlich hat die Rechtsprechung allerdings auch das Institut des „Verfahrensgrundsatzes" dazu benutzt, aus einer Reihe von Einzelregelungen eine allgemeine Regel herzuleiten und diese auf weitere Fälle zu erstrecken (z. B. der sog. Beschleunigungsgrundsatz, s. o. Rn. 360 ff.).

Die deutsche Strafprozeßrechtswissenschaft hat folgende „Grundsätze" des Strafprozeßrechts entwickelt:

I. Grundsätze für die Einleitung des Strafverfahrens

377   **Offizialprinzip:** Erhebung der Anklage und Durchführung der dafür erforderlichen Ermittlungen durch eine staatliche Behörde (s. o. Rn. 61 ff.). Gegensatz: Privatklage (s. o. Rn. 353 ff.).

Legalitätsprinzip: Pflicht zur Verfolgung von Straftaten und ggf. Erhebung der Anklage. Gegensatz: Opportunitätsprinzip (s. o. Rn. 63 ff.).

Ein **Grundsatz der freien Gestaltung des Ermittlungsverfahrens** wird zwar von einigen behauptet (s. a. *BVerfG* NJW 1996, 772), besteht aber nicht (s. o. Rn. 113).

II. Grundsätze für die Einleitung des Hauptverfahrens

Anklagegrundsatz: Erfordernis der Anklage für die gerichtliche Tätigkeit. Es wurde schon dargelegt, daß entscheidend nicht so sehr das Erfordernis einer Anklage überhaupt als ihre Erhebung durch eine andere Institution als das Gericht ist (s. o. Rn. 58). Gegensatz: Inquisitionsmaxime – Aufgreifen der Strafsache durch das Gericht selbst.

Immutabilitätsprinzip: Unzulässigkeit der Rücknahme der öffentlichen Anklage nach Eröffnung des Hauptverfahrens (s. o. Rn. 189).

Ausnahme: Strafbefehl (§ 411 Abs. 3, s. o. Rn. 194)

III. Grundsätze des Beweisrechts

Instruktionsmaxime, auch „Ermittlungsgrundsatz", „Inquisi-   378
tionsmaxime": Erforschung der Wahrheit von Amts wegen (s. o.
Rn. 245). Gegensatz: Verhandlungsmaxime (Bindung des Gerichts an
das tatsächliche Vorbringen der Parteien).
    Unmittelbarkeitsgrundsatz: Gewinnung des Urteils nur aus der
Hauptverhandlung (s. o. Rn. 244, 281) und Verbot der Ersetzung der
Vernehmung von Zeugen durch Verlesung schriftlicher Erklärungen
oder Protokolle oder Abspielen von Videoaufzeichnungen (s. o.
Rn. 250 ff.). Gegensatz: Mittelbarkeit.
    Nemo-tenetur-Grundsatz: nemo tenetur se ipsum prodere, Ver-
bot der Veranlassung zur Selbstbelastung (s. o. Rn. 371 ff.).
    Grundsatz der **freien Beweiswürdigung:** Beurteilung der Beweise
nach freier Überzeugung. Gegensatz: Bindung an bestimmte Beweisregeln (s. o. Rn. 279).
    Grundsatz **„in dubio pro reo":** Entscheidung im Zweifel für den
Angeklagten (s. o. Rn. 283). Gegensatz: Schuldvermutung.

IV. Grundsätze der Hauptverhandlung

Grundsatz der **Mündlichkeit** der Hauptverhandlung: Erfordernis   379
der Vornahme aller wichtigen Maßnahmen in der Hauptverhandlung
in mündlicher Form (s. o. Rn. 209). Gegensatz: schriftliches Verfahren.
    Grundsatz der **Öffentlichkeit** der Hauptverhandlung: Anwesen-
heitsrecht für jedermann als Zuhörer. Gegensatz: geheimes Verfahren
(s. o. Rn. 232).

V. Allgemeine Verfahrensgrundsätze

Grundsatz des **fairen Verfahrens** (s. o. Rn. 54 ff.).   380
    Verständigungsgrundsatz (§§ 160b, 202a, 212, 257b StPO): Erör-
terung der Möglichkeiten zur Förderung des Verfahrens unter den
Beteiligten.
    Verzögerungsverbot (s. o. Rn. 360 ff.).
    Bei ihrer Jagd nach „Grundsätzen" erhebt die deutsche Strafpro-
zeßrechtswissenschaft meist auch die Grundrechte auf den gesetzlichen Richter (Art. 101 Abs. 1 S. 2 GG, § 16 GVG) und auf rechtliches

Gehör (Art. 103 Abs. 1 GG) zu „Grundsätzen des Strafprozeßrechts".

Auch hat man versucht, „Grundsätze" der **Waffengleichheit** im
Strafprozeß und der **gerichtlichen Fürsorgepflicht** zu entwickeln.
Der Grundsatz der Waffengleichheit kann jedoch für das deutsche
Strafprozeßrecht jedenfalls nicht uneingeschränkt gelten; im übrigen
stehen beide Grundsätze in engem Zusammenhang mit dem Grund-
satz des fairen Strafverfahrens (s. o. Rn. 54 ff.).

§ 46. Die Verteidigungsrechte im Überblick

381   Es wurde schon in Rn. 146 ff. dargelegt, daß das Recht auf „Verteidigung" nicht nur die Möglichkeit bedeutet, einen Verteidiger zu
wählen, sondern daß davon die Möglichkeiten zur Verteidigung zu
unterscheiden sind, die sowohl von dem Verteidiger als auch von
dem Beschuldigten selbst geltend gemacht werden können (Verteidigung im materiellen Sinne). Die Einräumung von Verteidigungsmög-
lichkeiten und ihr Ausmaß sind indiziell für den rechtsstaatlich-libe-
ralen Charakter eines Strafprozeßrechts.

Die deutsche StPO sieht zahlreiche Verteidigungsrechte des Beschuldigten vor. Diese durchziehen das gesamte Verfahren.

I. Die Verteidigungsrechte

Die Verteidigungsrechte lassen sich in folgender Weise gliedern:

1. Der Anspruch auf rechtliches Gehör

382   Dieser – sogar verfassungsrechtlich gesicherte (Art. 103 Abs. 1 GG)
– Anspruch geht weiter als das Recht auf Verteidigung und gilt auch
in anderen Prozeßarten als dem Strafprozeß. Andererseits ist er aber
auch schwächer, weil er dem Beschuldigten nur ein Recht auf Anhörung, nicht aber auf Ergreifung bestimmter Maßnahmen gibt. Die
StPO konkretisiert diesen allgemeinen Anspruch in folgender Weise:
(1) obligatorische Vernehmung des Beschuldigten im Ermittlungsver-
    fahren (§ 163 a StPO), bei Verhaftung unverzüglich (§§ 115, 128
    StPO),
(2) ausdrückliche Gelegenheit zu Einwendungen gegen die Eröff-
    nung des Hauptverfahrens (§ 201 StPO),

(3) ausdrückliche Gelegenheit zur Äußerung zur Sache zu Beginn der Hauptverhandlung (§ 243 Abs. 4 StPO),

(4) ausdrückliche Gelegenheit zur Abgabe von Erklärungen nach der Vernehmung eines jeden Zeugen, Sachverständigen oder Mitangeklagten sowie nach der Verlesung eines jeden Schriftstücks (§ 257 Abs. 1 StPO),

(5) Recht zum Schlußvortrag und zum letzten Wort (§ 258 StPO),

(6) Anhörung vor gerichtlichen Entscheidungen und ggf. Nachholung (§§ 33, 33 a, 356 a StPO),

(7) Anhörung im Rechtsmittelverfahren (§§ 308 Abs. 1, 311 Abs. 3, 311 a, 324 Abs. 2, 326, 350 Abs. 2 StPO).

2. Antragsrechte

Stärker als der Anspruch auf rechtliches Gehör sind die Antrags   **383**
rechte des Beschuldigten. Hierbei sind besonders wichtig:

(1) das Recht zum Antrag auf Beweiserhebungen (§§ 36, 163 a Abs. 2, 166, §§ 201, 219, 244–246 StPO),

(2) das Recht auf Herbeiführung der Protokollierung von entscheidungserheblichen Vorgängen oder Aussagen in der Hauptverhandlung (§ 273 Abs. 3 StPO),

(3) das Recht zum Antrag auf Überprüfung von Entscheidungen durch Rechtsbehelfe, insbesondere Rechtsmittel (§ 296 StPO; s. u. Rn. 387 ff.).

3. Sonstige Rechte

Ferner hat der Beschuldigte   **384**

(1) z. T. das Recht auf Verweigerung der erforderlichen Zustimmung zu vom Gericht oder von der Staatsanwaltschaft geplanten Maßnahmen (z. B. §§ 153 a, 251, 266 Abs. 1, 420 Abs. 3 StPO),

(2) das Recht auf Ablehnung von Richtern, Schöffen und Protokollführern wegen Besorgnis der Befangenheit (§§ 24, 31 StPO),

(3) ein Fragerecht gegenüber den vom Gericht vernommenen Auskunftspersonen (§ 240 Abs. 2 StPO).

4. Das Schweigerecht

Zu den Verteidigungsrechten des Angeklagten wird man auch – als Form der passiven Verteidigung – das Recht zu schweigen (§§ 136 Abs. 1 S. 2, 163 a Abs. 4, 243 Abs. 4 StPO) rechnen müssen.

II. Die Voraussetzungen der Verteidigungsrechte

385   Voraussetzungen für die materielle Verteidigung sind

1. Recht auf Information über die Beschuldigung und den Gang der Verhandlung

Dieses Recht wird durch folgende Einzelrechte konkretisiert:
(1) Recht auf Information über die Beschuldigung (§§ 136, 163 a StPO),
(2) Recht auf Anwesenheit bei wichtigen Verfahrensvorgängen im Ermittlungsverfahren (z. B. §§ 168 c, 168 d StPO),
(3) Recht auf Mitteilung der Anklageschrift (§ 200 StPO),
(4) Recht auf Anwesenheit bei der Hauptverhandlung (§ 230 StPO, Art. 14 Abs. 3 d IPBPR),
(5) Recht auf Informierung über Vorgänge in Abwesenheit des Beschuldigten (z. B. § 247 S. 4 StPO),
(6) Recht auf Anwesenheit bei kommissarischen Vernehmungen und Augenscheinseinnahmen (§§ 224, 225 StPO),
(7) Akteneinsichtsrecht des Verteidigers (§ 147 StPO), insbesondere in Verbindung mit der Pflicht zur Protokollierung wichtiger Verfahrensvorgänge (§§ 168, 168 a, 168 b StPO),
(8) Recht auf Zuziehung eines Dolmetschers (§ 259 StPO, § 185 GVG, Art. 6 Abs. 3 e EMRK, Art. 14 Abs. 3 f IPBPR).

Der BGH hat darüber hinaus aus dem Anspruch auf ein faires Verfahren (s. o. Rn. 54 ff.) ein Recht des Beschuldigten auf Zugang zu dem gesamten verfahrensbezogenen Tatsachen- und Beweismaterial hergeleitet, das die Strafverfolgungsorgane im Rahmen der gegen ihn gerichteten Ermittlungen sammeln (BGHSt 36, 305: erfolglose Telefonüberwachung gegen einen Entlastungszeugen während der Hauptverhandlung).

2. Ausreichende Zeit und Gelegenheit zur Vorbereitung der Verteidigung

Diese Rechte finden sich in Art. 6 Abs. 3 b EMRK und 14 Abs. 3 b IPBPR. In der StPO findet sich dieser Anspruch in der vorgesehenen Frist für die Ladung zur Hauptverhandlung und dem Recht auf Aussetzung bei Nichteinhaltung dieser Frist (§§ 217, 228 Abs. 3, 323 StPO), dem Recht auf Aussetzung bei neuen Beweismitteln (§ 246 Abs. 2 StPO), Veränderung des rechtlichen Gesichtspunkts (§ 265 Abs. 3, 4 StPO) und bei einer Nachtragsanklage (§ 266 Abs. 3 StPO)

sowie der angemessenen Dauer der Rechtsmittelbegründungsfristen
(§§ 317, 345 StPO).

Weiterführende Literatur: *Schroeder,* Formelle und materielle Verteidigung, NJW 1987, 301.

§ 47. Zeugenpflichten und Zeugenschutz

Zeugen sind eines der vier Beweismittel der StPO (s. o. Rn. 111). **386**
Der Zeugenbeweis ist im Ersten Buch, 6. Abschnitt der StPO
(§§ 48–71 StPO) geregelt. Zeugen haben drei Pflichten, nämlich (1)
zum **Erscheinen** vor Staatsanwaltschaft (§ 161 a StPO) und Gericht
(§ 48 StPO; Sanktionen beim Ausbleiben in § 51 StPO), (2) zur **Aussage,** (3) gegebenenfalls zur **Beeidigung** (Sanktionen hiergegen in
§ 70 StPO). Die sog. prozessualen Zwangsmaßnahmen sind vielfach
nicht nur gegenüber Beschuldigten, sondern auch gegenüber Zeugen
möglich (s. o. Rn. 115).

Damit erlegt die StPO den Zeugen, obwohl sie nichts Unrechtes getan haben und keine „Störer" i. S. d. Polizeirechts sind, weitgehende Pflichten auf. Die Entschädigung regelt das Justizvergütungs- und -entschädigungsgesetz (JVEG). Darüber hinaus sind die Zeugen oft die Opfer der verfolgten Straftat. Die mit der Zeugenaussage verbundene Pflicht zur Erinnerung an das traumatische Geschehen und die mögliche Wiederbegegnung mit dem Beschuldigten bringen erhebliche psychische Belastungen mit sich. Schließlich sind Zeugen noch der Gefahr von Racheakten der aufgrund ihrer Aussage Verurteilten ausgesetzt.

Aus diesen Gründen hat sich in der letzten Zeit zunehmend der
Gedanke des Zeugenschutzes durchgesetzt. Die diesbezüglichen
Maßnahmen sind über das gesamte Strafprozeßrecht und das Gerichtsverfassungsrecht verteilt. Dem Zeugenschutz dienen folgende
Möglichkeiten:
(1) Absehen von näheren Angaben zur Person (§ 68 Abs. 2, 3 StPO),
(2) Einschränkung des Befragungsrechts (§§ 68 a, 241 Abs. 2 StPO;
    dazu *BGH* NJW 2006, 785),
(3) audiovisuelle Vernehmung des Zeugen (§§ 168 e, 247 a StPO), ggf.
    mit Verfremdung (*BGH* StV 2004, 241 gegen BGHSt 32, 115,
    124),
(4) vorübergehende Verleihung einer geänderten Identität mit Tarndokumenten (Zeugenschutz-Harmonisierungsgesetz, ZSHG),
(5) Ausschluß der Öffentlichkeit bei der Hauptverhandlung
    (§§ 171 b, 172 GVG),

(6) Entfernung des Angeklagten aus der Hauptverhandlung (§ 247 StPO),

(7) kommissarische Vernehmung des Zeugen nach §§ 223, 224 StPO und Verlesung der Niederschrift nach § 251 StPO,

(8) Sperrung des Zeugen analog § 96 StPO und Verlesung seiner Aussage gem. § 251 StPO oder Vernehmung des Vernehmungsbeamten,

(9) Recht auf anwaltlichen Zeugenbeistand (BVerfGE 38, 105; § 68 b StPO, auch eines Juraprofessors, § 138 Abs. 3 StPO!).

Bei **Zeugen unter 18 Jahren** außerdem:

(1) alleinige Befragung durch den Vorsitzenden (§ 241 a StPO),

(2) Aufnahme und Vorführung einer Bild-Tonaufzeichnung (§§ 58 a Abs. 1 Nr. 1, 255 a Abs. 2 StPO).

Außerdem gibt es Zeugenvorbereitungs-, Zeugenbetreuungs- und Zeugenbegleitprogramme der einzelnen Bundesländer oder größeren Gerichte.

Der Zeuge ist bei seiner Ladung auf die genannten Möglichkeiten hinzuweisen (§ 48 StPO).

Ist der Zeuge zugleich Verletzter, so kann er sich des Beistands eines Rechtsanwalts bedienen oder bei der Vernehmung die Anwesenheit einer Person seines Vertrauens beantragen (§§ 406 f, 406 g StPO).

§ 48. Grundbegriffe und Systematik der Rechtsbehelfe im Strafverfahren

387   Rechtsbehelfe sind rechtlich vorgesehene Möglichkeiten, die Änderung oder Aufhebung einer Entscheidung zu erreichen. Sie wurden im vorhergehenden in dem jeweiligen Verfahrensabschnitt behandelt; hier sollen sie noch einmal systematisch zusammengefaßt und ihre wichtigsten allgemeinen Probleme dargestellt werden.

I. Zulässigkeit und Begründetheit

Bei den Rechtsbehelfen wird allgemein zwischen der **Zulässigkeit** und der **Begründetheit** unterschieden. Zur Zulässigkeit gehören die Statthaftigkeit (die gesetzliche Einräumung überhaupt), die Aktivlegitimation (die Zulässigkeit gerade für den Einlegenden), die Einhaltung der vorgesehenen Form und Frist und die Beschwer, d. h. die Erleidung eines Nachteils, die Verletzung eines rechtlich geschützten Interesses.

Die **Beschwer** kann sich nach h. L. nur aus dem Tenor der Entscheidung, nicht aus den Gründen ergeben. Eine Revision kann daher nicht darauf gestützt werden, daß der Freispruch nur mangels Beweises und nicht wegen erwiesener Unschuld oder nur wegen fehlender Schuld und nicht wegen fehlender Rechtswidrigkeit erfolgt ist (s. o. Rn. 299).

Interessanter Fall aus der Praxis des Verfassers: Einem Strafgefangenen war von einem mitgefangenen Arzt dargelegt worden, seine Depressionen und sein Selbstmordversuch beruhten auf der heimlichen Einbringung von Tranquilizern in sein Essen durch die Anstaltsleitung. Der Strafgefangene hatte daraufhin seine Krankenakten entwendet, um den Fall durch seinen Rechtsanwalt überprüfen zu lassen. Anklage wegen Diebstahls. Hinweis darauf, daß der Täter die Akten dem Petitionsausschuß des Bayerischen Landtages zukommen lassen wollte und damit keine Zueignungsabsicht hatte. Daraufhin Umstellung der Anklage auf Verwahrungsbruch nach § 133 StGB. Hinweis der Verteidigung auf mindestens Putativnotstand nach § 35 Abs. 2 StGB. Daraufhin Einstellung des Verfahrens nach § 154 StPO mit der Begründung, daß die zu erwartende Strafe neben der bereits verhängten Strafe nicht beträchtlich ins Gewicht falle. Eine Beschwerde gegen die Einstellung mit der Begründung, daß die Tat ja noch keineswegs erwiesen sei, wurde wegen fehlender Beschwer zurückgewiesen. Die Anstalt stützte dann eine Urlaubssperre darauf, daß das Verfahren ja nur wegen der anderen Strafe eingestellt worden sei.

Das BVerfG hat allerdings die Verfassungsbeschwerde gegen einen Freispruch für zulässig erklärt, weil schon die Urteilsgründe die Grundrechte des Betroffenen verletzen können; dies sei allerdings nur in seltenen Ausnahmefällen gegeben (BVerfGE 28, 151).

II. Die Systematik der Rechtsbehelfe im Strafverfahren

Die wichtigste Unterscheidung der Rechtsbehelfe erfolgt danach, **388** ob sie sich gegen noch nicht rechtskräftige oder gegen bereits rechtskräftige Entscheidungen richten. Ersteres sind die **ordentlichen,** letzteres die **außerordentlichen** Rechtsbehelfe.

Außerordentliche Rechtsbehelfe sind:
– die Wiederaufnahme des Verfahrens (s. o. Rn. 339 ff.),
– die Wiedereinsetzung in den vorigen Stand (s. o. Rn. 332 ff.),
– die Verfassungs- und die Menschenrechtsbeschwerde (s. o. Rn. 335 ff.).

Innerhalb der ordentlichen Rechtsbehelfe wird danach unterschieden, ob sie die Sache vor eine höhere Instanz bringen, sog. **Devolutiveffekt** (s. o. Rn. 306, **Rechtsmittel**) oder nicht (sonstige ordentliche Rechtsbehelfe).

Rechtsmittel sind:
– die Beschwerde (s. o. Rn. 178 ff.),

– die Berufung (s. o. Rn. 309 ff.),
– die Revision (s. o. Rn. 309 ff.).

Über die Form und Frist von Berufung und Revision entscheidet allerdings das Gericht, das die angegriffene Entscheidung erlassen hat, der sog. iudex a quo (§§ 319, 346 StPO). Gegen dessen negative Entscheidung kann der Beschwerdeführer dann die Entscheidung des Berufungs- bzw. Revisionsgerichts beantragen (§§ 319 Abs. 2, 346 Abs. 2 StPO). Genauer muß es daher heißen, daß der Devolutiveffekt nur für frist- und formgerechte Rechtsmittel gilt. Bei der Beschwerde entscheidet der iudex a quo sogar zunächst auch über die Begründetheit; bei Ablehnung geht die Sache allerdings ohne weiteres Eingreifen des Beschwerdeführers an das Beschwerdegericht (§ 306 StPO).

Bis auf die Beschwerde (§ 307 Abs. 1 StPO) haben die Rechtsmittel außerdem den sog. **Suspensiveffekt,** d. h. sie hemmen das Wirksamwerden der angefochtenen Entscheidung (§§ 316 Abs. 1, 343 Abs. 1 StPO, s. o. Rn. 304).

389	Damit ergibt sich folgendes **System** der

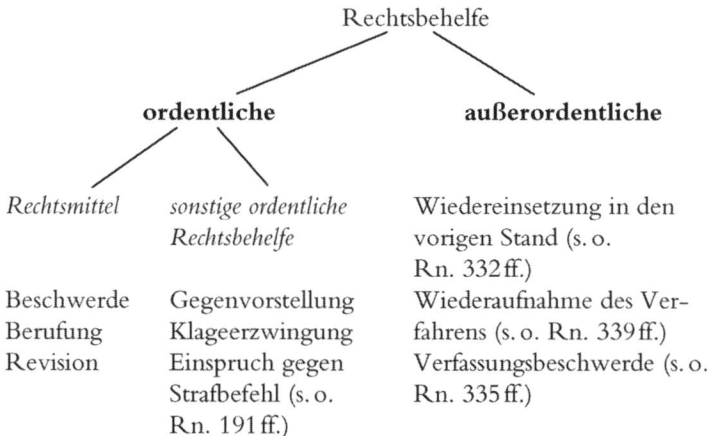

	Rechtsbehelfe	
ordentliche		**außerordentliche**
Rechtsmittel	*sonstige ordentliche Rechtsbehelfe*	Wiedereinsetzung in den vorigen Stand (s. o. Rn. 332 ff.)
Beschwerde	Gegenvorstellung	Wiederaufnahme des Verfahrens (s. o. Rn. 339 ff.)
Berufung	Klageerzwingung	
Revision	Einspruch gegen Strafbefehl (s. o. Rn. 191 ff.)	Verfassungsbeschwerde (s. o. Rn. 335 ff.)

§ 49. Das System der Prozeßhandlungen im Strafprozeßrecht

390	Der Prozeß ist eine Kette von menschlichen Handlungen. Diese Handlungen im Prozeß werden entsprechend § 295 ZPO als **Prozeßhandlungen** bezeichnet. Diese Handlungen sind allerdings sehr unterschiedlich; sie reichen von Erklärungen und Hinweisen über Anträge bis zu Entscheidungen. Die Ergebnisse der Lehre von den Prozeßhandlungen sind daher bisher ziemlich unbefriedigend. Umstritten sind schon der Begriff und die Systematisierung der Prozeßhandlungen.

1. Eine allgemeingültige **Systematisierung** hat sich noch nicht herausgebildet; manche Systematisierungen sind in ihrer Reichhaltigkeit eher verwirrend. Anerkannt ist immerhin, daß es unterschiedliche Einteilungskriterien gibt.

Nach der **Rechtsnatur** kann man rein tatsächliche Handlungen (Realakte), Erklärungen und Handlungen mit Rechtswirkung sowie prozessuale Willenserklärungen unterscheiden, wobei die ersteren zum Teil gar nicht als Prozeßhandlungen angesehen werden (näher hierzu LR/*Rieß*, Einl. Abschn. J Rn. 9 f.).

Nach dem **Subjekt** werden richterliche und nichtrichterliche Prozeßhandlungen unterschieden.

Die nichtrichterlichen Prozeßhandlungen werden nach *Goldschmidt* (s. o. Rn. 22) in **Erwirkungshandlungen** und **Bewirkungshandlungen** untergliedert. Erwirkungshandlungen sind auf die Herbeiführung einer anderen, fremden Prozeßhandlung gerichtet, Bewirkungshandlungen gestalten den Prozeß unmittelbar.   391

Die **Staatsanwaltschaft** nimmt zwar – gemeinsam mit den übrigen nichtrichterlichen Prozeßbeteiligten – nichtrichterliche Prozeßhandlungen vor; ihre Prozeßhandlungen sind jedoch – zusammen mit den richterlichen – hoheitliche Prozeßhandlungen. Insbesondere steht ihr im Gegensatz zu den übrigen nichtrichterlichen Beteiligten die Befugnis zum Erlaß von Entscheidungen zu. Diese sind Verfügungen, Anordnungen oder Bescheide.

Richterliche bzw. gerichtliche Prozeßhandlungen sind Entscheidungen und andere prozeßgestaltende Maßnahmen. Unter den richterlichen Entscheidungen werden drei Formen unterschieden:

a) **Urteile** ergehen aufgrund mündlicher und öffentlicher Hauptverhandlung. Sie schließen die Instanz ab und sind – außer den Entscheidungen der Revisionsgerichte selbst – mit der Berufung oder der Revision anfechtbar (s. o. Rn. 309 ff.).

b) **Beschlüsse** werden innerhalb des Vor-, Zwischen- oder Hauptverfahrens erlassen, und zwar während der Hauptverhandlung unter Mitwirkung der Laienrichter, außerhalb ohne sie (§§ 30 Abs. 2, 76 Abs. 1 S. 2 GVG). Beschlüsse dienen in der Regel dazu, den Prozeß in Richtung auf das Urteil weiterzubringen. Ausnahmsweise können jedoch auch prozeßerledigende Entscheidungen in Beschlußform ergehen, so bei Entdeckung eines Verfahrenshindernisses nach Eröff-   392

nung des Hauptverfahrens und Entscheidung außerhalb der Hauptverhandlung (§ 206 a StPO), in noch selteneren Fällen sogar zum Abschluß einer Hauptverhandlung (Einstellung wegen Geringfügigkeit
nach §§ 153 Abs. 2 S. 3, 153 a Abs. 2 S. 3 StPO). Beschlüsse sind
grundsätzlich mit der Beschwerde anfechtbar (§ 304 StPO), in vielen
Fällen aber für unanfechtbar erklärt (s. z. B. § 305 StPO).

Zur Unterscheidung von Beschluß und Urteil BGHSt 8, 385.

c) **Verfügungen** sind Entscheidungen, die ein einzelner Richter in
Erfüllung einer besonderen Aufgabe trifft (als Vorsitzender, Ermittlungsrichter, beauftragter oder ersuchter Richter, s. § 304 StPO). Sie
sind ebenfalls durch Beschwerde anfechtbar (§ 304 StPO), aber vielfach für unanfechtbar erklärt (z. B. § 305 StPO).

393   2. Kaum möglich erscheint es auch, allgemeine Voraussetzungen
für die Gültigkeit und **Rechtswirksamkeit** der unterschiedlichen
Prozeßhandlungen herauszuarbeiten. Für die Ungültigkeit von ho-
heitlichen Entscheidungen gelten besondere, strenge Grundsätze
(s. o. Rn. 328 ff.). Aber auch für die nichthoheitlichen Prozeßhandlungen sind jedenfalls die Grundsätze des Bürgerlichen Rechts über
die Wirksamkeit von Willenserklärungen nicht übertragbar. An die
Stelle der Geschäftsfähigkeit tritt die Verhandlungsfähigkeit (*BGH*
NStZ 1983, 280). Allenfalls erscheinen die Grundgedanken des
§ 136 a StPO anwendbar (BGHSt 17, 18). Allerdings hat die Rechtsprechung beim Rechtsmittelverzicht gewisse Hilfskonstruktionen
entwickelt, um ihn für unwirksam zu erklären (s. o. Rn. 296 f.).

394   3. *Niese* hat in seinem gleichnamigen Buch von 1950 den Begriff
„**Doppelfunktionelle Prozeßhandlungen**" geprägt. Gemeint war damit, daß eine Prozeßhandlung neben ihren prozeßrechtlichen auch
materiellrechtliche Auswirkungen haben kann, z. B. die Strafbarkeit
der Zeugenaussage eines Arztes nach § 203 StGB. Diese Lehre hat
mit Recht darauf aufmerksam gemacht, daß die Sphären des materiellen Rechts und des Prozeßrechts zu unterscheiden sind und daß insbesondere die Strafbarkeit der Zeugenaussage eines Arztes nach § 203
StGB nicht seine Vernehmung als Zeuge verbietet, da ihm nach § 53
StPO nur ein Aussageverweigerungs*recht* zusteht (BGHSt 15, 200).
Ob die Lehre von den „Doppelfunktionellen Prozeßhandlungen" darüber hinaus fruchtbar ist, ist fraglich.

§ 50. Größere Gesamtdarstellungen des Strafprozeßrechts

Das vorliegende Lehrbuch beschränkt sich ganz bewußt darauf, **395** das Strafprozeßrecht in einen erlernbaren Umfang zu bringen und damit auf seine wichtigsten Grundlagen zu beschränken. Dabei wurden für alle in der Rechtsprechung behandelten Probleme nur jeweils die wichtigsten Entscheidungen und hinsichtlich des wissenschaftlichen Schrifttums nur sorgfältig ausgewählte weiterführende Beiträge angegeben. Für die Lösung von strafprozeßrechtlichen Problemen in Hausarbeiten und Dissertationen, aber auch für die Absicherung von Revisionsbegründungen mit weiteren Entscheidungen sind das wissenschaftliche Schrifttum und die Rechtsprechung umfassend heranzuziehen.

Die **umfangreichsten** Nachweise hierzu und zugleich selbst eine beachtliche Meinung enthält der Großkommentar *Löwe-Rosenberg,* Die Strafprozeßordnung und das Gerichtsverfassungsgesetz, 25. Aufl., 1997 ff.; 26. Aufl. 2006 ff.

Weitere **größere Kommentare:**
- *Rudolphi/Wolter,* Systematischer Kommentar zur Strafprozeßordnung und zum Gerichtsverfassungsgesetz, Loseblattausgabe, 1987 ff.; 4. Aufl., hrsg. von *J. Wolter,* 2010 ff.
- *KMR,* Kommentar zur Strafprozeßordnung, nunmehr hrsg. von *v. Heintschel-Heinegg/Stöckel*
- *Alternativkommentar (AK)* zur Strafprozeßordnung, 1988 ff.
- Weitgehend auf die **Rechtsprechung des BGH** konzentriert, dafür aber auch mit vielen Hinweisen auf unveröffentlichte Entscheidungen, ist der *Karlsruher Kommentar* zur Strafprozessordnung und zum Gerichtsverfassungsgesetz mit Einführungsgesetz, 6. Aufl., 2008.

Mittlere Kommentare:
- *Meyer-Goßner,* Strafprozeßordnung. Gerichtsverfassungsgesetz, Nebengesetze und ergänzende Bestimmungen, 53. Aufl., 2010,
- Strafprozessordnung (Heidelberger Kommentar), 4. Aufl., 2009,
- Neuer „kleinerer" (1444 S.!) Kommentar: *Pfeiffer,* Strafprozeßordnung und Gerichtsverfassungsgesetz, Kommentar, 5. Aufl., 2005,
- Noch knapper und an Studierende gerichtet: *Joecks,* Studienkommentar StPO, 2. Aufl., 2008.

396   Große Lehrbücher sind:
- *Kühne*, Strafprozeßrecht. Ein Lehrbuch zum deutschen und europäischen Strafverfahrensrecht, 8. Aufl., 2010,
- *K. Peters*, Strafprozeß. Ein Lehrbuch, 4. Aufl., 1985,
- *E. Schlüchter*, Das Strafverfahren, 2. Aufl., 1983; s. dazu o. Rn. 22).

Mittlere Lehrbücher:
- *Beulke*, Strafprozessrecht, 11. Aufl., 2010,
- *Hellmann*, Strafprozessrecht, 2. Aufl., 2006,
- *Kindhäuser*, Strafprozessrecht, 2006,
- *Roxin-Schünemann*, Strafverfahrensrecht, 26. Aufl., 2009.

397   Aus dem **älteren Schrifttum** sind immer noch interessant:
- *Beling*, Deutsches Reichsstrafprozeßrecht, 1928,
- *Graf zu Dohna*, Das Strafprozeßrecht, 3. Aufl., 1929, mit Nachtrag 1932,
- *Gerland*, Der deutsche Strafprozeß. Eine systematische Darstellung, 1927,
- *Henkel*, Strafverfahrensrecht (1953; die 2. Aufl. von 1968 ist zwar neuer, aber knapper),
- *v. Hippel*, Der deutsche Strafprozeß, 1941, mit Nachtrag 1943,
- *v. Kries*, Lehrbuch des deutschen Strafprozeßrechts, 1892,
- *Rosenfeld*, Deutsches Strafprozeßrecht, 2. Bd., 1926,
- *Eb. Schmidt*, Lehrkommentar zur Strafprozeßordnung und zum Gerichtsverfassungsgesetz, Teil 1, 2. Aufl., 1964; Teil 2, 1957; Teil 3, 1960; Nachtragsbd. I, 1967, Nachtragsbd. II, 1969,
- *Ullmann*, Lehrbuch des deutschen Strafprozeßrechts, 1893.

Wichtig für die Auslegung des Strafprozeßrechts sind – wie bei allen Gesetzen – die **Motive** des Gesetzgebers. Die Motive für die StPO bringt
- *Hahn* (Hrsg.), Die gesammten Materialien zur Strafprozeßordnung und dem Einführungsgesetz zu derselben, I. Abt., 1880; II. Abt., 1881.

Die Motive für die neueren Strafprozeßrechtsgesetze (s. o. Rn. 39 ff.) enthalten die einschlägigen Drucksachen des Deutschen Bundestages.

§ 51. Hinweise zur Lösung von Strafprozeßrechtsfällen

Die Art der Aufgabenstellung ist im Strafprozeßrecht reichhaltiger **398** als im materiellen Strafrecht.
I. Bei **rein strafprozessualen Klausuren,** also im Assessorexamen, finden sich üblicherweise folgende Fragestellungen:
1. Das Verfahren ist gutachtlich zu würdigen.

Hierbei empfiehlt sich eine chronologische Prüfung nach dem Ablauf des Verfahrens.

2. Die Entscheidung des Gerichts, die Verfügung der Staatsanwaltschaft, die Revisionsbegründung ist zu entwerfen.
Zum Aufbau des Strafurteils s. o. Rn. 290. Die Revisionsbegründung legt „Verletzungen des Gesetzes" und das „Beruhen" des Urteils auf ihnen (außer bei den „absoluten Revisionsgründen" des § 338 StPO) dar (§ 337 StPO). Im übrigen s. spezielles Schrifttum.
II. Bei **begrenzteren Fragestellungen,** insbesondere bei materiell- **399** prozeßrechtlich gemischten Klausuren im Referendarexamen, begegnen entsprechend den in das Strafprozeßrecht eingebauten Sanktionen (s. o. Rn. 19f.) grundsätzlich zwei Arten von Fragen:
1. War das Verhalten der Strafverfolgungsorgane zulässig oder unzulässig, richtig oder falsch, durfte das Gericht ... usw.?

Ein Unterfall dieser Frageart ist die auf die Zukunft gerichtete Frage: Kann das Gericht ...? Welche Möglichkeiten hat der Staatsanwalt?

2. Welche Rechtsbehelfe hat ... dagegen, und haben diese Aussicht auf Erfolg?

Unterarten dieser Fragestellung sind: Was kann ... dagegen unternehmen? Wie sind die Erfolgsaussichten einer Revision?

Zu 1.: Hier empfiehlt sich folgender Lösungsweg:
a) In welchem der drei Stadien des Strafverfahrens spielt der Vorgang?
b) Um welches der in diesen Stadien maßgeblichen Teilthemen geht es?
Allerdings gibt es auch Fragen, die die unterschiedlichen Verfahrensstadien übergreifen. Dies gilt insbesondere für die Beweisverbote. Bei ihnen bestehen grundsätzlich drei Fragemöglichkeiten:
a) Durfte der Beweis – auf diese Weise – erhoben werden?

b) Durfte er in die Hauptverhandlung eingeführt werden?
c) Durfte er im Urteil verwertet werden?

Zu 2.: Bei der Frage nach den Rechtsbehelfen ist zu unterscheiden:
a) Zulässigkeit (s. o. Rn. 298)
b) Begründetheit (s. o. Rn. 311)

Zu beachten ist, daß Verfahrensvorgänge – ähnlich wie Verhaltensweisen im materiellen Strafrecht – unter mehreren strafprozessualen Vorschriften geprüft werden können und müssen.

Beispiel: Veranlassung einer Privatperson zu einem Telefongespräch mit dem Tatverdächtigen durch die Polizei
(1) Verstoß gegen die Belehrungspflicht nach §§ 163 a, 136 Abs. 1 StPO?
(2) Entsprechende Anwendung der §§ 163 a, 136 Abs. 1 StPO?
(3) Verstoß gegen das Täuschungsverbot nach §§ 163 a, 136 a StPO?
(4) Verstoß gegen das Bild der Vernehmung nach der StPO?
(5) Verstoß gegen den Grundsatz „nemo tenetur se ipsum accusare"?
(6) Verstoß gegen das Fernmeldegeheimnis?
(7) Verstoß gegen das Recht auf informationelle Selbstbestimmung?
(8) Verstoß gegen Grundsätze des rechtsstaatlichen Verfahrens, insbesondere den Grundsatz des fairen Verfahrens?
(BGHSt 42, 139 ff.; ähnlich BGHSt 53, 297 ff.)

Die Qualität einer Arbeit zeigt sich darin, wie viele mögliche (nicht abwegige!) Rechtsverletzungen sie erörtert.

Außerdem gibt es **Gegenstandsthemen** wie: Entstehung, Grundlage und Grenzen des Legalitätsprinzips, des Grundsatzes „in dubio pro reo", des fairen Verfahrens usw.

§ 52. Der deutsche Strafprozeß im europäischen Vergleich

400   Im Zuge der europäischen Rechtsvereinheitlichung hat ein intensiver Vergleich der unterschiedlichen Strafprozeßsysteme eingesetzt. Dabei lassen sich die Wesensmerkmale des deutschen Strafprozesses wie folgt charakterisieren.

1. Wie wohl alle modernen Strafprozeßsysteme ist der deutsche Strafprozeß ein **Anklageprozeß**, d. h. die Befassung des Gerichts mit einer Straftat setzt eine Anklage durch eine andere Behörde (wie Staatsanwaltschaft) voraus (Akkusationsprinzip, o. Rn. 58). Das bedeutet einerseits eine Vorprüfung des Verdachts durch die Staatsanwaltschaft und die Ausfilterung von Fällen nicht hinreichenden Verdachts, andererseits den Versuch der Sicherung einer möglichst

weitgehenden Unvoreingenommenheit der Gerichte bei der Behandlung des Falles.

2. Im Vorverfahren besteht eine starke richterliche Kontrolle durch das Erfordernis der richterlichen Anordnung aller schwererwiegenden Ermittlungsmaßnahmen. In anderen Rechtssystemen (z. B. Frankreich) gibt es – wie bis 1974 in Deutschland – bei schwereren Straftaten ein von einem „Untersuchungsrichter" durchgeführtes Untersuchungsverfahren. Dies führt zu einer Reduzierung der Beweisaufnahme in der Hauptverhandlung und damit zu einer Einschränkung des Grundsatzes der Unmittelbarkeit in der Hauptverhandlung (s. o. Rn. 250).

2. Die Unvoreingenommenheit der Gerichte wird in Deutschland beeinträchtigt durch den **Eröffnungsbeschluß,** in welchem das Gericht vorweg einen „hinreichenden Tatverdacht" bejaht (s. o. Rn. 182 ff.). Die Umwandlung des Eröffnungsbeschlusses in einen Beschluß über die „Zulassung der Anklage zur Hauptverhandlung" hat hieran wenig geändert.

Eine besondere Gefahr für die Unvoreingenommenheit der Richter und ihre Beschränkung auf eine bloße Beurteilungs- und Entscheidungstätigkeit liegt in der **Kenntnis der Akten** des Ermittlungsverfahrens. Experimente haben erwiesen, daß Richter dazu neigen, die Ergebnisse des Ermittlungsverfahrens bestätigt zu sehen (sogenannter **Perseveranz- und Schulterschlußeffekt,** *Schünemann,* StV 2000, 159). Die Aufmerksamkeit für abweichende Tatsachen wird signifikant beeinträchtigt.

3. Eine weitere Beeinträchtigung der Rolle des Gerichts als bloße Beurteilungs- und Entscheidungsinstanz liegt in der **Verhandlungsleitung durch den Vorsitzenden** (§ 238 StPO). Der deutsche Strafprozeß enthält insofern noch ein inquisitorisches Moment. Die Möglichkeit der Verständigung im Strafverfahren (s. o. Rn. 205) hat hieran wenig geändert, da das Gericht hieran mitwirkt und der Gegenstand der Verständigung beschränkt ist.

4. Die starke Stellung des Gerichts wird eingeschränkt durch weitgehende **Anhörungs- und Antragsrechte des Beschuldigten** (s. o. Rn. 382 f.). Allerdings werden diese Rechte durch formale Anforderungen und eine Widerspruchspflicht zunehmend ausgehöhlt.

5. Die **Kombination von Amtsermittlungsgrundsatz, Beweisantragsrecht** (s. o. Rn. 245 ff.) **und Unmittelbarkeitsgrundsatz** (s. o. Rn. 250 ff.) ist weltweit einmalig und ergibt einen Vorsprung an Liberalität und Rechtsstaatlichkeit, ist allerdings sehr aufwendig und verlangt eine hohe Richterzahl.

6. **Vereinbarungen im Strafprozeß** sind in anderen europäischen Staaten sehr viel häufiger als in Deutschland (England 90 %, Italien 60 %). Auch dies erlaubt wesentlich höhere „Erledigungszahlen" und damit eine geringere Richterzahl.

Weiterführende Literatur: *G. Müller,* Rechtsprechung im Vergleich der Länder Europas, DRiZ 1993, 381; *Kühne,* Strafprozeßrecht, S. 637 ff.; „Auf dem Weg zu einem europäischen Ermittlungsverfahren?", ZStW 112, 133; *Ambos,* Zum heutigen Verständnis von Akkusationsprinzip und -verfahren aus historischer Sicht, Jura 2008, 586.

Paragraphenverzeichnis

Paragraphenverzeichnis 253

Sachregister

Die Zahlen verweisen auf die Randnummern des Buches,
Hauptfundstellen sind fett gesetzt.

- Verteidiger 213, 231
Anwesenheitsrechte
- Beratung 277
- Hauptverhandlung 54, **213 ff.**, 352, 355
- kommissarische Vernehmung 202 f., 254 f.
- Untersuchungshandlungen 90, 94 f., 108, 136, 181, 350
Anzeige 77 f., 80
Aufklärungspflicht → Instruktions-maxime
Aufklärungsrüge 246
Auflage 99, 368
Auftrag an Polizeibeamte 80, **105**
Augenschein 90, 94 f., 108, 111 f., 350
- Ablehnung von Beweisanträgen 259, 266
- -gehilfe 112
- kommissarischer 202 f.
- Protokollverlesung 106, 202
- Tonband 112
- Urkunde 111
Ausbleiben des Beschuldigten 144, 164, 172, 194 f., 213, **217 ff.**, 276, 309, 314 ff., 357
Ausgeschlossensein 157 f.
Auskünfte
→ Akteneinsichtsrecht
Auskunftsverweigerungsrecht 138, 257, 372
- Belehrung 39, 81, 122, 129, 134
- Beweisverwertungsverbot 144, 138
- Beweiswürdigung 168
- Schutzzweck 128 ff.
Ausländer auf der Durchreise **145 f.**, 150
Auslandstaten 100
Aussagefreiheit → Schweigerecht
Aussagegenehmigung 136, 202, 226, 235, 252, 255
Aussagepflicht des Zeugen 106
Ausschließung des Verteidigers 39, 95
Ausschreibung zur Festnahme/Auf-enthaltsermittlung
→ Fahndung

Aussetzung der Hauptverhandlung 23, 200, 204, 210, 231, 270, 385
Aussetzung der Urteilsverkündung 287

Bamberger Halsgerichtsordnung 30
Beauftragter Richter 166, 202
Befangenheit, Besorgnis der 89, 112, 159, 260, 263, 398
Begehungsort 62
Belehrung des Beschuldigten
- bei Untersuchungshaft 151
- im Vorverfahren 39, **81**, 90, 122, 129, 136, 142, 372 f., 404
- in der Hauptverhandlung 136, 142, **204**, 249, 372
- Beweisverwertungsverbot 136, 142
Belehrung des Verletzten über
- Klageerzwingungsverfahren 77 f., 166
- sonstige Befugnisse 77, 96, 350
Belehrung über Rechtsbehelfe 77 f., 166, 193, 289, 316, 332
Belehrung von Zeugen 39, 81, 122, 129, 134, 254, 257
Beling, Ernst 124, 402
Benachrichtigung
- bei Untersuchungshandlungen 108, 116, 118, 202
- des Antragstellers bei Nichtver-folgung 77 f., 102, 164, 166
- des Beschuldigten bei Einstellung 102, 164
Beratung 204 f., **277 f.**
Berichterstatter 309
Berufsverbot, vorläufiges 147
Berufung 36, 41, **309 ff.**, **315 ff.**
- Annahme 298, 313
- Ausbleiben des Angeklagten 315 ff.
- Begründung 310
- Beweisaufnahme 211, 309
- Einlegung 306
- Entscheidung in der Sache 312
- Form 297 f.
- Frist 295, 298, 325
- Hauptverhandlung 196, 309, 318